凝聚隧道及地下工程领域的

先进理论方法、突破性科研成果、前沿关键技术，

记录中国隧道及地下工程修建技术的创新、进步和发展。

"十四五"时期国家重点出版物出版专项规划项目

中国隧道及地下工程修建关键技术研究书系

"十四五"
The Fourteenth
Five-Year Plan

长大明挖高铁隧道
设计与施工关键技术及实践

张继清　杨海生　叶少敏　吴晓龙　等　著

KEY TECHNOLOGY AND PRACTICE OF
DESIGN AND CONSTRUCTION
OF LONG OPEN EXCAVATION HIGH-SPEED RAILWAY TUNNELS

人民交通出版社

北　京

内 容 提 要

本书依托京雄城际铁路大兴国际机场隧道工程实践,针对复杂环境条件下工程面临的诸多技术难题,系统介绍了区域工程一体化隧道设计、下穿区域沉降区及软土区沉降变形控制、快速施工和运营安全监测等一系列关键技术,并介绍了隧道衬砌施工移动式工厂等先进装备和信息化管理系统、隧道全生命周期监控新技术等。

本书可供从事隧道及地下工程设计、施工、科研等工作的专业技术人员参考,也可供高等院校相关专业师生学习使用。

图书在版编目(CIP)数据

长大明挖高铁隧道设计与施工关键技术及实践／张继清等著. — 北京:人民交通出版社股份有限公司,2025.6. — ISBN 978-7-114-19806-9

Ⅰ. U459.1

中国国家版本馆 CIP 数据核字第 20247U0L48 号

"十四五"时期国家重点出版物出版专项规划项目
中国隧道及地下工程修建关键技术研究书系
Chang-Da Mingwa Gaotie Suidao Sheji yu Shigong Guanjian Jishu ji Shijian

书　　名:**长大明挖高铁隧道设计与施工关键技术及实践**
著 作 者:张继清　杨海生　叶少敏　吴晓龙　等
责任编辑:李　梦
责任校对:赵媛媛　刘　璇
责任印制:张　凯
出版发行:人民交通出版社
地　　址:(100011)北京市朝阳区安定门外外馆斜街 3 号
网　　址:http://www.ccpcl.com.cn
销售电话:(010)85285857
总 经 销:人民交通出版社发行部
经　　销:各地新华书店
印　　刷:北京建宏印刷有限公司
开　　本:787×1092　1/16
印　　张:20.25
字　　数:496 千
版　　次:2025 年 6 月　第 1 版
印　　次:2025 年 6 月　第 1 版　第 1 次印刷
书　　号:ISBN 978-7-114-19806-9
定　　价:138.00 元

(有印刷、装订质量问题的图书,由本社负责调换)

编审委员会

前言

　　京雄城际铁路大兴国际机场隧道与北京大兴国际机场及其配套工程同步建设,隧道全长 10.589km,其中机场 1 号隧道设计行车速度 250km/h,机场 2 号隧道设计行车速度 350km/h,均采用明挖法施工。隧道以正交方式穿过严重区域沉降区、下穿永定河(下穿段总长 1822m),同时穿越机场跑道、卫星厅、综合管廊,与同步建设的城市轨道交通线路、高速公路交叉或长距离并行,建设环境复杂、技术难度大、工程风险高,从建设前期的规划、设计到建设施工及管理,均面临诸多技术难题和挑战。

　　本书系统总结了京雄城际铁路大兴国际机场隧道设计与施工关键技术及实践成果。在设计阶段,针对机场隧道区域众多工程同步建设特点,对同步建设的城市轨道交通、高速公路、永兴河、机场综合管廊、场坪跑道区、规划卫星厅、机场内绿化带和隧道地面景观等进行了一体化设计。在施工阶段,针对界面复杂、施工互为条件穿插进行等特点,制订了统筹科学策划的施工组织方案,采用了快速施工、监测监控等新技术和新装备,确保了施工安全和工期要求。

　　本书对隧道穿越严重区域沉降区应对技术、细窄条基坑设计、明挖大断面隧道结构形式、机场区域一体化设计、下穿永定河隧道施工及运营安全技术、衬砌结构整体台车浇筑新装备、明挖隧道精细化防水施工、快速施工、监测感测新技术等进行了研究,提出了隧道穿越严重区域沉降区应对措施,穿越永定河堤坝超深覆土回填及沉降控制技术,明挖隧道防水施工的全套装备及精细化工艺,全工序工厂化、机械化多工作面同步快速施工技术;提出了一套适用于富水第四系软土地层的明挖隧道覆土加、卸载附加变形的理论计算方法;首次在隧道铺轨后采用挤塑聚苯乙烯泡沫塑料(XPS)轻质材料回填马道,形成了不同区段有针对性的地基处理技术;建立了衬砌施工移动式工厂及信息化管理系统,建立了无人机倾斜摄影测量施工现场三维场景和无人机施工巡检体系;开展了全站仪基坑施工变形自动监测,建立了地下基岩标 + 光纤深层地层沉降监测和空天 InSAR + 北斗的区域沉降监测体系,实现了埋入式光纤传感器对隧道结构环向内力、差异变形等的实时感测,建立了高铁隧道全生命周期形位智能感测系统及可视化管理平台等。上述研究成果很好地满足了明挖铁路隧道的快速、高质量建设需求。

本书由张继清、杨海生、叶少敏、吴晓龙、孙一鸣、赵青、朱海龙、董彬、李彬、霍思逊、段忠辉、李世斌、张浩等联合撰写,由朱永全负责统稿和审定。书中引用了京雄城际铁路大兴国际机场隧道工程施工技术方案和相关论文资料,书中的成果凝聚了中国铁路设计集团有限公司、中交二航局集团有限公司设计和施工一线工程技术人员的辛劳与智慧。在此,向所有为本书撰写和出版提供支持和帮助的单位和个人表示衷心感谢!

本书对铁路明挖隧道的高品质建设、快速施工以及全生命周期的智能感测等方面进行了有益的探索和创新,希望能助力铁路隧道的高质量建设与发展。

由于作者水平有限,书中难免有差错、遗漏和不足之处,恳请读者不吝赐教,多提批评指导意见,以利修正。

作　者
2025 年 2 月

目录

第 1 章

隧道总体设计

北京—雄安新区城际铁路大兴国际机场隧道(简称"京雄城际机场隧道")与北京大兴国际机场及其配套工程同步建设,隧道以正交方式穿过严重区域沉降区、下穿永定河,同时隧道穿越机场跑道、卫星厅、综合管廊,与同步建设的城市轨道交通线路、高速公路交叉或长距离并行,建设环境复杂、技术难度大、工程风险高,从建设前期的规划、设计到施工管理,均面临诸多技术难题和挑战。

针对工程面临的极复杂环境问题,对轨道交通、城际铁路等公共交通集约化的地下线由廊道进行一体化规划设计,对同步建设的城市轨道交通、高速公路、机场综合管廊、场坪跑道区、规划卫星厅、机场内绿化带和隧道地面景观等进行一体化设计,采用因地制宜的明挖基坑支护结构设计和地下水控制技术,应用了合理可行的隧道穿越严重区域沉降应对技术;针对施工界面复杂、各项施工互为约束条件的特点,采用了适宜快速施工的基坑支护方案和衬砌结构整体台车浇筑方案,提出了隧道运营期高铁线路保护技术要求,有效保障了工程建设安全。

1.1 工程概况

1.1.1 京雄城际铁路工程概况

京雄城际铁路起自京九铁路李营站,向南经北京市大兴区、北京大兴国际机场、河北省廊坊市固安县和霸州市,终到雄安新区,线路全长 92.783km,其中李营至大兴国际机场段设计行车速度 250km/h,大兴国际机场至雄安段设计行车速度 350km/h。本项目原名为京霸城际铁路,自 2017 年 4 月雄安新区规划公布后,为支持雄安新区建设,自 DK48 + 000 以后段落进行改线,线路终点调整至雄安新区,项目名称调整为京雄城际铁路。京雄城际铁路是京津冀城际铁路网规划中的骨干线路,是国家干线路网的组成部分,对落实京津冀协同发展战略、支持雄安新区建设、促进区域经济一体化、推动大兴国际机场综合交通枢纽建设等均具有重要意义。

1.1.2 京雄城际机场隧道工程概况

京雄城际铁路正线仅有 1 座隧道,即京雄城际机场隧道,隧道全长 10.589km,占线路总长的 11.4%。机场隧道由两段地下区间隧道组成,其中机场 1 号隧道位于北京市大兴区紫各庄村西北方,南端连接高铁大兴机场地下车站,隧道起讫里程为 DK40 + 700 ~ DK42 + 900,全长 2200m;机场 2 号隧道北端接高铁大兴机场地下车站,南端下穿永定河后在河津村西露出地面,隧道起讫里程为 DK44 + 911.349 ~ DK53 + 300,全长 8388.651m,隧道设计为单洞双线形式,线间距为 5m。隧道全段落均采用明挖法施工。

1.1.3 京雄城际机场隧道沿线周边环境

(1)紧邻 4 条地下轨道交通线路

机场 1 号隧道在机场北侧与地面机场高速进场路并行,与机场快轨(即北京地铁大兴机场线)、R4 线、规划机场预留线、城际铁路联络线等 4 条地下轨道交通线路并行,如图 1-1-1 所示。机场高速公路、地下轨道交通线路与机场隧道同步建设,距离机场隧道最近的机场快轨与机场隧道结构净间距仅13m。机场隧道还下穿大兴国际机场一期北侧的机场工作区、道路,工作区地下敷设有众多市政管线及综合管廊,均在隧道主体结构施作完成后同期施工,设计时管线满足与隧道结构的最小净距要求。

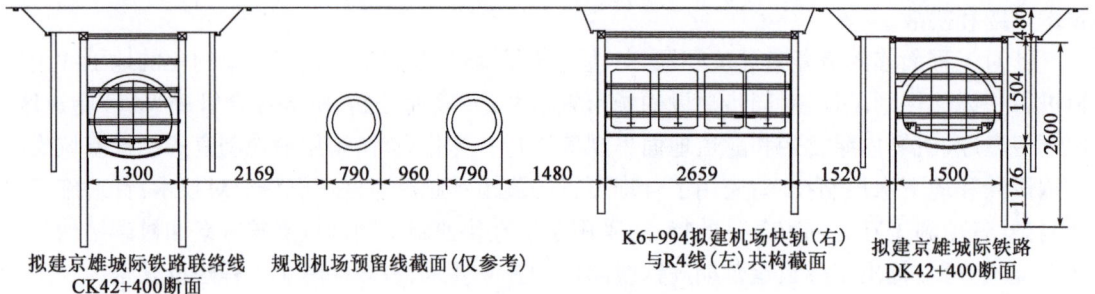

图 1-1-1 紧邻机场隧道的地下轨道交通线路(尺寸单位:cm)

(2)下穿永兴河

机场隧道在DK41+825~DK41+967段下穿永兴河,永兴河于2017年初通水,隧道下穿河槽段覆土厚4.7m。

按水务管理部门要求,机场隧道和4条并行轨道交通线路均采用明挖法施工永兴河段,且对永兴河采用导流明渠临时改移。

(3)下穿航站楼北侧机场工作区

机场隧道位于大兴国际机场航站楼北侧的机场陆侧工作区内,线路沿次干三路展线。隧道上方有多条规划的工作区内道路,并下穿拟建的排水明渠、综合管廊以及施工后增加的机场人防工程。

(4)下穿大兴国际机场空港规划区域

机场隧道在DK44+911~DK46+092段下穿大兴国际机场一期建设的停机坪、滑行区及机场卫星厅,在DK46+092~DK49+188段下穿规划的大兴国际机场二期停机坪、滑行区和货场区等区域。

(5)邻近刘各庄村

机场隧道在洞身里程DK48+095~DK48+300段,线路左侧为刘各庄村,村庄房屋距离隧道结构最近处仅65m。

(6)邻近榆垡南各庄水厂

机场隧道在洞身里程DK48+450~DK48+550段、线路右侧约30m处为榆垡南各庄水厂。该水厂共有7口水井,其中6口抽水井、1口观测井。离线位较近的有3口水井,包括观测井、位于线位DK44+420左侧100m的抽水井,以及位于DK49+040左侧40m处的抽水井。其余水井均位于线位350m以外。榆垡南各庄水厂内还有5个地下蓄水池,均为钢筋混凝土结构,包括1个容积为1000m³的蓄水池、4个容积为300m³的蓄水池。

(7)下穿永定河

机场隧道在洞身里程DK51+120~DK52+660段下穿永定河河槽,在DK50+990~DK51+120、DK52+660~DK52+760段分别下穿永定河北堤和南堤。隧道与北堤相交中心里程为 DK51 + 055,水平交角约为 71.24°,下穿北堤段隧道最大覆土深度约为 18.28m。隧道与南堤相交中心里程为 DK52 + 704,水平交角约为 63.55°,下穿南堤段隧道最大覆土深度约为 14m。

1.1.4 工程地质和水文地质条件

(1)区域地质特征

区域大地构造位于中朝准地台华北断拗冀中台陷,经过北京断凹、大兴断凸、廊坊断凹、牛坨镇断凸、武清霸州断凹。燕山运动是中朝准地台的主要造山运动,它使得前寒武纪形成的大型东西向构造带,再次受到强烈的断裂、褶皱,产生了大量北北东-北东向断裂带。自第三纪以来的构造运动主要继承了老的构造运动,产生了山区和平原的分化,北北东-北东向断裂复活,在定兴—石家庄深断裂以东逐渐下沉,以西山区上升,形成当今地形的雏形。第四纪时华北平原仍然继续下沉,接收了大量的松散堆积物。

区域性大断裂为固安—昌黎隐伏大断裂。线位经过区域自晚第三系以来持续下沉,上部沉积了巨厚层的第三、第四纪松散沉积物,断裂属隐伏断裂,对工程影响甚微。

(2)地层岩性

根据地质调绘及钻探,隧道区地层主要为第四系全新统人工堆积层(Q_4^{ml})填筑土、第四系全新统冲积层(Q_4^{al})淤泥质黏土、淤泥质粉质黏土、黏土、粉质黏土、粉土、粉砂、细砂,下伏(Q_3^{al})黏土、粉质黏土、粉土、粉砂、细砂,其地层特征见表1-1-1。

地层特征 表 1-1-1

地层编号	地层代号	地层名称	地层厚度(m)	地层描述
①$_3$	Q_4^{ml}	填筑土	1.00 ~ 5.90	位于永定河南北河堤
③$_{14}$		淤泥质黏土	1.00	呈黑灰色、灰黑色、褐灰色,流塑,含有机质,有异味
③$_{17}$		淤泥质粉质黏土	0.70 ~ 2.40	呈黑灰色、灰黑色、褐灰色,流塑,含有机质,有异味
③$_{21}$		黏土	0.60 ~ 3.80	呈黑灰色、灰黑色、褐灰色,软塑 ~ 可塑,含有机质,有腥臭
③$_{22}$		黏土	1.20 ~ 4.0	呈黄褐色、褐灰色、黄褐色,可塑,可见铁锰质锈斑,含少量姜石
③$_{31}$		粉质黏土	0.50 ~ 7.10	呈灰褐色、褐灰色、黄褐色、褐黄色,软塑 ~ 可塑,可见铁锰质锈斑
③$_{32}$	Q_4^{al}	粉质黏土	0.60 ~ 13.20	呈黄褐色、褐黄色、灰褐色,软塑 ~ 坚硬,可见铁锰质锈斑,含姜石及少量粉砂颗粒
③$_{41}$		粉土	0.50 ~ 12.00	呈褐黄色、黄褐色,稍密 ~ 密实,稍湿 ~ 湿,含云母、有机质,可见铁锰质锈斑,夹粉土团块
③$_{42}$		粉土	0.50 ~ 6.40	呈黄褐色、褐黄色,密实,稍湿 ~ 湿,含锈斑及少量姜石
③$_{52}$		粉砂	0.50 ~ 6.20	呈黄褐色、灰黄色,稍密,稍湿 ~ 潮湿,主要成分为石英、长石,含云母
③$_{55}$		粉砂	0.60 ~ 4.70	呈褐黄色、浅灰色、黑灰色,中密 ~ 密实,稍湿 ~ 饱和,主要成分为石英、长石,含云母及少量粉土,局部夹粉质黏土薄层

续上表

地层编号	地层代号	地层名称	地层厚度（m）	地层描述
③58	Q_4^{al}	粉砂	0.60～9.00	呈黄褐色、褐黄色、密实、饱和，主要成分为石英、长石，含云母及少量粉土，局部夹粉质黏土薄层
③62		细砂	1.50～2.90	呈黄褐色，稍密，稍湿，含云母，主要矿物成分为石英、长石，含粉土团块
③65		细砂	0.40～3.40	呈浅灰色、黄褐色，中密，稍湿～潮湿，含云母，主要矿物成分为石英、长石，含粉土团块
③68		细砂	0.6～8.00	呈黄褐色、褐黄色，密实，潮湿～饱和，主要成分为石英、长石，含云母及少量黏性土
③78		中砂	2.1	呈黄褐色，密实，饱和，主要成分为石英、长石，含云母
⑤23	Q_3^{al}	黏土	0.60～8.90	呈黄褐色、褐黄色、褐灰色，软塑～硬塑，可见铁锰质锈斑，含少量姜石，夹粉土薄层
⑤24		黏土	0.80～4.40	呈黄褐色，可塑～硬塑，夹微薄层粉质黏土，含少量姜石
⑤33		粉质黏土	0.50～12.80	呈黄褐色、褐黄色、褐灰色、灰褐色、浅棕红色，软塑～硬塑，夹粉土薄层，含少量锈斑
⑤34		粉质黏土	0.70～11.80	呈褐黄色、灰黄色、灰黑色，可塑，含锈斑及粉土团块，夹粉砂薄层，可见姜石
⑤43		粉土	0.50～5.80	呈褐黄色、褐灰色、黄褐色，密实，稍湿～湿，可见铁锰质锈斑，夹粉质黏土及粉砂薄层，含少量姜石
⑤44		粉土	0.50～3.40	呈黄褐色、褐黄色及灰绿色，密实，湿，夹粉土薄层及团块，含锈斑、灰色条纹，偶见姜石
⑤58		粉砂	0.60～8.70	呈黄褐色、褐黄色、浅灰色、褐灰色、灰黄色，密实，饱和，主要成分为石英、长石，含云母及少量黏性土，夹粉质黏土薄层
⑤68		细砂	0.50～4.30	呈褐黄色、黄褐色、浅灰色，密实，饱和，含云母及少量粉粒，矿物成分以石英、长石为主，偶见细圆砾
⑤78		细砂	3.50～5.10	呈褐黄色、黄褐色、浅灰色，密实，饱和，含云母及少量粉粒，矿物成分以石英、长石为主，偶见细圆砾

（3）水文地质条件

机场隧道需下穿永定河，河水流量受季节及上游降水量影响较大，雨季水量明显增加。

机场隧道沿线地下水为第四系孔隙潜水，局部具微承压性，其中砂类土层中水量丰富。沿线地下水埋深变化较大，水位埋深6.0～14.40m，水位季节性变幅3～5m，局部地段变幅达7～9m。地下水主要由大气降水、地表水渗透及地下径流补给，排泄以蒸发和人工开采为主。水量受季节影响较大，雨季时水量丰富，水位上升；干旱季节时水量较少。隧道洞身砂层富水、水量较大，对隧道施工将造成一定影响。

利用机场隧道抽（提）水试验和室内渗透试验并参考地区经验，各地层渗透系数及透水性见表1-1-2。

各地层渗透系数及透水性 表 1-1-2

地层编号	地层名称	垂直渗透系数（cm/s）	水平渗透系数（cm/s）	抽(提)水试验渗透系数（m/d）	渗透系数推荐值（m/d）	透水性
③$_{21}$	黏土				0.005	微透水
③$_{22}$	黏土				0.005	微透水
③$_{31}$	粉质黏土	1.00×10^{-7}	1.00×10^{-7}		0.05	弱透水
③$_{32}$	粉质黏土	6.93×10^{-7}	3.04×10^{-6}		0.05	弱透水
③$_{41}$	粉土	2.50×10^{-5}	3.86×10^{-5}		0.5	中等透水
③$_{42}$	粉土	2.97×10^{-5}	3.49×10^{-6}		0.5	中等透水
③$_{52}$	粉砂				1	中等透水
③$_{55}$	粉砂				0.8	中等透水
③$_{58}$	粉砂				0.8	中等透水
③$_{65}$	细砂				2	中等透水
③$_{68}$	细砂				2	中等透水
③$_{78}$	中砂			2.6	3	中等透水
⑤$_{23}$	黏土	1.00×10^{-7}	1.81×10^{-6}		0.005	微透水
⑤$_{24}$	黏土				0.005	微透水
⑤$_{33}$	粉质黏土	9.00×10^{-6}	1.42×10^{-6}		0.05	弱透水
⑤$_{34}$	粉质黏土	1.05×10^{-6}	1.49×10^{-6}		0.05	弱透水
⑤$_{43}$	粉土	4.16×10^{-6}	1.70×10^{-5}		0.3	中等透水
⑤$_{44}$	粉土	3.93×10^{-6}	1.50×10^{-5}		0.3	中等透水
⑤$_{58}$	粉砂				0.5	中等透水
⑤$_{68}$	细砂				2	中等透水
⑤$_{78}$	中砂			2.6	3	中等透水

注：$1.0 \text{cm/s} = 8.64 \times 10^2 \text{m/d}$。

1.1.5 不良地质与特殊岩土

（1）地面沉降

河北平原地面沉降形成于 20 世纪 50 年代中期以后,1975 年之前,地面沉降仅发生在深层地下水漏斗的中心地带,沉降速率一般小于 10mm/a;1975—1985 年随着河北中东部平原深层地下水的大规模开采,出现了大面积深层地下水降落漏斗,含水层释水压缩,地层岩土力学平衡遭到破坏,黏性土层被压密,地面沉降的范围不断扩大,沉降速率不断增大,达到 18 ~ 104mm/a。1986 年之后,地面沉降继续发展,沉降速率加快,影响范围进一步扩大,出现了多个地面沉降漏斗。1998 年之后,除沧州市区的地面沉降有所缓和之外,其余地区地面沉降仍在持续加速发展。

京雄城际铁路主要通过廊坊的固安县、永清县、霸州市和雄安新区的雄县区域,截至2016年底,线路穿过区域累计沉降量达300～700mm,平均沉降速率小于65mm/a,穿越各地区地面累计沉降量及平均沉降速率见表1-1-3。

京雄城际铁路沿线穿越各地区地面累计沉降量及平均沉降速率　表 1-1-3

穿越地区		累计沉降量 （mm）	平均沉降速率 （mm/a）
廊坊	固安	300～700	0～60
	永清	300～400	0～20
	霸州	300～500	10～40
保定	雄县	400～600	40～65

（2）沉降评估结论

现状评估区及附近存在的地质灾害为地裂缝和地面沉降。根据地质灾害危险性分级,评估区地裂缝为弱发育,危险性小;地面沉降灾害发育程度为中等～强,危险性为小～中等。

经综合分析,评估区地质环境条件较复杂,可能遭受地裂缝地质灾害的危险性小,可能遭受地面沉降地质灾害的危险性大,评估区建设用地适宜性级别为适宜性差。导致适宜性差的主要原因是地面沉降严重,地面沉降是一种区域性的均匀、缓变的地质灾害,不具有突发性,因此评估区采取适当预防措施后,可以进行工程建设。

（3）软土

本工点呈透镜体状,不连续分布③₁₄淤泥质黏土及③₁₇淤泥质粉质黏土。

（4）填筑土

填筑土分布在永定河北堤及南堤处,里程范围为 DK51 + 025 ～ DK51 + 095 及 DK52 + 685 ～ DK52 + 740。

1.2　工程难点

（1）与机场枢纽一体化设计,界面接口众多,空间关系协调复杂。

机场隧道首次以特长明挖隧道的形式下穿在建机场航站楼及其配套工程,且与高速公路、城际铁路联络线、地铁、机场地下捷运系统等并行,与大量市政工程同期规划、同步施工,整合形成立体交通枢纽,规划条件和各类工程空间关系复杂、设计界面接口众多,如何协调好各类工程的空间关系、处理好复杂的接口并做好一体化设计,是本工程的难点。

（2）机场隧道长段落穿越严重区域沉降区的沉降控制难度大。

机场隧道需穿越永定河区域沉降区以及礼贤—榆垡沉降漏斗区,截至2016年底,线路穿越地区累计沉降量300～700mm,平均沉降速率65mm/a。地面沉降目前处于快速发展时期,在未来一段时期内,沉降面积和沉降速率有进一步加大的趋势。

区域沉降会导致位于不同埋深、不同地层、不同水位的隧道产生纵向沉降,使隧道开裂、错台或变形过大,影响隧道结构的服役性能和行车安全,因此隧道穿越严重区域沉降区的控制技术是本工程的难点。

（3）城市特长明挖高铁隧道的防水设计和施工难度大。

机场隧道为 W 形坡全包防水隧道，且有 1.8km 段落位于永定河下方。受永定河流域影响，沿线地层条件差，地下水位高，隧址地层富水砂层广布，隧道大部分位于地下水位以下，尤其是永定河段，随着永定河通水工程的实施，隧道防水体系的可靠性关乎工程质量。

因此，防水设计和施工技术是本工程的难点。

（4）隧道快速施工难度大。

京雄城际铁路是为响应"千年大计"雄安新区的成立而修建，面临工期短、质量要求高等问题，尤其是下穿永定河段总长 1822m，需在一个非汛期内（仅 8 个月）完成土方开挖、基坑支护、主体结构施作、覆土回填等所有工序，工期要求已突破传统明挖法施工组织的极限，工期异常紧张。因此，快速施工也是本工程的难点。

（5）隧道不均匀沉降控制难度大。

机场隧道长达 12km（含地下站），隧道埋深起伏大，埋深分布在 3~18.2m。沿线分布粉质黏土、粉土、粉细砂以及细砂，地层组合多，且多为粉质黏土与工程力学特性较差的粉土、黏土、粉细砂互层。沉降控制难度大，尤其下穿永定河北大堤段最大基坑深度达到 32m，结构覆土深度达到 18.22m，属于超高填方明洞。而永定河北大堤为一级堤防，肩负着保护北京及大兴国际机场的职责，水利部门提出了隧道段恢复的新大堤与原堤防最大沉降差不超过 2cm 的控制要求，施工难度极大。

（6）运营环境复杂、运营要求高。

京雄城际铁路机场隧道运营后将面临密集复杂的城市建设环境，因此对高铁地下结构的长期防排水能力、结构耐久性、纵向抗变形能力、高铁智能化监测都提出了很高的要求。

1.3 隧道平面、纵断面与横断面设计

1.3.1 隧道建筑限界

根据《高速铁路设计规范》（TB 10621—2014）中的相关规定，建筑限界采用高速铁路建筑限界轮廓，如图 1-3-1 所示。

（1）轨面以上净空横断面面积不小于 100m²，隧道内线间距为 5.0m。出口埋深较小的段落采用微拱直墙结构，其他段落采用拱形结构，详见图 1-3-2、图 1-3-3。

（2）隧道内设双侧电缆槽，电缆槽结构外缘距同侧线路 2.2m。

（3）隧道内设双侧救援通道，其宽度为 1.5m（自同侧线路中线外 2.3m 起算），净高 2.2m，救援通道底面高出内轨顶面 30cm。

（4）工程技术作业空间宽 30cm。

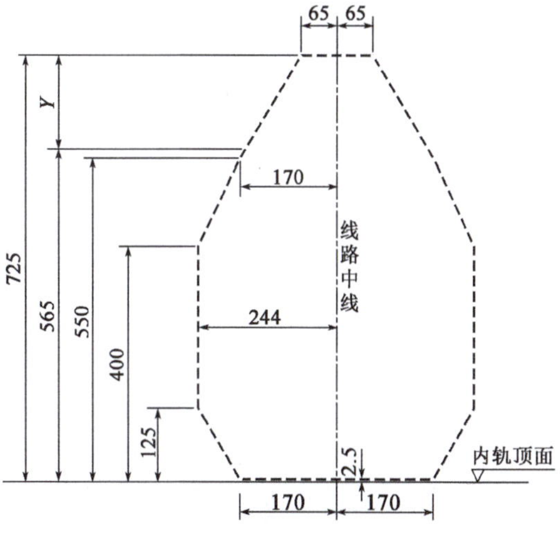

图 1-3-1 建筑限界（尺寸单位：cm）
注：Y 为接触网结构高度，Y = 160cm。

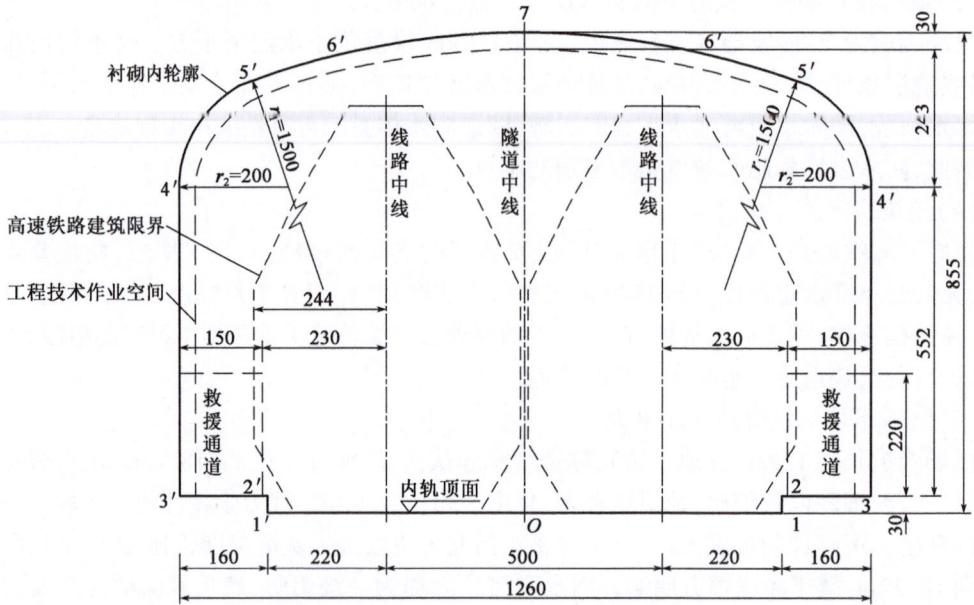

图1-3-2　隧道微拱直墙结构内轮廓（断面面积100.38m²，尺寸单位：cm）

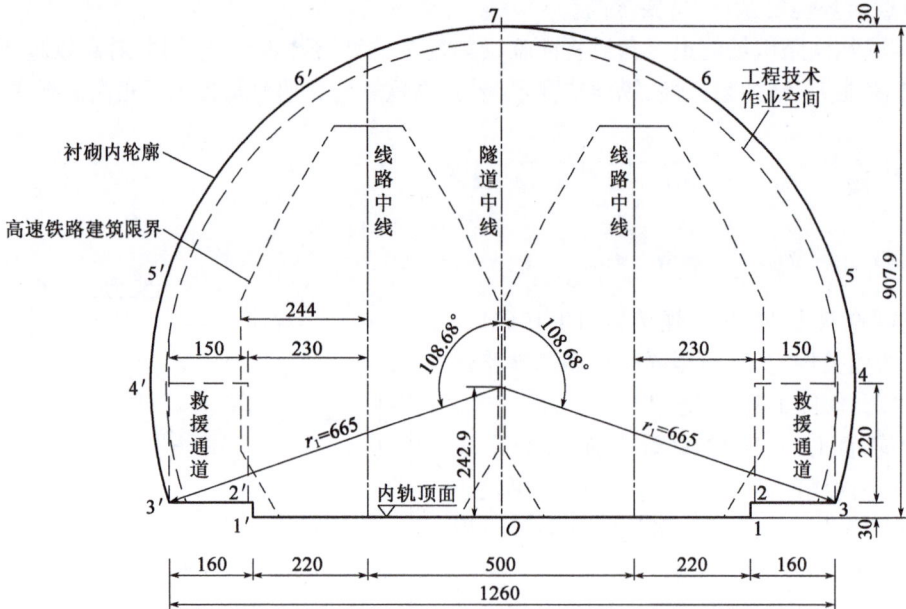

图1-3-3　隧道拱形结构内轮廓（断面面积100.11m²，尺寸单位：cm）

1.3.2　隧道平面设计

机场隧道由与机场地下车站（DK42＋900～DK44＋911.349）首尾相连的两段地下区间段落组成。其中机场1号隧道位于北京市大兴区紫各庄村西北方，南端连接机场地下车站，隧道起讫里程为 DK40 + 700 ~ DK42 + 900,全长 2200m,整座隧道位于北京市大兴区范围内,隧道最大埋深 18.22m;机场 2 号隧道北端接机场地下车站,南端下穿永定河南大堤后露出地面,隧道起讫里程为 DK44 + 911.349 ~ DK53 + 300,全长 8388.651m。机场 2 号隧道位于北京市大兴区范围 6238.651m,位于河北省廊坊市固安县范围 2150m,最大埋深 28.71m。机场隧道设计为单洞双线隧道,线间距 5m。机场隧道平面位置关系示意图如图 1-3-4 所示。

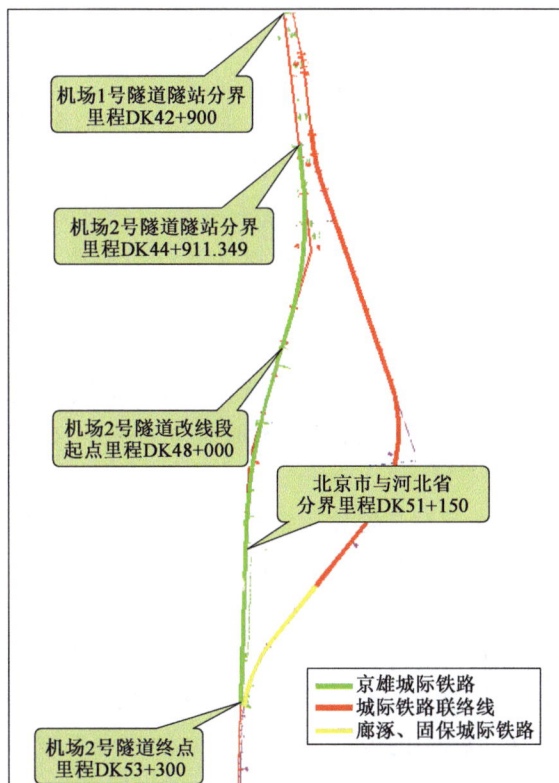

图 1-3-4　机场隧道平面位置关系示意图

1.3.3　隧道纵断面设计

1)区域控制性要素

机场隧道线路在进入大兴国际机场航站楼前和下穿之后分别需下穿大兴国际机场场坪区、永兴河和永定河。为满足下穿永兴河技术要求,机场 1 号隧道内采用一处凹形坡,并将变坡点置于永兴河以北,满足泵房设置要求。

在大兴国际机场内部为尽量减少隧道明挖工程量,同时满足机场内部隧道顶覆土深度不小于 4.5m 的管网布置需求,采用了两处 2‰的坡度,坡度长度分别为 1100m 和 3130m。

根据《北京市市属河道管理和保护范围内建设项目管理规定》中规定的"下穿永定河时埋设深度应在规划河底 8m 以下,如现状河底低于规划河底,埋设深度应在现状河底 8m 以下,同时应满足冲刷要求",对下穿永兴河处进行专项设计。

（1）下穿永兴河高程

根据相关规定，京雄城际铁路如从河底下方穿过，则隧道结构外顶需距离规划河底及现状河底 3m 以上，与规划河坡及现状河坡的水平距离不应小于 20m。竖井、通风井、车站等构筑物如在河道两侧布置，距永兴河堤外脚线不应小于 15m；距其他规划河道上口线不应小于 15m；距其余河道规划河道上口线不应小于 10m。而根据永兴河设计资料，其规划河底高程为 19.26m。由此确定京雄城际铁路下穿永兴河处轨面高程不应高于 6.2m，同时为尽量减少隧道工程开挖量，将隧道最低点设计于永兴河影响范围和大兴国际机场红线之间。

（2）下穿机场区内部高程

根据北京大兴国际机场规划和建设需求，为满足机场内部地下管网的敷设要求，大兴国际机场规划区范围内隧道洞顶覆土深度不应小于 4.5m，该区段隧道高程上限由此确定；而为了尽量减少隧道明挖工程量，机场规划区范围内隧道全部采用 2‰坡度。同时为避免排水泵站与机场规划相互干扰，机场 1、2 号隧道最低点均不在大兴国际机场规划红线范围内。

（3）下穿永兴河高程

根据河道管理部门规定："建设项目穿越河道主槽及滩地段，管顶埋深应在最低冲刷线 2m 以下；穿越堤防及堤身外管理范围段，管顶埋深应在堤基线 6m 以下。"

（4）下穿永定河高程

根据防洪评价报告，机场 2 号隧道穿越永定河范围内最低冲刷线高程为 15.87m，因此隧道穿过永定河河槽及河堤段落高程以此标准控制。

2）隧道线路纵断面

隧道进口以 20‰的坡度下坡进入地下，以 7‰的坡度下坡下穿永兴河，然后以 2‰的坡度上坡穿越机场后连接新机场站，隧道出新机场站后以 2‰的坡度上坡穿越机场一期，以 2‰的坡度下坡穿越规划机场二期，以 5‰的坡度上坡、8.56‰的坡度下坡下穿机场以南农田，然后以 2‰的坡度上坡下穿永定河河堤及河槽，最后以 20‰的坡度上坡下穿廊涿高速公路后露出地面。整条隧道的纵断面为"V"形与"人"字形坡组合，最深处轨面至地面的距离约 28.9m，如图 1-3-5 所示。

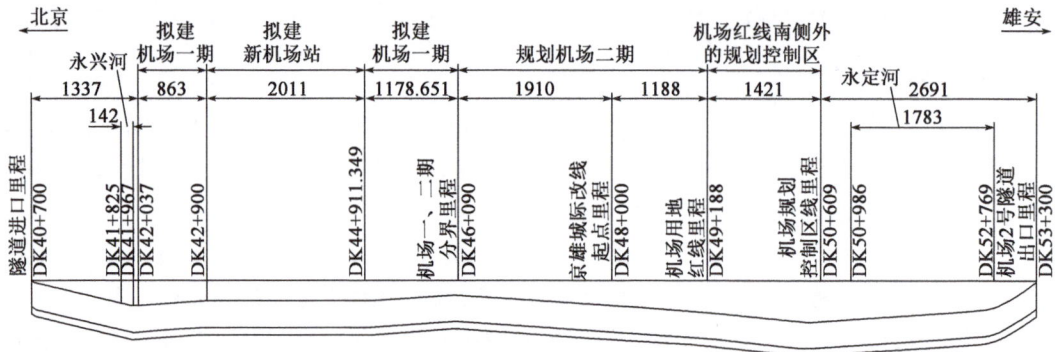

图 1-3-5　隧道线路纵断面（尺寸单位：m）

1.3.4 隧道横断面设计

为了全面分析,分别对 0~3m 覆土、3~6m 覆土、6~10m 覆土、10~16m 覆土等四种覆土形式,针对微拱直墙结构、矩形结构、拱顶平底结构、拱形结构和折板结构进行受力分析,为设计和施工提供科学依据。

(1)0~3m 浅埋覆土时断面形式比选

由于隧道覆土深度较小,结构受力小。根据一般设计经验可采用矩形结构、折板结构、拱顶平底结构、微拱直墙结构,如图 1-3-6 所示。

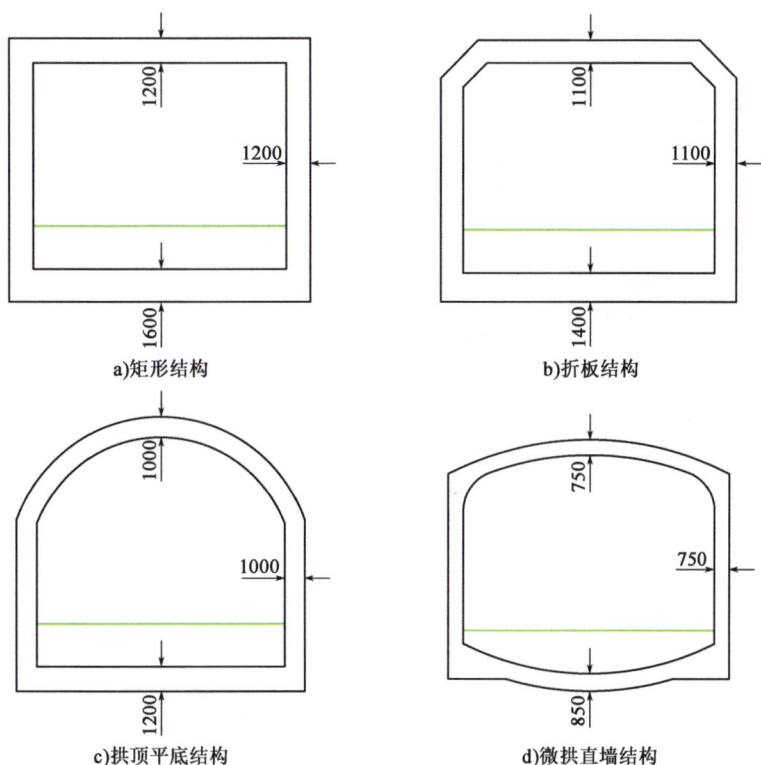

a)矩形结构

b)折板结构

c)拱顶平底结构

d)微拱直墙结构

图 1-3-6 0~3m 覆土时的断面尺寸(尺寸单位:mm)

土体重度为 20kN/m³,采用水土分算方式进行水土压力计算。计算截面地质资料采用 17-JXJD-088 号地质钻孔,结构底板处于粉质黏土③$_{31}$层,底板竖向基床系数为 21.2MPa/m,水平基床系数采用各层的平均值,取 26.1MPa/m。分别计算矩形结构、折板结构、拱顶平底结构和微拱直墙结构在标准组合荷载下的结构内力,并进行正常使用极限状态配筋计算,计算结果如表 1-3-1~表 1-3-4 所示。

(2)3~6m 覆土时断面形式比选

根据 0~3m 浅埋覆土各断面形式对比结果可知,矩形结构受力较差,故在覆土深度 3~6m 的情况下,仅对折板结构、拱顶平底结构、拱形结构进行比选,如图 1-3-7 所示。

矩形结构正常使用极限状态下内力及配筋计算结果　　　　　　　　表 1-3-1

序号	部位	板厚（mm）	工况一			实际配筋	裂缝宽度（mm）	配筋率（%）
			弯矩（kN·m）	轴力（kN）	剪力（kN）			
1	顶板中部	1200	805.7	419.9	—	φ28@150	0.16	0.63
2	顶板端部	1200	1171	419.9	—	φ25@150 + φ25@150	0.1	1.01
3	底板中部	1600	1678	768.6	—	φ28@150	0.18	0.43
4	底板端部	1600	1453	768.6	—	φ25@150 + φ25@150	0.1	0.6
5	侧墙上部	1200	1171	593.5	—	φ25@150 + φ25@150	0.06	1.01
6	侧墙中部	1200	403.9	752.8	—	φ25@150	0.1	0.49
7	侧墙下部	1200	1453	936.7	—	φ25@150 + φ25@150	0.1	1.01

折板结构正常使用极限状态下内力及配筋计算结果　　　　　　　　表 1-3-2

序号	部位	板厚（mm）	工况一			实际配筋	裂缝宽度（mm）	配筋率（%）
			弯矩（kN·m）	轴力（kN）	剪力（kN）			
1	顶板中部	1100	847.9	517.2	—	φ28@150	0.2	0.75
2	顶板端部	1100	883.8	847.6	—	φ25@150 + φ25@150	0.1	1.1
3	底板中部	1400	1551	762.5	—	φ28@150	0.19	0.56
4	底板端部	1400	1637	762.5	—	φ25@150 + φ25@150	0.05	0.66
5	侧墙上部	1100	883.8	796.5	—	φ25@150 + φ25@150	0.04	1.1
6	侧墙中部	1100	287.2	890.6	—	φ25@150	0.1	0.42
7	侧墙下部	1100	1637	1013	—	φ25@150 + φ25@150	0.19	1.1

拱顶平底结构正常使用极限状态下内力及配筋计算结果　　　　表 1-3-3

序号	部位	板厚（mm）	工况一			实际配筋	裂缝宽度（mm）	配筋率（%）
			弯矩（kN·m）	轴力（kN）	剪力（kN）			
1	顶板中部	1000	202	681	—	$\phi28@150$	0.1	0.82
2	顶板端部	1000	346.2	1031	—	$\phi25@150+\phi25@150$	0.1	1.19
3	底板中部	1200	1154	723.5	—	$\phi28@150$	0.19	0.82
4	底板端部	1200	1529	723.5	—	$\phi25@150+\phi25@150$	0.07	0.88
5	侧墙上部	1000	346.2	1007	—	$\phi25@150+\phi25@150$	0.1	1.19
6	侧墙中部	1000	89.33	1069	—	$\phi25@150$	0.13	0.75
7	侧墙下部	1000	1529	1147	—	$\phi25@150+\phi25@150$	0.2	1.19

微拱直墙结构正常使用极限状态下内力及配筋计算结果　　　　表 1-3-4

序号	部位	板厚（mm）	工况一			实际配筋	裂缝宽度（mm）	配筋率（%）
			弯矩（kN·m）	轴力（kN）	剪力（kN）			
1	顶板中部	750	374.4	481.5	—	$\phi28@150$	0.17	0.55
2	顶板端部	750	710.5 / **623**	608.6	354	$\phi25@150+\phi25@150$	0.15	0.88
3	底板中部	850	439.7	825.2	—	$\phi28@150$	0.13	0.39
4	底板端部	1200	1220 / **1029**	711.3	698.5	$\phi25@150+\phi25@150$	0.1	0.41
5	侧墙上部	750	710.5 / **616**	588.7	397.8	$\phi25@150+\phi25@150$	0.1	0.88
6	侧墙中部	750	297.9	644.2	—	$\phi25@150$	0.1	0.34
7	侧墙下部	750	638	741.2	709.5	$\phi25@150+\phi25@150$	0.17	0.65

注：表中加粗数据为折减后的数值。

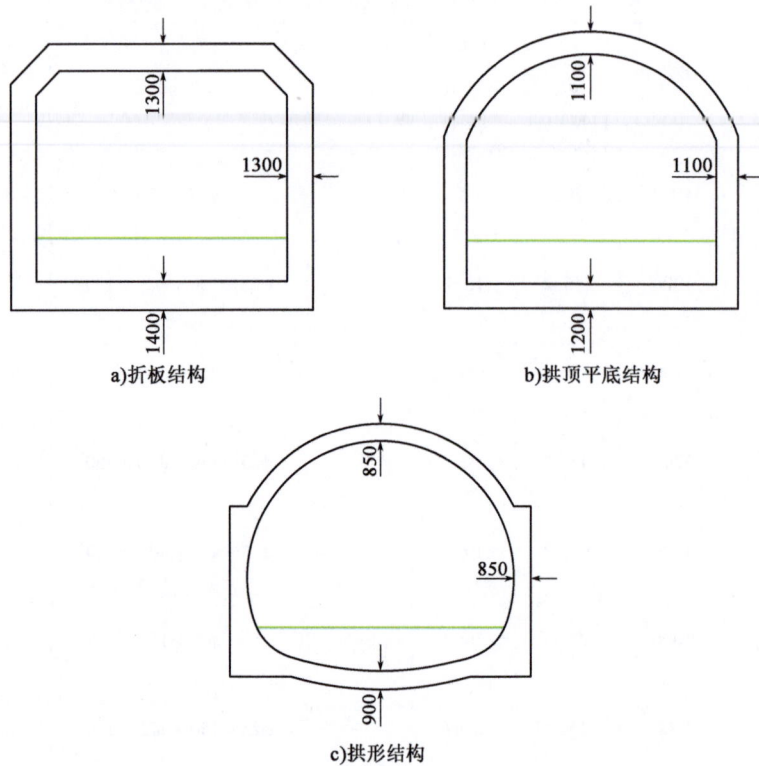

a)折板结构

b)拱顶平底结构

c)拱形结构

图1-3-7　3~6m覆土时断面尺寸(尺寸单位:mm)

土体重度为20kN/m³,采用水土分算方式进行水土压力计算。计算截面地质资料采用17-JXJD-083号地质钻孔,结构大部分处于粉质黏土层,竖向基床系数为26.9MPa/m,水平基床系数为23.7MPa/m。分别计算折板结构、拱顶平底结构和微拱直墙结构标准组合荷载下的结构内力,并进行正常使用极限状态配筋计算,计算结果如表1-3-5~表1-3-7所示。

折板结构正常使用极限状态下内力及配筋计算结果　　　　表1-3-5

序号	部位	板厚（mm）	工况一			实际配筋	裂缝宽度（mm）	配筋率（%）
			弯矩（kN·m）	轴力（kN）	剪力（kN）			
1	拱顶	1300	1896	929.1	—	φ28@100	0.2	0.72
2	拱腰	1300	1755	1591	543.5	φ28@100	0.1	0.72
3	拱脚侧墙	1300	1755 **1335**	1559	740.7	φ28@100 + φ25@100	0.1	1.3
4	拱脚仰拱	1300	3304 **2576**	1942	1284	φ28@100 + φ25@100	0.1	1.3
5	仰拱	1400	3089	1284	—	φ28@100 + φ25@100	0.13	1.23
6	拱墙	1300	117.7	1726	—	φ28@100	0.1	0.72

注:表中加粗数据为折减后的数值,后同。

拱顶平底结构正常使用极限状态下内力及配筋计算结果 表1-3-6

序号	部位	板厚（mm）	工况一			实际配筋	裂缝宽度（mm）	配筋率（%）
			弯矩（kN·m）	轴力（kN）	剪力（kN）			
1	拱顶	1100	306.2	1057	—	φ28@100	0.1	0.95
2	拱腰	1100	635.2	1559	—	φ28@100	0.1	0.95
3	拱脚侧墙	1100	635.2	1531	—	φ28@100＋φ25@100	0.1	1.7
4	拱脚仰拱	1100	2557	1746	—	φ28@100＋φ25@100	0.16	1.7
5	仰拱	1200	2495	1044	—	φ28@100＋φ25@100	0.18	1.58
6	拱墙	1100	227.9	1626	—	φ28@100	0.1	0.95

微拱直墙结构正常使用极限状态下内力及配筋计算结果 表1-3-7

序号	部位	板厚（mm）	工况一			实际配筋	裂缝宽度（mm）	配筋率（%）
			弯矩（kN·m）	轴力（kN）	剪力（kN）			
1	拱顶	850	288.8	1033	—	φ22@100	0.12	0.45
2	拱腰	1550	1135	1474	484	φ25@100	0.1	0.32
3	拱脚侧墙	1500	3616 / 2745	1697	1275	φ25@100＋φ25@100	0.17	0.65
4	拱脚侧墙	1400	3616 / 2491	1279	1607	φ25@100＋φ25@100	0.18	0.7
5	仰拱	900	848	1460	—	φ25@100＋φ22@100	0.13	0.96
6	侧墙	850	557	1532	—	φ25@100	0.17	0.58

（3）6～10m覆土断面形式比选

根据3～6m覆土各断面形式对比结果可知，折板结构受力较差，故在覆土深度6～10m的情况下，仅对拱顶平底结构、拱形结构进行比选，如图1-3-8所示。

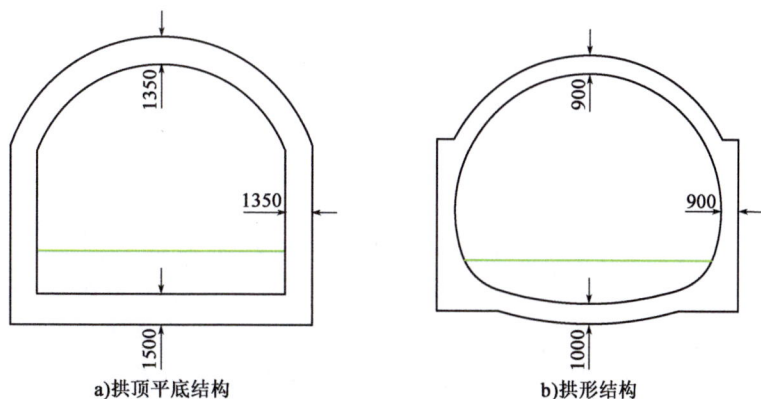

a）拱顶平底结构　　　　　　　b）拱形结构

图1-3-8 6～10m覆土时断面尺寸（尺寸单位：mm）

土体重度为20kN/m³,采用水土分算方式进行水土压力计算。计算截面地质资料采用17-JXJD-080号地质钻孔,结构大部分处于粉质黏土层,竖向基床系数为23.7MPa/m,水平基床系数为23.67MPa/m。分别计算拱顶平底结构和微拱直墙结构标准组合荷载下的结构内力,并进行正常使用极限状态配筋计算,计算结果如表1-3-8和表1-3-9所示。

拱顶平底结构正常使用极限状态下内力及配筋计算结果 表1-3-8

序号	部位	板厚（mm）	工况一			实际配筋	裂缝宽度（mm）	配筋率（%）
			弯矩（kN·m）	轴力（kN）	剪力（kN）			
1	拱顶	1350	416	1510	—	φ28@100	0.1	0.82
2	拱腰	1350	831.8	2116	—	φ28@100	0.1	0.82
3	拱脚侧墙	1350	831.8	2059	—	φ28@100 + φ25@100	0.1	1.48
4	拱脚仰拱	1350	3347	2274	—	φ28@100 + φ25@100	0.19	1.48
5	仰拱	1500	3238	1363	—	φ28@100 + φ25@100	0.18	1.38
6	拱墙	1350	264.1	2155	—	φ28@100	0.16	0.82

微拱直墙结构正常使用极限状态下内力及配筋计算结果 表1-3-9

序号	部位	板厚（mm）	工况一			实际配筋	裂缝宽度（mm）	配筋率（%）
			弯矩（kN·m）	轴力（kN）	剪力（kN）			
1	拱顶	900	465.4	1515	—	φ25@100	0.1	0.55
2	拱腰	1600	1574	2061	696	φ28@100	0.1	0.38
3	拱脚侧墙	1700	4543 / 3527	2273	1604	φ28@100 + φ25@100	0.17	0.65
4	拱脚仰拱	1600	4543 / 3112	1610	2146	φ28@100 + φ25@100	0.17	0.69
5	仰拱	1000	1414	1830	—	φ28@100 + φ25@100	0.18	1.11
6	拱墙	900	682	1610	—	φ28@100	0.16	0.68

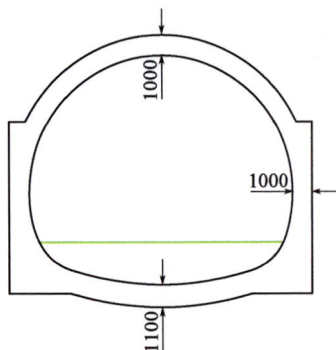

图1-3-9 10~16m覆土时拱形结构断面尺寸(尺寸单位:mm)

（4）10~16m覆土断面形式比选

根据6~10m覆土各断面形式对比结果可知,拱顶平底结构底板受力较差,故在覆土深度10~16m的情况下采用拱形结构形式,如图1-3-9所示。

土体重度为20kN/m³,采用水土分算方式进行水土压力计算。计算截面地质资料采用17-JXJD-080号地质钻孔,结构大部分处于粉质黏土层,竖向基床系数为23.7MPa/m,水平基床系数为23.67MPa/m。计算微拱直墙结构标准组合荷载下的结构内力,并进行正常使用极限状态配筋计算,计算结果如表1-3-10所示。

微拱直墙结构正常使用极限状态下内力及配筋计算结果　　　　表 1-3-10

序号	部位	板厚（mm）	工况一			实际配筋	裂缝宽度（mm）	配筋率（%）
			弯矩（kN·m）	轴力（kN）	剪力（kN）			
1	拱顶	1000	783.2	2237	—	φ32@100	0.17	0.8
2	拱腰	1650	2269	2963	963.8	φ32@100	0.11	0.49
3	拱脚 侧墙	1800	6180 **4800**	3185	2125	φ32@100＋φ28@100	0.17	0.79
4	拱脚 仰拱	1700	6180 **4117**	2134	3019	φ32@100＋φ28@100	0.19	0.84
5	仰拱	1100	2201	2442	—	φ32@100＋φ32@100	0.18	0.8
6	拱墙	1000	1060	3021	—	φ32@100	0.19	1.46

（5）确定结构断面形式

①明挖隧道在覆土深度较小的放坡段采用矩形结构可方便施工，增加微拱可以在显著改善结构受力的同时，又不影响施工的便捷性。

②折板结构仅能通过折板抬升断面高度以减小结构覆土厚度，对改善结构受力有一定的作用，不适用于覆土较深、跨度较大的工况，在铁路双线断面条件下，当覆土深度超过3m时，不建议采用折板结构。

③微拱直墙结构断面上部受力效果较好，由于依托工程断面跨度较大，在覆土较深的情况下底板受力较差，需采用仰拱的形式解决底部受力的问题。

④拱形结构受力特性好，投资最少，依托工程主要选用拱形明洞衬砌。对传统拱形断面进行优化，通过降低仰拱矢跨比、采用内曲外直边墙等措施，改善主体结构与明挖基坑的几何和力学适应性，充分利用垂直支护结构作为防水外模，改善施工条件，提高施工效率。

机场隧道结构断面形式应结合隧道沿线的现状环境和规划的周边环境，尤其是大兴国际机场的规划情况统筹考虑；并应减少施工中和建成后对环境造成的不利影响，考虑城市规划引起周围环境的改变对隧道结构的影响。

经比选分析，隧道进、出口覆土较浅段落采用微拱直墙结构，其余段落均采用拱形衬砌结构形式，如图 1-3-10 所示。

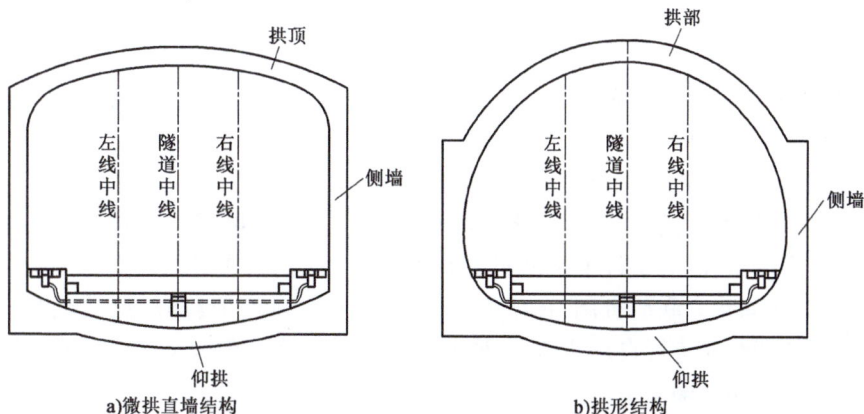

图 1-3-10　经比选确定的隧道结构断面形式

1.3.5 运营安全要求

（1）隧道两侧安全保护区

考虑到机场隧道为大兴国际机场的下穿隧道，建设期间隧道洞身上部没有永久征地，与高速铁路桥梁、路基施工不同（大部分要拆迁征地，形成铁路用地）。结合本工程的技术特点，隧道段铁路线路安全保护区可按轨道交通的控制保护区类比设定，即将线路左右线中线两侧各50m范围内的区域设为本工程的线路安全保护区，确保运营安全。

（2）隧道两侧设置控制带

参照《铁路安全管理条例》及《城市轨道交通运营管理办法》的相关规定，隧道中线两侧各20m设置为隧道安全的规划建设控制带，在规划建设控制带范围内，严禁规划新的建（构）筑物；在规划建设控制带范围外与铁路线路安全保护区范围之间的隧道侧上方，严格控制规划对本工程影响很大的新建建（构）筑物。如若规划，应当进行安全评价，并须征得铁路运营单位的同意并签订安全协议后，方可进行工程建设，以确保隧道结构及运营安全。

隧道洞顶上方，除根据地方交通需要设置通行区域外，还需与河道管理部门沟通河道内的恢复要求，其他区域应进行复耕或绿化处理，以保护隧道结构、确保铁路运营安全。

（3）隧道安全保护技术要求

①在工程竣工后，本段隧道线路安全保护区范围内不得进行影响隧道安全的一切工程活动（如基坑开挖、打桩、井点降水等）。

②地下水限制开采范围为隧道外侧各200m。

③在已建隧道两侧或顶部进行加载或卸载的建筑施工时，必须采取可靠的技术措施，并对新建建（构）筑物对隧道的影响进行可靠的分析评估，满足隧道保护的以下技术标准：任意点的附加沉降不大于20mm，沉降速率不大于10mm/a；任意点的水平位移不大于10mm，变形速率不大于10mm/a；附加变形曲率半径不小于15000m。

④由打桩、爆破引起的隧道振动峰值质点运动速率不大于10mm/s。

（4）区域沉降段隧道安全运营的行车预案和应对措施

①线路运营前，应与地方政府协商关停线路两侧200m范围内各处水源井、灌溉取水井等加剧区域沉降的水井。

②运营期严禁在线路两侧200m范围内新增取水井或降水井等，限制地下水抽取。

③运营期间隧道段应开展实时在线自动化监测，并加强隧道维护，确保运营安全。

④根据自动化监测结果，制订行车限速等行车预案。

（5）下穿永定河段汛期安全运营的行车预案

当永定河内遭遇特大洪水时，有可能出现河道百年一遇的冲刷深槽，导致本段隧道结构产生变形，影响行车安全，故应制订本段汛期发生特大洪水时的行车预案，即铁路运输部门与地方水利防汛部门之间建立联动机制，在汛期发生特大洪水、永定河段隧道（线路）变形及河道严重冲刷时，对该段线路进行自动化监测，监测汛期线路静态几何尺寸变形情况，必要时对列车进行限速，确保铁路运输安全。

1.4 基坑围护结构设计

1.4.1 基坑降水设计

隧道施工前必须进行基坑(含放坡段)降水,根据含水层厚度、渗透系数、水位高度及基坑的相互关系,结合周边环境和北京市轨道交通等地下工程的降水经验,开展降水设计。

隧道沿线地下水类型为第四系孔隙潜水,局部具有微承压性。根据地层情况,对本隧道DK50+986~DK51+124段采取坑内降水+坑外降压,DK52+651~DK52+769段采取坑外降水+坑内降水、降压,DK48+000~DK48+350段、DK48+400~DK48+600段采取坑内降水,其余段落采取坑外降水。结合本隧道地层条件及基坑周边建(构)筑物情况,综合考虑含水层厚度、渗透系数、地下水性质、水位年变化幅度等因素,对潜水水位高于坑底以下1.0m的段落采取地下水控制措施,即采用坑外管井降水,采用$\phi705$mm管井,降水井距离纵向冠梁边3m,纵向井间距为6~16m。对于稳定水位在基坑底以下的段落,纵向每隔25m设置一处降水井兼作水位观测井,沿隧道双侧设置。降水井的具体设置方案需根据施工前的现场试验情况进行调整。

在基坑开挖前42d,开启降水井,降水至基坑底以下0.5~1m,保证基坑内没有明水施工;降压井在基坑开挖过程中按需开启。

1.4.2 基坑安全等级及变形控制标准

综合考虑基坑周边环境和地质条件、基坑深度等,基坑安全等级及变形控制标准如下。

(1)明挖放坡段安全等级为三级,支护结构重要性系数为0.9;其余段围护结构安全等级为一级,支护结构重要性系数为1.1。

(2)基坑深度大于20m或局部邻近永定河大堤、村庄段、重要管线等基坑变形控制保护等级为一级,围护结构最大水平位移不大于0.14%H(H为基坑深度),且不大于25mm;地面最大沉降量不大于0.15%H,且不大于30mm。

(3)基坑深度不大于20m且基坑周围无需要保护的重要建筑物的基坑变形控制保护等级为二级,围护结构最大水平位移不大于0.3%H,且不大于30mm;地面最大沉降量不大于0.2%H,且不大于35mm。

(4)放坡段基坑变形控制保护等级为三级,围护结构最大水平位移不大于0.3%H,且不大于30mm;地面最大沉降量不大于0.3%H,且不大于40mm。

(5)对于双排桩段基坑围护结构,支护结构顶部最大水平位移不大于40mm。

1.4.3 基坑围护方案分析比较

结合隧道所处位置的地质条件、基坑深度、环境条件和工期要求,确定基坑安全等级及变形控制等级,合理选取围护结构形式,机场隧道主要选用以下三种围护类型。

（1）全放坡开挖锚喷围护结构

隧道进出口埋深较小段采用全放坡施工，采用单级或两级放坡方式，单坡最大高度为8m，坡面采用锚喷临时防护，如图1-4-1所示。

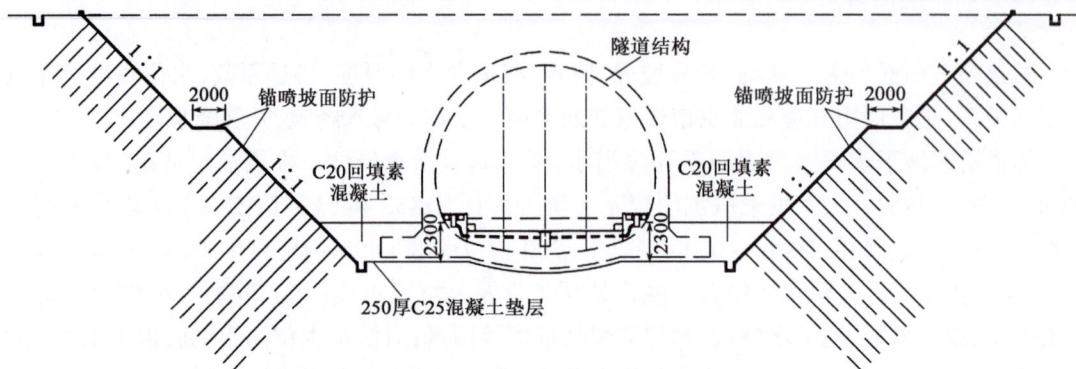

图1-4-1　全放坡开挖锚喷围护结构断面(尺寸单位:mm)

（2）垂直支护＋内支撑围护结构

如图1-4-2所示，这种围护形式适用于基坑邻近地表建（构）筑物、空间受限的情况；基坑内采用无倒撑的内支撑体系，减少施工工序，适用于对施工进度有较高要求的段落。

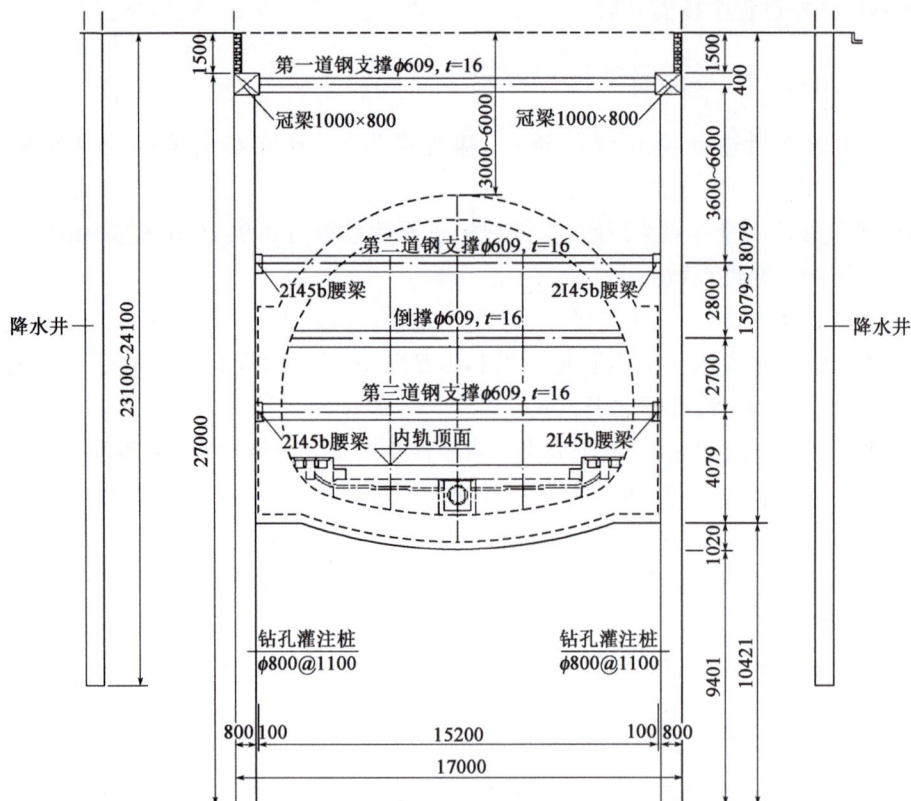

图1-4-2　垂直支护＋内支撑围护结构断面(尺寸单位:mm)

（3）放坡＋钻孔灌注桩＋内支撑围护结构

基坑采用上层放坡开挖、下层排桩支护的复合围护结构形式,如图1-4-3所示,放坡高度为 2～13m,剩余深度为垂直开挖。该围护形式适用于隧道上方地表开阔、环境简单、附近无需要保护的建(构)筑物的地段。

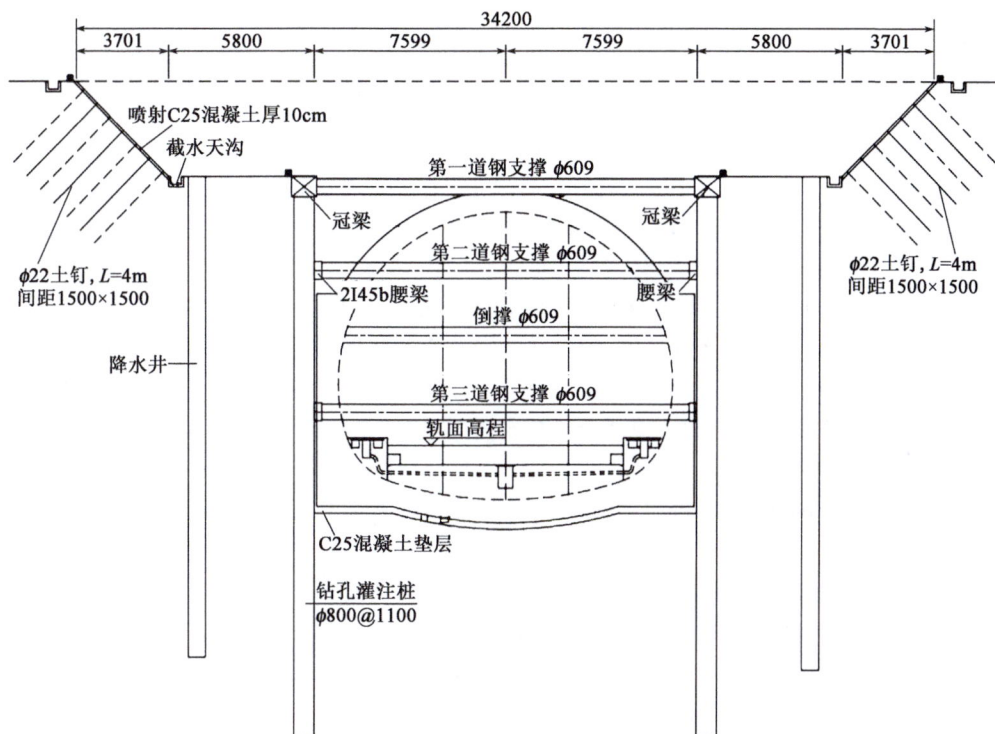

图1-4-3 放坡＋排桩＋内支撑围护结构断面(尺寸单位:mm)

受京雄城际铁路总工期及线路调整影响,机场隧道施工总工期由 18 个月缩短到 10 个月,特别是永定河段为了满足防洪度汛要求工期仅有 7 个月。为提高施工功效、确保按期完成,对永定河段基坑围护结构进行优化,减少工序环节、加快施工进度。优化的原则如下:

①在加强支护桩结构、确保施工安全的前提下,取消基坑围护结构中的倒撑结构,然后采用整体台车浇筑,节省了侧墙台车和拱顶台车拼装两个施工工序之间占用的时间。

②尽量减少内支撑使用,提高大型机械开挖效率。

1.4.4 不同围护结构工效分析对比

1)排桩＋内支撑

机场隧道绝大多数段落均采取排桩＋内支撑支护,该围护结构施工工序如图1-4-4所示。首先,平整场地、降水施工、上部放坡、打设钻孔灌注桩、开挖基坑并按要求及时支护,在基坑开挖到位后浇筑垫层、施工仰拱、浇筑仰拱填充,仰拱混凝土达到设计要求强度后拆除第三道内支撑、施工侧墙,侧墙混凝土达到设计要求强度后拆除侧模、安装临时倒撑结构,然后拆除第二道内支撑、施工拱顶混凝土,待拱顶混凝土达到设计要求强度后拆除拱顶模板及临时倒撑结构,回填基坑至第一道内支撑底部,最后拆除第一道内支撑,回填基坑至原地面。

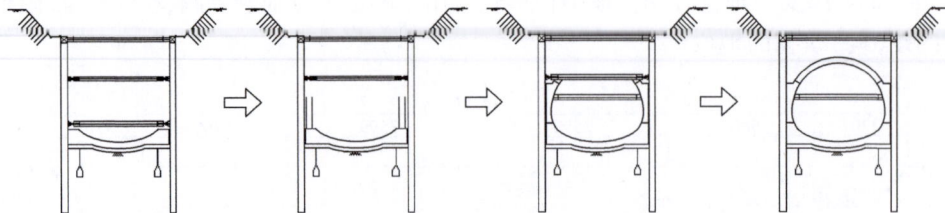

图1-4-4　有倒撑围护结构施工工序

2)优化调整的施工组织及支撑结构措施

为提高施工效率、加快施工进度,采取如下施工组织及技术措施:

①采取分段、同步施工,代替原分段、分期施工工艺。

②缩短明挖段隧道施工分段长度,将大于300m长的分段调整为不大于300m。

③在加强围护桩结构、确保施工安全的前提下,取消基坑围护中的倒撑结构,采用整体台车浇筑代替先浇筑侧墙、再浇筑拱顶混凝土的分体式台车方案,节省了侧墙台车和拱顶台车两个工序之间占用的时间。

整体台车在国内暗挖隧道施工中应用广泛,其技术、工艺非常成熟,但为明挖、有倒撑的垂直围护结构而专门研制的步履式整体台车在国内鲜有应用。

整体台车方案不但节省了侧墙台车拼装至拱顶台车的时间(前四次侧墙混凝土循环浇筑时间22d及侧墙台车拼装时间15d,共37d),而且减少施工时间约37.5d(整体台车单个浇筑段7.5d、步履式台车单个浇筑段9d,总计25个12m长的混凝土浇筑段)。

3)工效分析

(1)有倒撑的步履式分体台车施工

有倒撑的步履式分体台车施工工序如下:支护钻孔灌注桩及水泥搅拌桩施工→冠梁、钢支撑、土方开挖施工→前3板仰拱施工,为侧墙台车施工提供作业面,避免相互干扰→侧墙台车拼装及调试→施工前4板侧墙,待侧墙台车转移至第五浇筑段后为拱顶台车施工提供工作面,避免相互干扰→拼装拱顶台车→拱顶施工(结构物施工控制工序)→拱顶回填施工。

分体台车施工侧墙工效分析见表1-4-1,分体台车施工拱顶工效分析见表1-4-2。

分体台车施工侧墙工效分析　　　　　　　　　　　　　　　　　　　表1-4-1

序号	作业步骤	耗时 (d)
1	施工缝清理、预埋筋调整、防水层修补	0.5
2	钢筋绑扎及拱顶弧形主筋安装	1.0
3	台车纵移就位、模板清理、调整、加固	0.5
4	混凝土浇筑	0.5
5	混凝土养护	3.0
总计		5.5

分体台车施工拱顶工效分析   表 1-4-2

序号	作业步骤	耗时（d）	备注
1	倒撑安装,然后拆除第二道支撑	2	受拱顶弧形钢筋整体预埋的影响,倒撑安装效率极低
2	拱顶台车就位及调整,模板清理	0.5	台车纵移过程中通过倒撑时需多次转换支腿
3	施工缝清理、预埋筋调整、防水层修补	0.5	受倒撑影响
4	拱顶钢筋绑扎	2.0	受拱顶弧形钢筋整体预埋的影响,绑扎效率低
5	拱顶外模板安装	1.0	
6	拱顶混凝土浇筑	0.5	
7	混凝土养护	3.0	
	总计	9.5	

（2）取消倒撑后整体台车施工

取消倒撑后整体台车施工工序如下：支护钻孔灌注桩及水泥搅拌桩施工→冠梁、钢支撑、土方开挖施工→前三板仰拱施工,为台车提供工作面,避免相互干扰→台车拼装及调试→台车施工衬砌→拱顶回填施工。

整体台车施工工效分析见表 1-4-3。

整体台车施工侧墙衬砌工效分析   表 1-4-3

序号	作业步骤	耗时（d）
1	台车纵移就位、模板清理、调整、加固	0.5
2	施工缝清理、预埋筋调整、防水层修补	0.5
3	钢筋绑扎	1.5
4	外模板安装、加固	1.0
5	混凝土浇筑	1.0
6	混凝土养护	3.0
	总计	7.5

（3）下穿永定河段施工

机场 2 号隧道下穿永定河段长约 1.7km,根据河道管理部门要求,机场 2 号隧道下穿永定河段期间,2017 年 6 月 1 日—9 月 15 日汛期不得施工,故隧道下穿永定河段最早开工日期为 2017 年 11 月 1 日,且务必于 2018 年 5 月 31 日完成,总工期仅 7 个月。

隧道下穿永定河段按照长度小于 300m 分段、整体台车浇筑衬砌方案,则施工总工期约 9 个月,不能满足安全度汛的需要。为此,基坑拟采取双排钻孔桩、无内支撑支护方案,其施工工效分析见表 1-4-4。

序号	作业步骤	耗时(d)	备注
1	台车纵移就位、模板清理、调整、加固	0.5	
2	施工缝清理、预埋筋调整、防水层修补	0.5	
3	钢筋绑扎	1.5	无内支撑干扰,起重设备配合
4	外模板安装、加固	0.5	无内支撑干扰,起重设备配合整体纵移安装
5	混凝土浇筑	1.0	
6	混凝土养护	3.0	
	总计	7.0	

1.4.5　无倒撑围护结构设计

为了加快施工进度,确保按期完成,主要从以下方面对原设计工程措施进行优化:取消倒撑,底板施工完成后用现行比较成熟的模板台车就可以一次浇筑拱墙混凝土。

结合隧道所处位置的地质条件、基坑深度和环境条件,选取围护结构形式,经技术、经济比较,本隧道进出口段及下穿较深取土坑处采取放坡开挖,其余段落采用放坡＋钻孔桩＋内支撑＋止水帷幕和放坡＋钻孔桩＋无倒撑的形式。

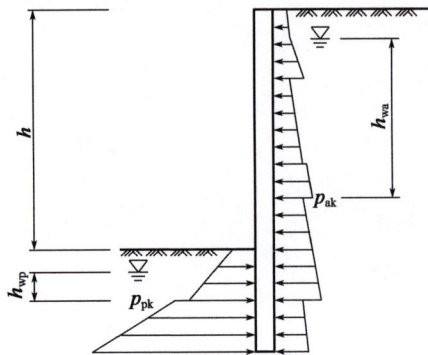

1)土荷载计算

围护结构外侧的主动土压力强度标准值、围护结构内侧的被动土压力强度标准值按下列公式计算,计算图示如图1-4-5所示。

(1)对地下水位以上或水土合算的土层

$$p_{ak} = \sigma_{ak}K_{a,i} - 2c_i\sqrt{K_{a,i}} \tag{1-4-1}$$

$$K_{a,i} = \tan^2\left(45° - \frac{\varphi_i}{2}\right) \tag{1-4-2}$$

$$p_{pk} = \sigma_{pk}K_{p,i} + 2c_i\sqrt{K_{p,i}} \tag{1-4-3}$$

$$K_{p,i} = \tan^2\left(45° + \frac{\varphi_i}{2}\right) \tag{1-4-4}$$

图1-4-5　土压力计算图示

式中:p_{ak}——支护结构外侧、第i层土中计算点的主动土压力强度标准值(kPa),当$p_{ak}<0$时,应取$p_{ak}=0$;

σ_{ak}、σ_{pk}——支护结构外侧、内侧计算点的土中竖向应力标准值(kPa);

$K_{a,i}$、$K_{p,i}$——第i层土的主动土压力系数、被动土压力系数;

c_i、φ_i——第i层土的黏聚力(kPa)与内摩擦角(°);

p_{pk}——支护结构内侧、第i层土中计算点的被动土压力强度标准值(kPa)。

土中竖向应力标准值应按下式计算:

$$\sigma_{ak} = \sigma_{ac} + \sum\Delta\sigma_{k,j} \tag{1-4-5}$$

$$\sigma_{pk} = \sigma_{pc} \tag{1-4-6}$$

式中：σ_{ac}——支护结构外侧计算点，由土的自重产生的竖向总应力(kPa)；

$\quad\quad \sigma_{pc}$——支护结构内侧计算点，由土的自重产生的竖向总应力(kPa)；

$\quad\quad \Delta\sigma_{k,j}$——支护结构外侧第 j 个附加荷载作用下计算点的土中附加竖向应力标准值(kPa)。

（2）对于水土分算的土层

$$p_{ak} = (\sigma_{ak} - u_a)K_{a,i} - 2c_i\sqrt{K_{a,i}} + u_a \qquad (1\text{-}4\text{-}7)$$

$$p_{pk} = (\sigma_{pk} - u_p)K_{p,i} + 2c_i\sqrt{K_{p,i}} + u_p \qquad (1\text{-}4\text{-}8)$$

式中：u_a、u_p——支护结构外侧、内侧计算点的水压力(kPa)，当采用悬挂式截水帷幕时，应考虑地下水从帷幕底向基坑内的渗流对水压力的影响。

静止地下水的水压力可按下列公式计算：

$$u_a = \gamma_w h_{wa} \qquad (1\text{-}4\text{-}9)$$

$$u_p = \gamma_w h_{wp} \qquad (1\text{-}4\text{-}10)$$

式中：γ_w——地下水重度(kN/m^3)，取 $\gamma_w = 10kN/m^3$；

$\quad\quad h_{wa}$——基坑外侧地下水位至主动土压力强度计算点的垂直距离(m)；对承压水，地下水位取测压管水位；当有多个含水层时，应取计算点所在含水层的地下水位；

$\quad\quad h_{wp}$——基坑内侧地下水位至被动土压力强度计算点的垂直距离(m)；对承压水，地下水位取测压管水位。

在土压力影响范围内，存在相邻建筑物地下墙体等稳定界面时，可采用库仑土压力理论计算界面内有限滑动模体产生的主动土压力，此时，同一土层的土压力可采用沿深度线性分布形式，支护结构与土之间的摩擦角宜取零。当需要严格限制支护结构的水平位移时，支护结构外侧的土压力取静止土压力。

2）计算模型

分析支撑式围护结构时，可将整个结构分解为挡土结构、内支撑结构进行分析。挡土结构宜采用平面杆系结构弹性支点法进行分析；内支撑结构可按平面结构进行分析，挡土结构传至内支撑的荷载应取挡土结构分析时得出的支点力。对挡土结构和内支撑结构分别进行分析时，应考虑其相互之间的变形协调。

采用平面杆系结构弹性支点法时，宜采用图 1-4-6 所示的结构分析模型。

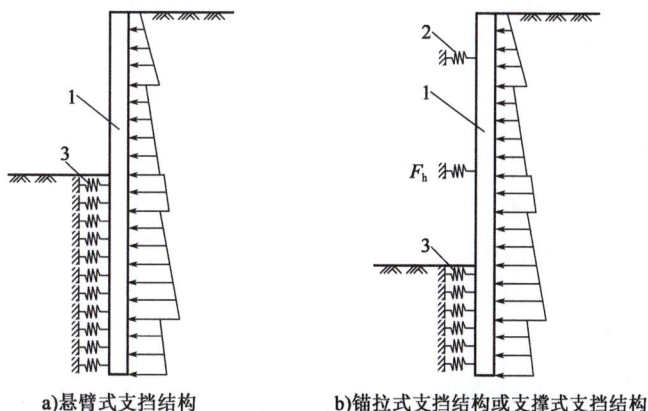

图 1-4-6　基坑围护结构内力计算模型

a)悬臂式支挡结构　　b)锚拉式支挡结构或支撑式支挡结构

1-挡土结构；2-由锚杆或简化而成的弹性支座；3-计算反力的弹性支座

3)计算工序

(1)有倒撑工况主体结构施工顺序

以三道支撑基坑为例,有倒撑工况主体结构施工顺序为:

①开挖至坑底;

②浇筑仰拱和矮边墙;

③拆除第三道支撑,架立侧墙钢筋,浇筑侧墙结构,混凝土达到设计强度后架设倒撑;

④拆除第二道支撑,架立拱顶钢筋,浇筑拱顶结构,混凝土达到设计强度后拆除倒撑,开始回填。

(2)无倒撑工况主体结构施工顺序

无倒撑工况主体结构施工顺序为(图1-4-7)。

①开挖至坑底。

②浇筑仰拱和矮边墙。

③拆除第三道支撑、第二道支撑,架立侧墙和拱顶钢筋,浇筑拱顶结构,达到规定强度后拆模回填。

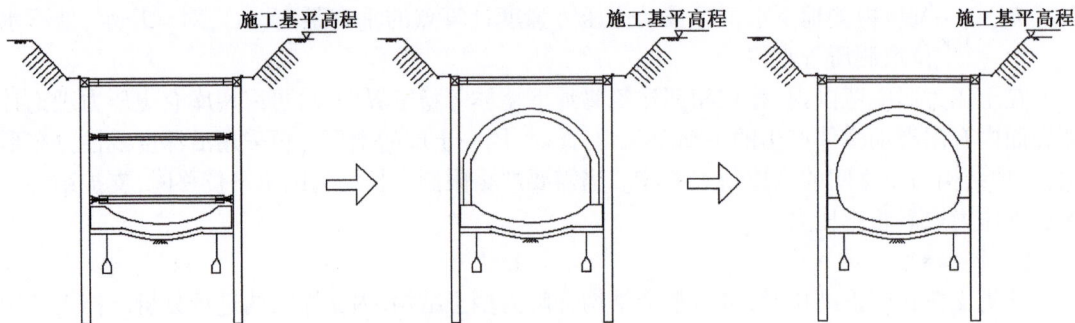

图1-4-7 无倒撑工况主体结构施工顺序

围护桩结构强度设计受不利工序控制,在有倒撑情况下,围护桩自由跨度约为9m,无倒撑工况围护桩自由跨度约为14m,导致围护桩(墙)内力大幅增加。

以图1-4-8所示的22m深基坑为例,进行围护结构内力计算。

有倒撑工况围护桩最大弯矩为1315kN·m,可采用ϕ1m@1.35m钻孔桩支护,钻孔桩配置24根ϕ28mm钢筋可满足强度要求。

无倒撑工况围护桩最大弯矩为1793kN·m,需采用ϕ1.2m@1.5m钻孔桩支护,钻孔桩配置30根ϕ28mm钢筋才能满足强度要求。

无倒撑设计段通过增加围护结构刚度,以达到主体结构拱墙一体化浇筑的目的。实际施工中支护结构受力及变形控制参数满足要求,调整后工期由12个月缩短为9个月,无倒撑工况基坑支护桩较有倒撑工况仅围护桩投资增加约1.2万元/延米,增加约8.5%,工效提高约25%,达到预期经济指标要求。

1.4.6 大放坡+双排桩围护结构设计

与单排悬臂结构、锚拉式结构、支撑式结构等常用围护结构相比,双排桩刚架支护结构有以下特点。

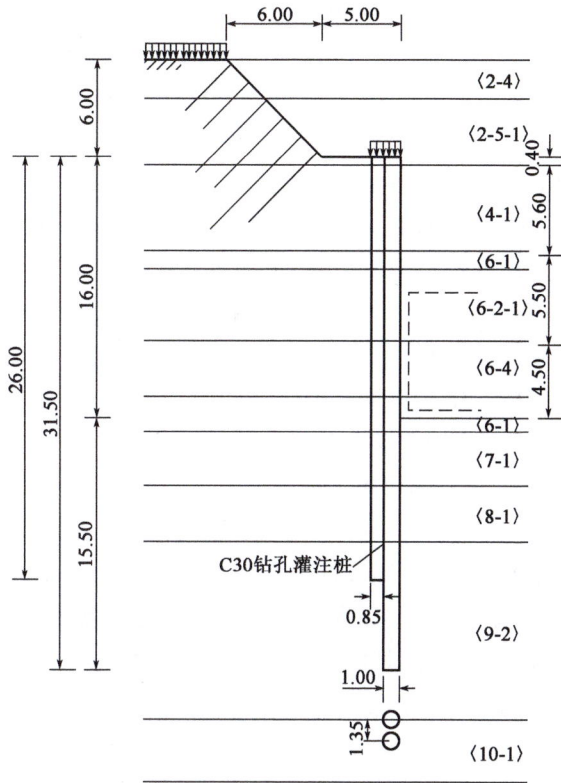

图 1-4-8　计算案例(尺寸单位:m)

(1)双排桩为刚架结构,其抗侧移刚度远大于单排悬臂桩结构,其内力分布明显优于单排悬臂结构。在相同的材料消耗条件下,双排桩刚架结构的桩顶位移明显小于单排悬臂桩结构,其安全可靠性、经济合理性优于单排悬臂桩结构。

(2)与单排桩支撑式围护结构相比,双排桩无倒撑形式由于基坑内隧道结构段不设支撑,不影响基坑开挖和隧道结构施工,同时省去了设置、拆除内支撑的工序,大大缩短了工期。在基坑面积很大、基坑深度不大的情况下,双排桩刚架围护结构的造价低于倒撑式围护结构。

(3)双排桩还具有施工工艺简单、不与土方开挖交叉作业、工期短等优势。

机场隧道永定河段只能在非汛期施工,土建总工期只有 7 个月,为了满足水利部门分期围堰施工需要,针对京雄城际铁路改线段工期短且受永定河汛期影响的难点,对下穿永定河段深基坑的围护结构进行比选分析。

①由于土建工期极短,设计考虑采用无内支撑基坑设计 + 整体式台车浇筑。

②由于基坑较深,土侧压力大,悬臂式结构和锚拉式结构承载能力弱,难以满足要求。

③选取大放坡 + 双排桩基坑支护结构设计,在尽可能加大放坡、降低下部垂直支护基坑土侧压力,垂直围护部分采用双排桩支护体系,双排桩顶设置连系板梁,并兼作抗浮梁。

无倒撑设计段通过增加围护结构刚度,满足主体结构拱墙一体化浇筑的目的。实际施工中支护结构受力及变形控制参数满足要求,调整后工期较之前缩短约 3 个月,刚架支护结构较

029

原支护结构投资仅增加约 1.5 万元/延米,增加约 9.5%,工效增加约 25%,达到预期经济指标要求。

1.4.7　排桩｜内支撑｜锚索组合围护结构设计

机场隧道 DK44 +961.349 ~ DK46 +092 段基坑支护结构原设计形式为钻孔桩 + 钢支撑 + 倒撑,隧道衬砌结构施工顺序为底板施工→拆除第三道钢支撑→侧墙施工→架设倒撑→拆除第二道钢支撑施作倒撑→拱顶施工→拆除第一道支撑。

原设计隧道明挖段按照平均 400m 为一段进行跳仓施工,分两期施工,每期施工段土建工期为 12 个月。设计围护结构典型断面图如图 1-4-3 所示。但根据实施性施工组织节点计划要求,本段工程自 2017 年 3 月 31 日开始施工,需于 2017 年 12 月 31 日完成隧道回填施工,以满足区域内机场配套工程施工场地要求,工期共计 9 个月。机场 2 号隧道范围场地移交滞后,且隧道范围内存在约 1 万 m^3 其他项目施工堆土需本工程清理,导致机场隧道于 2017 年 5 月下旬方具备开展基坑围护桩施工条件;后续需配合机场进行环楼南路及场南路的改移,且同步改移的地下轨道交通线路、机场快轨、城际铁路联络线等施工进度不同步,造成改移时间不能与本工程施工组织相匹配,施工不确定因素增加。由于以上因素影响,理论工期滞后 2 ~ 3 个月,机场隧道大部分衬砌结构的施工时间延至冬施,施工效率将受到影响;同时受冬季雾霾的影响,预计政策性停工 1 个月。若按原设计的基坑围护结构形式及衬砌结构施工顺序,采用步履式分体台车组织施工,其工序多,工艺复杂,施工工效低,不能满足目前的工期需求。而取消倒撑、增加锚索加强围护体系,采用整体式台车,能节省侧墙台车和拱部台车两个工序之间衔接的时间,有效提高工效,按缩短后的分段 300m 测算,可节约 2 个月的施工工期,可以确保本段隧道按期完成。

在保证基坑支护结构安全、隧道施工质量可控,确保本段隧道按期完成的前提下,取消机场隧道 DK44 +961.349 ~ DK46 +092 段倒撑,并将基坑第二道钢支撑改为锚索,以保证隧道结构侧墙及顶板能通过衬砌台车进行一次性浇筑,具体变更如下:

取消原设计第二道钢支撑及其对应的腰梁、连接件,在第二道钢支撑的位置改用预应力锚索。锚索长度 30m,采用 1 桩 1 锚,纵向间距 1.1m,同一排相邻锚索倾角分别为 15°和 25°交替布置。每根锚索由 3 束 ϕ^s15.2-1860 钢绞线组成,锚索钻孔直径为 150mm,采用套管跟进护壁的成孔方法。注浆采用二次注浆工艺,二次注浆采用水灰比 0.5 ~ 0.55 的水泥浆,注浆压力不宜小于 1.5MPa,腰梁采用 2 I25b 型钢组合截面。锚索布置示意如图 1-4-9 所示。

无倒撑形式的施工顺序变更为在底板施工完毕后,采用全断面模板台车进行侧墙及拱顶一次施工的施工顺序后,纵向施工缝需做相应调整。

取消内支撑段,通过加强围护结构的监测,提高监测频率,保证基坑安全。实际施工中支护结构受力及变形控制参数满足要求,现场施工比未变更前每延米增加投资约 0.45 万元,增加约 3%,工效提高约 25%,达到预期经济指标要求。

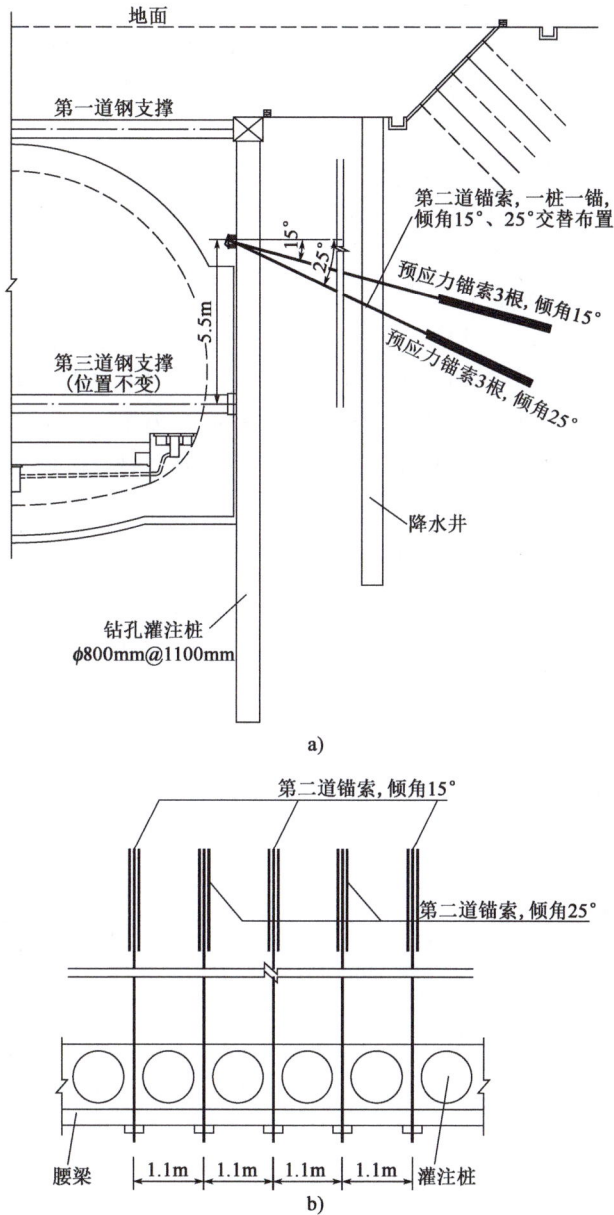

图 1-4-9 锚索布置示意图

1.5 本章小结

（1）隧道平面设计

线路平面按照枢纽零换乘的原则，选择正下穿航站楼；为绕避机场二期南航站楼和减少一期机场其他构筑物交叉影响，确定了线路穿越机场场坪区和二期规划建设区平面；按照大角度穿越永定河的原则，确定了穿越永定河堤坝和河槽平面。

（2）隧道纵断面设计

按照机场场坪区规划建设要求、永定河河道管理部门和地方政府部门规划要求、隧道运营期排水要求和运营期结构安全及行车安全要求，确定了隧道纵断面。

（3）隧道横断面设计

通过计算比选，隧道埋深较小的段落采用微拱直墙结构，其他段落采用拱形结构，按覆土厚度的不同，选择不同的截面厚度。区域沉降发育地区隧道内轮廓另外增加 10cm 预留沉降量。

（4）明挖隧道基坑围护结构优化设计

结合所处位置的地质条件、基坑深度、环境条件和工期要求，确定基坑安全等级及变形控制等级，合理选取围护结构形式，机场隧道主要选用全放坡开挖锚喷围护结构、垂直支护 + 内支撑围护结构和放坡 + 钻孔桩 + 内支撑围护结构三种围护类型。

机场隧道采用的围护结构类型包括：放坡开挖锚喷围护结构、砖墙 + 钻孔桩 + 钢支撑围护结构、放坡开挖 + 钻孔桩 + 钢支撑围护结构、放坡开挖 + 双排钻孔桩 + 无倒撑围护结构（永定河河槽段）、放坡开挖 + 钻孔桩 + 锚索围护结构和放坡开挖 + 双排钻孔桩 + 无倒撑围护结构。

第 2 章

隧道区域沉降特征及应对技术

区域沉降是一种具有隐蔽性、累进性等特点的地质灾害。因区域沉降对铁路正常运营的影响较大且周期较长,一般采取躲避技术,如躲避不开则需采取控制措施及工程应对技术,确保列车正常运行及行车安全。

本章通过对京滨城际铁路天津滨海国际机场地下段穿越区域沉降区应对措施进行经验总结,结合京雄城际机场隧道穿越区域沉降区的相关特点及受力特征,提出京雄城际机场隧道工程穿越严重区域沉降区的应对技术及措施。

2.1 京滨城际铁路宝坻至滨海新区段区域沉降应对技术

京滨城际铁路宝坻至滨海新区段(简称"京滨铁路")地处环渤海京津冀地区,线路起自京唐城际铁路宝坻南站,新建线路向南经过天津宝坻区、武清区、北辰区、东丽区、滨海新区,讫于天津滨海站,宝坻南站中心至滨海站中心线路长度为97.586km。沿线地形自宝坻南站向南、向东缓倾,地面高程由宝坻南站的10m左右逐步下降至滨海站的1m左右,局部段落地形略有起伏,相对高差一般小于2m。

2.1.1 区域地面沉降现状

2014年,天津市沉降量大于10mm的区域覆盖了宝坻城关以南的大部分平原区,面积为7382km²;沉降量大于30mm的区域覆盖了天津市中南部除市内六区、滨海新区中部和南部以外的大部分地区,面积为3742km²。西青、武清、津南、宁河、静海是目前天津地面沉降较为严重的地区。2014年全市最大沉降量为116mm,位于武清区王庆坨镇光明三街。1959—2014年累计监测结果显示,全市最大累计沉降量为3.448m,位于塘沽上海道与河北路交口一带。

京滨铁路工程主要穿越宝坻区、北辰区、东丽区和滨海新区,宝坻区2014年平均沉降量为6～10mm,滨海新区、东丽区年平均沉降量为24～30mm。评估区经过军粮城降落漏斗区,该区域累计沉降量为900mm,沉降速率30～50mm/a,不均匀沉降明显。

结合2014年地面沉降速率可以看出,DK160+000～DK168+500段2001—2007年地面沉降速率逐年增加,2007年至今地面沉降速率起伏较大,大多处于10～35mm/a之间。

DK168+500～DK173+000段1997—2003年地面沉降速率起伏较大,2000年达到多年最小值,接近15mm/a;2003—2007年相对较稳定,大多处于30～40mm/a之间;2007年至今地面沉降速率略有起伏,但总体呈现缓慢下降的趋势。

DK173+000～DK175+000段多年地面沉降速率起伏较大,多处于20～40mm/a之间。近些年地面沉降速率稍稳定,并总体呈现下降的趋势。

2.1.2 地面沉降趋势分析

天津开展地面沉降勘查、机理研究及治理等工作已有三十多年的历史,积累了比较丰富的资料和经验,取得了一批成果。综合考虑评估区及工程沿线所处构造部位、地层结构、软土分布特性、地下水开采及工程建设等因素,认定评估区内地面沉降的影响因素可分为两大类。一是自然因素,包括地震活动,地壳的升降运动以及地层自然压密产生的沉降;二是人为因素,包括开采地下水、地下热水、油气,地下工程施工以及地表各类荷载的施加等。根据地下段范围内的水准点 CJ006~CJ009 近 30 年的观测数据以及近 5 年的沉降速率进行预测,预测沉降量是在地下水开采量不变的条件下,利用已有的地面沉降量计算得到平均沉降速率后,再乘预测年数所得到的沉降量。现根据已有资料和精度,预测 30 年、60 年、100 年将要发生的地面沉降量。由于远期逐步控制地下水的开采量,地下水水位下降趋势减缓,沉降速率也要减小,预测 30 年时按照年沉降速率的 20 倍,预测 60 年时按照年沉降速率的 35 倍,预测 100 年时按照年沉降速率的 50 倍。

由于地下水开采利用受到城市规划、社会经济发展等诸多因素的影响,其变化是动态的,受此影响地面沉降速率也是动态变化的。从以上预测结果看,沉降量大的地区都是过量开采地下水造成的,地面沉降与当地的地下水开采量有很大关系。因此,加强工程沿线地下水、地面沉降监测,掌握其变化趋势是非常必要的。

2.1.3 京滨铁路区域沉降应对措施

根据 100 年累计差异沉降预测值最不利情况,以及盾构隧道内轮廓相关需求的设计要求,隧道横断面内可调整空间不满足要求,无法消除不均匀沉降对断面净空的影响。为消除该影响,需要做如下调整。

(1)调整接触网形式

盾构隧道范围内接触网设计采用柔性悬挂,接触网高度为 900mm,为消除不均匀沉降对内净空的影响,可在运营后期将接触网改为刚性悬挂,接触网改为刚性悬挂后,接触网高度可降低至 500mm。考虑水平方向盾构掘进误差的影响,接触网高度调整后隧道横断面内竖向可调高度为 580mm。

(2)线路调坡

滨海国际机场隧道盾构段内轮廓基本能消除运营期不均匀沉降的影响,运营期间须加强监测,必要时根据接触网、轨道设计年限,对线路调线调坡。

(3)增加盾构隧道结构纵向连接强度

滨海国际机场隧道全线区域不均匀沉降明显,考虑不均匀沉降对隧道后期运营的影响,盾构段落宜采用刚度较大的轨下结构形式,降低不均匀沉降对隧道段落轨道板的影响。

采用现浇方案时,盾构内轮廓轨面以上可调空间大,能满足隧道 100 年运营期内区域不均匀沉降的要求;采用现浇＋预制组合方案时,由于轨下结构预制高度固定,且受后浇找平层厚度的影响,轨面以上可调高度要比现浇方案小最少 100mm。因此,轨下结构采用现浇方案有利于应对隧道运营期区域不均匀沉降对隧道的影响。

盾构轨下结构因不均匀沉降纵向产生附加弯矩,提高盾构隧道轨下结构板纵向配筋。将纵向分布 $\phi18$ 钢筋调整为 $\phi20$ 钢筋,以保证结构满足行车要求。

盾构管片纵向连接螺栓由一般 8.8 级 M30 调整为 8.8 级 M36。

(4)加强盾构管片纵向防水设计

加强盾构管片环缝的防水措施,提高防水密封条的技术性能,保证止水条与弹性密封衬垫在错台、接缝张开量较大情况下的防水效果。

(5)加强地基基础处理

加强盾构井与盾构区间交界处地基加固,确保刚度不一致的盾构井与隧道变形能有效过渡,并增加邻近盾构井段盾构隧道设置变形缝的环数。

(6)加强施工期间掘进误差控制

因不均匀沉降对京滨铁路隧道产生影响,盾构段落内轮廓设计预留空间已非常紧张,施工过程中应加强掘进误差控制,加强监测,轴线偏差应控制在设计要求的范围以内。

(7)加强运营期间隧道维护

运营期间按需对京滨铁路隧道变形进行监测,根据监测情况评估线路运营状态,及时调整线路轨道状态。

运营期间加强对京滨铁路隧道的保护,严格按照铁路安全保护要求,控制隧道结构外部相关作业,重点针对邻近铁路的加载、卸载、降水等工程。

2.2 京雄城际铁路机场隧道区域沉降特征

2.2.1 京雄城际铁路北京地区区域沉降特征

(1)北京地区区域沉降发展历史

北京市地面沉降主要发生在北京市市区、东郊、东北郊及周围一些卫星城镇。根据历史测量资料,北京市早在1935年就已经出现了地面沉降现象,当时地面沉降仅发生在西单至东单一带。1955—1966年地面沉降中心发生在东八里庄棉纺织工业区到酒仙桥电子工业区。其中东八里庄棉纺织工业区地面沉降量为58mm;酒仙桥电子工业区地面沉降量为30mm。地面沉降速率为3~5mm/a。

随着城市建设和工业的飞速发展,地下水的开采量越来越大,地下水位大幅度下降,逐渐形成了以东郊工业区为中心的区域性地下水位降落漏斗。地面沉降伴随着地下水位降落漏斗的发展而发展。到1983年5月北京市东郊地面沉降区北起东三旗、古城,南到左安门、十八店;西起西四、大钟寺,东到双桥一带,沉降面积达600km²。其中累计地面沉降量大于100mm的沉降面积达190km²;大于200mm的沉降面积约为42km²。地面沉降漏斗形成了呈哑铃状的南、北部两个沉降中心。南部沉降中心在大郊亭一带,北部沉降中心在来广营一带。1966—1983年北部沉降中心累计沉降量约为277mm;南部沉降中心累计沉降量约532mm。

1983年以后,北京市东郊地面沉降模式发生了一些变化,地面沉降漏斗中心的沉降速度相对有所减缓,地面沉降速率有变小的趋势。20世纪80年代后期,由于市区地下水开采量受到控制,水位下降速率减小,东郊地面沉降区受到控制。但在远郊卫星城镇及开发区地下水仍在超量开采,使地面沉降区面积扩大到1800km²,其中沉降量大于200mm的地区达650km²。在大郊亭沉降中心累计沉降量达850mm,并在近郊形成了3个新的地面沉降中心:昌平的沙河—八仙庄地面沉降中心、大兴榆垡—礼贤地面沉降中心、顺义平各庄地面沉降中心。

近年来,北京市每年开采地下水量为26亿~27亿m³,平均每年超采1亿m³,导致地面沉降进一步加剧,已经形成了5个较大的地面沉降中心,即大郊亭地面沉降中心、来广营地面沉降中心、沙河—八仙庄地面沉降中心、大兴榆垡—礼贤地面沉降中心、顺义平各庄地面沉降中心,沉降中心区累计沉降量均大于 1000mm。

(2)地面沉降现状

机场隧道线路从 YK18 起至北京市界止,存在明显地面沉降现象,野外调查没有发现地面沉降对建(构)筑物、管线等造成明显的危害。线路主要位于大兴区榆垡地面沉降区影响地带内,场区范围内地面累计沉降量分布情况、年平均沉降速率、沉降现状评估以及沉降危险性预测评估如表 2-2-1 ~ 表 2-2-4 所示。

场区 1955—2013 年地面累计沉降量分布情况　　　　　　　　　　　表 2-2-1

拟建线路桩号	1955—2013 年累计沉降量(mm)
XK0 + 000 ~ YK18 + 000	小于 50
YK18 + 000 ~ CK30 + 100	50 ~ 500
CK30 + 100 ~ CK52 + 000	500 ~ 1200

场区近三年(2011—2013 年)年平均沉降速率分布情况　　　　　　　表 2-2-2

拟建线路桩号	2011—2013 年年平均沉降速率(mm)
YK0 + 000 ~ CK38 + 000	小于 30
CK38 + 000 ~ CK42 + 100	30 ~ 50
CK42 + 100 ~ CK52 + 000	小于 30

地面沉降现状评估　　　　　　　　　　　　　　　　表 2-2-3

线路桩号	累计沉降量(mm)	近三年年平均沉降速率(mm)	发育程度	灾害等级	危险性等级
XK0 + 000 ~ CK30 + 100	小于 500	小于 30	弱	轻	小
CK30 + 100 ~ CK38 + 000	500 ~ 1500	小于 30	中	轻	小
CK38 + 000 ~ CK42 + 100	500 ~ 1500	30 ~ 50	中	轻	小
CK42 + 100 ~ CK52 + 000	500 ~ 1500	小于 30	弱	轻	小

地面沉降危险性预测评估　　　　　　　　　　　　表 2-2-4

线路桩号	2015—2019 年年平均沉降速率(mm)	发育程度	灾害等级	危险性等级
XK0 + 000 ~ CK36 + 000	小于 30	弱	中	小
CK36 + 000 ~ CK45 + 200	30 ~ 50	中	中	中
CK45 + 200 ~ CK52 + 000	小于 30	弱	中	小

(3)北京地区水文地质与工程地质条件

北京平原区第四系是在永定河、潮白河、温榆河、大石河、沟河等几大河流的冲积、洪积作用下形成的,沉积环境复杂。顺着这几大河流的流向,从西北向东南,从山前向平原,第四系厚度逐渐增大,层次增多,沉积物颗粒变细。在西、北部的山前地带和河流冲积扇的中上部,第四系的厚度一般为 20 ~ 40m,为单一的砂、卵砾石层或砂、卵砾石顶部覆盖薄层黏性土。由于新搬运运动的影响,冲洪积山中下部、冲积平原地区接受了巨厚沉积物,岩性也逐渐过渡为砂、砂砾石、黏性土层相互交错出现。

与上述第四系沉积特点相对应,北京平原区含水层存在单一层向多层转化的规律,在平面上可以划分为单一结构区和多层结构区。单一结构区地下水为潜水,主要分布在各冲、洪积扇的中上部,多层结构区为承压水含水层分布区。

多层结构区中,埋深在 25~60m 为全新统和上更新统,地下水为潜水和承压水,接收大气降水、农田灌溉入渗和河流入渗补给,与下部的含水层存在密切的水力联系,主要用于农业开采。埋深在 40~180m 为中更新统,地下水为中深层承压水,在开采条件下可以得到上部含水层的越流补给,主要用于生活和工业用水。上述深度以下的为下更新统,地下水为深层承压水,接收侧向补给和越流补给,其中又以 260~300m 为界,以浅的地下水开采程度越来越高,村镇居民为满足生活用水的需要,打井深度多在 200~300m。目前,北京附近地区开采的地下水主要来自单一结构区潜水、中更新统中深层承压水和下更新统深层承压水。

(4)地层分层沉降规律

北京地区地层分层沉降规律基本与地下水多层结构区的分布相吻合。将以粉质黏土、黏土或粉土为主的间夹薄层粉砂或粉细砂的地层称为压缩层,两个或两个以上的压缩层组合成为压缩层组。根据第四纪地层形成时代、沉积环境及工程地质钻孔资料等,结合地面沉降研究的特点,可将北京地面沉降区划分为 3 个压缩层组,即第一压缩层组($Q_4 + Q_3$)、第二压缩层组(Q_2)和第三压缩层组(Q_1),后者又可分为两个亚层。

第一压缩层组广泛分布于北京平原区各洪积扇中下部,岩性以全新统和上更新统冲积相、冲湖积相的粉土、黏性土为主,为正常固结土或微超固结土,含水率较高,以可塑状态为主,压缩模量(E_s)多小于 10MPa,压缩性中等,在总的地面沉降中所占的比重有减小的趋势,局部地区个别年份出现回弹。第一压缩层组中可压缩层厚度大部分超过 40m,局部地区最厚达 70m。

第二压缩层组广泛分布于北京冲洪积平原中下部地区,岩性为中更新统冲洪积、冲湖积的粉土、粉质黏土、黏土层,正常固结土,可塑状态为主,E_s 在 12~30MPa 之间,压缩性中等-低。第二压缩层组大部分的可压缩层厚度都超过 50m,局部地区可达 70~100m。本段内的地下水开采程度高,是北京平原地区地面沉降贡献最大的一个层组。

第三压缩层组主要分布在几个第四系沉积中心,岩性为下更新统河湖相沉积的灰褐色、灰色粉质黏土、黏土层。以 260~300m 为界,其上为正常固结土~超固结土,可塑~硬塑,E_s 为 15~40MPa,压缩性低;其下固结程度增大,结构致密,大部分呈坚硬状态,密实度高,E_s 集中在 30~70MPa,压缩性很低,对地面沉降影响较小。第三压缩层组上段的可压缩层的厚度普遍大于 40m,局部地区超过 100m。目前随着地下水开采程度的提高,第三压缩层组压缩变形量在整个地面沉降中的比例有增大的趋势。

根据京雄城际铁路地勘报告,隧道区地层主要为第四系全新统人工堆积层(Q_4^{ml})填筑土,第四系全新统冲积层(Q_4^{al})淤泥质黏土、淤泥质粉质黏土、黏土、粉质黏土、粉土、粉砂、细砂。下伏(Q_3^{al})黏土、粉质黏土、粉土、粉砂、细砂,隧道埋深 3~18m,位于上文所述第一压缩层组的浅层,可认为隧址地层沉降分布与地面沉降分布基本一致。

(5)京雄城际机场隧道隧址区地层沉降趋势分析

北京地区的环水保政策和京雄城际铁路、永定河、北京大兴国际机场等工程的建设将对京雄城际机场隧道隧址区的地层沉降产生影响,主要表现在以下几个方面。

①由于大兴国际机场和京雄城际铁路建设,机场周边及高铁两侧200m为地下水限采区,农业抽水灌溉活动将大幅减少。

②永定河已于2020年开始生态补水,未来计划通航,永定河范围地下水位将显著回升。

③随着2014年"南水"进京,地下水开采量逐年减少,北京市范围地下水已基本达到"采补平衡"的状态,自2017年起,北京市地下水已连续三年回升。

降水活动引起的区域沉降趋势有望在未来逐渐放缓。

2.2.2 京雄城际铁路河北地区区域沉降特征

根据有关部门监测,1965—1975年,河北平原地面沉降仅发生在12个地下水下降漏斗中心地带。1975—1979年,随着地下水的大规模开采,地面沉降的范围有所扩大。1983—1989年,随着地下水位下降速率的加快,地面沉降的速率也开始加快,地面沉降的范围进一步扩大,累计地面沉降量大于500mm的沉降面积达到508km²,沉降速率增大到23.4~76.5mm/a。截止到2005年底,河北平原地面沉降重点范围内,500~1000mm的沉降面积达20000km²左右,分布在沧州、衡水、邢台、邯郸、保定、唐山、廊坊等地区。之后河北平原不同区域的沉降中心仍在持续发展,沉降量增大,沉降范围扩大。截至2008年,廊坊地区地面沉降量为500~1035mm。根据廊坊市地面沉降量现状(2008年)与廊坊市地面沉降量预测(2020年),得出2014年评估区沉降量为650~1300mm,沉降速率为29.2~41.7mm/a。京雄城际铁路评估区正线沉降量如表2-2-5所示。

京雄城际铁路评估区正线沉降量

表2-2-5

桩号	2008年沉降量 (mm)	2014年沉降量 (mm)
CK52+000~CK64+300	500~600	650~790
CK64+300~CK70+100	600~700	790~925
CK70+100~CK74+200	700~800	925~990
CK74+200~CK80+000	800~900	990~1100
CK80+000~CK85+100	900~1000	1100~1200
CK85+100~CK90+500	1000~1035	1200~1300

2.2.3 京雄城际机场隧道区域沉降发展预测

下面分别对两个隧道的地面沉降进行预测,包括机场1号隧道DK40+700~DK42+900、2号隧道DK44+911.349~DK48+000和DK48+000~DK53+300。区域沉降预测结果如下。

(1)DK40+700~DK42+900段

该段落的沉降速率纵断面显示如图2-2-1所示,可以看出,DK40+700~DK41+100段沉降速率随里程增大而增大,DK41+100~DK42+900段沉降速率随里程增大而减小。参照2.2.2节研究成果,对InSAR(Interferometric Synthetic Aperture Radar,合成孔径雷达干涉)技术获取的地面沉降监测结果进行了预测,预测结果如图2-2-2所示。

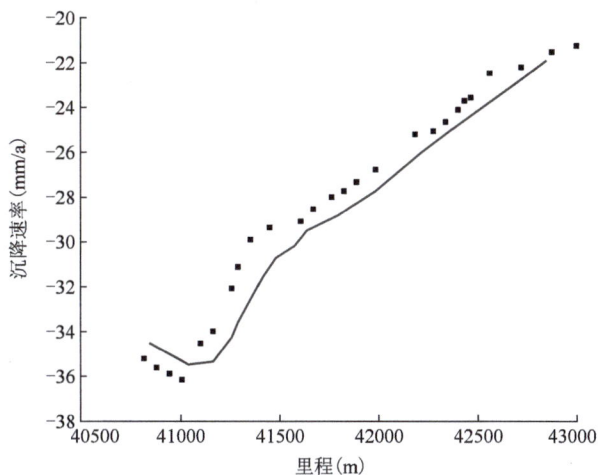

图2-2-1　DK40+700~DK42+900段沉降速率纵断面

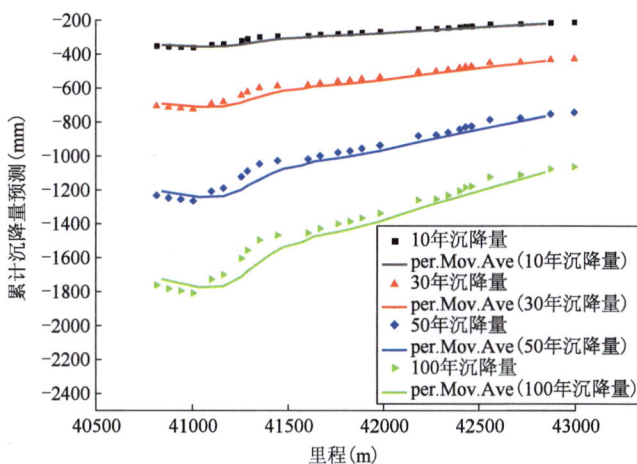

图2-2-2　DK40+700~DK42+900段累计沉降量预测结果

（2）DK44+911.349~DK48+000段

该段落的沉降速率纵断面显示如图2-2-3所示,可以看出,DK45+000~DK45+650段沉降速率随里程增大而增大,DK45+650~DK46+300段沉降速率随里程增大而减小,DK46+300~DK48+000段随里程增大而增大。根据该沉降速率纵断面数据,对InSAR技术获取的地表沉降监测结果进行了预测,如图2-2-4所示。

（3）DK48+000~DK53+300

该段落的沉降速率纵断面显示如图2-2-5所示,可以看出DK48+000~DK52+250段沉降速率随里程增大而增大,DK52+250~DK53+300段沉降速率随里程增大而减小。对In-SAR技术获取的地表沉降监测结果进行了预测,预测结果如图2-2-6所示。

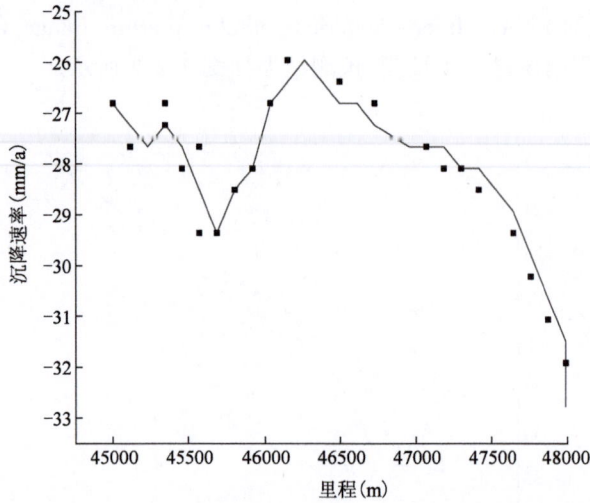

图 2-2-3 DK44 +911.349～DK48 +000 段沉降速率纵断面

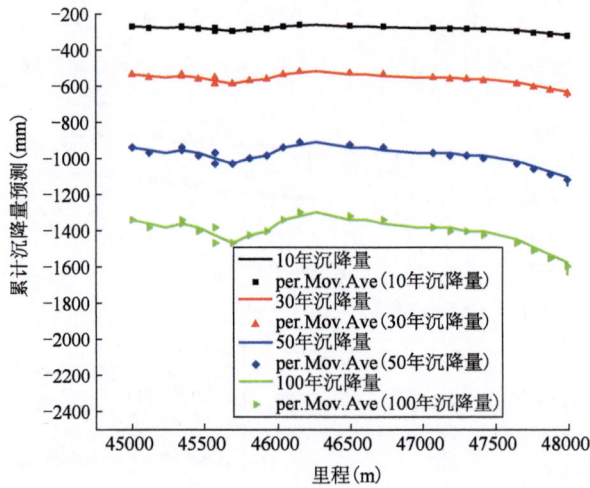

图 2-2-4 DK44 +911.349～DK48 +000 段累计沉降量预测结果

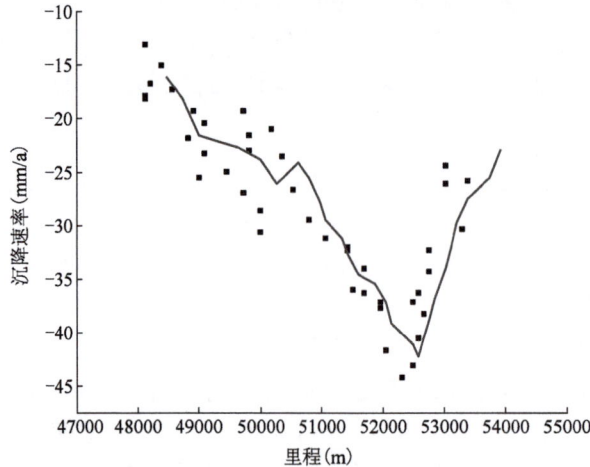

图 2-2-5 DK48 +000～DK53 +300 段沉降速率纵断面

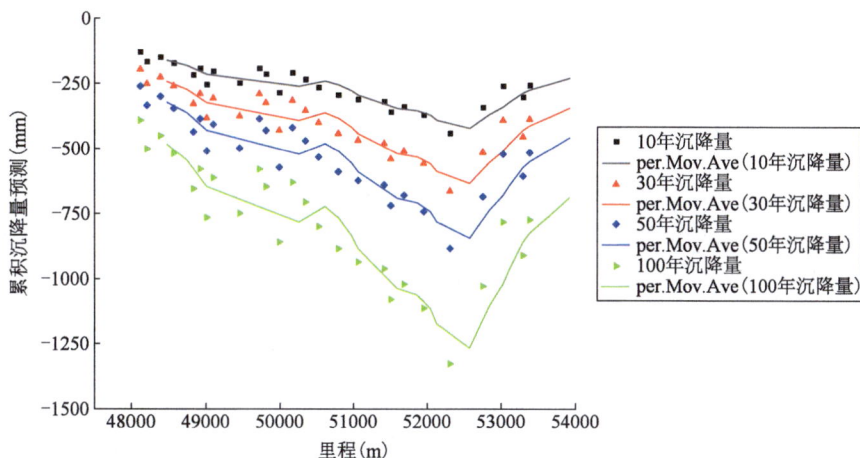

图 2-2-6 DK48 +000 ~ DK53 +300 段累计沉降量预测结果图

（4）各区段沉降差异分析

根据 InSAR 监测数据和 100 年地表沉降预测结果，对隧道纵断面范围内 100 年差异沉降进行分析，结果如下。

①DK40 +700 ~ DK42 +900 段沉降量见表 2-2-6 和表 2-2-7。

DK40 +700 ~ DK41 +950 段沉降量   表 2-2-6

里程(m)	40817	40943	41164	41447	41668	41888
沉降量(mm)	-1056.12	-1076.51	-1019.42	-1467.96	-1427.19	-1366.02

该里程段内，DK40 +700 ~ DK41 +950 隧道采用坡度 7‰下坡，坡长 1200m。根据累计沉降量预测，该区域 100 年内最大差异沉降为 428.16mm（里程 41888m，沉降值 -1366.02mm；里程 40943m，沉降值 -1794.18mm），由此得出该区域 100 年后该坡段每延米最大沉降量为 0.45mm。

DK41 +950 ~ DK42 +900 段沉降量   表 2-2-7

里程(m)	42181	42338	42431	42556	42713	42869
沉降量(mm)	-1259.73	-1232.49	-1184.83	-1123.54	-1109.92	-1075.88

DK41 +950 ~ DK42 +900 隧道采用坡度 2‰上坡，坡长 900m。根据累计沉降量预测，该区域 100 年内最大差异沉降为 183.85mm（里程 42869m，沉降值 -1075.88mm；里程 42181m，沉降值 -1259.73mm），由此得出该区域 100 年后该坡段每延米最大沉降量为 0.27mm。

②DK44 +911.349 ~ DK48 +000 段沉降量见表 2-2-8 和表 2-2-9。

DK44 +911.349 ~ DK46 +090 段沉降量   表 2-2-8

里程(m)	45115	45345	45805	46035
沉降值(mm)	-1361.7	-1382.98	-1425.53	-1340.43

该里程段内，DK44 +911.349 ~ DK46 +090 隧道采用坡度 2‰上坡，坡长 1100m。根据累计沉降量预测，该区域 100 年内最大差异沉降为 85.1mm（里程 46035m，沉降值 -1340.43mm；里程 45805m，沉降值 -1425.53mm），由此得出该区域 100 年后该坡段每延米最大沉降量为 0.37mm。

DK46 +090 ~ DK48 +000 段沉降量　　　　表 2-2-9

里程(m)	46149	46494	46724	47184	47414	47644	47874	47989
沉降值(mm)	−1319.15	−1340.43	−1361.7	−1382.98	−1404.26	−1446.81	−1531.92	−1574.47

DK46 +090 ~ DK48 +000 隧道采用坡度 2‰下坡,坡长 1910m。根据累计沉降量预测,该区域 100 年内最大差异沉降为 255.32mm(里程 46149m,沉降值 −1319.15mm;里程 47989m,沉降值 −1574.47mm),由此得出该区域 100 年后该坡段每延米最大沉降量为 0.14mm。

③DK48 +000 ~ DK53 +300 段沉降量见表 2-2-10 ~ 表 2-2-13。

DK48 +000 ~ DK49 +200 段沉降量　　　　表 2-2-10

里程(m)	48121	48210	48388	48567	48834	48924	49013	49102
沉降值(mm)	−390.94	−501.42	−450.43	−518.42	−654.39	−577.91	−764.87	−611.90

该里程段内,DK48 +000 ~ DK49 +200 隧道采用坡度 2‰下坡,坡长 1200m;根据累计沉降量预测,该区域 100 年内最大差异沉降为 373.93mm(里程 48121m,沉降值 −390.94mm;里程 49013m,沉降值 −764.87mm),由此得出该区域 100 年后该坡段每延米最大沉降量为 0.42mm。

DK49 +200 ~ DK50 +420 段沉降量　　　　表 2-2-11

里程(m)	49459	49726	49815	49994	50172	50350
沉降值(mm)	−747.88	−577.91	−645.90	−858.36	−628.90	−705.38

DK49 +200 ~ DK50 +420 隧道采用坡度 3‰下坡,坡长 1220m;根据累计沉降量预测,该区域 100 年内最大差异沉降为 280.45mm(里程 49726m,沉降值 −577.91mm;里程 49994m,沉降值 −858.36mm),由此得出该区域 100 年后该坡段每延米最大沉降量为 0.95mm。

DK50 +420 ~ DK52 +800 段沉降量　　　　表 2-2-12

里程(m)	50529	50796	51064	51420	51688
沉降值(mm)	−798.87	−883.85	−934.85	−960.34	−1019.83
里程(m)	51955	52312	52580	52758	
沉降值(mm)	−1113.32	−1325.78	−1291.79	−1028.33	

DK50 +420 ~ DK52 +800 隧道采用坡度 2‰上坡,坡长 2380m;根据累计沉降量预测,该区域 100 年内最大差异沉降为 526.91mm(里程 50529m,沉降值 −798.87mm;里程 52312m,沉降值 −1325.78mm),由此得出该区域 100 年后该坡段每延米最大沉降量为 0.30mm。

DK52 +800 ~ DK53 +300 段沉降量　　　　表 2-2-13

里程(m)	53026	53293
沉降值(mm)	−781.87	−909.35

DK52 +800 ~ DK53 +300 隧道采用坡度 20‰上坡,坡长 800m。根据累计沉降量预测,该区域 100 年内最大差异沉降为 127.48mm(里程 53293m,沉降值 −909.35mm;里程 53026m,沉降值 −781.87mm),由此得出该区域 100 年后该坡段每延米最大沉降量为 0.48mm。

隧道 100 年后差异沉降预测如表 2-2-14 所示。

隧道 100 年后差异沉降预测

表 2-2-14

区段	里程	坡度(‰)	坡长（m）	最大差异沉降值（mm）	100 年后每延米差异沉降值（mm）
机场 1 号隧道	DK40 + 700 ~ DK41 + 950	−7	1200	428.16	0.45
	DK41 + 950 ~ DK42 + 900	2	900	183.85	0.27
机场 2 号隧道	DK44 + 911.349 ~ DK46 + 090	2	1100	85.1	0.37
	DK46 + 090 ~ DK48 + 000	−2	1910	255.32	0.14
	DK48 + 000 ~ DK49 + 200	−2	1200	373.94	0.42
	DK49 + 200 ~ DK50 + 420	−3	1220	280.45	0.95
	DK50 + 420 ~ DK52 + 800	2	2380	526.91	0.30
	DK52 + 800 ~ DK53 + 300	20	800	127.48	0.48

2.3 区域沉降作用下隧道结构安全性分析

2.3.1 隧道走向与区域沉降漏斗的交叉穿越关系

针对本项目，编制了《北京至雄安新区铁路 InSAR 地面沉降监测报告》，对京雄城际铁路改线段沿线范围内地面沉降演变情况进行了分析，对区域沉降发展趋势进行了监测，判断了沉降漏斗的范围、沉降漏斗的中心位置，对线位经过区区域沉降漏斗的沉降量、沉降速率进行了计算。报告选择欧洲航天局 2014 年 11 月—2017 年 5 月 Sentinel-1A/1B 数据，利用时间序列 InSAR 技术分析方法获取京雄城际铁路大兴国际机场至雄安东段沿线位的区域地面沉降监测结果。沿线位沉降速率纵断面如图 2-3-1 所示。

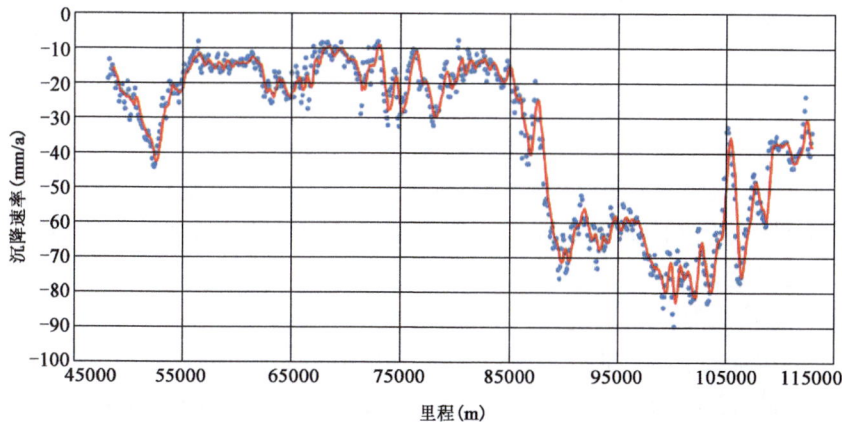

图 2-3-1　京雄城际铁路 DK48 + 000 ~ DK113 + 000 沉降速率纵断面

从沉降速率纵断面可以看出线位经过两处明显的不均匀沉降区域。其中,隧道区段 DK51 + 000 ~ DK53 + 300 位于不均匀沉降明显区域,即永定河河道区域,隧道与该区域基本为正穿关系,线位经过处的沉降速率为 30 ~ 45mm/a,线位经过处最大沉降速率位于 DK52 + 200 处。

DK52 + 200 处地面沉降量时间序列如图 2-3-2 所示。

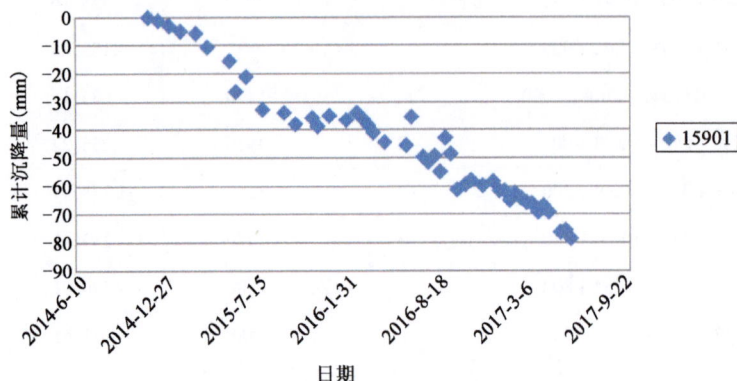

图 2-3-2 DK52 + 200 处地面沉降量时间序列

从时间序列曲线可以看出,沉降特征在 2014 年 11 月—2017 年 5 月期间表现为线性沉降,在监测时间段内,沉降并没有收敛趋势。

针对本项目,编制了《新建北京至雄安铁路工程建设项目地质灾害危险性评估报告》,对京雄城际铁路线位区域地质灾害进行了现状评估和预测评估。现状评估认为:线位及附近存在的地质灾害为地裂缝和地面沉降,评估区地裂缝弱发育,危害程度小,危险性小;地面沉降灾害发育程度为中等 ~ 强,危害程度小,危险性为小 ~ 中等。预测评估认为:工程建设中、建设后可能引发或加剧地裂缝灾害的可能性小,危险性小,可能遭受地裂缝灾害的可能性小,危险性小。工程建设中、建设后可能引发或加剧地面沉降灾害的可能性小,危险性中等,可能遭受地面沉降地质灾害的可能性为大 ~ 中等,危险性大。根据现状评估与预测评估的结果,报告综合评估认为评估区地质灾害危险性大。

2.3.2 隧道不均匀沉降作用下结构力学特性分析

根据前述调研成果,京雄城际铁路机场隧道隧址区区域不均匀沉降较为严重,尤其在穿永定河段 2km 长段落,沉降速率 30 ~ 45mm/a,沉降速率差为 15mm/a。这对隧道在运营期的结构安全和列车运行安全造成威胁,因此有必要对京雄城际机场隧道在区域不均匀沉降条件下的力学特性进行研究。

(1)不均匀沉降的类型

隧道不均匀沉降的表现形式是多种多样的,其中最为常见的有以下形式:

①高低形沉降:隧道基础沉降一端大、一端小。这是由隧道一端或局部的岩土力学性质差异所致,这种形式的差异沉降可能导致隧道产生剪切裂缝。

②漏斗形沉降:两端沉降小,中间沉降大。对于浅埋松散土隧道,地下水不均匀开采造成沉降漏斗,隧道基底反力分布不均,沉降漏斗中心处的隧底反力低,隧道结构也会产生纵向

的挠度。

③马鞍形沉降:中间沉降小,两端沉降大。对于浅埋松散土隧道,这种形式的沉降一般出现在两个沉降漏斗中心之间。

京雄城际机场隧道为浅埋松散地层隧道,且隧道穿越永定河段处于沉降漏斗中心,因此选择漏斗形沉降进行进一步的解析研究。

(2)机场隧道不均匀沉降数值模型的建立

使用大型通用有限元软件建立京雄城际机场隧道模型,模型总体上为三维荷载-结构模型,采用实体模型模拟,并设置纵向 50m 一道的变形缝,变形缝两侧的结构为"标准接触"关系,即可以闭合、张开、滑动,且相对滑动时接触面有摩擦剪切力。为了研究最不利工况下隧道纵向应力情况,变形缝默认闭合。模型边界条件包括径向土弹簧和周边土荷载、反力,忽略围护桩在模型边界中的作用。地层分层沉降通过对隧道基底弹簧支座施加强制位移荷载实现。

①模型概况。

机场隧道衬砌单元采用 SOLID45 八节点实体单元,弹性模量取 32.5GPa,泊松比 0.2,重度 25kN/m³。土弹簧采用 Link10 单元,只受压不受拉,地基反力取 25MPa/m。地基弹簧远端固定 X、Y、Z 三向自由度。隧道横向为 X 方向,竖向为 Y 方向,纵向为 Z 方向。变形缝两侧结构断面设置 Conta173 和 Targe169 接触单元,接触类型为标准接触,摩擦系数为 0.8。隧道数值模型如图 2-3-3 ~ 图 2-3-7 所示。

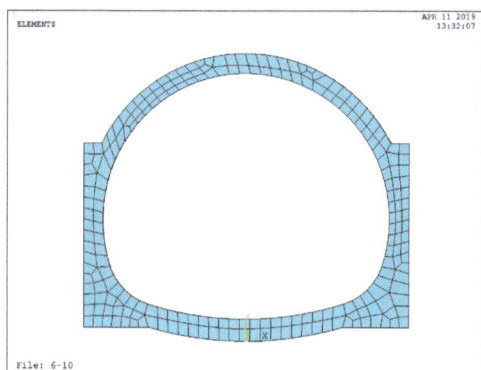

图 2-3-3　隧道模型断面

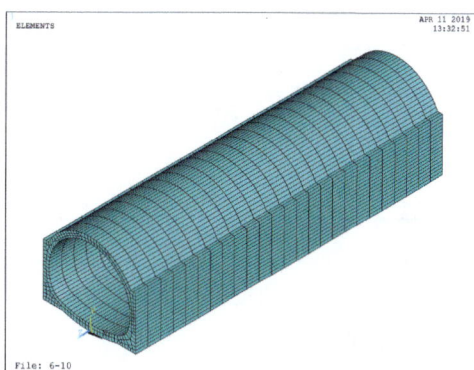

图 2-3-4　变形缝间 50m 长衬砌单元

图 2-3-5　500m 长隧道模型

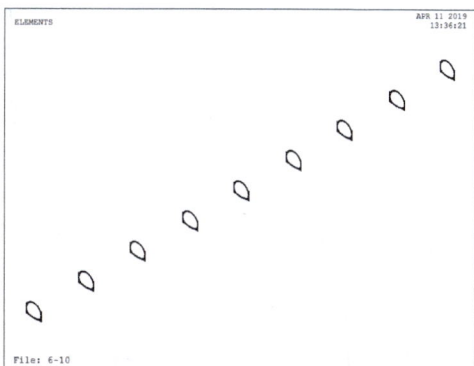

图 2-3-6　变形缝接触单元

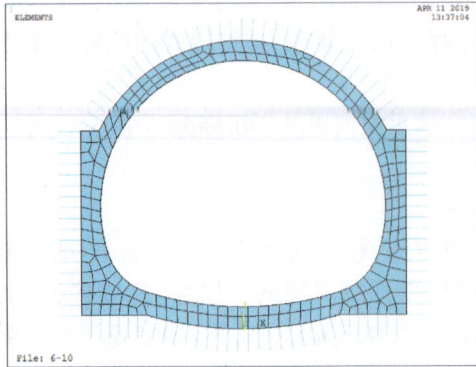

图 2-3-7　数值模型网格划分图

②工况选取。

根据前述调研成果,京雄城际机场隧道 DK51 + 000 ~ DK53 + 000 穿永定河区域地面不均匀沉降速率为 30 ~ 45mm/a,且沉降速率无降低趋势。因此,按照 100 年设计寿命期最大沉降差 1.5m 考虑。结合前述对于北京区域分层沉降的研究成果,主要压缩层应位于隧道以下,计算假设隧址区地层不均匀沉降与地面沉降的空间分布、发展情况一致。设置以下 8 种计算工况,如表 2-3-1 所示,其中工况 1 ~ 工况 4 漏斗中心沉降量一致,都为 0.1m,目的是研究沉降槽宽度变化对于隧道内力、变形的影响规律;工况 5 ~ 工况 8 沉降槽宽度一致,目的是研究漏斗中心沉降量对于隧道内力变形的影响规律。其中工况 8 与京雄城际机场隧道 DK51 ~ DK53 百年不均匀沉降预测工况一致,工况 1 ~ 工况 4 可用来反映未来局部降水和其他原因造成的小范围沉降漏斗对隧道的影响。

计算工况　　　　　　　　　　　　　　　　　　　　　　　表 2-3-1

工况编号	模型长度(m)	Peck 沉降槽宽度(m)	Peck 漏斗中心沉降量(m)
工况 1	500	250	0.1
工况 2	500	500	0.1
工况 3	500	1000	0.1
工况 4	500	2000	0.1
工况 5	1000	2000	0.2
工况 6	1000	2000	0.5
工况 7	1000	2000	1
工况 8	1000	2000	1.5

③计算结果。

以工况 8 为例,沉降槽宽 2000m,沉降槽中心最大沉降量 1.5m,隧道模型纵向中点处位于漏斗中心,计算结果显示隧道纵向中心最大沉降量 2m,两端沉降量 0.64m,隧道变形与沉降槽变形基本协调。

从沉降槽中心处 2 个衬砌单元纵向位移云图可以看出,沉降槽中心处隧道变形缝下侧张开,上侧紧闭。沉降槽中心处隧道变形缝在拱底张开,张开量约为 4mm。沉降槽中心处隧道变形缝未见明显错动。

对隧道衬砌冯·米塞斯应力(von Mises 应力)在不均匀沉降下的增量进行结果提取,可以看出沉降槽中心处隧道拱顶变形缝受到挤压,von Mises 应力增加较多,最大增量为沉降槽中心处的 6.0MPa。

④结果分析。

对各工况计算结果进行汇总分析,提取计算结果的对象主要有变形缝拱顶、仰拱处两侧结构的竖向相对位移和纵向相对位移,以及隧道端面上部和下部因隧道纵向变形,相邻衬砌单元挤压造成的 von Mises 应力增量。模型数据提取点如图 2-3-8 所示,工况 1～工况 4 模型纵向长 500m,由 10 个 50m 长衬砌单元构成,提取变形缝拱顶和仰拱位移和应力数据共 18 对,其中位移为变形缝两侧衬砌单元拱顶/仰拱的竖向/纵向位移差,即相对位移;应力提取变形缝两侧结构拱顶与仰拱的 von Mises 应力比值。

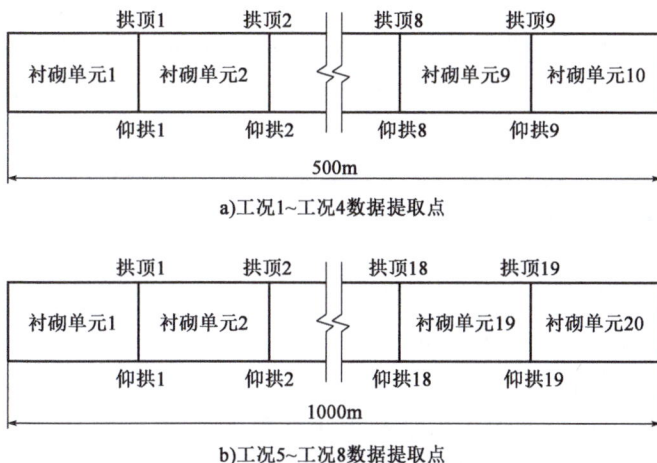

a)工况1~工况4数据提取点

b)工况5~工况8数据提取点

图 2-3-8 工况 1～工况 8 数据提取点

a.隧道变形缝两侧结构相对位移分析。

在沉降槽宽度范围内,对隧道纵向变形的机理进行分析,可以根据隧道结构纵向变形响应类型将沉降槽划分为三个区域,如图 2-3-9 所示。其中,Ⅰ区位于沉降槽中心至沉降槽切线斜率最大处之间,在此区域内隧道变形缝上部压闭,下部张开;Ⅱ区位于沉降槽曲线斜率最大处与曲线反弯点之间,在此区域内变形缝上下趋近于闭合状态,张开量很小,两侧结构有相对错动;Ⅲ区位于沉降槽曲线反弯点以外,在此区域内隧道变形缝上部张开,下部压闭,并发生较大的竖向错动。

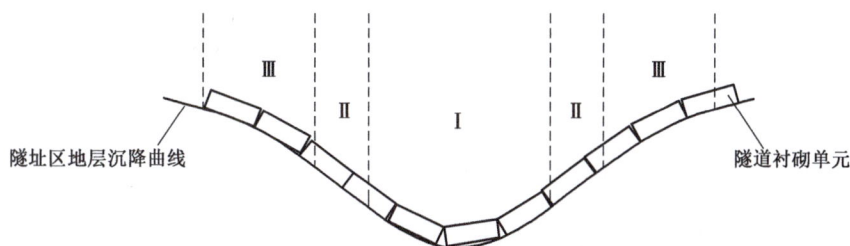

图 2-3-9 沉降槽内隧道变形缝两侧结构相对位移影响分区

工况 1 中模型纵向长度大于沉降槽宽度,Ⅰ区,变形缝呈现拱顶处压紧,仰拱处张开的形态,张开量为 25mm;Ⅲ区变形缝拱顶处张开,仰拱处压紧,变形缝的最大张开量为 5mm,最大相对错动量为 17mm。

工况 2 模型纵向长度与沉降槽宽度一致,Ⅰ区变形缝仰拱处张开量 8mm;Ⅱ区,变形缝整体闭合,仅发生错动,最大错动量为 7mm;Ⅲ区变形缝拱顶张开,仰拱闭合,拱顶最大张开量为 2.5mm。

工况 3 模型沉降槽宽度为隧道模型纵向长度的 2 倍，Ⅰ区变形缝仰拱张开量很小，仅 0.1mm；Ⅱ区变形缝基本闭合，最大错动量为 1mm；Ⅲ区变形缝拱顶张开，仰拱闭合，最大张开量为 0.4mm，最大错动量为 0.9mm。

工况 4 模型沉降槽宽度远大于隧道模型纵向长度，隧道变形缝相对位移较小，变形缝最大张开量为 0.2mm，最大错动量为 0.5mm。

工况 5 ~ 工况 8 模型沉降槽宽度均为 2000m，隧道模型纵向长度为 1000m，沉降槽中心最大沉降量分别为 0.2mm、0.5mm、1mm 和 2mm。不均匀沉降对于隧道变形缝结构相对位移的影响分区基本一致，随着沉降槽中心最大沉降量的增大，变形缝两侧结构相对位移增大。工况 5 ~ 工况 8 模型沉降槽中心处变形缝仰拱张开量分别为 0.01mm、0.3mm、1.9mm 和 5mm，变形缝拱顶张开量最大值为 0.4mm、0.9mm、1.2mm 和 2mm。变形缝两侧结构最大错动量分别为 0.4mm、0.8mm、1.1mm 和 3.5mm。

b. 隧道内力增量分析。

仰拱和拱顶在沉降槽作用下的主应力增量分布情况基本与变形缝两侧结构相对位移情况相吻合，拱顶或仰拱变形缝压紧处引起拱顶和仰拱端部混凝土的主应力明显提高。工况 1 ~ 工况 4 模型衬砌端部主应力增量最大值都发生在沉降槽中心处，分别为 15MPa、6.5MPa、2.7MPa 和 0.55MPa，拱顶和仰拱端部主应力增量沿隧道纵向的分布规律基本一致，工况 1 和工况 3 拱顶主应力增量明显大于仰拱，工况 4 则基本一致。

分析沉降槽曲线的特点，衬砌单元 50m 纵向范围内，基底竖向反力向端部集中，造成衬砌单元端部衬砌环竖向力增大，引起仰拱和拱部主应力的增大，其中变形缝压紧闭合处拱顶或仰拱端部主应力增加明显。

工况 5 ~ 工况 8 计算结果呈现的规律与工况 1 ~ 工况 4 基本一致，在沉降槽宽度一定时，随着沉降槽中心最大沉降量的增大，衬砌单元端部主应力增量最大值增大，工况 5 ~ 工况 8 拱顶端部主应力增量分别为 1.2MPa、2MPa、3.5MPa 和 6MPa；仰拱端部主应力增量分别为 0.9MPa、2.7MPa、2.9MPa 和 3.0MPa，拱顶端部应力增量对沉降槽中心最大沉降量更为敏感。

在模型进行内力平衡阶段，即未施加基底弹簧位移荷载时，拱顶端部主应力约为 8MPa，仰拱处约为 13.5MPa。在工况 1 中，拱顶端部主应力增加至 24MPa，仰拱处增加至 20MPa，比原设计工况增加较多，且增加后绝对值较大，混凝土长期在高应力条件下工作容易产生剪切裂纹，增加了混凝土压溃掉落的风险。

2.3.3 隧道不均匀沉降对结构变形缝的影响分析

变形缝的错动、拉压会引起变形缝内防水构造的形变，严重时造成破坏。其中，中埋式止水带的扯断伸长率为不小于 600%，根据其在变形缝内的冗余长度，变形缝错动或拉伸扯断中埋式止水带临界值最小为 12.5cm。ECB（乙烯、醋酸乙烯与改性沥青共聚物）防水板材的扯断伸长率为不小于 600%，根据变形缝内的冗余长度，变形缝错动或拉伸扯断 ECB 防水板的临界值最小为 12cm。根据上述计算结果，在隧道永定河段（2km）百年差异沉降 1.5m 的情况下（工况 8），变形缝最大张开量为 5mm，远小于防水板和止水带的拉伸破坏限值，区域不均匀沉降对隧道变形缝防水不会产生有害影响。

2.3.4　隧道不均匀沉降作用下变形缝剪力榫可行性分析

（1）计算模型

区域沉降范围内的结构,其沉降同时具有连续性和突变性。为避免环向变形缝两侧的结构差异沉降过大,分析在仰拱部变形缝处设置凹凸榫结构的可行性。

模型取全段埋深最大段,结构覆土厚度13m。根据变形缝沿隧道的布置间距,取沉降段及非沉降段两段,每段隧道长度为60m。建立的模型见图2-3-10。

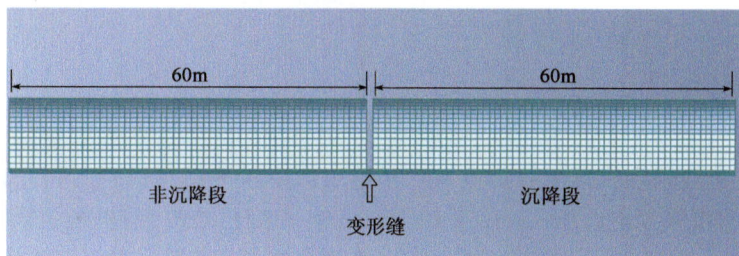

图2-3-10　变形缝剪力榫分析模型

模型采用荷载-结构模型,荷载采用结构覆土厚度13m(覆土最大段落)、水位在结构底面以下的工况。变形缝处非沉降段与沉降段的拱部、侧墙结构不相连,仅仰拱处连接,采用凹凸榫连接方式传递剪力及弯矩。

结构侧墙及仰拱建立弹簧单元,侧墙处弹簧大小为23000kN/m²,仰拱处弹簧大小为24600kN/m²,荷载按设计值施加在结构上。

由于沉降具有突变性,故对沉降段结构的仰拱弹簧施加5mm强制位移,分析变形缝处的凹凸榫是否能承受差异沉降产生的剪力。

（2）剪力榫应力

根据结构是否发生差异沉降,剪力榫应力有如下两种情况。

①未发生差异沉降阶段。

沉降缝两侧的沉降基本相同。当结构未发生不均匀沉降时,变形缝两侧的结构沉降相差不多,通过仰拱凹凸榫处传递的剪力很小。

②发生差异沉降阶段。

为模拟差异沉降,考虑沉降段基底发生5mm沉降。由计算云图可看出,非沉降段的底板竖向位移与无沉降的结构一致,沉降段结构发生了区域沉降引起的结构二次沉降。与非沉降段相比,二次沉降的大小为6~7mm。

由变形缝处仰拱剪力云图可看出,隧道纵向变形缝处仰拱剪力较大,且仰拱中部较小,两侧较大。由于仰拱两侧的混凝土厚度较大,有应力集中现象,则确定仰拱变形缝处的剪力数值取平均值为380kN/m。

（3）结果分析

混凝土变形缝处连接的凹凸榫常用的结构形式为具有斜度的企口榫,如图2-3-11所示。

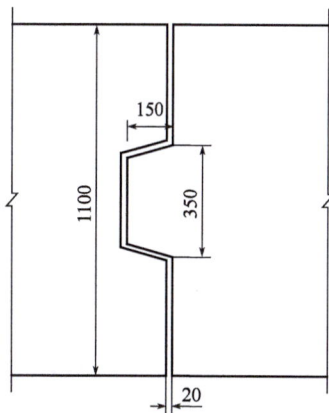

图2-3-11　凹凸榫常用的结构形式
（尺寸单位:mm)

考虑凹凸榫处参与抗剪的混凝土厚度为 350mm，则混凝土抗剪承载力为：

$$V \leqslant 0.7\beta_h f_t bh_0 = 0.7 \times 1.57 \times 1000 \times 300/1000 = 330 \text{kN/m}$$

混凝土抗剪承载力小于变形缝处受到的剪力 380kN/m，故不满足抗剪要求。若增大凸榫的高度至凹榫、凸榫高度相等，则 $h_0 = 375 - 50 = 325$mm，则抗剪承载力为 357kN，仍小于此处荷载。同时，两侧的应力集中较大，无有效的消除手段。故在变形缝处使用凹凸榫，并不安全，不建议使用。

2.4　区域不均匀沉降应对技术

2.4.1　隧道内轮廓设计和纵断面设计

在对机场 1 号隧道和机场 2 号隧道 100 年地表沉降预测结果进行分析处理时，可见机场 1 号隧道最大差异沉降为 428.16mm，位于 DK40 +700 ~ DK41 +950 段；机场 2 号隧道最大差异沉降为 526.91mm，位于 DK50 +420 ~ DK52 +800。隧道全线最大每延米差异沉降值为 0.95mm。

机场 1 号隧道内轮廓设计如图 2-4-1 所示。机场 1 号隧道设计时速 250km，隧道内轮廓若不考虑区域沉降，竖向内净空冗余约 356mm，为避免运营期区域不均匀沉降造成轨道调坡，增加 100mm 区域差异沉降空间，冗余达到 456mm，大于百年差异沉降预测值。机场 2 号隧道设计时速 350km，由于空气动力学要求隧道净空面积不小于 100m²，隧道内轮廓竖向冗余较多，为 1035mm，大于百年差异沉降预测值。

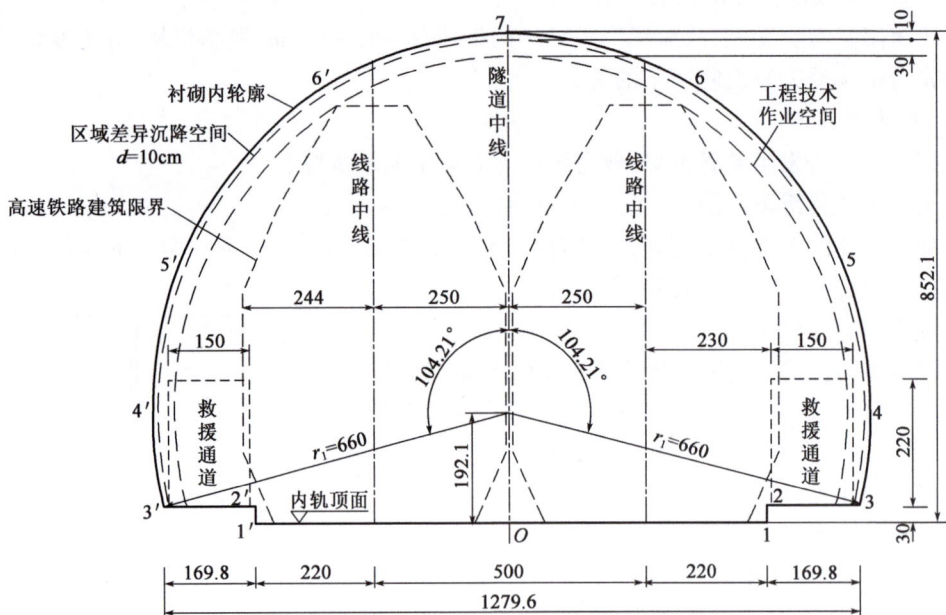

图 2-4-1　机场 1 号隧道内轮廓设计（尺寸单位：cm）

预测隧道百年每延米差异沉降值为 0.95mm，隧道纵横向配筋设计考虑 1‰的差异沉降。

2.4.2　结构纵向设置可伸缩变形缝

考虑隧道场址区域沉降情况、隧道覆土及结构形式等因素,衬砌结构变形缝按50~60m一道设置。隧道辅助洞室位置、衬砌断面变化处、下卧层变化处设置一道变形缝,其变形缝位置与衬砌变化位置保证1m净距,与衬砌洞室位置保证1倍洞径的净距。根据工程地质及水文地质、结构的刚度、结构的纵向伸缩量、防水能力和施工工艺等确定变形缝的宽度,设计变形缝的宽度取20mm。

变形缝防水措施采用复合防水构造,边墙和仰拱部位采用中埋式橡胶止水带(内置加筋)+背贴式止水带,拱部采用中埋式橡胶止水带(内置加筋),拱墙与仰拱部位分设独立的引水盲管,分别引入侧沟。变形缝辅以聚乙烯泡沫塑料板、双组分聚硫密封膏填缝。

变形缝防水构造图如图2-4-2~图2-4-4所示。

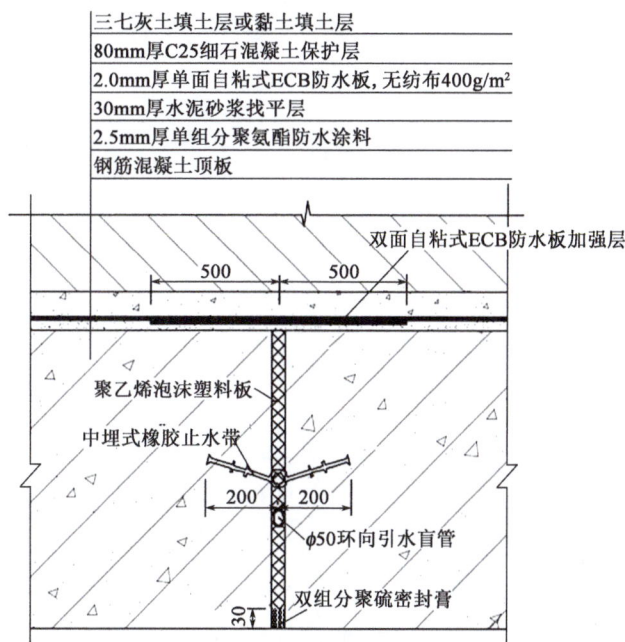

图2-4-2　拱部变形缝防水构造(尺寸单位:mm)

2.4.3　防水材料性能指标

1)变形缝中埋式止水带物理力学指标

对于隧道变形缝,常用的防渗止水措施是采用中埋镀锌钢边的橡胶止水带。其中,镀锌钢边主要在混凝土内起嵌固作用。一旦止水带受到较高应力作用而产生撕裂,其防水效果将产生较大影响。针对《铁路隧道防水材料　第2部分:止水带》(TB/T 3360.2—2014)中规格2钢边橡胶止水带(简称"标准止水带")以及改进的镀锌钢边橡胶止水带(简称"改进止水带"),采用大型有限元软件进行数值模拟,用以证明其改进效果。橡胶止水带物理力学指标对比如表2-4-1所示,止水带断面规格如图2-4-5~图2-4-8所示。

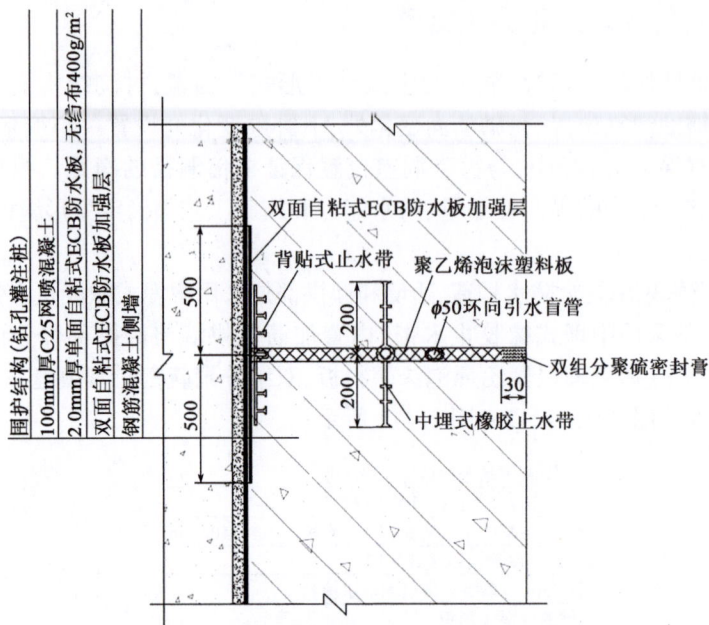

图 2-4-3　侧墙变形缝防水构造(尺寸单位:mm)

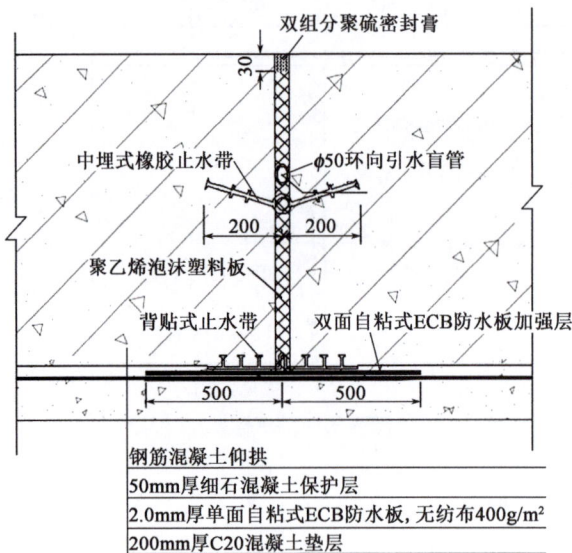

图 2-4-4　仰拱变形缝防水构造

中埋式钢边橡胶止水带指标对比

表 2-4-1

项目	变形缝	施工缝	《铁路隧道防排水材料　第 2 部分:止水带》(TB/T 3360.2—2023)指标
拉伸强度(MPa)	≥20	≥12	≥15(B 型)/≥12(S 型)
拉断伸长率(%)	≥600	≥450	≥450

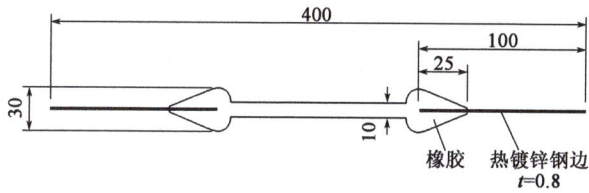

图 2-4-5　一般中埋式钢边橡胶止水带构造(尺寸单位:mm)

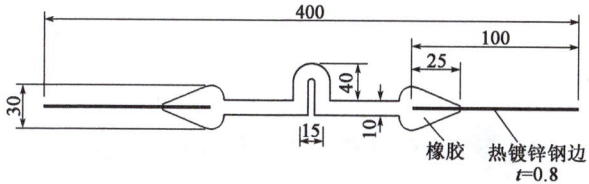

图 2-4-6　机场隧道中埋式钢边橡胶止水带构造(尺寸单位:mm)

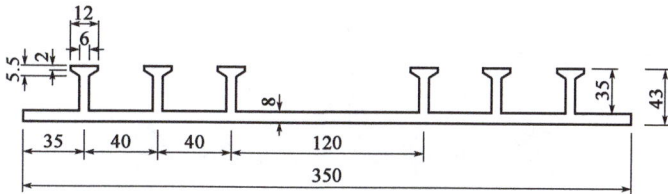

图 2-4-7　一般背贴式橡胶止水带构造(尺寸单位:mm)

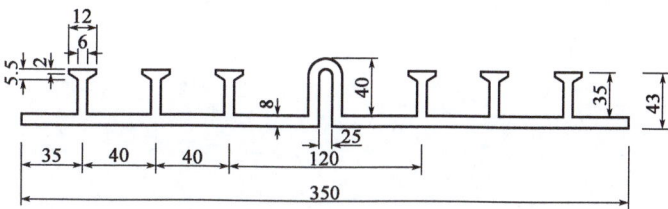

图 2-4-8　机场隧道背贴式橡胶止水带构造(尺寸单位:mm)

（1）本构参数

①橡胶参数。

橡胶属于超弹性材料,在一定应力作用下会产生很大的应变,其本构模型常呈现较为明显的材料非线性,且体积不可压缩。本节采用双参数形式 Mooney-Rivlin 本构模型,参数如表 2-4-2 所示。

橡胶本构模型参数

表 2-4-2

参数	密度(t/mm³)	C_{10}(MPa)	C_{01}(MPa)	D_1
数值	930×10^{-12}	0.4947	0.0639	0

②混凝土参数。

本次模拟将混凝土视为弹性材料,其参数如表 2-4-3 所示。

混凝土本构模型参数 表2-4-3

参数	密度(t/mm³)	弹性模量(MPa)	泊松比
数值	930×10^{-12}	32.5×10^3	0.2

（2）有限元计算模型

本节主要研究衬砌不同相对位移下止水带的应力特性，故本次模拟采用三维建模。标准止水带和改进止水带U形有效部分高度分别为20mm和40mm，其建模尺寸如图2-4-9和图2-4-10所示。

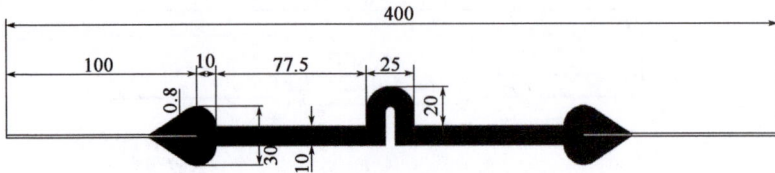

图2-4-9 标准止水带截面尺寸示意图（尺寸单位：mm）

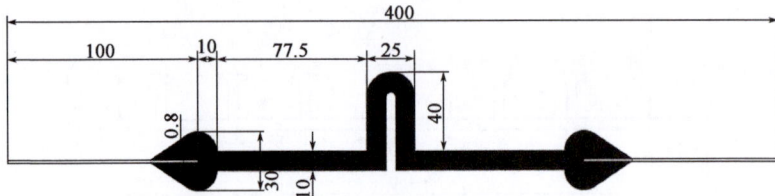

图2-4-10 改进止水带截面尺寸示意图（尺寸单位：mm）

为方便建模计算，将两侧钢板和哑铃形圆头简化为35mm×30mm方形，根据上述截面尺寸，取纵向1延米建模，网格划分如图2-4-11所示。

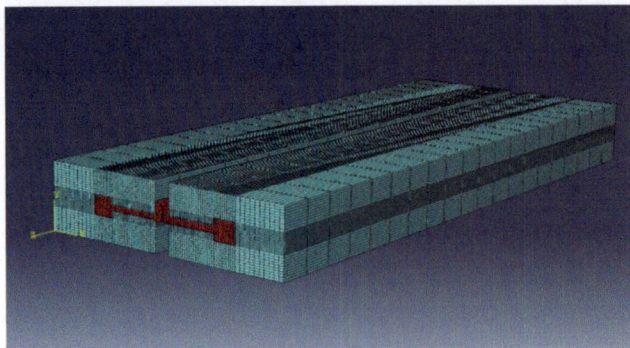

图2-4-11 计算模型网格划分

其中，橡胶为超弹性材料，采用杂交积分和缩减积分运算方法，其单元类型为C3D8RH。混凝土为弹性材料，采用缩减积分运算方式下的C3D8R单元类型。

（3）变形能力计算

①工况设计。

本次模拟旨在研究变形缝错动时止水带的受力情况，当衬砌产生相对位移时，其位移形式主要有轴向位移和切向位移。止水带位置示意图如图2-4-12所示。

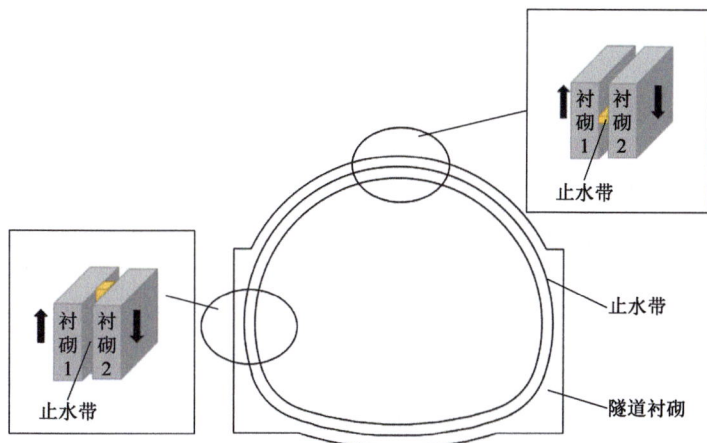

图2-4-12　止水带位置示意图

当发生切向错动时,止水带受力形式有两种,分别为上下错动和前后错动。轴向拉伸主要取决于止水带的抗拉能力,错动主要取决于止水带的抗剪切能力。根据《地下工程防水技术规范》(GB 50108—2008)的建议,变形缝沉降差不宜超过30mm,拉伸行为根据历史资料,出现过的最大拉伸量为50mm。因此对模型施加三种变形工况,如表2-4-4所示。

数值模拟工况设置一览表　　　　　　　　　　　　　　　　表2-4-4

项目	工况1	工况2	工况3	工况4
拉伸值	5mm	10mm	20mm	50mm
上下错动值	5mm	10mm	20mm	30mm
前后错动值	5mm	10mm	20mm	30mm

②计算结果。

a. 拉伸性能。

根据设计规范,橡胶断裂时强度为10MPa,将10MPa作为其拉伸强度,根据相关研究报告,人造橡胶等聚合物所受应力水平不应大于其强度的20%才能满足100年使用寿命要求,故取2MPa为允许应力。本部分分别对标准止水带和改进止水带进行拉伸数值模拟。根据数值模拟结果,对比两种止水带分别在拉伸5mm、10mm、20mm和50mm下止水带内的von Mises应力,得到的结果如表2-4-5和图2-4-13所示。

不同工况下止水带拉应力　　　　　　　　　　　　　　　　表2-4-5

止水带类型	工况1 止水带拉应力(MPa)	工况2 止水带拉应力(MPa)	工况3 止水带拉应力(MPa)	工况4 止水带拉应力(MPa)
标准止水带	0.299	0.675	1.846	6.948
改进止水带	0.074	0.156	0.422	1.501

标准止水带在拉伸距离22mm以下时处于安全荷载状态,而超过22mm后即处于危险荷载状态;而改进止水带在拉伸距离为50mm时仍处于危险荷载以下。当拉伸50mm时,改进止水带的应力仅为标准止水带的20%。

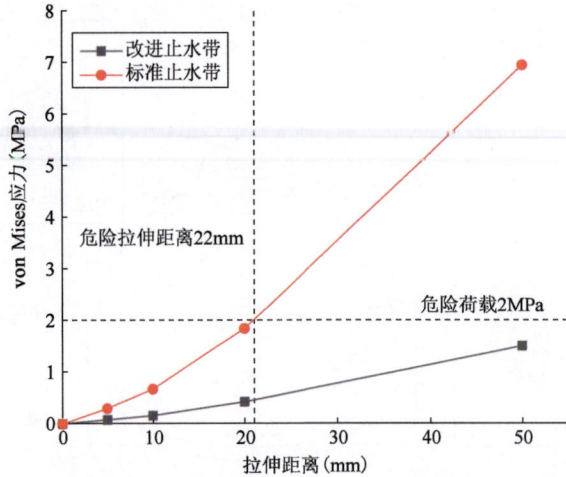

图2-4-13　拉伸作用下改进止水带及标准止水带应力随变形量变化曲线

b. 上下错动。

为满足100年使用年限,取2MPa为危险应力。本部分分别对标准止水带和改进止水带进行上下错动数值模拟,并以其Tresca屈服准则为判定依据。

根据数值模拟结果,对比两种止水带分别在工况为上下错动5mm、10mm、20mm和30mm下止水带内的剪应力,得到的结果如表2-4-6和图2-4-14所示。

上下错动作用下止水带剪应力

表2-4-6

止水带类型	工况1止水带剪应力（MPa）	工况2止水带剪应力（MPa）	工况3止水带剪应力（MPa）	工况4止水带剪应力（MPa）
标准止水带	0.254	0.526	1.351	2.201
改进止水带	0.224	0.458	1.008	1.592

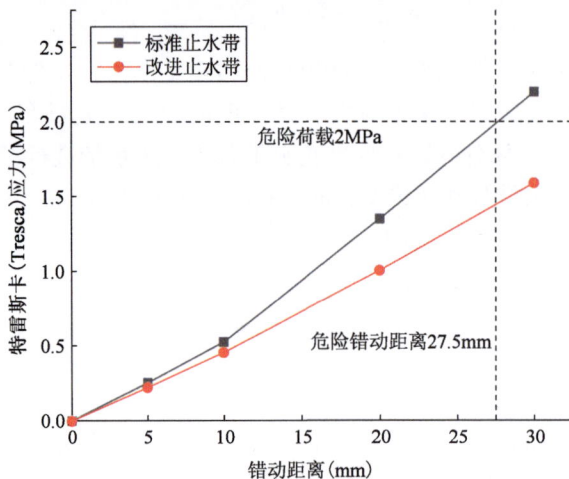

图2-4-14　上下错动作用下改进止水带及标准止水带应力随变形量变化曲线

从模拟结果中可以看出,在最大错动距离30mm时标准止水带的剪应力已超过危险荷载,而改进止水带在30mm时尚未超过危险荷载,且其在张开30mm时应力为标准止水带的72%。

c. 前后错动。

根据数值模拟结果,对比两种止水带分别在前后错动 5mm、10mm、20mm 和 30mm 下止水带内的剪应力,得到的结果如表 2-4-7 和图 2-4-15 所示。

前后错动作用下止水带剪应力   表 2-4-7

止水带类型	工况 1 止水带剪应力 (MPa)	工况 2 止水带剪应力 (MPa)	工况 3 止水带剪应力 (MPa)	工况 4 止水带剪应力 (MPa)
标准止水带	0.509	1.020	2.084	2.890
改进止水带	0.215	0.431	0.869	1.315

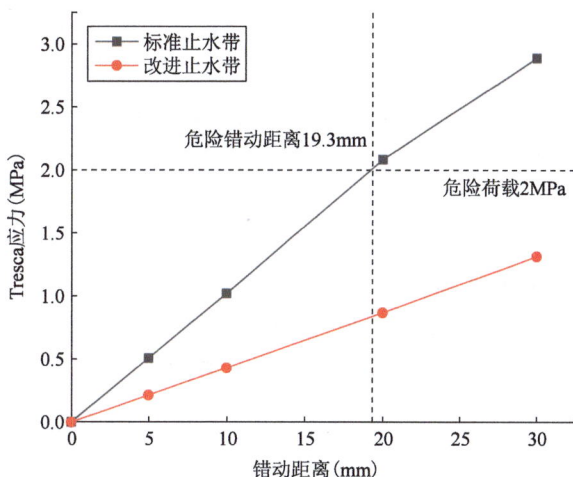

图 2-4-15   前后错动作用下改进止水带及标准止水带应力随变形量变化曲线

标准止水带在错动距离超过 19.3mm 后进入危险荷载状态,而改进止水带在所有工况下均处于危险荷载以内,且改进止水带的剪应力仅为标准止水带的 45.5%。

从分析数据中可以得出以下结论:改进止水带整体上性能优于标准止水带,其改进效果在拉伸、上下错动和前后错动作用中较为突出,其优化程度分别为 80%、28% 和 55%。故选用优化后的钢边止水带更能满足 100 年使用年限要求。

2)防水板物理力学指标

为了解决京雄城际机场隧道工程区域沉降问题,故提高 ECB 防水板的拉伸性能,如表 2-4-8 所示。

ECB 防水板的物理力学性能指标   表 2-4-8

项目	机场隧道指标	《铁路隧道防水材料　第 1 部分:防水板》 (TB/T 3360.1—2014)指标
断裂拉伸强度(MPa)	≥20	≥17

2.4.4　隧道全生命周期形位监测

1)监测目的

京雄城际机场隧道面临的主要监测问题有:①隧道洞身高程处的地层沉降与地面沉降之

间的量化关系;②沿隧道洞身纵向的地层沉降分布规律,即隧道洞身纵向及横向的不均匀沉降规律及数值。

开展监测的主要目的有以下三个方面:

①研究地层差异沉降对京雄城际机场隧道内力和变形影响规律。

开展隧道沿线区域的分层沉降成因和机理调研,通过理论分析与数值模拟相结合的方式,研究地层差异沉降引发隧道附加内力和相对变形的发展规律;利用隧道周边的分层沉降测孔感测隧址区地层压缩变形特征。

②研究隧道全生命周期形位感测系统实施方案。

结合隧道前期设计和施工步序,形成隧道全生命周期形位感测系统安装方案,解决感测元件的预埋施工和大容量数据传输、数据识别和数字化展示等技术问题。

③研发隧道结构全生命周期形位感测系统。

有机结合感测原件、解调设备与软件、分析软件、数据传输设备、三维展示系统等模块,研发重点针对分层沉降感测和隧道结构纵向不均匀沉降感测的隧道全生命周期形位感测系统。

2)主要监测成果

(1)精密控制网高程网测量分析

自 2018 年工程开工至 2020 年 1 月,通过对精密工程控制测量高程网工程多次测量,掌握了全线累计沉降曲线,反映了大兴—霸州—雄安地区铁路沿线的区域沉降基本情况,测量成果如图 2-4-16 所示。

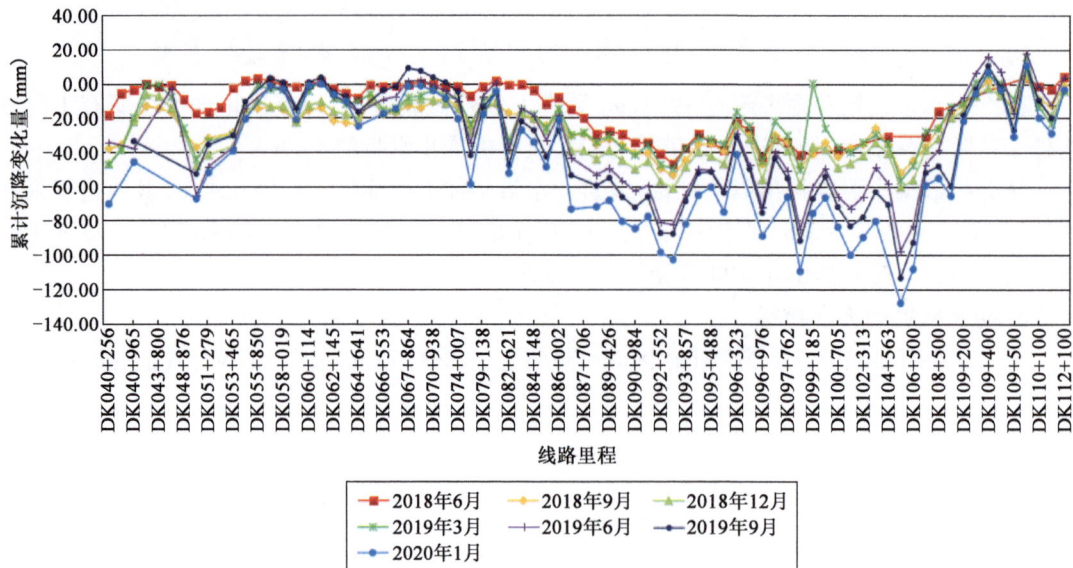

图 2-4-16 京雄城际铁路累计沉降变化量曲线

由图 2-4-16 可见,京雄城际机场隧道 DK40 + 700 ~ DK53 + 300 段处于区域沉降发展较快的区域,累计沉降最大达到 68mm。

（2）InSAR 沉降分析

根据本段沉降情况，对区域沉降涉及段落利用 InSAR 手段进行沉降分析，沿线及周边沉降速率基本与高程控制网的测量数据相符，其中永定河沉降漏斗区，区域沉降速率快，且在隧道出口段差异沉降明显，对工程存在整体沉降和不均匀沉降的影响。

（3）建设期隧道结构的沉降观测

根据设计要求，本段共布设 582 个观测断面 1746 个观测点。截至 2020 年 2 月 20 日，本段隧道沉降变化在 -8.26 ~ 29.17mm 之间，其中沉降最大值为断面 DK005 + 314 的 3S2 点，上拱沉降最大值为断面 DK004 + 334 的 0S03 点，具体分布见表 2-4-9。本段实测累计沉降量均小于设计允许值 30mm，隧道设计措施合理。

隧道观测点累计沉降值分布区间统计

表 2-4-9

沉降值区间	-8.26 ~ 3.0mm	3.0 ~ 5.0mm	5.0 ~ 10.0mm	10.0 ~ 29.17mm
测点数量	449	223	417	657
所占比例	25.72%	12.77%	23.88%	37.63%

北京段隧道观测点累计沉降范围为 -8.26 ~ 23.21mm，其分布范围见表 2-4-10。其中最大沉降发生在 DK004 + 497 的 6S02 点（图 2-4-17），最大上拱沉降发生在 DK004 + 334 的 0S03 点（图 2-4-18）。

隧道观测点累计沉降值分布区间统计

表 2-4-10

沉降值区间	-10.0 ~ -1.0mm	-1.0 ~ 3.0mm	3.0 ~ 5.0mm	5.0 ~ 10.0mm	>10.0mm
测点数量	48	100	55	148	159
所占比例	9.4%	19.6%	10.8%	29.0%	31.2%

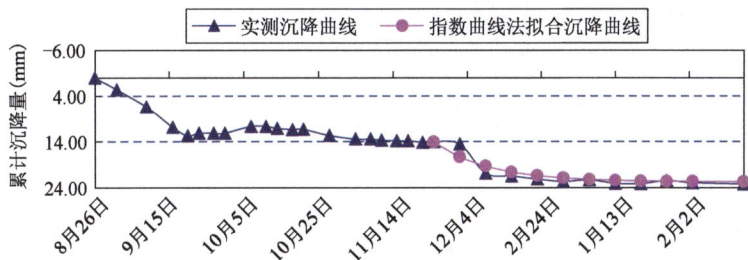

图 2-4-17　隧道观测断面 DK004 + 497 的 6S02 点最大沉降点沉降曲线

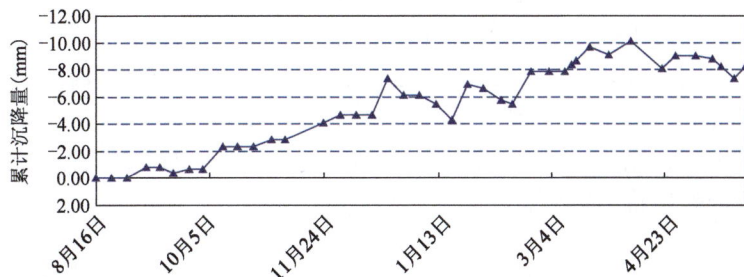

图 2-4-18　隧道观测断面 DK004 + 334 的 0S03 点最大上拱点实测沉降曲线

（4）通车后隧道形位感测成果详见第9章。

2.5　本章小结

（1）京滨铁路的区域沉降应对技术

采取的预防措施包括：严格控制地面沉降区铁路沿线区域地下水开采、加强铁路沿线地面沉降及地下水监测。

京滨铁路盾构隧道应对技术主要包括：

①接触网柔性悬挂高度为900mm，运营后期结合实际运行速度，将接触网改为刚性悬挂，接触网高度可降低至500mm。

②必要时进行线路调坡。

③设计中增强了盾构隧道结构纵向连接强度，加强盾构管片纵向防水设计和地基基础处理。施工中加强掘进误差控制，运营中加强隧道周边的保护。

（2）京雄城际机场隧道区域沉降特征

京雄城际铁路沿线经过区域主要存在两处不均匀沉降区域，其中一处位于廊坊市区与固安县、永清县交界处，即永定河干河道位置，呈细长条带状分布；另一处位于雄县北部和固安县南部，表现为大范围缓慢区域沉降特征。永定河河道区域为不均匀沉降明显区域，其沉降速率为30~70mm/a。隧道与该区域的关系基本为正穿关系。

京雄城际机场隧道隧址区区域不均匀沉降较为严重，尤其在穿永定河段2km长段落，沉降速率为30~45mm/a，沉降速率差为15mm/a。这对隧道的运营期结构安全和列车运行安全造成威胁。

（3）京雄城际机场隧道的区域沉降应对技术

采取的预防措施同样是严格控制地面沉降区铁路沿线区域地下水开采和加强铁路沿线地面沉降及地下水监测。机场隧道区域沉降应对技术有：

①隧道内设置预留空间，对区域沉降发育地区内轮廓增加10cm预留沉降量，以提高隧道结构对于区域不均匀沉降的适应性。

②结构纵向设置可伸缩变形缝，考虑隧道场址区域沉降情况、隧道覆土及结构形式等因素，衬砌结构变形缝按50~60m一道设置，变形缝宽20mm。

③提高防水材料性能，针对本工程区域沉降问题，提高防水板的拉伸性能，采用变形能力强、技术指标高的止水带，防止过大变形造成隧道渗漏水。

④开展处于严重区域沉降段落隧道结构的全生命周期形位监测，如设立了该隧道基岩标和隧址区地层分层沉降联动感测、隧道沿线变形缝两侧结构相对位移实时感测、隧道环向结构内力实时感测，监测隧道结构对区域沉降的形位和变形响应。

⑤运营期隧道因区域沉降产生的变形缝错动是一个缓慢发展的过程，运营期间可通过调整轨道扣件等措施确保轨道的平顺性。

第 3 章

基于区域工程一体化的
隧道设计

大兴国际机场建设区域各类工程较多,因此对轨道交通、城际铁路等公共交通采用了集约化的地下线由廊道规划,一方面避免对机场区域地面整体用地的割裂,另一方面最大限度地节约用地和地下空间资源。针对京雄城际铁路机场隧道区域众多工程同步建设特点,对同步建设的城市轨道交通、高速公路、永兴河、机场综合管廊、场坪跑道区、规划卫星厅、机场内绿化带和隧道地面景观等进行了一体化设计。

3.1 机场隧道与区域工程的交叉关系及一体化设计要求

3.1.1 概述

机场 1 号隧道在机场北侧与地面机场高速公路进场路并行,与机场快轨、R4 线、规划机场预留线、城际铁路联络线 4 条地下轨道交通线路并行,如图 3-1-1 所示。高速公路及地下轨道线与机场隧道同步建设。距离机场隧道最近的机场快轨与机场隧道结构间净距仅 13m。隧道还下穿机场一期内北侧的机场工作区、道路,工作区地下敷设有众多市政管线及综合管廊,均在隧道主体结构施作完成后同期施工,设计时管线满足与隧道结构的最小净距要求。

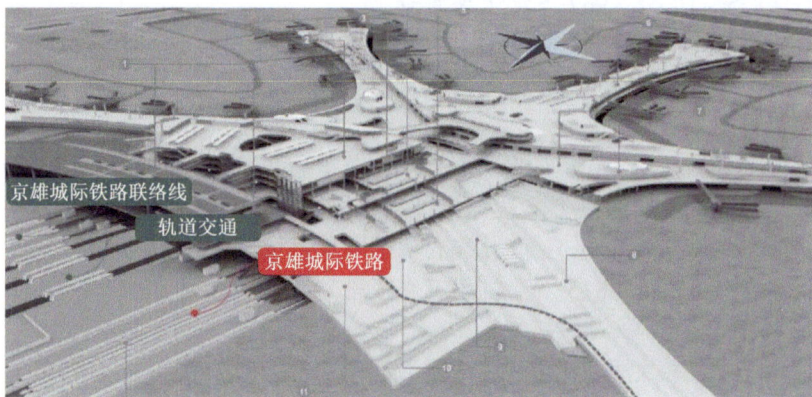

图 3-1-1　机场北航站楼核心区示意图

机场 2 号隧道下穿机场一期建设的停机坪、滑行区及机场卫星厅,并下穿规划的机场二期停机坪、滑行区和货场区等。

3.1.2 一体化设计要求

(1)DK40 +700 ～ DK41 +100 隧道进口段
①周边环境。
该区段位于进入机场区前。隧道进口区域位于两条同步建设的高速公路间的绿化带内,右侧 18m 处为机场高速公路进场路,北侧 150m 处为高速公路收费站、服务区,本段落高速公路为路基段。
隧道东侧与四条同步建设的轨道交通线路并行,自西向东依次为机场快轨、R4 线、规划机场预留线、拟建城际铁路联络线,均为双线线路,其中机场隧道与最近的机场快轨结构水平净距 15m。

②一体化设计要求。

同步建设的高速公路与本隧道线路并行,净距22m。右侧与4条同步建设的轨道交通线路并行。至机场隧道开展施工图设计为止,机场快轨、R4线、预留线部分段落已完成初步设计,正在开展施工图设计;城际铁路联络线隧道已完成可研,机场内段落完成施工图设计。机场隧道建设中应动态追踪并行轨道的设计情况及线位的调整情况,施工中互相协调施工顺序、施工占地和工法衔接。

(2)DK41+100~DK41+825段

①周边环境。

该段位于新建永兴河北侧,进出场高速公路之间。隧道上方为机场北侧的绿化区域,东侧与4条轨道交通线路并行。机场快轨与R4线部分段落变为共构形式。隧道下穿新建的永兴河北路。

②一体化设计要求。

与隧道相交的高速公路段,按相关高速公路荷载标准进行铁路机场隧道设计,其他道路均按市政一级公路考虑。本段隧道下穿机场内远距离停车场,与机场高速公路进场段净距23m。机场隧道下穿永兴河北侧改建的永兴河北路。

(3)DK41+825~DK41+967下穿永兴河段

①周边环境。

隧道上方为同步建设的永兴河,已先行施工。

②一体化设计要求。

按水务部门要求,包括机场隧道的4条并行轨道交通线路永兴河段同时采用明挖法施工,且永兴河采用导流明渠临时改移。本段原设计为盖挖法,结合永兴河的改移设计,变更为明挖法施工。需考虑多条轨道同时施工扰动影响,增加隧道基坑围护结构的刚度。

(4)DK41+967~DK42+835下穿机场工作区段

①周边环境。

本段隧道位于航站楼北侧工作区内,线路沿次干三路展线。隧道上方有多条规划的工作区内道路,下穿拟建的排水明渠及综合管廊。

②一体化设计要求。

本段隧道与多条市政管线平行或交叉,所有地下设施均需满足与隧道的最小净距要求(0.7m)。区段区域上方有机场管理用房,截至施工图设计前机场方未提供具体设计资料,建设期需随时了解房屋的设计进度,掌握层高、用途、基础形式等基本数据,校验当前隧道设计。

(5)DK42+835~DK42+900与铁路机场站相邻段

①周边环境。

该区段是机场1号隧道与铁路机场站相邻段。

②一体化设计要求。

机场1号隧道出口与机场地下站连接,本段应做好与铁路机场站设计相关单位的对接。施工时应与铁路机场站相关施工单位配合、协调,同步实施。

(6)DK44+911~DK45+550航站楼南侧段

①周边环境。

本段隧道上方为机场范围内停机坪及飞机滑行区,西侧与地下轨道交通行李通道并行,净距 36m。

②一体化设计要求。

本段起始位置与机场代建段连接,施工前需与相关设计及施工单位配合,确定详细的连接处施工方案。该区段地面荷载较大,除需要考虑施工荷载外,还需要考虑机场地面的回填荷载以及机场上的飞机荷载、特种车辆荷载等。

(7) DK45 + 550 ~ DK45 + 676 机场卫星厅区域段

①周边环境。

本段隧道下穿机场卫星厅及其周围机场道路。

②一体化设计要求。

目前未收集到卫星厅的具体布置设计,隧道结构地面荷载暂时按覆土 + 60kPa 荷载考虑。隧道两侧 20m 范围内的卫星厅基础工程应与铁路隧道同步实施。

(8) DK45 + 676 ~ DK46 + 090 长 414m 机场停机坪及滑行区段

①周边环境。

本段隧道上方为机场一期范围内停机坪及飞机滑行区。

②一体化设计要求。

该区段机场滑行区的地下管线设计相对滞后,相关不确定因素较多。参建各单位后期应及时跟踪机场相关设计、建设情况,及时校核设计,协调相关施工需求。

(9) DK46 + 090 ~ DK47 + 907 南航站楼西北侧区段

①周边环境。

本段隧道上方为机场二期范围内停机坪及飞机滑行区。

②一体化设计要求。

本区域为机场二期区域,设计条件均按机场一期类比确定。

(10) DK47 + 907 ~ DK48 + 125 机场南航站楼西侧区段

①周边环境。

该区段地下有预留综合管廊及地下通道。

②一体化设计要求。

本段隧道与机场二期的综合管廊和地下下穿通道交叉。隧道线路已按对接的机场预留条件进行了高程控制。

(11) DK48 + 125 ~ DK48 + 730 长 605m 机场南航站楼西侧区段

①周边环境。

本段隧道上方为规划的机场二期停机坪、滑行区,与预留南航站楼的最近距离为 198m。

②一体化设计要求。

由于预留机场南航站楼设计及实施时序未定,本段隧道采取绕行方案。

(12) DK48 + 730 ~ DK49 + 188 长 458m 机场南货运区区段

①周边环境。

本段隧道上方为机场二期规划的南货运区。

②一体化设计要求。

本段落目前没有机场的详细规划设计,隧道主体结构形式按下穿卫星厅处进行类比设计。

（13）DK49+188～DK50+600机场南侧区段

①周边环境。

本段上方为机场红线南侧外的规划控制区。

②一体化设计要求。

本段无详细的规划设计资料，隧道按现状地面高程进行设计。

（14）DK50+600～DK50+780机场南侧区段

①周边环境。

隧道上方为南北高速联络线、南进场路影响区，影响区长度为140m。

②一体化设计要求。

目前无详细的规划高速方案，隧道按现状地面高程进行设计。

（15）DK50+780～DK50+986石佛寺村西区段

①周边环境。

该区段下穿石佛寺村西北侧的大片农田。

②一体化设计要求。

此区域无远期规划。

（16）DK50+986～DK51+124永定河北堤区段

①周边环境。

该区段隧道下穿永定河北堤，路堤高约6m。路堤上为村路，边坡上有块石护坡。

②一体化设计要求。

此区域无远期规划。

（17）DK51+124～DK52+651永定河河槽区段

①周边环境。

隧道下穿永定河河槽，永定河常年无水，河内以种植各种农作物及树苗为主。

②一体化设计要求。

该段远期规划有大兴机场南高速公路，该高速公路规划设计相对滞后，后期建议以桥梁形式穿越高铁隧道。

（18）DK52+651～DK52+769永定河南堤区段

①周边环境。

隧道下穿永定河南堤，路堤高约7m。路堤上为水泥路，边坡上无防护。

②一体化设计要求。

此区域无远期规划。

（19）DK52+769～DK53+100永定河南侧区段

①周边环境。

隧道经过永定河南侧，即河津村西侧的农田。

②一体化设计要求。

此区域无远期规划。

（20）DK53+100～DK53+250河津村西侧区段

①周边环境。

该段为隧道出口段，出口位于河津村西侧的农田中。

②一体化设计要求。

此区域无远期规划。

3.2 交通走廊并行段一体化设计

3.2.1 集约用地的共走廊设计

隧道在机场北侧与机场高速公路出场路、机场快轨、R4 线、城际铁路联络线、规划机场预留线并行进入大兴国际机场,为了避免对机场区域整体用地造成割裂,采取集约用地的公共交通走廊设计,轨道交通走廊宽度由原来的 200m 优化到了 80m。机场隧道位于机场快轨和机场高速公路之间,与机场快轨及机场高速公路并行段的最小结构净距仅有 15m,施工期间交叉干扰大,结构间相互影响。并行地下工程平面示意图如图 3-2-1 所示。

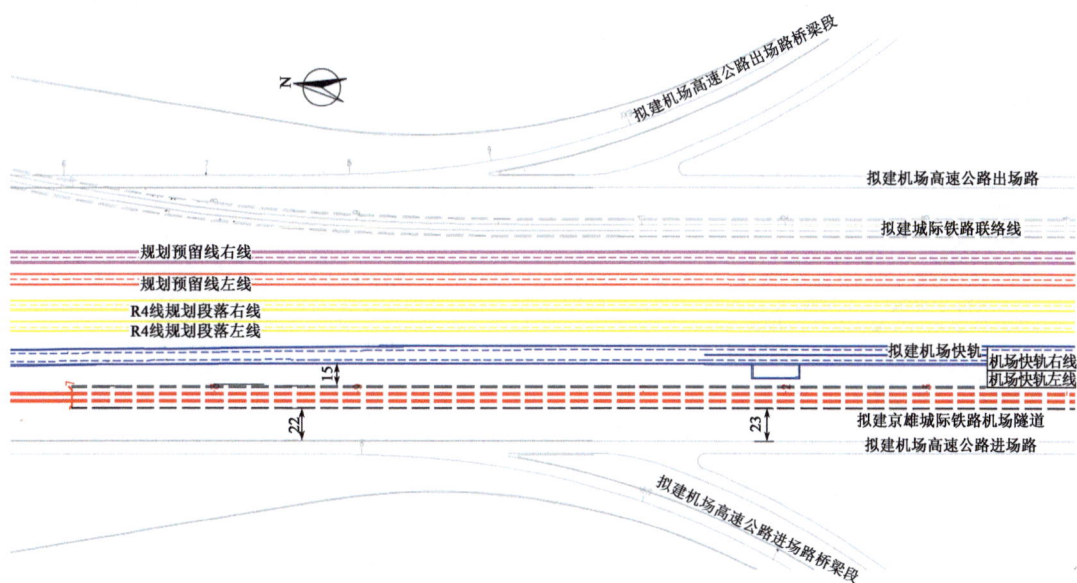

图 3-2-1 并行地下工程平面示意图(尺寸单位:m)

由于机场隧道与邻近机场快线为不同的实施主体,为减少施工中不可避免的各种交叉干扰,设计时采取了以下措施。

(1)考虑到同步实施工程的夹土水平荷载平衡问题,避免水平剪切,支撑架设高程与机场快轨设计单位进行了统筹,做到了一一对应。

(2)为了提高围护结构稳定性和可靠性,针对围护结构间夹心土的扰动问题,设计中在围护验算时对土的黏聚力和内摩擦角按 80% 进行折减。

(3)隧道与最近的机场快轨最小间距约 15m,为减少交叉干扰,隧道进口段基坑深度小于 12m 段采用 1:0.5 土钉墙放坡,减少地表开挖作业面,尽量避免相互影响。其他段落采用钻孔灌注桩围护施工。

(4)隧道与机场快线同期施工,两结构基坑间施工通道狭窄,为避免施工通行交叉干扰,对特殊段落进行结构验算校核,调整基坑钻孔桩桩顶的平台宽度,加大桩顶放坡坡度,减小基坑上口宽度。

3.2.2 结合施工组织的设计优化

受前期征地拆迁滞后、政策停工等因素影响,本工程工期十分紧张。此外,机场1号隧道DK40+830~DK41+760段与东侧机场快轨、R4线同步开挖基坑,导致本段落隧道东侧无施工便道空间;DK40+830~DK41+000段基坑邻近机场高速公路且同步施工,西侧需占用部分机场高速公路场地作为便道施工。现场与邻近工程的施工先后顺序难以协调,工程边界条件发生变化,这要求本工程必须加快施工进度,最大限度减少各并行工程交叉、同步施工对本工程的影响。

为保证工期,结合相邻工程施工组织要求,对机场1号隧道DK40+830~DK41+760段基坑围护方案进行了如下优化。

(1)进口放坡段(DK40+150~DK40+830)及相邻的DK40+830~DK41+219两撑一倒段落:经与相邻工程单位协调,可先行交由本标段施工,并改为二级放坡施工,挖土施工代替围护桩,以缩短支护施工时间,加快施工进度,并减少施工成本,该段断面如图3-2-2所示。

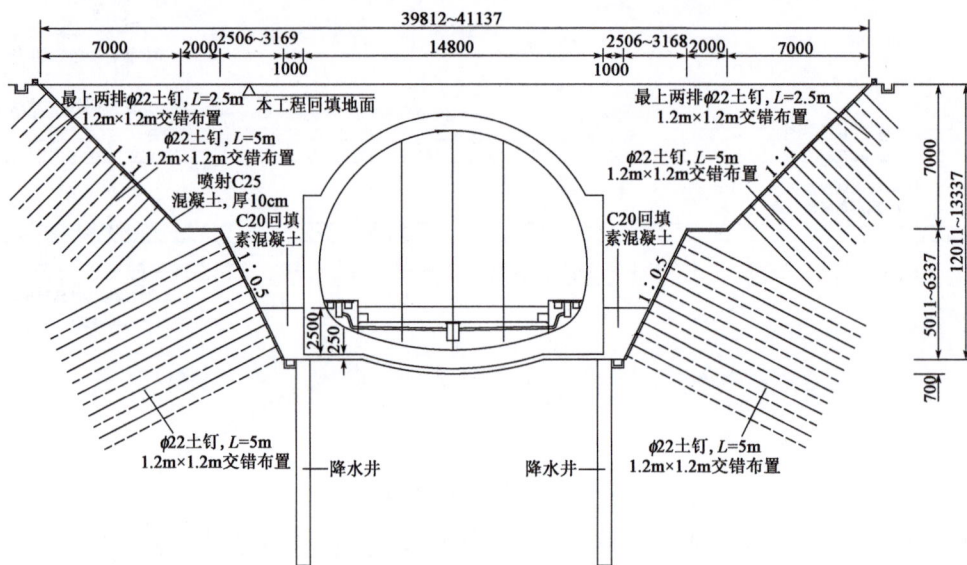

图3-2-2 DK40+830~DK41+219段断面(尺寸单位:mm)

(2)DK41+219~DK41+355段:由于机场快轨与本工程基坑结构最小净距为16.5m,同步施工期间两基坑间土体在施工时发生多次扰动,影响基坑安全。考虑到本段现场已按隔一打一施工部分钻孔灌注桩,故与机场快轨邻近侧采取增加未打设灌注桩桩长的方式(隔桩增加桩长2m)对基坑支护进行加强,如图3-2-3所示。

(3)DK41+355~DK41+760段:采取增大围护桩桩径,由原设计桩径800mm、间距1100mm,变更为桩径1000mm、间距1350mm。冠梁尺寸由原设计1000mm×800mm变更为1200mm×1000mm。取消倒撑方式,在加强围护结构的同时,减少施工步序,加快施工进度,如图3-2-4所示。

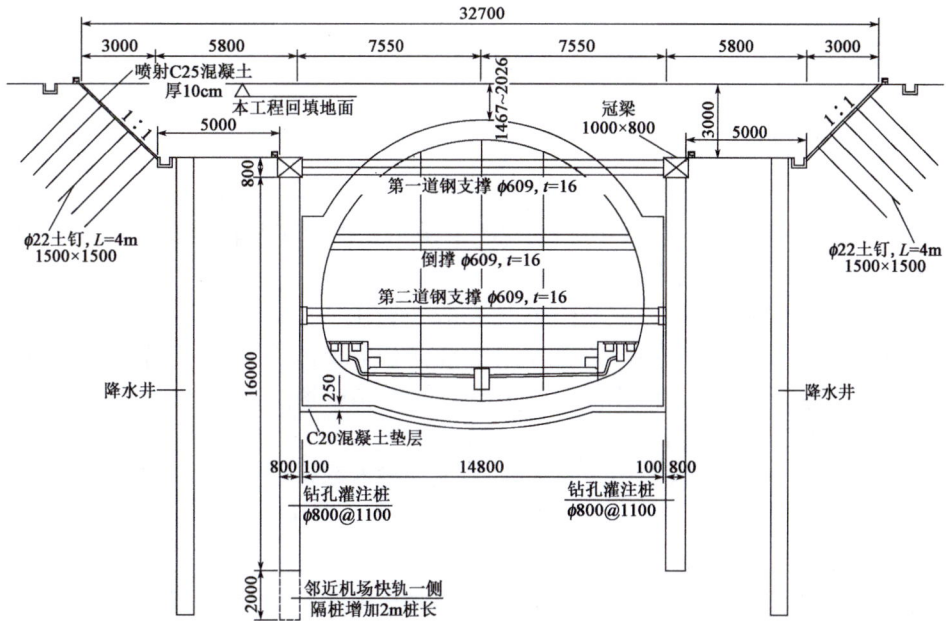

图 3-2-3　DK41 +219～DK41 +355 段断面(尺寸单位:mm)

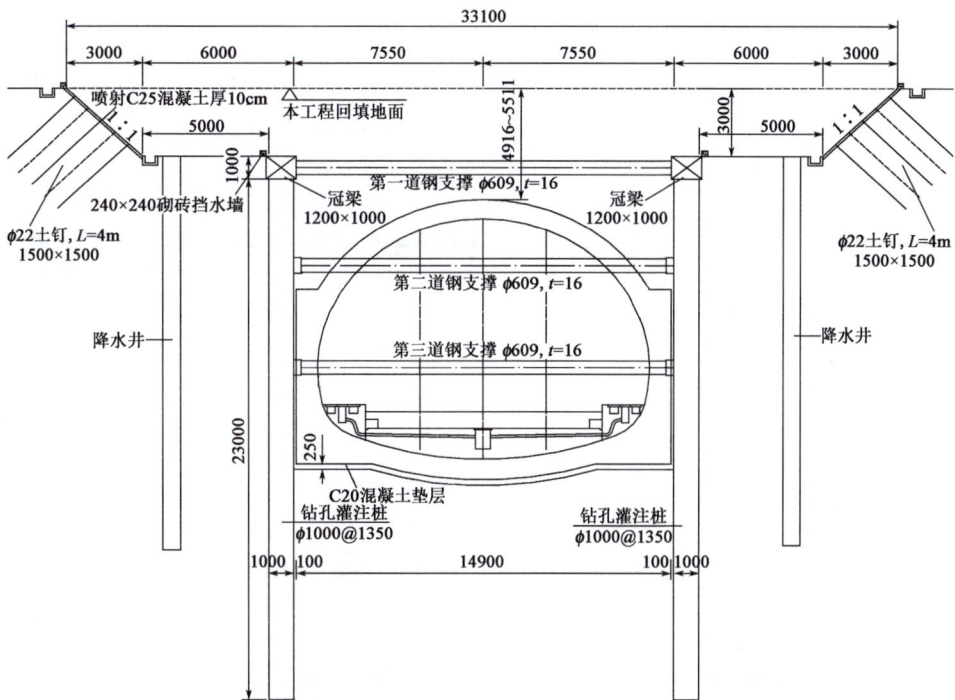

图 3-2-4　DK41 +355～DK41 +760 段断面(尺寸单位:mm)

3.3 下穿永兴河段一体化设计

3.3.1 基坑围护结构设计

机场1号隧道在DK41+825~DK41+967处下穿永兴河改线段。下穿地点位于大兴国际机场建设红线外北侧。隧道与永兴河相交90°,且隧道东侧与多条轨道线并行,并同期施工下穿永兴河段,与机场快轨结构净距15m。

原设计机场1号隧道采用盖挖顺作法下穿永兴河,由于工期不匹配,在机场隧道实施时,永兴河河道已经基本施工完成并准备通水,不具备施作盖挖预留条件,改用河道导改的方式并采用明挖法同期施工下穿永兴河段,并行穿越的工程包括机场高速公路桥梁及京雄城际铁路、机场快轨和R4线共构段、城际铁路联络线的隧道工程。

实施过程中,由于受到工期、防汛等影响,机场隧道下穿永兴河段施工步骤如下:

(1)在2017年汛期后完成永兴河南侧导流明渠开挖。完成后施作上下游的截流围堰,启用导流明渠,如图3-3-1a)所示。

(2)隧道下穿段落截流后,并行地下轨道线路同步施工。本段施作围护桩、止水帷幕,打设坑内降水井进行降水。降水后开挖基坑,施作主体结构,如图3-3-1b)所示。

(3)本段完成下穿段隧道施工,回填隧道顶部土体。河道部门按规划断面拓宽河道,北堤北移40m。在2018年6月汛期前恢复河堤并通水,如图3-3-1c)所示。

(4)施作永兴河管理红线两侧隧道衬砌,贯通隧道,如图3-3-1d)所示。

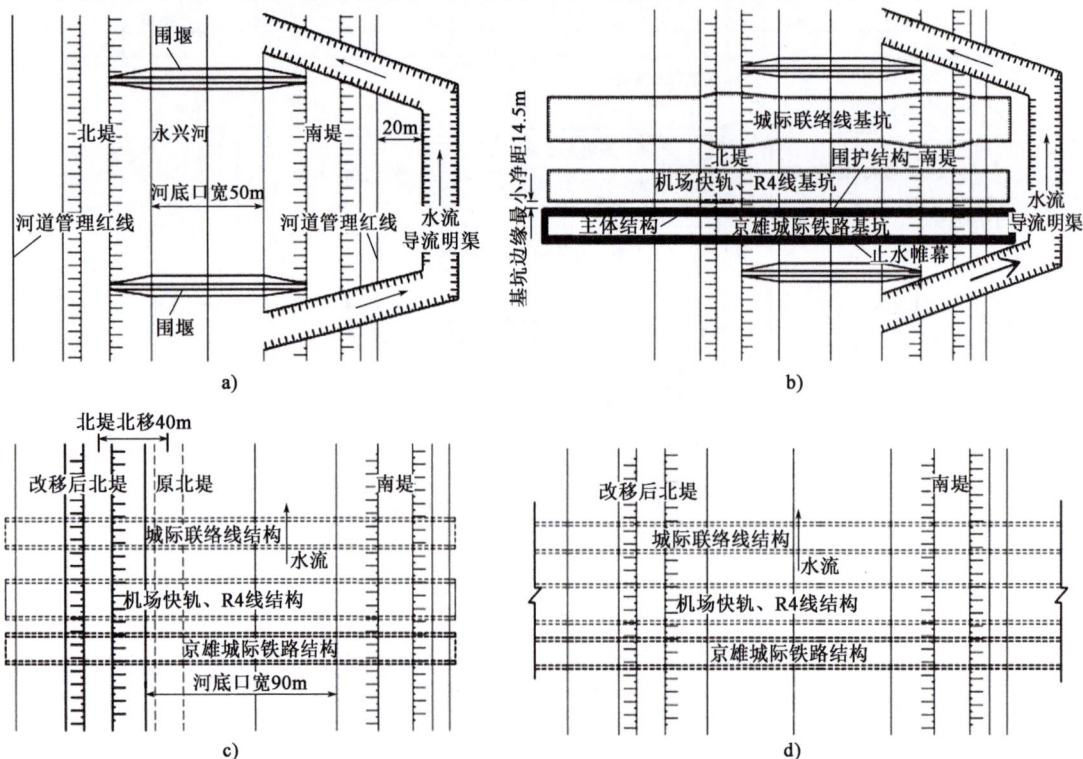

图3-3-1 机场隧道下穿永兴河段施工步骤

　　结合隧道所处位置地质条件和环境条件,经技术、经济比较,本段围护结构形式主要采取混凝土挡墙 + 钻孔灌注桩 + 水平支撑。由于机场快轨与本隧道同步施作且间距较近,考虑到同步施工条件,对本工程围护结构进行适当加强,减少对周边地层的干扰,限制周边地层变形。基坑采用止水帷幕 + 坑内降水的降水措施,通过加强围护结构、取消倒撑设计,加快下穿永兴河段施工速度。

　　为方便与并行轨道交通同期施工,冠梁顶距离整平地面线大于或等于 1m 的段落采用混凝土挡墙支护,小于 1m 段落采用砖墙支护。基坑与机场快轨相邻一侧地表喷射 15cm 厚 C20 混凝土进行地面硬化加固。

　　综合考虑永兴河河道施工时施工荷载、并行施工干扰等不确定因素,对隧道主体结构进行设计加强。

　　由于后期需要对永兴河进行拓宽施工、施作河堤铺砌等,这些工程将对隧道结构产生卸载影响,隧道回填施工时在永兴河影响段落施作 1m 厚钢筋混凝土盖板,并与围护桩连接,对隧道结构起到控制变形的保护作用,如图 3-3-2 所示。

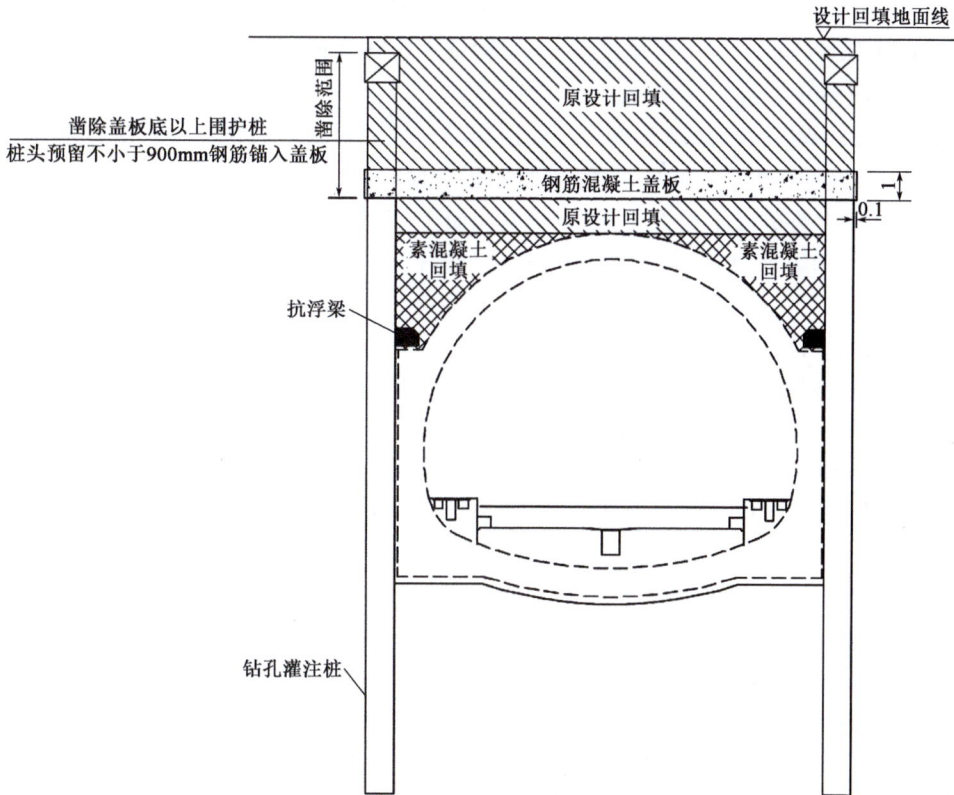

图 3-3-2　盖板与隧道结构、围护结构及回填关系断面图(尺寸单位:m)

3.3.2　河道防护设计

(1)河道复堤设计

区段河道恢复按区域工程一体化规划实施,即河道底宽 90m、上开口 120m。根据河道规划条件,河道南堤维持现状走势不变,北堤向外平移40m,同时对隧道下穿永兴河施工影响范围内堤防进行加固并回填至规划堤顶高程。

①新老堤防结合面设计。

新老堤防结合面存在填筑施工时间、材料等差异,导致地基固结度和堤防压缩程度不同而产生新老堤防不均匀沉降,易使结合面出现裂缝、破损、高差、渗漏等现象,影响堤防稳定安全。为避免新老堤防沉降差异,使两者之间衔接更加紧密,对隧道施工边坡进行台阶处理。开挖边坡呈台阶状,台阶高0.3m,台阶宽0.9m,整体坡度不超过1:3。施工期间,在老堤身连接土层面上洒水并刨毛后沿水平层面铺设筑堤土,沿水平层面进行碾压。

②筑堤材料及填筑标准。

为保证河道行洪安全,本工程复堤前拆除部分隧道支护灌注桩,拆除后高程为规划河底以下3m,即16.30m。为保障隧道上方灌注桩防护范围内填料的回填质量,防止隧道结构上方回填土体与两侧回填土体产生不均匀沉降,隧道上方灌注桩围护范围内采用混合土回填,回填范围为隧道结构外顶高程至冠梁顶高程(16.30m)。混合土采用黏粒含量为10%~30%的壤土和6%~8%的水泥,具体掺拌比例以施工现场碾压试验为准。同时在隧道结构上方回填土体与两侧回填土体连接处设置土工格栅网,格栅网宽5m,竖向间距1m,网孔尺寸39mm×39mm,抗拉强度不小于30kN/m。

堤防回填采用黏性土,回填范围为冠梁顶高程至规划堤顶高程。黏性土采用黏粒含量为10%~35%、塑性指标为7~20的均质土,且不得含植物根茎、砖瓦垃圾等杂质,填筑土料含水率与最优含水率允许偏差不得大于±3%。淤泥质土,天然含水率不符合要求或黏粒含量过多的黏土,冻土块,杂填土,水稳定性差的膨胀土、分散性土不得作为填筑土料。黏性土填筑压实度应不小于0.95。

③堤顶路面设计。

筑堤完成后,对堤顶路面进行恢复,路面采用沥青混凝土路面,左右岸路面宽6m,路面结构为40mm厚AC-13细粒式沥青混凝土和60mm厚AC-16中粒式沥青混凝土,路基采用500mm厚石灰粉煤灰稳定砂砾。路基及路面设计参照三级公路标准,筑路标准应满足《公路沥青路面设计规范》(JTG D50—2006)要求。新建堤顶路面与现状路面顺接坡度不得超过5%。

(2)河道护坡设计

根据北京市城市规划设计研究院于2014年3月发布的《天堂河(京开高速公路—市界)治理工程规划》,永兴河的主要功能为防洪排水并兼作景观河道,为保证河道边坡稳定,同时保持河道景观效果,河道边坡护砌采用原河道设计方案,即采用复式断面结构。河底上部两侧在蓄水位0.5m以下高度各设水生植物种植平台,表面铺设卵石,每侧平台宽约2m;种植平台以下河坡坡度为1:2,采用生态水工砌块进行防护,砌块厚100mm,下铺无纺布,护脚采用C25混凝土,砌块预留孔洞可为植物提供生长空间,并可通过相互咬合形成特殊的生态防护体系;种植平台以上1.5m高度范围采用土笼箱生态防护形式。具体形式为种植平台以上设"品"字形土笼箱,箱体尺寸为1000mm×1000mm×1000mm,箱内装填原土,就地取材,箱体外露表面包裹椰纤毯,外部铅丝笼采用镀锌防腐处理;土笼箱防护至堤顶间河坡坡度为1:3左右,进行坡面绿化,边坡采用植草毯,植草毯底回填种植土,厚200mm。

（3）河道护底设计

根据京雄城际铁路、大兴国际机场线、城际铁路联络线设计资料可知,京雄城际铁路隧道顶河底覆土深度为 3.87~4.13m,大兴国际机场线隧道顶河底覆土深度为 4.90~5.06m,城际铁路联络线隧道顶河底覆土深度为 5.41~5.51m。为减少隧道开挖施工对河道产生的不利影响,同时考虑隧道埋深较小,后期河道清淤等施工作业采用大型机械的可能性,根据河道防护与生态建设相结合的原则,河底采用铅丝石笼 + 钢筋混凝土护砌结构,护砌范围为隧道下穿河道段及其上、下游各 50m,护砌总长度 230.5m。

为保证隧道结构安全,减小隧道结构沉降,隧道顶采用混合土回填,回填顶高程为 16.30m;混合土上部（高程 16.30m）采用 100mm C15 混凝土 + 300mm C30 钢筋混凝土衬砌结构,结构顶采用级配砂砾回填,回填厚度为 700mm;为保证河道景观效果及防洪安全,上部采用 500mm 厚铅丝石笼护砌,护砌顶覆土厚 1.0m,如图 3-3-3 所示。

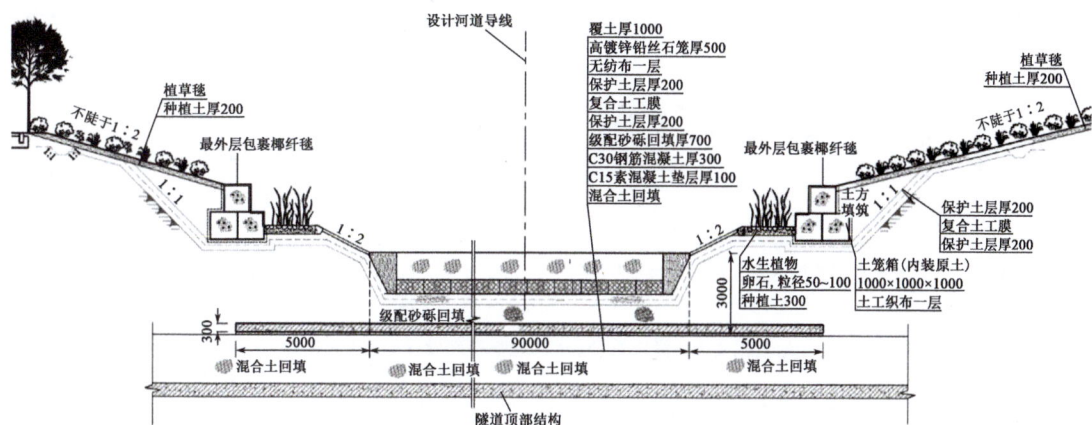

图 3-3-3　永兴河标准横断面(尺寸单位:mm)

3.4　下穿机场场坪跑道区一体化设计

3.4.1　机场隧道埋深控制性条件

机场隧道埋深控制性条件如下:

（1）机场飞行区管线埋深按 4.5m 控制,即隧道结构顶部埋深需大于 4.5m（基准面为大兴国际机场的规划场坪）。

（2）机场隧道向南穿越飞行区综合管廊,考虑飞行区下穿通道向南继续延伸的可能性,铁路隧道顶板距离机场场坪不小于 10m。

（3）高铁车站范围内最大载重飞机型号为 A380,其他区域根据规划区域飞机型号确定飞机荷载。运行摆渡车、消防车等荷载取 35kPa。承载力计算及正常使用（裂缝）计算时,飞机和车辆轮压荷载作为活载考虑。基本组合中组合系数取 0.7;准永久组合中准永久值系数取 0.6。

（4）机场范围场地分区及明挖基坑填筑压实标准须满足表 3-4-1 要求,隧道所属分区段落见表 3-4-2。回填宜采用变形小、水稳定性高的填料,利用基坑开挖土经掺加石灰及水泥处理后作为填料,应逐层采用同种填料进行回填再进行压实,避免产生不均匀沉降;如回填空间狭窄,不利于采用常规机具进行压实,应采用小型压实或振捣实机具,确保压实质量,必要时视工程条件可采取适当地基处理措施。

机场范围场地分区及明挖基坑填筑压实标准　　　　　　　　表 3-4-1

分区	范围	回填方法	土石方填筑压实标准	
			道路基础顶面或地势设计高程以下深度(m)	压实度(%)
飞行区道面影响区	按道肩两侧各向外 2m 确定的范围,填方区尚需考虑放坡	洞顶 3m 范围采用三七灰土夯填,地表设 0.5m 厚黏土隔水层	>0	≥96
工作区	包括机场货运、综合业务区、综合服务区、生产辅助区、航空配餐、培训、油料和航空公司基地等	洞顶 3m 范围采用三七灰土夯填,地表设 0.5m 厚黏土隔水层	>0	≥95
预留发展区	场地平整范围内预留的规划发展区域	地表设 0.5m 厚黏土隔水层和 0.5m 厚的植耕土	>0	≥95

注:1. 工作区内建(构)筑物的地基压实指标尚应符合《建筑地基基础设计规范》(GB 50007—2011)和其他有关技术标准的规定。

2. 工作区内道路的地基压实指标尚应符合《城市道路路基设计规范》(CJJ 194—2013)、《城市道路工程设计规范(2016 年版)》(CJJ 37—2012)、《公路路基设计规范》(JTG D30—2015)和其他有关技术标准的规定。

3. 土方填筑压实指标宜采用固体体积率,具体指标根据试验或材料性质确定。

机场范围隧道所属分区段落　　　　　　　　表 3-4-2

序号	起始里程	终点里程	长度(m)	机场规划区域	备注
1	DK42 +037	DK42 +264	227	停车区	
2	DK42 +264	DK42 +900	636	工作区	
3	DK44 +911.349	DK45 +578	666.651	飞行区	
4	DK45 +578	DK45 +658	80	航站区	卫星厅
5	DK45 +658	DK46 +090	432	飞行区	
6	DK46 +090	DK48 +600	2510	飞行区	
7	DK48 +600	DK49 +173	573	工作区	
8	DK49 +173	DK50 +100	927	预留发展区	

(5)飞行区道面影响区的滑行道和停机坪工后沉降标准为 0.3m,工后差异沉降为 0.2‰。

(6)飞行区土面区工后沉降标准和工后差异沉降应满足排水、管线和建筑等设施使用要求。

3.4.2　机场区回填材料及工艺要求

（1）设计方案

京雄城际铁路工程机场 2 号隧道结构下穿机场飞行区。机场跑道回填的质量要求较高，回填压实度不小于 96%。回填层从下至上依次为三七灰土、夯填土、黏土隔水层，其中黏土隔水层回填厚度为 0.5m。回填高度大于 3m 时，三七灰土回填厚度为 3m；回填高度小于 3m 时，全部回填三七灰土，如图 3-4-1 所示。

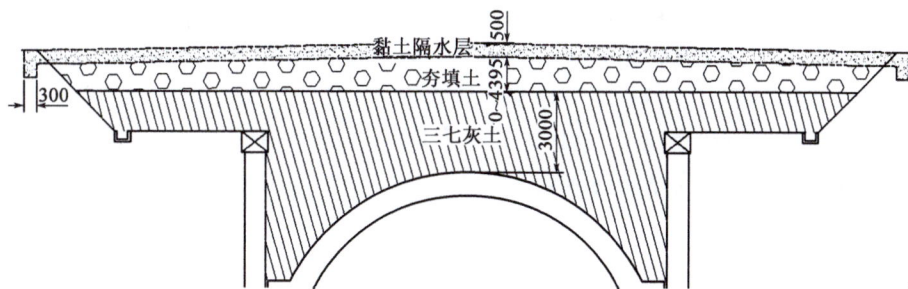

图 3-4-1　机场 2 号隧道土方回填横断面（尺寸单位：mm）

（2）存在的问题

①回填三七灰土施工过程中石灰装卸、存放、运输和拌制过程中均存在二次扬尘问题，较难满足《北京新机场环境保护管理办法》相关要求。

②由于机场指定拌制场地有限，且三七灰土中石灰用量大，石灰存放场地受限，故大量石灰可能存在熟化不充分情况，从而影响回填质量。

③由于受环保治理影响，目前石灰减产、限产严重，供应受到严重制约，导致回填进度缓慢。

④若进入雨季进行土方回填施工，回填土含水率将大大增加，回填质量将不易控制，为避免回填土在雨季进行施工，需提高土方回填施工效率。

⑤目前市场上石灰质量极不稳定，可能导致回填土存在一定质量隐患。

（3）回填方案优化

建设中结合现场情况，确定将隧道回填三七灰土改为水泥改良土，采用场拌施工方法施工。考虑到拱肩部位特别狭小，压路机无法通过，如使用小型打夯机进行夯实，压实系数难以控制在标准值，从而无法保证土方回填质量。因此，隧道拱肩 1m 以下部位采用素混凝土进行回填。

建设中经过工艺性试验确定了土方回填水泥改良土各项参数指标，主要工序如下：

①基面清理。

回填前须把拱顶防水保护层上的杂物、垃圾等清理干净并排除所有积水。

②材料检验。

夯填土和水泥应提前送实验室做原材试验及击实试验，求得最大干密度为 1.76g/cm³，最优含水率为 12.2%，按设计要求（水泥掺量 8%），回填前须检验土质及回填土含水率。土料采用就地挖出的黏性土及塑性指数大于 4 的粉土，土内有机质含量不得超过 6%，土料颗粒直径不应大于15mm。

③改良土混合料拌制。

改良土混合料采用改良土拌和设备在拌和场集中进行拌和。拌和前先通过拌和机筛网剔除土中较大土块，使土质均匀。

测定土的含水率，控制其在10.2%～14.2%范围内。土天然含水率小于10.2%时，在厂拌设备拌和时将水成雾状均匀地喷入改良土中拌和均匀；土天然含水率大于14.2%时，进行适度晾晒以降低含水率。

在正式拌制改良土混合料之前，必须先调试所用厂拌设备，并通过试验段试拌、试铺总结各种施工参数，进一步合理调整和确定厂拌工艺参数。标定计量设备，调整好出料口单位时间出料量，使进入拌和设备内各种材料符合配合比要求（水泥：土：水＝1：12.5：0.165，以kg/m³计）。在拌和设备内拌制改良土混合料时，需拌和均匀，混合料中不应含有粒径大于10mm的土块，并应使混合料组成和含水率达到规定要求。

④分层铺土夯实。

隧道主体结构上方回填土对称分层填筑和夯实，每层厚度不宜大于0.3m，采用皮数杆控制每层摊铺厚度，其两侧回填土高差不宜大于0.5m，回填至拱顶后，即应满铺，并分层向上填筑，严禁随意抛填。基坑纵向按50m分段回填，在接茬处应设置台阶，台阶宽度不得小于1m，高度不得大于0.5m。

基坑回填时，机械或机具不得碰撞隧道防水保护层。隧道结构两侧拱肩1m高度范围内采用素混凝土进行回填，隧道顶部1m范围内以及地下管线周围应采用小型压路机夯填。回填横断面及纵向分层如图3-4-2和图3-4-3所示。

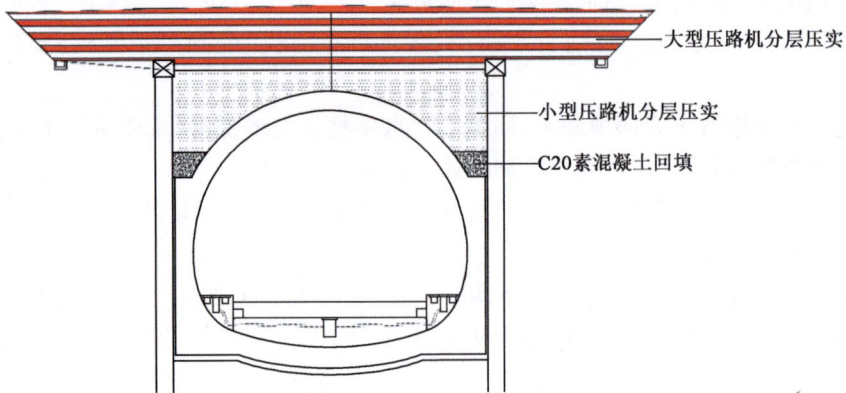

大型压路机分层压实

小型压路机分层压实

C20素混凝土回填

图3-4-2 回填横断面示意图

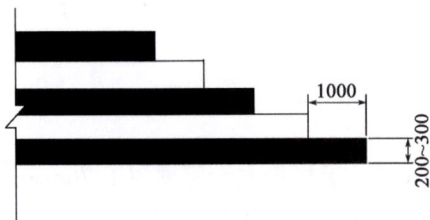

1000

200～300

图3-4-3 回填纵向分层示意图（尺寸单位：mm）

（4）回填土压实方法

①人工夯实方法。

人工打夯前应将填土初步整平，打夯要按一定方向进行，一夯压半夯，夯夯相接，行行相连，两遍纵横交叉，分层夯打。夯实基槽时，行夯路线应由四边开始，然后再夯向中间。采用小型机具夯实时，一般填土厚度不宜大于25cm，打夯之前应对填土进行初步平整,然后依次夯打,均匀分布,不留间隙。回填与夯实基坑(槽)时应在相对两侧或四周同时进行。

②机械压实方法。

为保证填土压实的均匀性及密实度,避免碾轮下陷,提高碾压效率,在碾压机械碾压之前,宜先用轻型推土机推平,低速预压4或5遍,使表面平实;根据工艺性试验,压路机压实应不少于6遍。采用振动平碾压实应先静压2遍,速度控制在1.5km/h;然后振压,前两遍速度控制在1.5~1.7km/h,第3遍控制在2~2.5km/h;最后静压1遍,速度控制在1.5km/h。每层压实至第5遍时开始进行压实系数检测,根据检测结果确定是否仍需碾压。

用压路机进行填方压实,应采用"薄填、慢驶、多次"的方法,填土厚度不应超过25~30cm;碾压方向应从两边逐渐压向中间,碾轮每次重叠宽度15~25cm,避免漏压。运行中碾轮边距填方边缘应大于500mm,以防发生溜坡倾倒。边角、边坡边缘压实不到之处,应辅以人工打夯或小型压路机夯实。除另有规定外,应压至轮子下沉量不超过1~2cm为度。

平碾碾压一层完后,应用人工或推土机将表面拉毛。土层表面太干时,应洒水润湿后,继续回填,以保证上、下层接合良好。填土分层厚度及每层压实遍数统计见表3-4-3。

填土分层厚度及每层压实遍数　表3-4-3

压实机具	分层厚度(mm)	每层压实遍数
振动压实机	不大于300	6~8
小型压路机	不大于300	6~8
柴油打夯机	不大于300	6~8
人工打夯	不大于200	3~4

(5)压实排水要求

①已填好的土如遭水浸,应把稀泥铲除后,方能进行下一道工序。

②填土区应保持一定横坡,或中间稍高两边稍低,以利排水。当天填土,应当天压实。

机场2号隧道土方回填施工完成后,分层回填压实度检测均不低于0.96,满足设计要求。

3.4.3　隧道回填施工轨道沉降变形监测

(1)DK42+933 S2测点

如图3-4-4所示,第一次覆土回填2.6m,相对沉降量为0.3mm,绝对沉降量为4.5mm;第二次覆土回填4.0m,相对沉降量为0.0mm,绝对沉降量为9.4mm;仰拱二次回填0.25m,相对沉降量为-0.4mm,绝对沉降量为0.2mm。

(2)DK43+023 S3测点

如图3-4-5所示,第一次覆土回填1.47m,相对沉降量为4.0mm,绝对沉降量为3.5mm;第二次覆土回填3.94m,相对沉降量为0.0mm,绝对沉降量为11.0mm;仰拱二次回填0.25m,相对沉降量为0.0mm,绝对沉降量为1.2mm。

(3)DK43+143 S3测点

如图3-4-6所示,第一次覆土回填1.47m,相对沉降量为1.2mm,绝对沉降量为6.0mm;第二次覆土回填4.05m,相对沉降量为1.0mm,绝对沉降量为9.8mm;仰拱二次回填0.25m,相对沉降量为0.1mm,绝对沉降量为0.6mm。

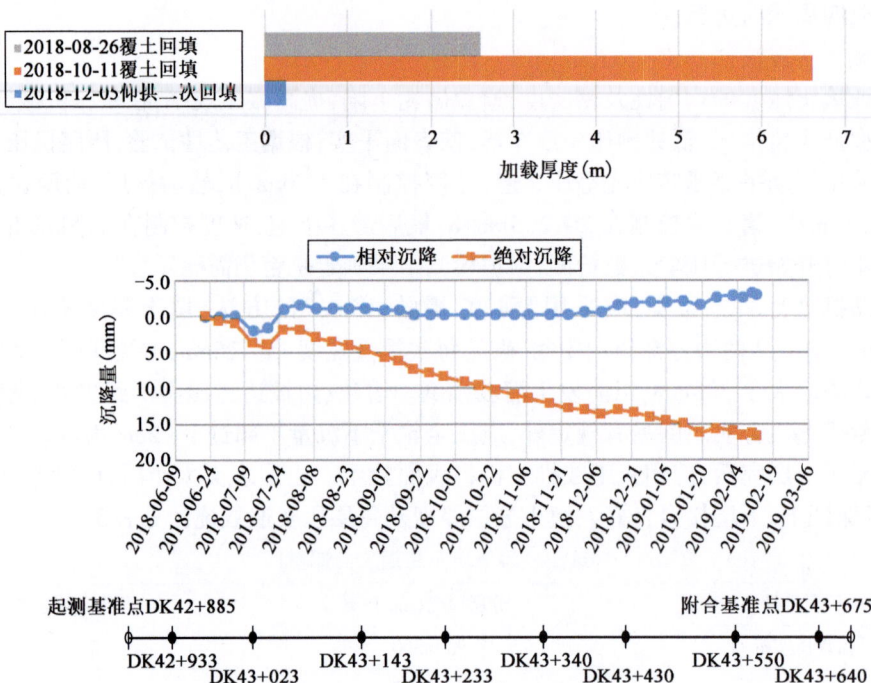

图 3-4-4 DK42 +933 S2 测点沉降变化曲线

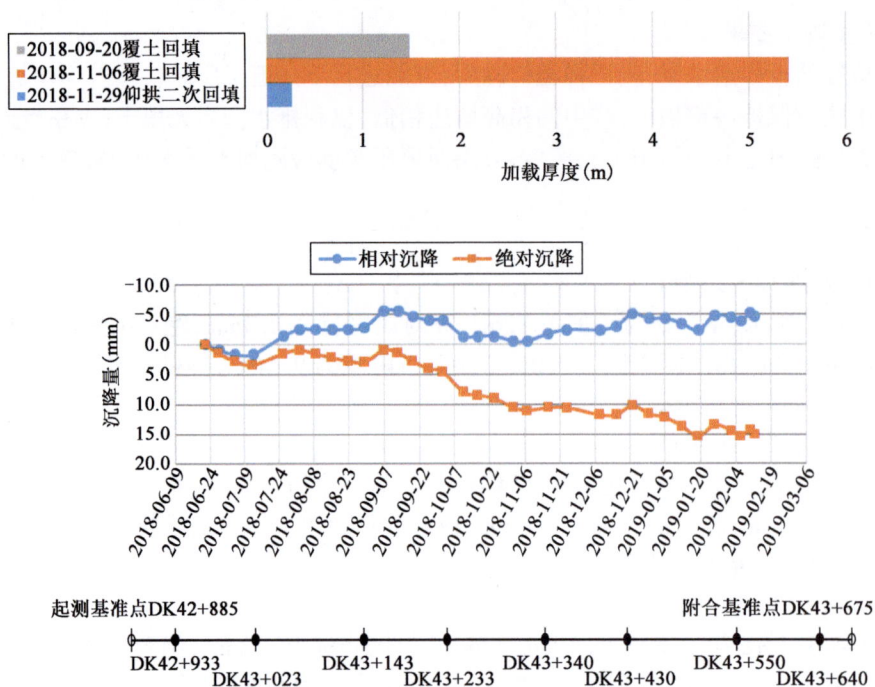

图 3-4-5 DK43 +023 S3 测点沉降变化曲线

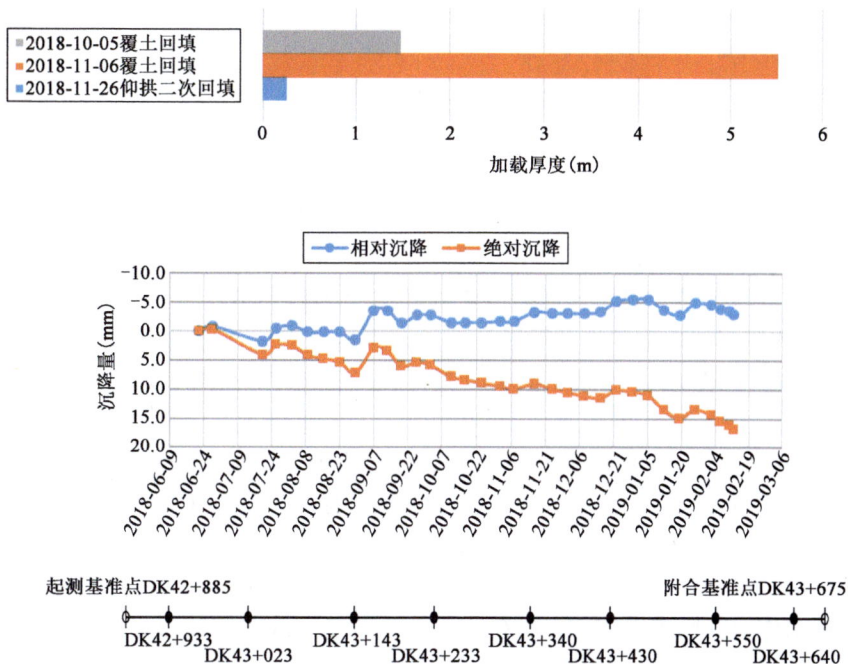

图 3-4-6　DK43 + 143 S3 测点沉降变化曲线

（4）DK43 + 233 S2 测点

如图 3-4-7 所示，第一次覆土回填 1.47m，相对沉降量为 2.0mm，绝对沉降量为 4.5mm；第二次覆土回填 4.08m，相对沉降量为 4.0mm，绝对沉降量为 5.0mm；仰拱二次回填 0.25m，相对沉降量为 0.0mm，绝对沉降量为 0.6mm。

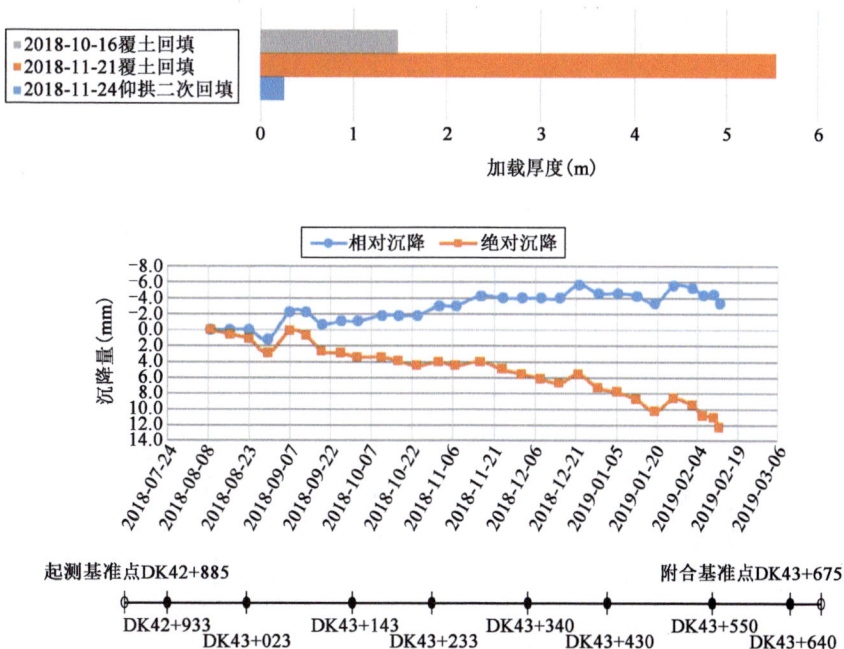

图 3-4-7　DK43 + 233 S2 测点沉降变化曲线

081

3.5 相关工程接口一体化设计

3.5.1 下穿综合管廊

机场工程范围有多条管线、综合管廊等地下结构。隧道设计时从空间位置关系、结构受力、抗浮设计、施工工程界面划分和施工组织等方面进行一体化设计。

机场1号隧道与机场北侧综合管廊相交位置,结构净距约0.7m。设计时对隧道结构进行受力验算,并在隧道侧墙顶采用抗浮梁设计。该范围机场隧道顶部采用掺量为8%的水泥土,压实系数为0.95。回填土时,机械施工在隧道洞顶产生的附加荷载不得大于20kPa,禁止采用振动碾压模式。

铁路隧道与综合管廊交叉位置处,两工程回填分界面以上管廊结构范围外隧道正常回填,同时应为管廊在两侧预留1m施工作业平台,两侧采用放坡形式,坡面设置成台阶状,台阶高度不大于0.3m。该范围的剩余回填由管廊施工完成,回填压实度不小于94%。

机场隧道围护结构钻孔桩与综合管廊位置干扰的部分,钻孔桩应截桩至管廊垫层底以下1.0m处,截桩工作由管廊施工完成。截桩桩顶与管廊垫层底之间回填级配砂石。

3.5.2 下穿机场道路

(1)一般道路采用临时导改方案

隧道与机场内多条永临结合道路交叉,与隧道施工工期协调难度大。隧道设计时采取加强衬砌结构,在适当位置预留围护结构堵头墙(图3-5-1),按隧道分期开挖,道路采用临时导改方案,保证隧道正常施工及机场内施工道路的正常通行。施工过程中,结合实际工期增加了部分跨隧道基坑的临时通道,保证隧道正常施工。

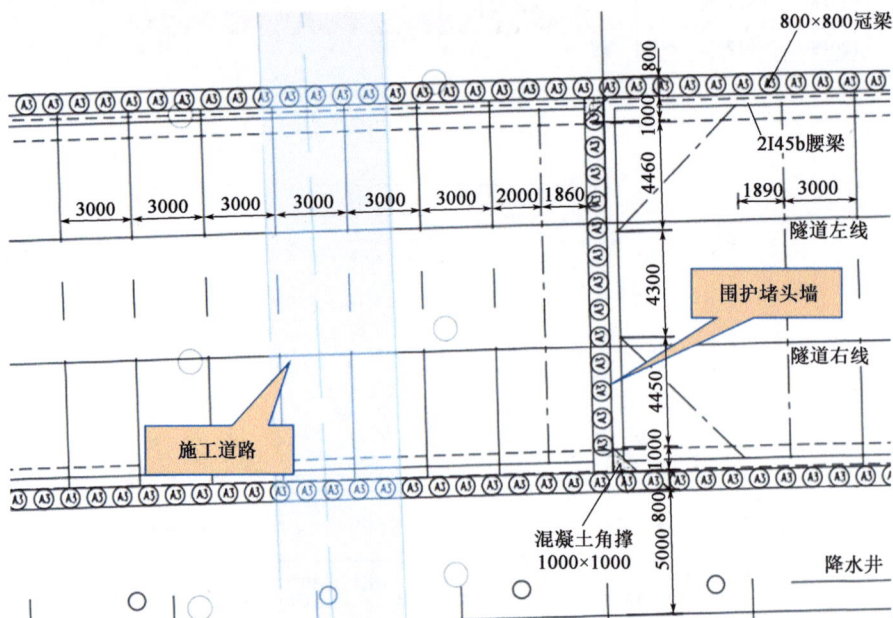

图3-5-1 道路与预留围护结构堵头位置关系(尺寸单位:mm)

（2）架设钢便桥保证道路畅通

对于类似机场内次干二路，机场隧道施工阶段需保证道路双向通车。因此，施工中充分利用既有道路宽度，对道路分幅开挖，分别在道路上架设左右侧4m宽、净距12m的钢便桥。两座钢便桥满足机场双向通行要求，同时利用钢便桥净距进行钢支撑架设及材料吊装施工。钢便桥断面图及现场图如图3-5-2所示。

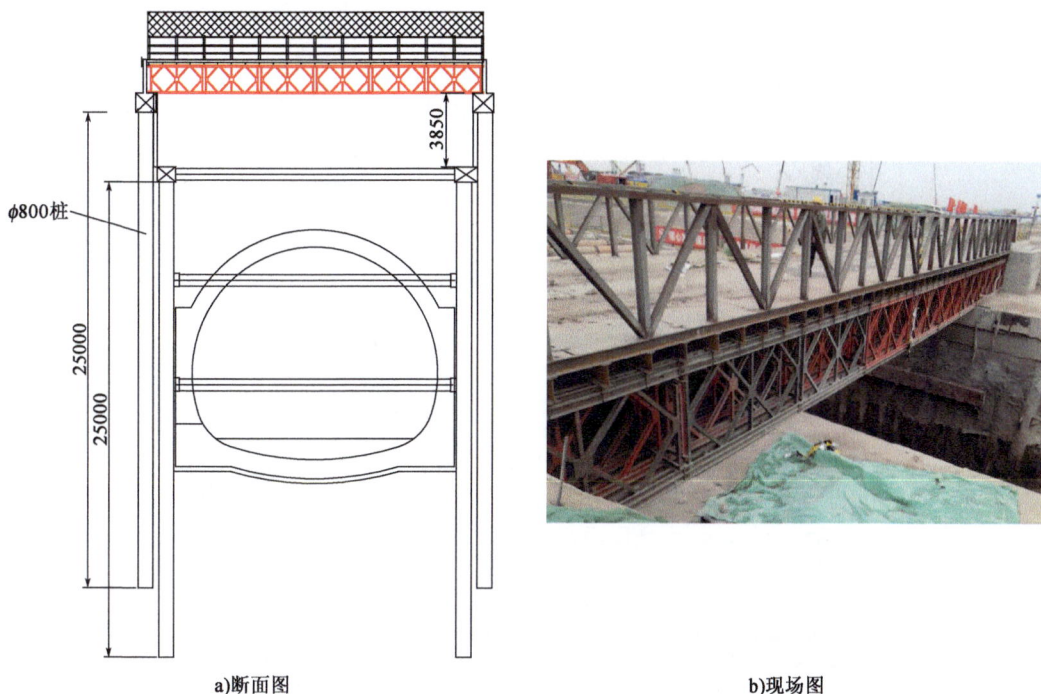

| a)断面图 | b)现场图 |

图3-5-2　钢便桥架设(尺寸单位：mm)

（3）道路两侧绿化区采用耐根穿刺设计

结合园林设计单位提供的图纸，绿化较集中区域，需进行耐根穿刺防护。因此，隧道拱部单面自粘式乙烯乙酸乙烯改性沥青共混（ECB）防水板与细石混凝土保护层之间增加一层耐根穿刺防水层，采用4mm厚弹性改性沥青防水卷材复合化学基耐根穿刺材料，指标性能应符合《种植屋面工程技术规程》（JGJ 155—2013）、《种植屋面用耐根穿刺防水卷材》（GB/T 35468—2017）等标准要求。拱顶防水层做法及隧道与机场内道路两侧绿化区域的位置关系见图3-5-3及图3-5-4。

3.5.3　下穿预留机场卫星厅

机场规划卫星厅是机场未来增加运量的远期航站楼工程，与隧道线位交叉，如图3-5-5所示。设计过程中综合考虑了结构受力、抗浮措施和远期施工方案等，进行了一体化设计，如图3-5-6所示。

机场隧道设计中，卫星厅地梁托换结构跨过隧道结构，减少了隧道结构上部荷载。卫星厅地梁托换结构与高铁隧道同步实施，减小了地表建筑施工时产生的隧道结构变形。

80mm厚C25细石混凝土保护层
4mm厚弹性改性沥青防水卷材复合化学基耐根穿刺层
2.0mm厚单面自粘式ECB防水板，无纺布400g/m²
30mm厚水泥砂浆找平层
2.5mm厚单组分聚氨酯防水涂料
钢筋混凝土衬砌
环向施工缝（中埋式钢边橡胶止水带+两道遇水膨胀止水条）

围护桩

图 3-5-3　拱顶耐根穿刺防水设计

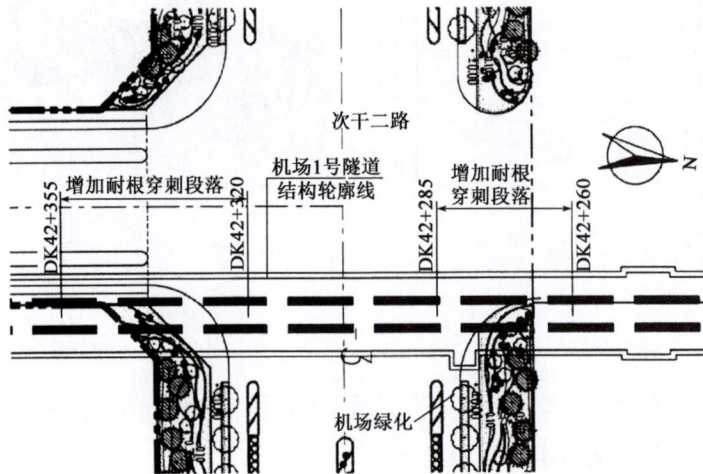

次干二路

增加耐根穿刺段落

机场1号隧道
结构轮廓线

增加耐根
穿刺段落

DK42+355
DK42+320
DK42+285
DK42+260

机场绿化

N

图 3-5-4　机场内道路处隧道与绿化区域的位置关系

机场隧道

服务车道
卫星厅
服务车道

图 3-5-5　机场隧道与卫星厅平面位置关系

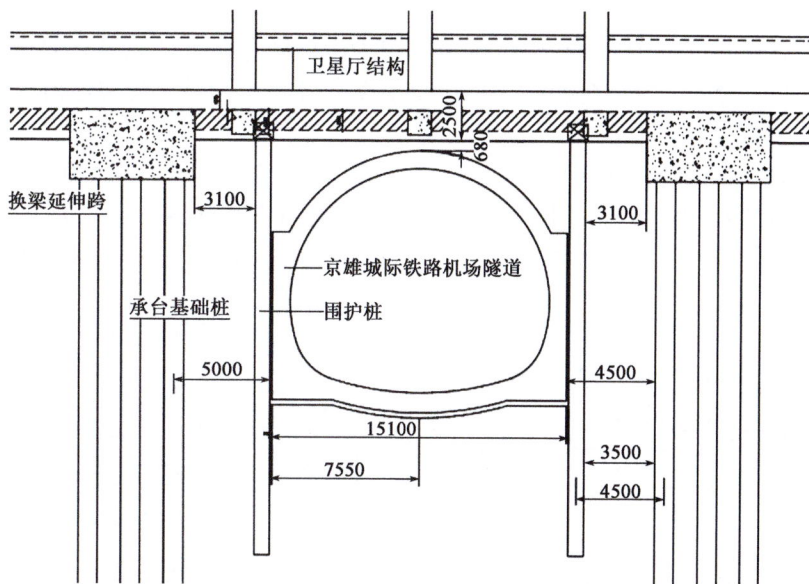

图 3-5-6 机场隧道与卫星厅一体化设计断面(尺寸单位：mm)

3.5.4 下穿机场绿化带

机场 1 号隧道长距离下穿机场内绿化带由园林景观设计院进行专项设计。在设计过程中积极沟通，确定了以下绿化带设置的相关原则。

(1)隧道正上方及两侧 15m 范围内的园林绿化需满足隧道运营安全要求。

(2)该范围内绿化微地形及树木产生的附加荷载(恒载和活载)，在隧道回填高程基础上不应大于 20kPa，且在隧道横、纵任一方向的微地形产生的恒载变化率(含覆土加、卸载)不应大于 1kPa/m。

(3)该范围内不应设置景观水池、雨污水池等地下建筑物。

(4)该范围内不宜种植树木，如确需种植，不应种植荷载较大的树木(单棵树木在隧道设计使用年限 100 年内质量控制在 1t 之内)，且应按相关规范在树木下方、隧道上方设置耐根穿刺层。

(5)园林绿化工程应在铁路无砟轨道铺设前 3 个月实施完成，否则应按铁路建设方要求严格控制加、卸载速度，实时监测铁路线下成品工程变形，确保铁路和绿化两工程顺利实施。

3.5.5 隧道洞口景观

为了突出绿色京雄、智能京雄的建设理念，京雄城际铁路进行了全线景观设计。建设高铁生态廊道，通过设计绿化、沿途景观等营造大地艺术景观。

隧道洞口永久征地景观绿化设计应满足大兴国际机场临空经济区风光段景观要求，达到"生态、智能、景观、文化"相融合的京雄城际铁路景观设计理念。洞口景观设计如下。

(1)洞口区

除减压井范围外，种植爬地柏，采用梅花形布置。

（2）造型区

洞口区后方长度50m、线路两侧各9m范围内为造型区。在该区域设置动车商标（logo）。图案由红叶女贞及金叶女贞组合而成，造型区内图案周围的空白处种植爬地柏。

（3）其他区域

造型区后方中线两侧，每侧种植三排花色灌木，居中布置；线路中线两侧9m范围外两侧各种植三排花色灌木，由线路向外排列依次为榆叶梅、金叶女贞和冬青。

隧道洞口景观设计示意图如图3-5-7所示，三排花色灌木如图3-5-8所示。

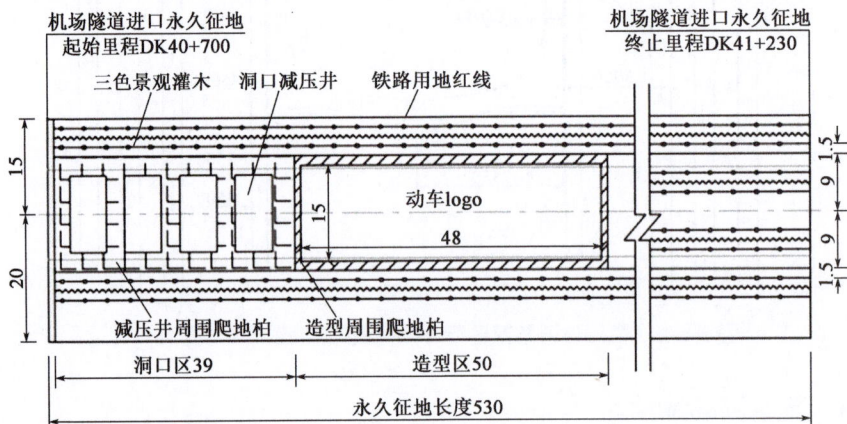

图3-5-7　隧道洞口景观设计示意图（尺寸单位：m）

a)榆叶梅球　　　　　　　　b)金叶女贞球　　　　　　　　c)冬青球

图3-5-8　三排花色灌木

3.6　侧穿机场人防段不同步施工的一体化设计

3.6.1　交叉工程总体概况

京雄城际铁路机场隧道在航站楼北侧与机场核心区人防工程相邻。人防工程位于隧道东侧，对应起讫里程为DK42+827～DK43+640，全长813m。隧道DK42+827～DK43+325段为拱形结构段，DK43+325～DK43+640段为矩形结构段。

（1）隧道结构

拱形结构宽15m、高12.8m，为钢筋混凝土结构，拱顶及拱墙厚度为0.9m。为避免人防工程开挖引起拱形结构段产生偏压,人防工程开挖前,在拱形结构段西侧开挖 5m 宽、8m 深的减压沟。拱形结构段拱肩顶部回填 1.2m 厚混凝土,结构顶素土回填土高度为 5m。自冠梁向上两侧采用吨袋护坡,坡度为 1:0.5,填土高度为 3.5m,如图 3-6-1 所示。

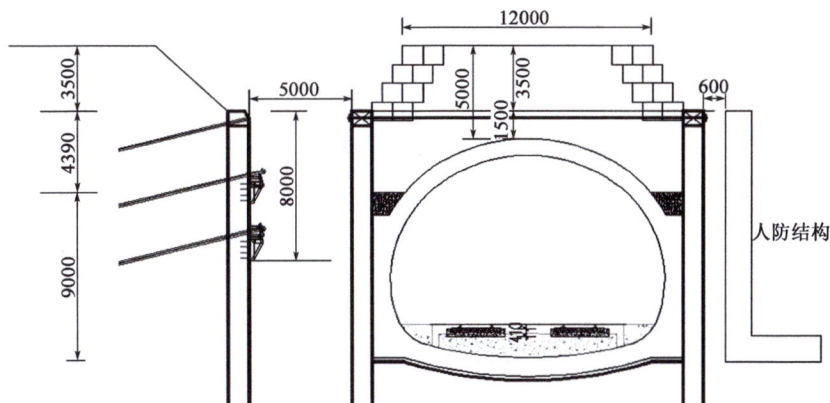

图 3-6-1 机场隧道拱形结构段断面图(尺寸单位:mm)

矩形结构宽度 19 ~ 75m、高 15.2m。基地设置有抗拔桩,桩径 1m,桩长 30 ~ 37m,向大里程方向抗拔桩长度逐渐增加。矩形结构段围护桩与结构间有 500mm 宽空隙,使用素混凝土回填。结构顶使用素土回填,回填土高度为 2.5 ~ 3m,如图 3-6-2 所示。

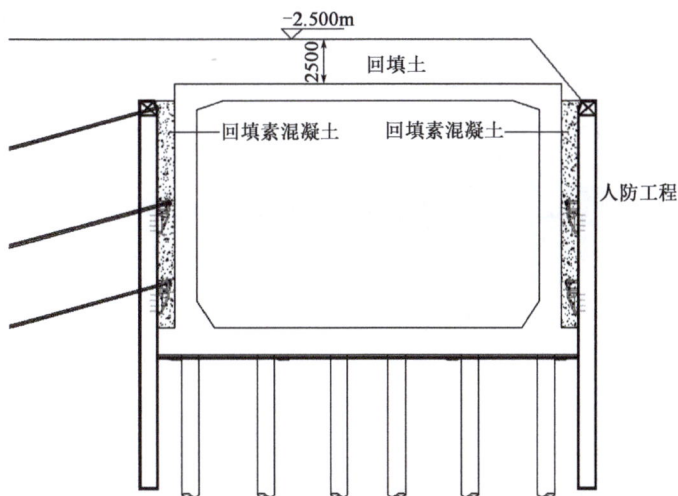

图 3-6-2 机场隧道矩形结构段断面图(尺寸单位:mm)

(2)无砟轨道

本区段设计速度为 250km/h,轨道结构形式为整体道床,DK42 + 916 ~ DK43 + 640 段均为道岔区域,共设置 8 组道岔(图 3-6-3),道岔于 2019 年 4 月全部施工完毕。正线区域为 CRTS Ⅲ型板,其结构示意图如图 3-6-4 所示。道岔区道床采用 C40 混凝土整体浇筑完成,道床高 405mm,如图 3-6-5 所示。

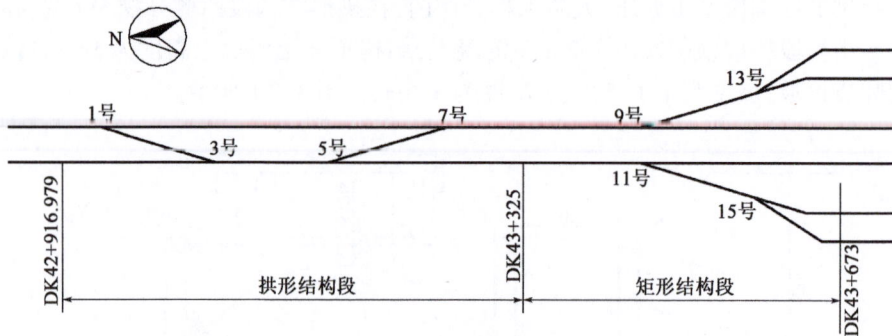

图 3-6-3　道岔布置示意图

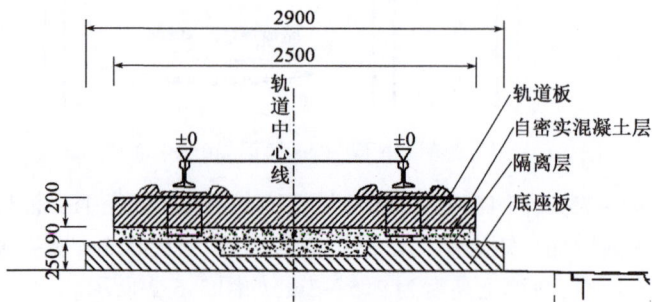

图 3-6-4　CRTSⅢ型板结构示意图(尺寸单位:mm)

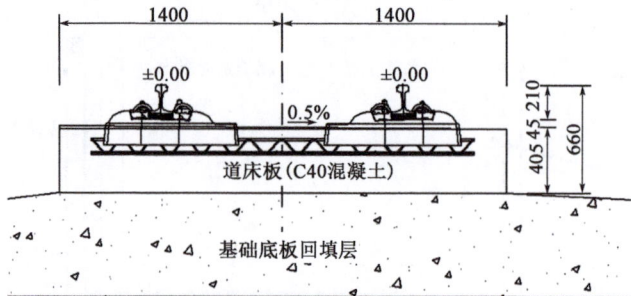

图 3-6-5　道岔整体道床示意图(尺寸单位:mm)

(3)人防工程出入口

机场航站区与核心区地下人防工程邻近铁路机场站侧有下沉庭院出入口,出入口南、北向长度分别为 18m 和 45m,东、西向外延至机场隧道上部宽度为 5.8m,原设计开挖深度 0 ~ 6.85m。此区段共涉及人防出入口 7 处,其中拱形结构段设计出入口 5 处,矩形结构段涉及出入口 2 处。

(4)机场人防工程施工情况

京雄城际铁路机场 2 号隧道 K46 + 023 ~ K46 + 869 段与机场人防工程相邻,人防工程在地下共三层,地下二、三层为人防区,地下一层为配套商业区。人防工程于 2018 年 9 月 26 日开工,2018 年 10 月土方开挖至冠梁顶,并进行工程桩施工;2019 年 3 月初土方开挖全部见底;

3月底完成混凝土底板施工;5月31日完成地面结构工程;6月底完成减压沟顶部土方回填,8月底完成结构肥槽回填。

3.6.2 交叉段人防协调处置方法

在满足使用功能和消防验收要求的前提下,人防建设单位设计调整了下沉庭院入口形式,即抬高入口处人行坡道高程,斜坡面开挖,减少铁路隧道上方开挖量。人防1号~5号下沉庭院原设计剖面图及调整后剖面图如图3-6-6~图3-6-15所示,调整后下沉庭院出入口土方开挖量见表3-6-1。

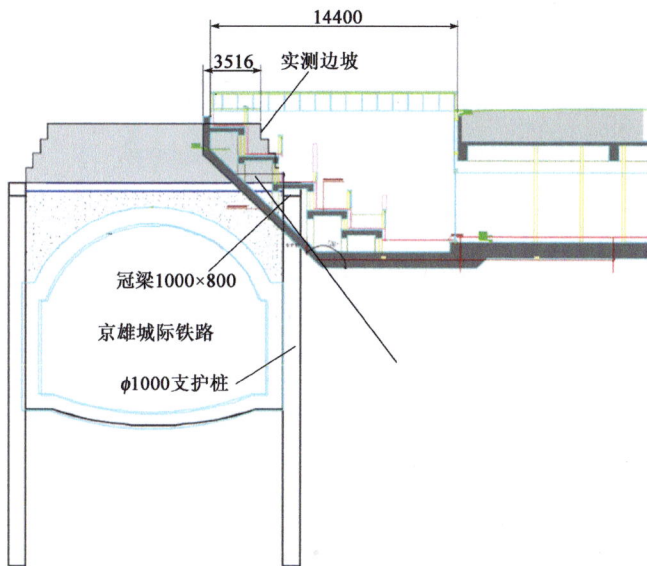

图3-6-6　1号下沉庭院原设计剖面图(尺寸单位:mm)

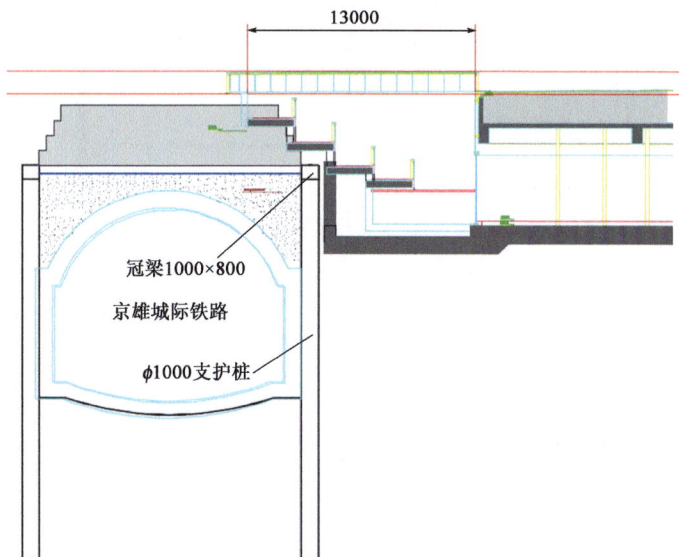

图3-6-7　1号下沉庭院设计调整后剖面图(尺寸单位:mm)

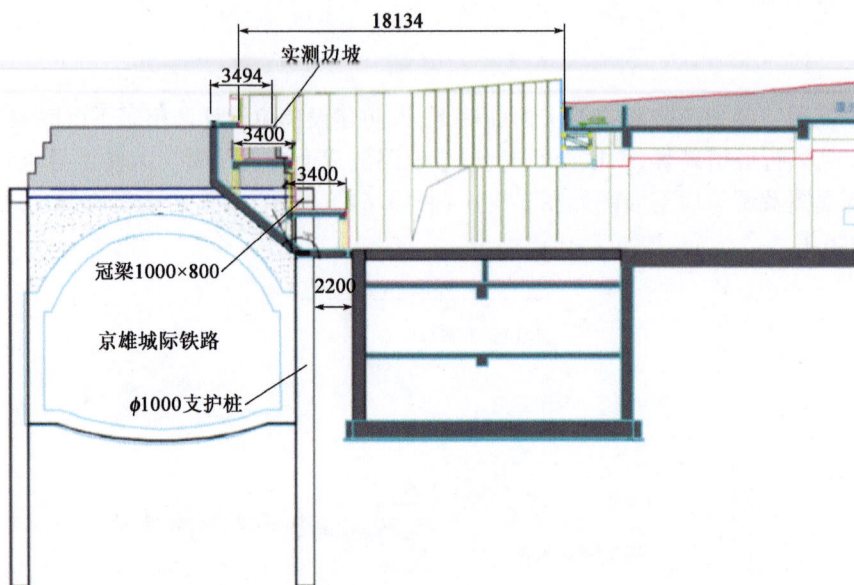

图3-6-8　2号下沉庭院原设计剖面图(尺寸单位:mm)

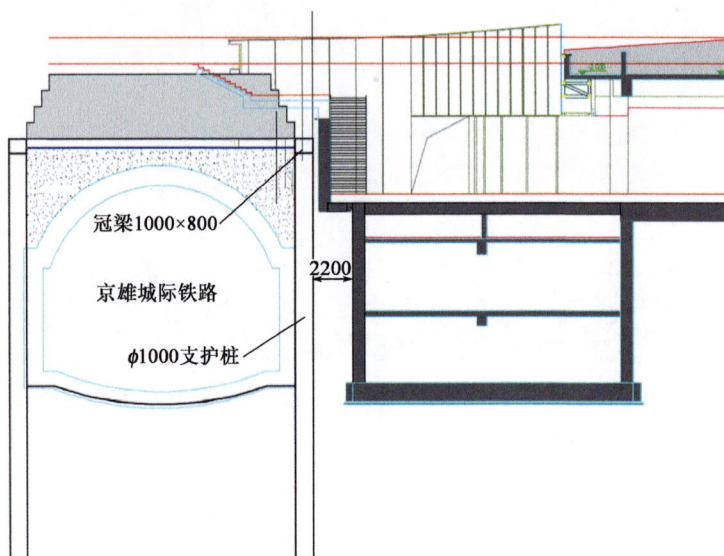

图3-6-9　2号下沉庭院设计调整后剖面图(尺寸单位:mm)

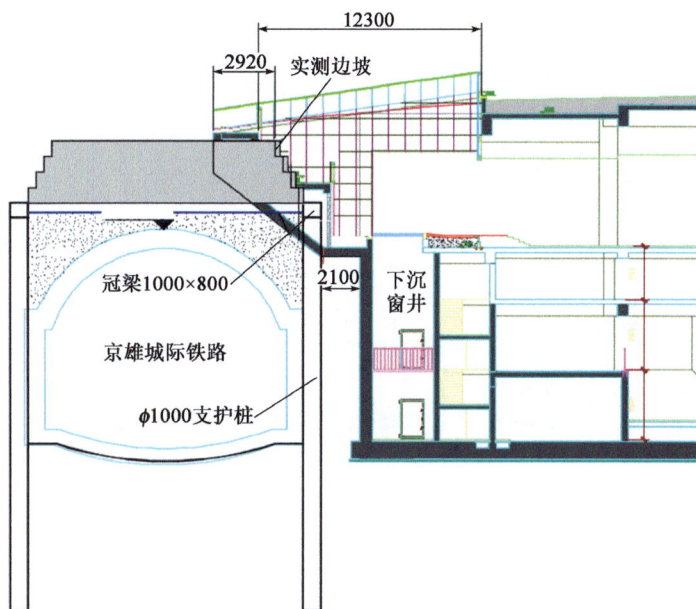

图 3-6-10　3 号下沉庭院原设计剖面图(尺寸单位：mm)

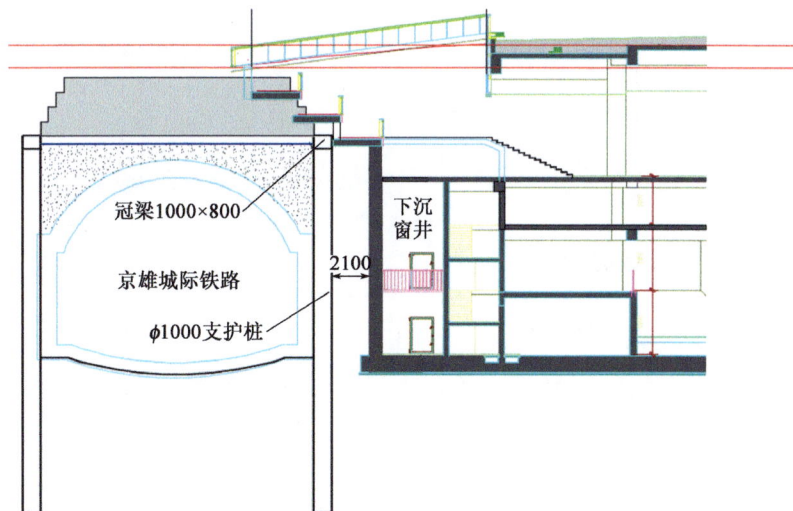

图 3-6-11　3 号下沉庭院设计调整后剖面图(尺寸单位：mm)

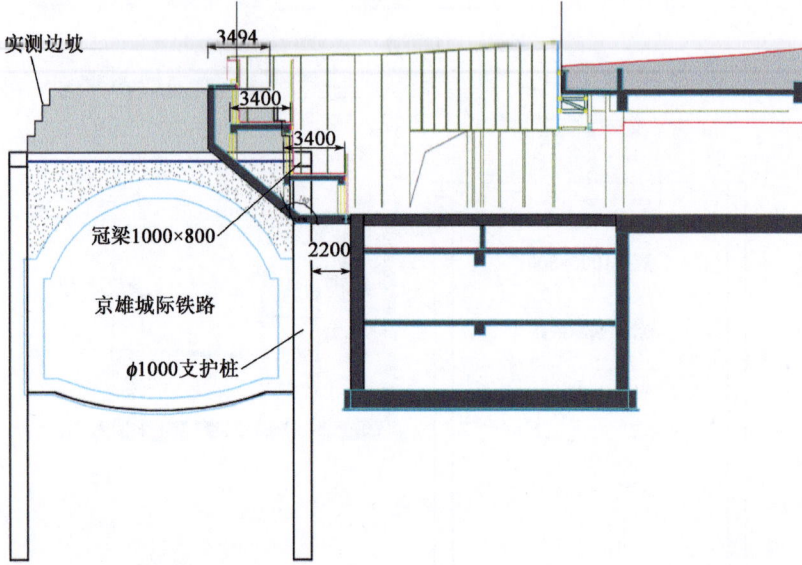

图 3-6-12　4 号下沉庭院原设计剖面图(尺寸单位:mm)

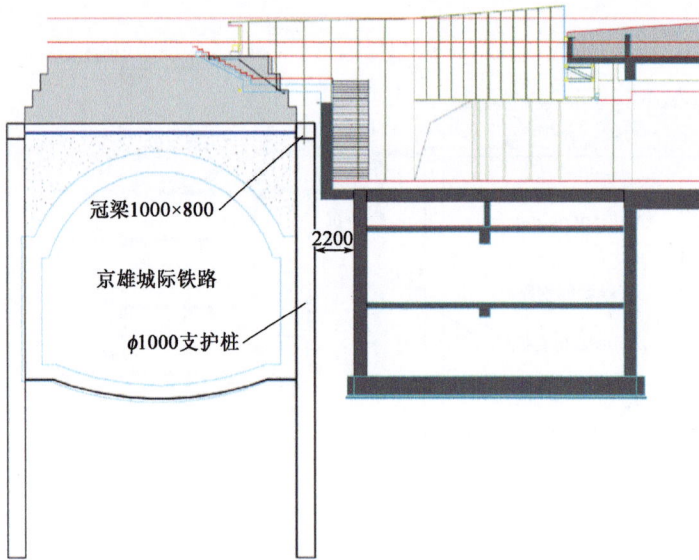

图 3-6-13　4 号下沉庭院设计调整后剖面图(尺寸单位:mm)

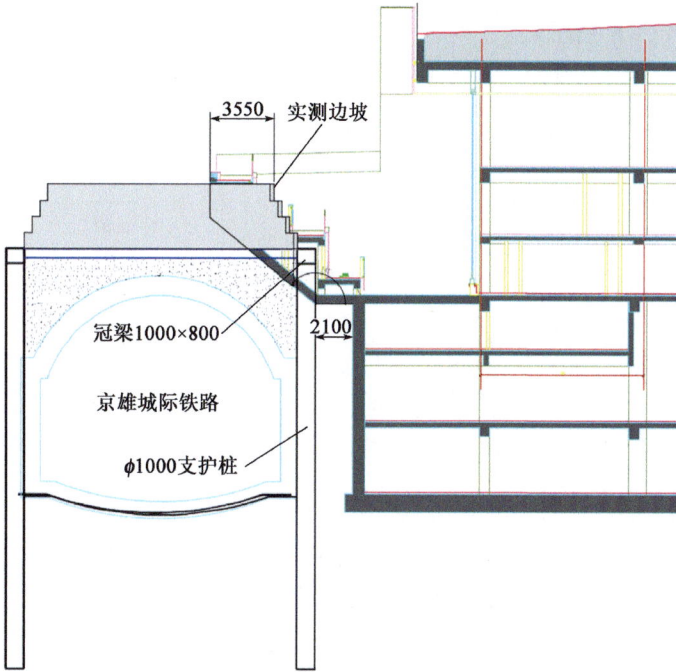

图 3-6-14　5 号下沉庭院原设计剖面图(尺寸单位:mm)

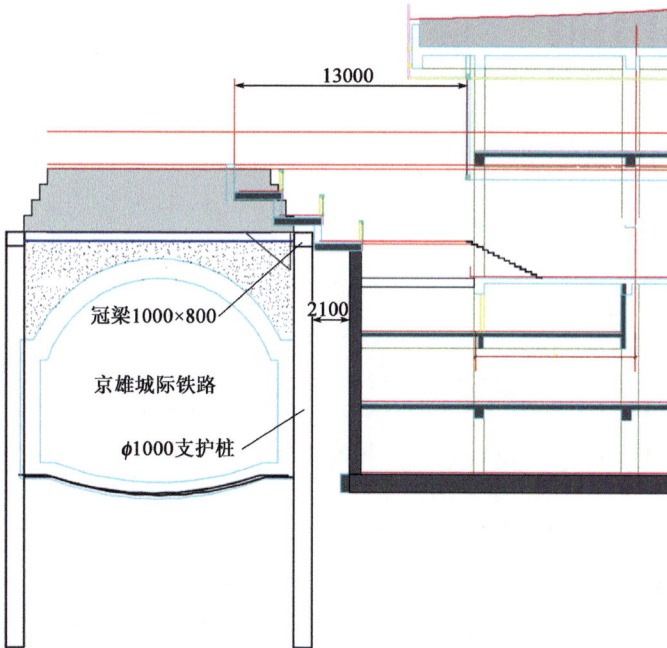

图 3-6-15　5 号下沉庭院设计调整后剖面图(尺寸单位:mm)

调整后出入口土方开挖量 表3-6-1

部位	挖土宽度（m）	挖土长度（m）	挖土深度（m）	土方开挖量（m³）
1号庭院	3.85	20.4	0~1.2	28.67
2号庭院	5.06	45.7	0~1.85	222.12
3号庭院	3.85	20.4	0~1.3	47.32
4号庭院	5.06	45.7	0~1.85	222.12
5号庭院	3.85	20.4	0~1.7	58.44
6号庭院	18.4	20.4	2.15	807.02
7号庭院	35.13	46	2.2	3555.16

3.6.3 人防工程施工期间隧道变形监测

大兴国际机场人防结构与京雄城际铁路机场隧道相邻,两者间距平均为2m,由于京雄城际铁路机场隧道先于人防出入口施工完成,所以在人防施工时荷载增加或减少会直接对既有机场隧道造成变形影响。人防工程区域隧道纵断面沉降曲线如图3-6-16所示,图中S1、S2、S3分别为左、中、右观测点。

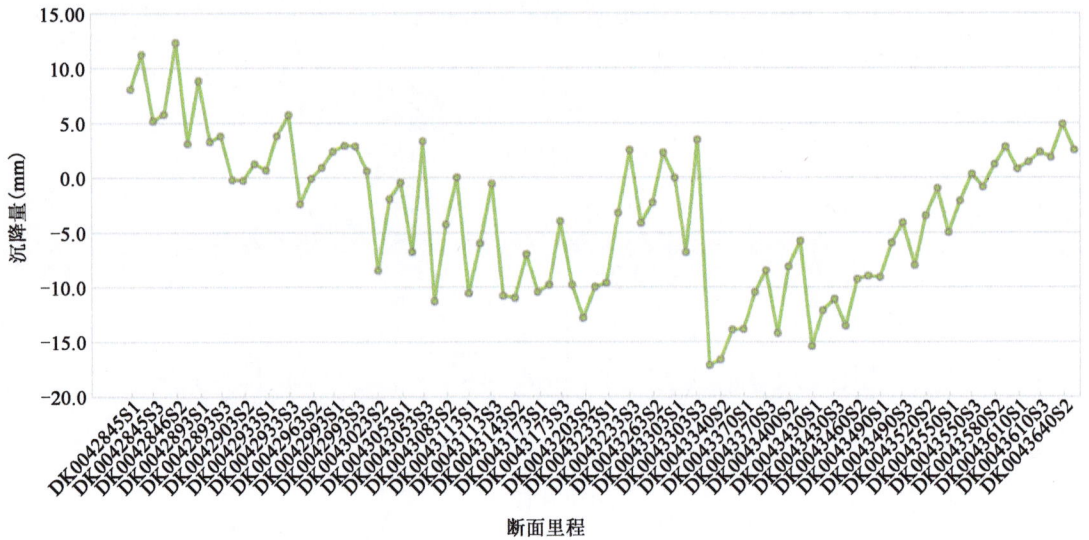

图3-6-16 人防工程区域隧道纵断面沉降曲线(2019年5月26日)

（1）DK42+845历时变化曲线

2019年3月10—17日在隧道上方进行土方回填,回填高度为3.5m,如图3-6-17所示。

（2）DK43+340历时变化曲线

2019年3月3—10日对隧道上方土方进行开挖卸载,开挖深度为7.5m,如图3-6-18所示。

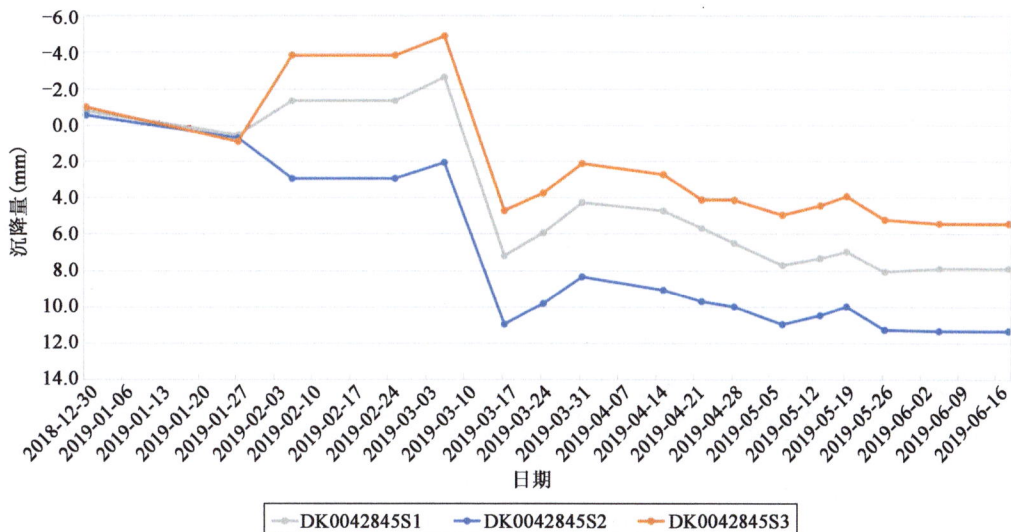

图 3-6-17   DK42 +845 断面沉降历时变化曲线

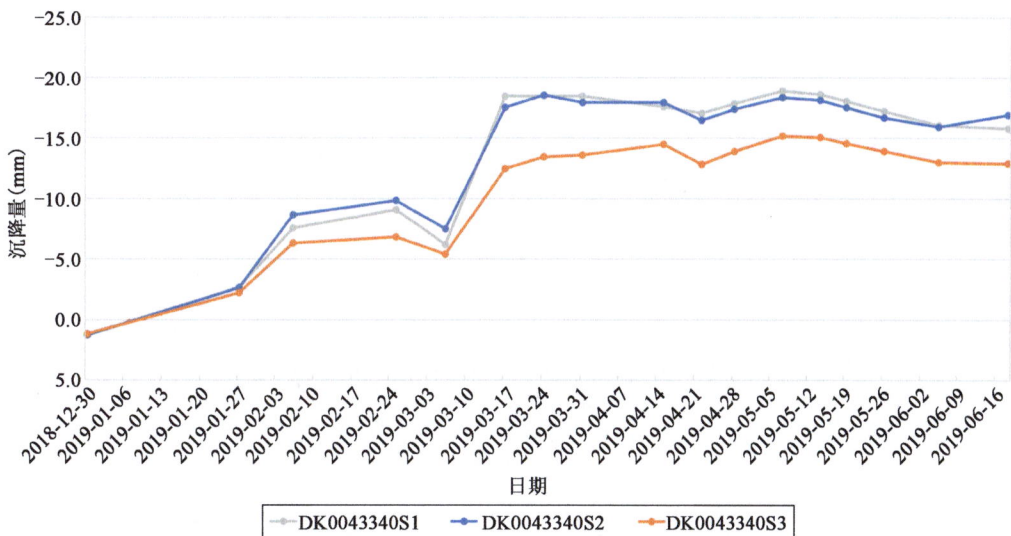

图 3-6-18   DK43 +340 断面沉降历时变化曲线

（3）DK43 +430 历时变化曲线

2019 年 1 月 27—2 月 3 日对隧道上方土方进行开挖卸载,开挖深度为 7.5m,如图 3-6-19 所示。

（4）DK43 +640 历时变化曲线

2019 年 1 月 27—2 月 3 日对隧道基坑进行土方开挖,开挖深度为 16m,后期随着结构逐步施工完成,荷载增加,隧道结构开始沉降变形,如图 3-6-20 所示。

综合以上数据分析,人防工程施工引起机场隧道工后变形的最大沉降约为 12.0mm、最大隆起约为 18.0mm。

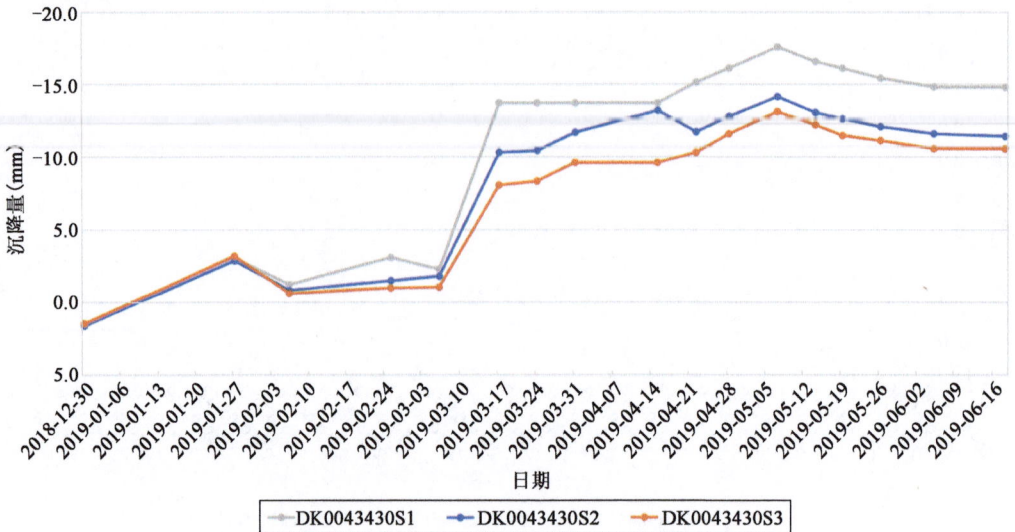

图 3-6-19　DK43 +430 断面沉降历时变化曲线

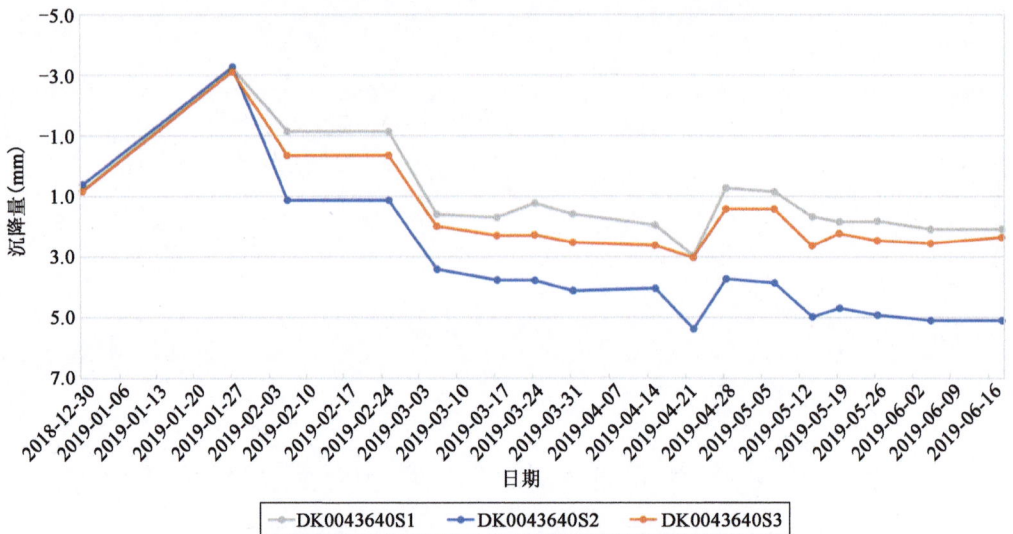

图 3-6-20　DK43 +640 断面沉降历时变化曲线

3.6.4　轨道变形处置方法

（1）总体情况

京雄城际铁路李营站至大兴机场站已于 2019 年 9 月 26 日开通运营。根据运营部门 2020 年 3 月 24 日线路测量结果,结合 CPⅢ复测及自动化监测结果,目前京雄城际铁路机场隧道 K45 +585 ~ K48 +081 段结构及线路存在沉降、偏移变形现象。

（2）第一阶段 CPⅢ测量结果

线路开通运营后,分别于 2020 年 1 月、3 月和 4 月进行了 3 次 CPⅢ复测。对第 3 次 CPⅢ 复测数据分析如下:

①K45 +585 ~ K45 +946 段 CPⅢ平面向隧道西侧偏移,最大偏移量为 7.1mm。

②K45 +560 ~ K47 +053 段 CPⅢ平面向隧道西侧偏移,最大偏移量为 10.8mm,初步分析受机场绿化填土施工影响。

③K47 +591 ~ K48 +081 段 CPⅢ平面向隧道西侧偏移,最大偏移量为 5.9mm。

④K45 +946 ~ K45 +560 段 CPⅢ平面向隧道东侧偏移,最大偏移量为 15.3mm,初步分析受机场绿化填土及市政施工影响。

(3)第二阶段 CPⅢ测量结果

参照 2019 年 2 月 25 日 CPⅢ测量结果,2019 年 6 月 14 日对 CPⅢ进行复测。其中人防区段 CPⅢ相对最大沉降为 7.05mm,区域向航站楼内隆起逐渐增大,最大隆起为 11.17mm。CPⅢ复测结果对比如图 3-6-21 所示。

图 3-6-21　CPⅢ复测结果对比

(4)轨道精调小车测量结果

根据 2019 年 6 月 14 日 CPⅢ复测结果,通过使用轨道精调小车对轨道进行复测,测得人防区段高程变化值为最大下沉 6mm,最大隆起 7mm,如图 3-6-22 所示。位移变化值向左线(东侧)最大偏移量为 11mm,向右线(西侧)最大偏移量为 7mm,如图 3-6-23 所示。

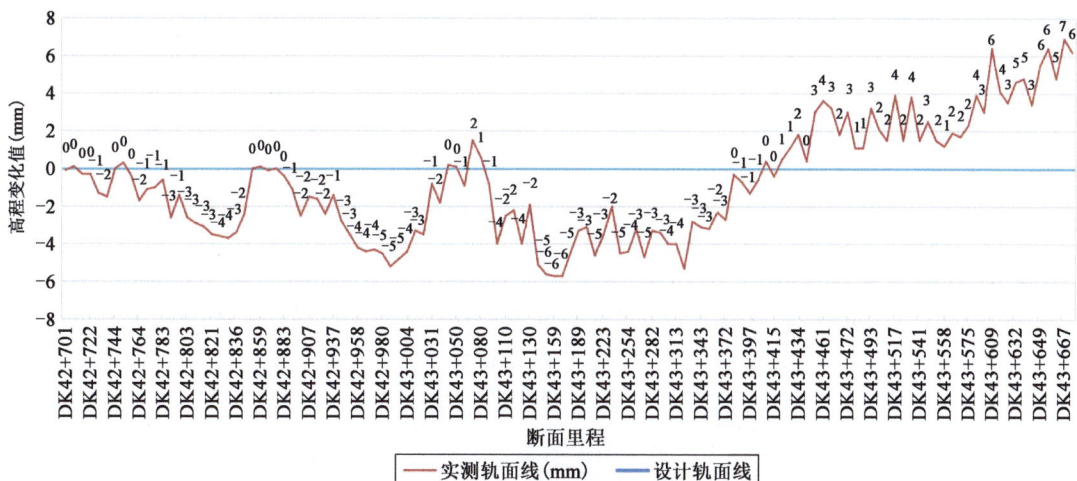

图 3-6-22　线路高程变化曲线

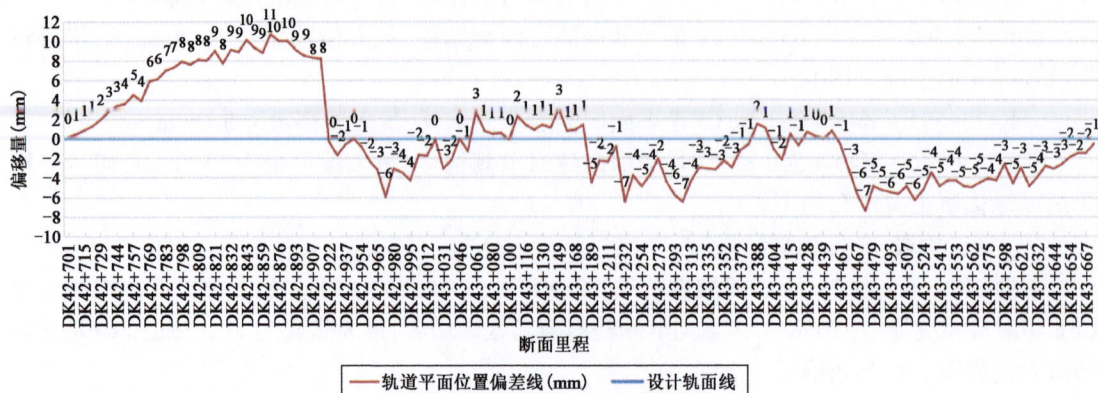

图 3-6-23　线路平面偏移曲线

（5）自动化监测结果

根据数据分析，截至 2020 年 4 月 21 日，各测点横向位移为向东偏移，累计最大偏差值为 6.89mm。根据线形观察，隧道及轨道横向位移自 2019 年 10 月 7 日开始向大里程左侧变化，到 10 月 26 日趋于平缓后继续发展；2020 年 2 月 25 日后趋于平缓，4 月 6 日后有继续减小的趋势。自动化监测范围左线轨道变形曲线如图 3-6-24 所示。

（6）现场人工调查结果

现场对存在偏移范围内无砟轨道、电缆沟、结构侧壁等部位进行调查，结构、水沟侧壁及无砟轨道均出现环向裂缝，多位于变形缝位置，裂缝宽度最大为 5mm；侧墙变形缝位置局部出现掉块。此外，根据渗漏水调查结果，此区段结构渗漏水点数量较开通前明显增加，如图 3-6-25 ~ 图 3-6-27 所示。

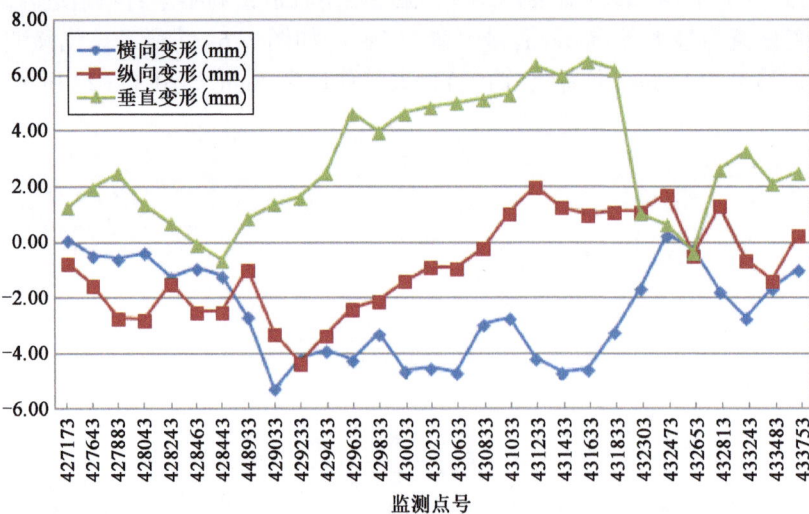

图　3-6-24

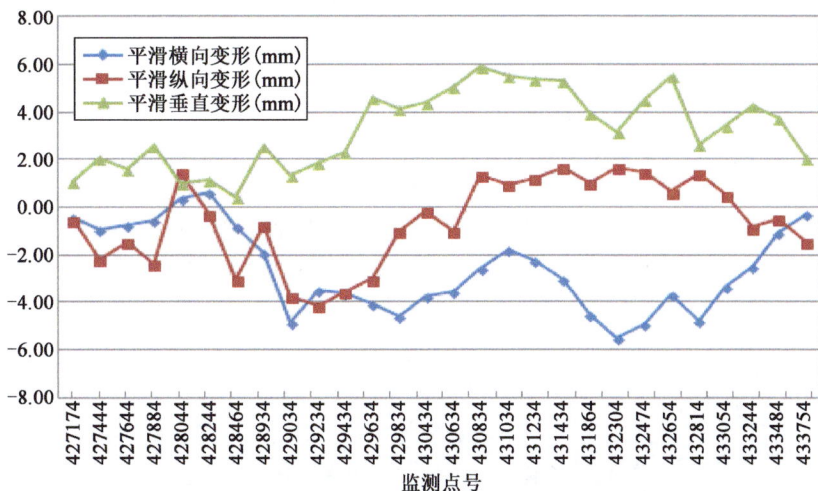

图 3-6-24　自动化监测范围左线轨道变形曲线

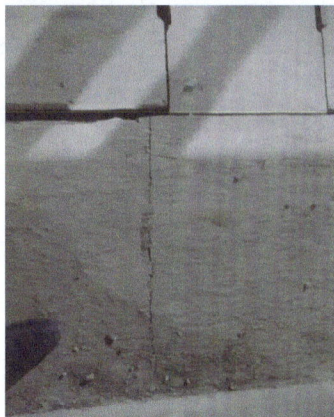

图 3-6-25　结构变形缝开裂及渗漏　　图 3-6-26　底板变形缝开裂

调查分析认为,受上部偏载影响,结构发生横向位移并开裂,从而导致混凝土掉块及轨道板开裂。此外,结构开裂对外部防水造成破坏,导致渗漏。

(7)轨道偏移范围

偏移范围涉及机场 1 号隧道、大兴国际机场站拱形结构段及矩形结构段三部分。

(8)无砟轨道偏移调整

K45 + 585 ~ K48 + 081 段无砟轨道工程于 2019 年 4 月 20 日完成施工。建设期间,受机场人防工程施工影响,隧道结构及无砟轨道发生偏移,于 2019 年 7 月 8 日开始实施轨道纠偏,2019 年 8 月 7 日实施完成。纠偏范围包括左线 K45 + 936 ~ K46 + 113 段(177 m)、K46 + 247 ~ K46 + 374 段(127 m);右线

图 3-6-27　道床板横向开裂

K45 +936 ~ K46 +138 段(202m)、K46 +241 ~ K46 +370 段(129m,涉及 3 号、5 号道岔)。

3.7 下穿机场卫星厅不同步施工的一体化设计

3.7.1 隧道与机场卫星厅的位置关系

京雄城际铁路机场 2 号隧道下穿大兴机场飞行区,在建机场卫星厅横跨京雄城际铁路机场 2 号隧道 K48 +700 ~ K48 +920(DK45 +504 ~ DK45 +724)段正上方,位置关系如图 3-7-1、图 3-7-2 所示。

图 3-7-1　机场卫星厅与京雄城际铁路平面位置关系示意图

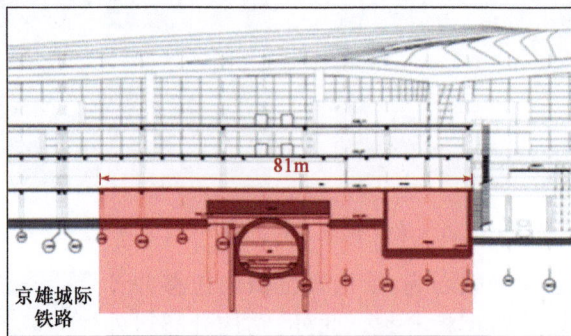

图 3-7-2　机场卫星厅与京雄城际铁路位置关系剖面图

3.7.2 隧道与机场卫星厅施工组织关系

机场 2 号隧道的轨道结构设计为 CRTSⅢ型板式无砟轨道,该段落采用 P5600 型无砟轨道板。2018 年 10 月完成该段落结构上部覆土回填(回填土厚 3 ~6m),2019 年 2 月通过该段结构沉降评估,2019 年 5 月 25 日完成轨道板铺设。

2019 年 10 月开始对卫星厅进行土方开挖,开挖深度最大达 5.3m,长 100m,横向宽度约 81m,共计开挖约 4.3 万 m³。卫星厅跨隧道区域底板厚 1m,设置上反梁。

2019 年 11 月 11 日,机场指挥部组织召开京雄城际铁路跨轨区冠梁拆除专题会,会议针对"北京新机场卫星厅局部地下工程跨京雄城际铁路隧道区域的结构底板施工需拆除京雄铁路隧道护坡桩冠梁"问题展开了分析研究,确定拆除卫星厅跨隧道区域冠梁。

3.7.3　卫星厅施工轨道变形处置技术

受机场卫星厅开挖卸载影响,京雄城际铁路 K48 + 712 ~ DK48 + 933(DK45 + 516 ~ DK45 + 737)区域轨道板出现隆起。根据 2019 年 11 月、2020 年 1 月及 2020 年 3 月三次 CPⅢ 及轨道板高程复测结果,最大隆起量为 23.6mm(图 3-7-3),无法满足高铁铺轨及运行的要求。由于卫星厅无法在铺轨前施工完毕,为保证 6 月 1 日铺轨及 9 月联调联试,结合目前隆起量及扣件可调量,铁路建设单位组织参建各方进行了方案研讨并通过专家论证,最终确定对 K48 + 712 ~ DK48 + 933(DK45 + 516 ~ DK45 + 737)段隆起量超 3mm 部位(长度约 220m 范围,77 块板)进行揭板及复铺施工。5 月 24 日前完成右线无砟轨道揭板及复铺施工,6 月 15 日前完成左线无砟轨道揭板及复铺施工。

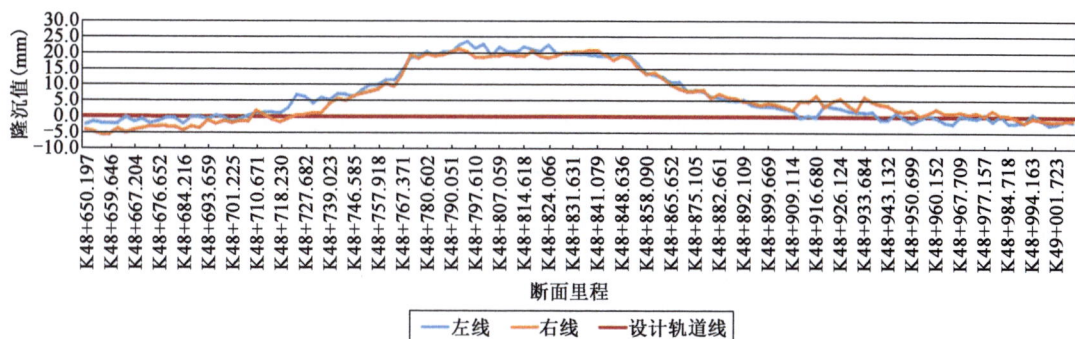

图 3-7-3　机场 2 号隧道无砟轨道隆沉曲线

3.8　本章小结

(1)机场 1 号隧道在机场北侧与地面机场高速公路进场路并行,与机场快轨、R4 线、规划机场预留线、城际铁路联络线 4 条地下轨道线并行,与高速公路及地下轨道线等工程同步建设。机场 2 号隧道下穿机场一期建设的停机坪、滑行区及机场卫星厅,规划的机场二期停机坪、滑行区和货场区等。

为了避免对机场区域整体用地造成割裂,采取集约用地的公共交通走廊设计,轨道交通走廊宽度由原来 200m,优化到了 80m。机场隧道位于机场快轨和机场高速公路之间,与机场快轨及机场高速公路并行段的最小结构净距仅有 15m,施工期间交叉干扰大,结构间地层应力扰动相互影响。

(2)隧道设计时从空间位置关系、结构受力、抗浮设计、施工工程界面划分和施工组织等方面,分别对机场综合管廊、机场规划卫星厅、机场内绿化带和隧道地面景观进行了一体化设计。

(3)为保证工期,结合相邻工程施工组织要求,对机场 1 号隧道 DK40 + 830 ~ DK41 + 760 段基坑围护方案进行了优化,最大限度减少各并行工程交叉、同步施工对本工程的影响。

（4）由于工期不匹配，在机场隧道实施时，永兴河河道已经基本施工完成并准备通水，不具备施作盖挖预留条件。采用河道导改的方式和明挖法，与其他并行工程同期施工下穿永兴河段。

（5）机场人防结构与京雄城际铁路机场隧道相邻，两者间距平均为2m，由于机场隧道先于人防出入口施工完成，隧道先于机场卫星厅施工完成，人防出入口、机场卫星厅施工时挖土卸载、填土加载导致了已铺轨隧道变形。为保证铁路联调联试，通过扣件调整、加工异形垫板替换、揭板及复铺施工等技术手段，完成轨道偏移、高差变形处置。

（6）针对飞行区工后沉降（标准为0.3m）与差异沉降（0.2‰）标准，结合机场区施工条件，将隧道回填的三七灰土改为水泥改良土，采用场拌施工方法施工。经回填施工沉降和工后沉降监测，飞行区工后地面沉降满足要求。

第4章

下穿永定河隧道设计
与施工关键技术

机场隧道下穿永定河段长 1822m,采用放坡 + 双排桩支护的明挖法和河道围堰分幅导流的施工方法,大幅加快了工期,避免了汛期施工。按 300 年一遇洪水标准对河堤与丁坝等河防工程进行了恢复建设,并顺利通过了永定河水系防洪评价验收。

4.1 下穿永定河段隧道概况

京雄城际铁路机场隧道穿越永定河段里程为 DK50 + 980 ～ DK52 + 802,其中 DK50 + 990 ～ DK52 + 150 段位于北京市大兴区,DK52 + 150 ～ DK52 + 802 段位于廊坊市固安县。线路在永定河范围内按京雄城际铁路防洪评价的百年冲刷高程(16.46m)控制线路埋深,南堤位置为线路最高点,线路位于 2‰ 的上坡。

隧道在 DK50 + 990 ～ DK51 + 120 和 DK52 + 660 ～ DK52 + 760 段分别下穿永定河北堤和南堤。隧道与北堤相交中心里程为 DK51 + 055,水平交角约为 71.24°。隧道与南堤相交中心里程为 DK52 + 704,水平交角约为 63.55°。机场隧道下穿永定河纵断面如图 4-1-1 所示。

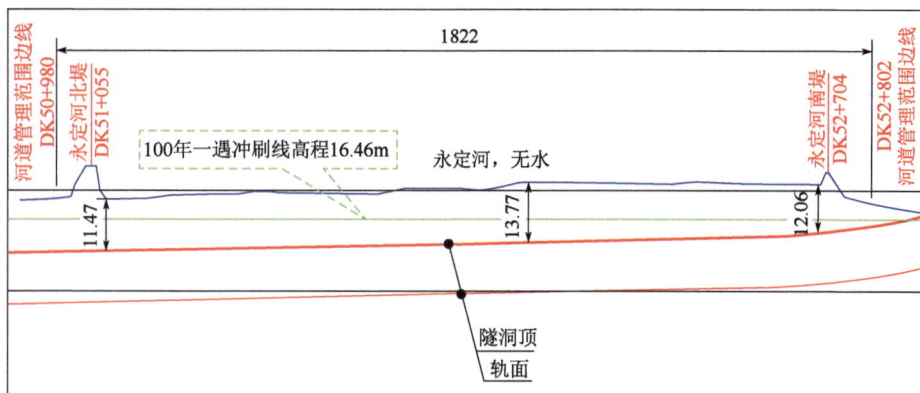

图 4-1-1　机场隧道下穿永定河纵断面示意图(尺寸单位:m)

(1)工程地质条件

根据《新建北京至雄安铁路工程机场隧道定测岩土工程勘察报告》地质调绘及钻探揭示,隧道区地层主要为第四系全新统人工堆积层(Q_4^{ml})填筑土,第四系全新统冲积层(Q_4^{al})黏土、粉质黏土、粉土、粉砂、细砂,下伏第四系上更新统冲积层(Q_3^{al})黏土、粉质黏土、粉土、粉砂、细砂。

第四系全新统冲积层(Q_4^{al})有黏性土、粉土、粉砂、细砂、中砂,黏性土为硬塑～软塑,粉土为稍密～密实,粉砂为稍密～密实,细砂、中砂为中密～密实,此层工程性质及抗震性能较差。

第四系上更新统冲积层(Q_3^{al})主要为软塑～硬塑状黏性土,密实的粉土、粉砂、细砂、中砂,含姜石、锈斑及螺壳碎片,该层土质较密实,工程性质较好。

隧道主体结构主要位于第四系全新统冲积层(Q_4^{al})中,基底以下为第四系上更新统冲积层(Q_3^{al}),基底埋深越大,地质条件越好。隧道基底处于相对均质地基上,隧道结构底板地层相对平稳。

隧道穿越处北堤地质剖面图如图 4-1-2 所示,隧道穿越处南堤地质剖面图如图 4-1-3 所示,堤身至隧洞底岩性主要为砂土、粉质黏土和粉土。

北堤处自上而下各地层岩性、围岩分级、岩土施工工程分级及承载力基本值见表 4-1-1。

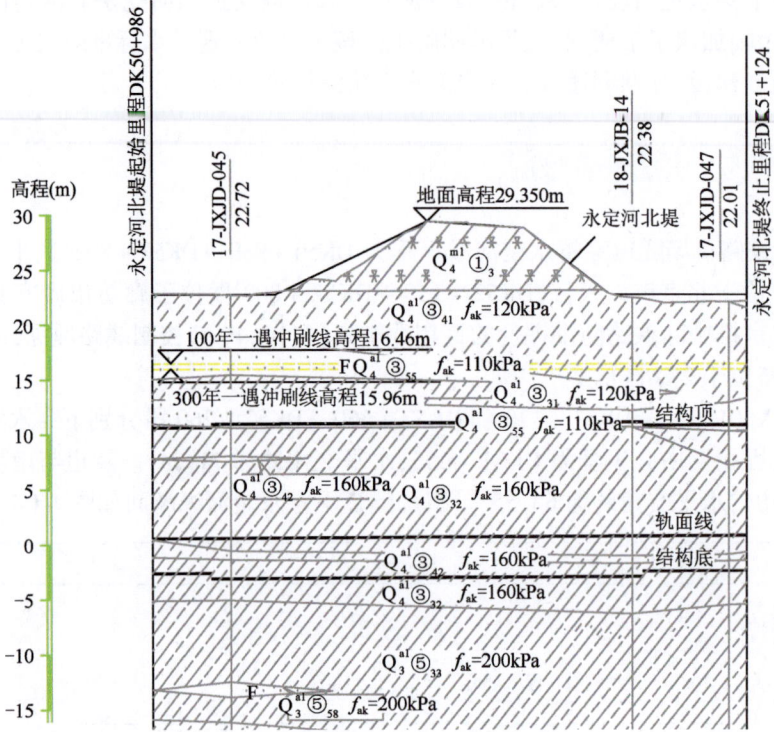

图 4-1-2　隧道穿越北堤处地质剖面图

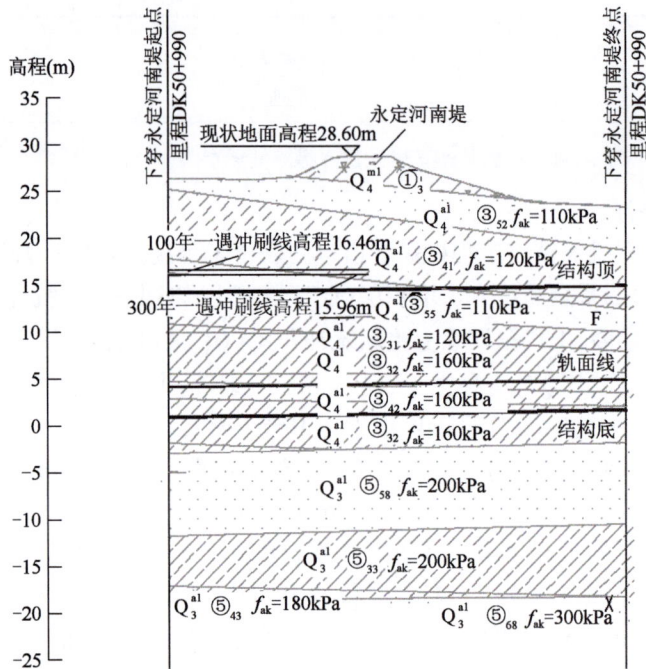

图 4-1-3　隧道穿越南堤处地质剖面图

永定河北堤工程地质条件   表 4-1-1

地层编号 （自上而下）	岩土名称	岩性描述	围岩分级	岩土施工 工程分级	承载力基本值 f_{ak}（kPa）
①₃	填筑土				
③₄₁	粉土	褐黄色，黄褐色，稍密～密实，稍湿～湿，含云母、有机质，可见铁锰质锈斑，夹粉土团块	Ⅵ	Ⅱ	120
③₅₅	粉砂	褐黄色，浅灰色，黑灰色，中密～密实，稍湿～饱和，主要成分为石英、长石，含云母及少量粉土，局部夹粉质黏土薄层	Ⅵ	Ⅰ	110
③₄₂	粉土	黄褐色，褐黄色，密实，稍湿～湿，含锈斑及少量姜石	Ⅵ	Ⅱ	160
③₃₂	粉质黏土	黄褐色，褐黄色，灰褐色，软塑～坚硬，可见铁锰质锈斑，含姜石及少量粉砂颗粒	Ⅵ	Ⅱ	160
③₄₂	粉土	黄褐色，褐黄色，密实，稍湿～湿，含锈斑及少量姜石	Ⅵ	Ⅱ	160
③₃₂	粉质黏土	黄褐色，褐黄色，灰褐色，软塑～坚硬，可见铁锰质锈斑，含姜石及少量粉砂颗粒	Ⅵ	Ⅱ	160
⑤₃₃	粉质黏土	黄褐色，褐黄色，褐灰色，灰褐色，浅棕红色，软塑～硬塑，夹粉土薄层，含少量锈斑	Ⅵ	Ⅱ	200
⑤₄₃	粉土	褐黄色，褐灰色，黄褐色，密实，稍湿～湿，可见铁锰质锈斑，夹粉质黏土及粉砂薄层，含少量姜石	Ⅵ	Ⅱ	180
⑤₅₈	粉质黏土	黄褐色，褐黄色，褐灰色，灰褐色，浅棕红色，软塑～硬塑，夹粉土薄层，含少量锈斑	Ⅵ	Ⅱ	200

南堤处自上而下各地层岩性、围岩分级、岩土施工工程分级及承载力基本值见表 4-1-2。

永定河南堤工程地质条件   表 4-1-2

地层编号 （自上而下）	岩土名称	岩性描述	围岩分级	岩土施工 工程分级	承载力基本值 f_{ak}（kPa）
②₃	填筑土				
③₅₂	粉砂	黄褐色，灰黄色，稍密，稍湿～潮湿，主要成分为石英、长石，含云母	Ⅵ	Ⅰ	110
③₄₁	粉土	褐黄色，黄褐色，稍密～密实，稍湿～湿，含云母，有机质，可见铁锰质锈斑，夹粉土团块	Ⅵ	Ⅱ	120
③₅₅	粉砂	褐黄色，浅灰色，黑灰色，中密～密实，稍湿～饱和，主要成分为石英、长石，含云母及少量粉土，局部夹粉质黏土薄层	Ⅵ	Ⅰ	110
③₃₁	粉质黏土	灰褐色，褐灰色，黄褐色，褐黄色，软塑～可塑，可见铁锰质锈斑	Ⅵ	Ⅱ	120

续上表

地层编号（自上而下）	岩土名称	岩性描述	围岩分级	岩土施工工程分级	承载力基本值 f_{ak}（kPa）
③₃₂	粉质黏土	黄褐色，褐黄色，灰褐色，软塑～坚硬，可见铁锰质锈斑，含姜石及少量粉砂颗粒	Ⅵ	Ⅱ	160
③₄₂	粉土	黄褐色，褐黄色，密实，稍湿～湿，含锈斑及少量姜石	Ⅵ	Ⅱ	160
③₃₂	粉质黏土	黄褐色，褐黄色，灰褐色，软塑～坚硬，可见铁锰质锈斑，含姜石及少量粉砂颗粒	Ⅵ	Ⅱ	160
⑤₅₈	粉质黏土	黄褐色，褐黄色，褐灰色，灰褐色，浅棕红色，软塑～硬塑，夹粉土薄层，含少量锈斑	Ⅵ	Ⅱ	200
⑤₃₃	粉质黏土	黄褐色，褐黄色，褐灰色，灰褐色，浅棕红色，软塑～硬塑，夹粉土薄层，含少量锈斑	Ⅵ	Ⅱ	200
⑤₄₃	粉土	褐黄色，褐灰色，黄褐色，密实，稍湿～湿，可见铁锰质锈斑，夹粉质黏土及粉砂薄层，含少量姜石	Ⅵ	Ⅱ	180
⑤₆₈	细砂	褐黄色，黄褐色，浅灰色，密实，饱和，含云母及少量粉粒，矿物成分以石英、长石为主，偶见细圆砾	Ⅵ	Ⅱ	200

（2）水文地质条件

沿线地下水为第四系孔隙潜水，局部具微承压性，其中砂类土层中水量丰富。在2015年勘测期间，该段水位埋深17.8～22.20m（高程 -1.26～3.10m）。本次勘测，工点范围内水位回升较大，并且对 DK48+000～DK49+100 范围内水位进行复测，沿线地下水埋深变化较大，水位埋深6.0～14.40m（高程6.31～16.01m），水位季节性变幅3～5m，局部地段变幅达7～9m。地下水主要由大气降水、地表水渗透及地下径流补给，排泄以蒸发和人工开采为主。水量受季节影响较大，雨季时水量丰富，水位上升，干旱季节时水量较少。隧道洞身砂层富水量较大，将对隧道施工造成一定影响。

隧道穿越北堤范围内地下水埋深13.874m（高程15.486m），穿越南堤范围内地下水埋深18.274m（高程10m）。主要地层渗透系数及透水性见表4-1-3。

主要地层渗透系数及透水性 表4-1-3

地层编号	岩性	垂直渗透系数（cm/s）	水平渗透系数（cm/s）	抽（提）水试验渗透系数（m/d）	渗透系数推荐值（m/d）	透水性
③₂₁	黏土				0.005	微透水
③₂₂	黏土				0.005	微透水
③₃₁	粉质黏土	1.00×10^{-7}	1.00×10^{-7}		0.05	弱透水
③₃₂	粉质黏土	6.93×10^{-7}	3.04×10^{-6}		0.05	弱透水

地层编号	岩性	垂直渗透系数（cm/s）	水平渗透系数（cm/s）	抽(提)水试验渗透系数(m/d)	渗透系数推荐值(m/d)	透水性
③$_{41}$	粉土	2.50×10^{-5}	3.86×10^{-5}		0.5	中等透水
③$_{42}$	粉土	2.97×10^{-5}	3.49×10^{-6}		0.5	中等透水
③$_{52}$	粉砂				1	中等透水
③$_{55}$	粉砂				0.8	中等透水
③$_{58}$	粉砂				0.8	中等透水
③$_{65}$	细砂				2	中等透水
③$_{68}$	细砂				2	中等透水
③$_{78}$	中砂			2.6	3	中等透水
⑤$_{23}$	黏土	1.00×10^{-7}	1.81×10^{-6}		0.005	微透水
⑤$_{24}$	黏土				0.005	微透水
⑤$_{33}$	粉质黏土	9.00×10^{-6}	1.42×10^{-6}		0.05	弱透水
⑤$_{34}$	粉质黏土	1.05×10^{-6}	1.49×10^{-6}		0.05	弱透水
⑤$_{43}$	粉土	4.16×10^{-6}	1.70×10^{-5}		0.3	中等透水
⑤$_{44}$	粉土	3.93×10^{-6}	1.50×10^{-5}		0.3	中等透水
⑤$_{58}$	粉砂				0.5	中等透水
⑤$_{68}$	细砂				2	中等透水
⑤$_{78}$	中砂			2.6	3	中等透水

4.2 下穿永定河段隧道河防工程措施及防洪评价

4.2.1 河道基本情况

（1）河流水系

隧道所经之地为海河水系之永定河系，永定河流域位于海河流域西北部，东经112°~117°45″，北纬39°~41°20″之间，发源于内蒙古高原的南缘和山西高原的北部，东临潮白、北运河系，西临黄河流域，南为大清河水系，北为内陆河。永定河沿途流经内蒙古、山西、河北、北京、天津，流域总面积47016km²。

永定河上游有桑干河、洋河两大支流，两河在河北省怀来县朱官屯汇合后注入官厅水库，在库区纳妫水河，经官厅山峡，于三家店进入平原，两岸以堤束水；因河道含沙量大，多年淤积，河道逐渐演变为半地上以至地上河，背水耕地比临水滩地低数米不等。三家店以下中下游河道分为三家店至卢沟桥段、卢沟桥至梁各庄段、永定河泛区和永定新河四段。

永定河官厅水库至三家店之间的河段为官厅山峡段，河道总长108.5km。河势蜿蜒曲折，河道两岸峭壁陡峻，高山连亘，河流随山弯曲，坡陡流急。地面平均坡降为3‰。主河槽宽窄不一，平均河宽80~750m。

三家店至卢沟桥段河道长约17km,该段河道较为顺直,河槽宽300~500m,河床为砂卵石,地形变化较大,河道纵坡坡度约为1/300。

卢沟桥至梁各庄段河道长度约为57km,两岸均有堤防,该段河槽宽度变化较大,卢沟桥附近宽约250m,北天堂处宽达3600m,至金门闸缩窄至约500m。卢沟桥—金门闸段河床地形变化较大,有许多不规则的挖沙坑,该段河道纵坡坡度为1/2500~1/1000,河道为地上悬河,河床较堤外地面高出2~5m。河床及堤防多为沙质,中泓游荡,堤内细土滩地,随溜势变化,滩地多有冲淤,极不稳定,河道弯曲,主流左右迁回,两岸险工较多。

永定河泛区位于梁各庄至屈家店枢纽,河道全长约67km,是永定河中下游缓洪沉沙的场所,泛区内地形自西北向东南倾斜,微地形变化大,河道纵坡具有上、下段较陡,中段较缓的特点,左右大堤堤距一般为6~7km,最宽处达15km,总面积522km²,区间左岸有天堂河、龙河,右岸有中泓故道等沥水河道汇入。永定河洪水经泛区调蓄后,少部分洪水注入北运河经海河入海,大部分由永定新河入海。

永定新河开挖于1971年,现状河道全长约66km。左岸有机场排水河、北京排污河、潮白新河、蓟运河汇入,右岸有金钟河、北塘排污河、黑猪河等排沥河道汇入,各支流汇入口均设有挡潮闸以防海潮倒灌。永定新河全部是以深槽行洪为主的复式河槽,大张庄以上为三堤两河,其中永定新河宽300m,新引河宽200m;大张庄以下河宽500~600m。

(2)水文气象条件

永定河流域位于欧亚大陆东部中纬度地带,大陆性季风特征明显,冬季较长,干燥寒冷,盛行西北风,春秋多风沙。气温日变化及年内变化都很大,1月平均气温为-4.3℃,夏季7月平均气温为25.8℃。流域内降雨主要集中在每年6~9月,特别是7月、8月两个月,降雨多以暴雨形式出现,且以局部暴雨为主,造成本流域暴雨的天气系统主要是切变线和低涡。本流域的洪水由暴雨形成,洪水暴涨暴落,多呈复峰形状,单峰较少,洪水的年际变化很大。隧道穿河处气象要素见表4-2-1。

隧道穿河处气象要素　　　　　　　　　　　　　　　　　　表4-2-1

项目	数值
历年极端最高气温(℃)	41.4
历年极端最低气温(℃)	-20
历年年平均气温(℃)	12.5
历年最冷月平均气温(℃)	-8.5
历年平均降水量(mm)	519.5
历年平均蒸发量(mm)	1628.6
历年年平均相对湿度(%)	59.2
最大积雪深度(cm)	60
累年平均风速(m/s)	1.82
累年最大风速(m/s)	23.1
主导风向	SSW/NNW/NNE

注:气象资料主要观测时间为1981—2010年。

（3）地形地貌

隧道所属地区位于华北平原北缘,以黄村为界,北部为山前冲洪积平原,南部为冲积平原,地形平坦开阔,地面高程 7～48m,地势由西北向东南缓倾。机场隧道下穿永定河处属于冲积平原地貌,据现场踏勘,现状永定河内已经干涸,河槽内多为耕地。

（4）社会经济

永定河系分属内蒙古、山西、河北、北京、天津五省（区、市）,流域内总人口 940 万,其中农业人口 710 万,耕地面积 2000 万亩（1 亩≈666.6m²）。

永定河三家店以下两岸均有堤防,堤防防护保护区内有北京市、天津市、廊坊市,涉及京津冀三省（市）16 个区县,保护区面积 7783km²。根据最新资料统计,保护区人口 576 万（未含北京市区人口）,耕地 616.6 万亩,粮食产量 24.1 亿 kg,国内生产总值 350 亿元,工农业生产总值 1017 亿元。区间有京广铁路、京九铁路、京山铁路、京津塘高速公路、京石高速公路、京福高速公路等重要交通设施,有供油、气、水管线,大型变电站,引滦入津明渠等重要生产、生活设施,有首钢集团、北京电力设备总厂、长辛店车辆厂、天津经济技术开发区等重要经济设施。

（5）河道概况

本工程下穿永定河处位于北京市大兴区和河北省廊坊市固安县交界处,梁各庄西侧,穿越河段属于卢沟桥至梁各庄段。穿越处永定河现状已经干涸,河槽内多为耕地,河道南、北堤为土筑大堤,堤顶公路宽 5～6m。本河段为地上悬河,河道纵坡逐步变缓,为 1‰～0.4‰,河床由粗逐渐演变为粉细砂,河道宽窄不一,河底高程较堤外两侧高 6～7m。穿越处堤距约为 1540m,隧道穿越河道管理范围内长度为 1783m。现状河道行洪标准为 100 年一遇,相应洪峰流量为 2500m³/s。

4.2.2 河道冲刷深度分析

采用《铁路工程水文勘测设计规范》（TB 10017—2021）中的公式进行评价计算,采用《公路工程水文勘测设计规范》（JTG C30—2015）中的公式进行复核,并根据《堤防工程设计规范》（GB 50286—2013）,对堤脚冲刷进行复核。偏安全考虑,最终采用三种计算结果中的最不利结果,即根据《铁路工程水文勘测设计规范》（TB 10017—2021）计算所得结果,100 年一遇设计洪水最低冲刷线高程为 16.46m,高于隧洞顶高程 2.21～5.62m（优化前原方案隧道穿越处 100 年一遇设计洪水最低冲刷线高程为 15.87m,高于隧洞顶高程 2.30～6.14m）。冲刷计算结果对比见表 4-2-2。

冲刷计算结果对比表　　　　　　　　　表 4-2-2

计算方法	100 年一遇设计洪水最低冲刷线高程(m)	隧洞顶高程(m)	100 年一遇设计洪水最低冲刷线至隧洞顶距离(m)
《铁路工程水文勘测设计规范》（TB 10017—2021）和《公路工程水文勘测设计规范》（JTG C30—2015）	16.46	10.84～14.25	2.21～5.62
《堤防工程设计规范》（GB 50286—2013）	18.83		4.58～7.99

最低冲刷线高程和隧道沿线各段洞顶高程见表4-2-3。

100年一遇设计洪水最低冲刷线高程与隧洞顶高程比较　　　　表4-2-3

隧道桩号	隧洞顶高程（m）	最低冲刷线高程（m）	冲刷线与隧洞顶距离（m）
DK51+100	10.84	16.46	5.62
DK51+300	11.24	16.46	5.22
DK51+500	11.64	16.46	4.82
DK51+700	12.04	16.46	4.42
DK51+900	12.44	16.46	4.02
DK52+100	12.84	16.46	3.62
DK52+300	13.24	16.46	3.22
DK52+500	13.64	16.46	2.82
DK52+685	14.25	16.46	2.21

根据项目穿河段的历史洪水调查情况，该段永定河历史最大冲刷线高程为16.30m，与本次计算100年一遇设计洪水最低冲刷线高程相差不大，且高于隧洞顶高程2.05~5.46m。

河道范围内隧洞施工明挖围护结构主要为钻孔灌注桩，根据围护结构横断面图，比较100年一遇设计洪水最低冲刷线高程和河槽围护结构顶高程（表4-2-4）。河槽内围护结构顶高程位于100年一遇设计洪水最低冲刷线以下。

冲刷线高程与围护结构顶高程比较　　　　表4-2-4

项目	河槽围护结构顶高程（m）	100年一遇设计洪水最低冲刷线高程（m）	冲刷线与围护结构顶距离（m）
数值	8.00~11.00	16.46	5.46~8.46

4.2.3　河道复堤工程

永定河南、北堤复堤方案为维持堤防宽度、位置及走势不变，对京雄铁路机场隧道下穿永定河河堤施工影响范围内堤防进行加固并回填至规划堤顶高程。

（1）新老堤防结合面

新老堤防结合面存在填筑施工时间、材料等差异，导致地基固结度和堤防压缩程度不同而产生新老堤防的不均匀沉降，易使结合面出现裂缝、破损、高差、渗漏等现象，影响堤防稳定安全。

为避免新老堤防的沉降差异，使两者之间衔接得更加紧密，加强堤防整体性和稳定性，对隧道施工边坡进行台阶处理。开挖边坡呈台阶状，台阶高0.3m、宽0.9m，整体坡度不超过1:3。同时施工期间，在老堤身连接土层面上洒水并刨毛后沿水平层面铺设筑堤土，沿水平层面进行碾压。

（2）筑堤材料及填筑标准

根据《新建北京至霸州城际铁路机场2号隧道定测岩土工程勘察报告》，隧道穿越处现状南、北堤防土质以粉土、粉砂为主。

为保障隧道上方两侧垂直灌注桩防护范围内填料的回填质量，防止隧道结构上方回填土体与两侧回填土体产生不均匀沉降,隧道上方灌注桩围护范围内采用混合土回填,回填范围为隧道结构外顶高程至冠梁顶高程以下 2.74m。混合土初选采用黏粒含量 10% ~30% 的壤土和 6% ~8% 水泥或三七灰土,具体材料及要求由铁路设计确定,回填由铁路施工单位施工。

堤防采用黏性土回填,回填范围为冠梁顶高程以下 2.74m 至规划堤顶高程,南堤回填范围为隧道结构外顶高程以上 2m 至规划堤顶高程。筑堤土回填材料需满足《堤防工程设计规范》(GB 50286—2013)中 1 级堤防回填要求,且不得含植物根茎、砖瓦垃圾等杂质,填筑土料含水率与最优含水率的允许偏差不得大于 ±3%。淤泥质土,天然含水率不符合要求或黏粒含量过多的黏土,冻土块,杂填土,水稳定性差的膨胀土、分散性土不得作为填筑土料。黏性土填筑压实度不小于 0.95。

(3)堤顶高程

铁路穿越永定河南、北堤防后及时对穿越处进行回填,回填后堤顶高程满足 100 年洪水位和安全超高要求,同时预留堤防沉降量 0.3m。其中北堤回填至规划堤顶高程为 30.48m,南堤回填至规划堤顶高程为 29.80m。

(4)堤顶路面

筑堤完成后,对堤顶路面进行恢复,路基及路面参照三级路面标准,南、北堤路均为沥青路面,其中北堤路面宽 7m,南堤路面宽 6m,新建堤顶路面与现状路面顺接坡度不得超过 5%。

4.2.4 河道防护工程

为防止洪水冲刷对隧道产生破坏,对河底一定范围内进行防护。防护结构采用高镀锌铅丝石笼,石笼底铺设一层无纺布,同时考虑河槽绿化问题,石笼顶覆土 2m,覆土后河底高程与现状河底高程保持一致,铅丝石笼护砌高程根据现状河底高程确定。采用原土回填,非黏性土相对密度不小于 0.60,黏性土压实度不小于 93%。防护范围为京雄城际铁路机场隧道中心线上下游各 35m,同时护砌上游设铅丝石笼前戗,戗底高程均为 15.46m,护砌长度沿隧道方向为1596m。河道防护平面图如图 4-2-1 所示。

4.2.5 丁坝修复工程

根据永定河"三固一束"(即固定险工、固定河槽、固定滩地、束窄河道)的河道治理原则,河道中实施了大量控导工程。其中,丁坝对永定河下游洪水的溜势起控制作用,由于永定河多年没水,河床及丁坝受风沙侵蚀严重,丁坝有不同程度破损。项目段河道左岸现有 2 座丁坝(分别称为上、下游丁坝):上游丁坝距隧道穿左堤处约 210m,现状坝顶高程约为 24.70m;下游丁坝距隧道穿左堤处约 200m,现状坝顶高程约为 27.00m。上、下游丁坝坝顶高程均不满足河道 100 年一遇洪水标准。

为充分发挥丁坝的控导作用,确保京雄城际铁路机场隧道穿越段堤防安全,项目段 2 座丁坝按河道 100 年一遇洪水标准进行修复。

上游丁坝损坏严重,对其进行拆除修复。根据规划的要求,丁坝修复按照以下方案实施:

(1)丁坝坝顶加高至高程 27.77m(百年洪水位),护砌边坡系数均为 1:2。

(2)丁坝上、下游面自堤向河内 2/3 丁坝长度按非险工标准护砌,边坡采用 0.3m 厚浆砌石护砌,下铺 0.3m 厚砂砾料垫层。

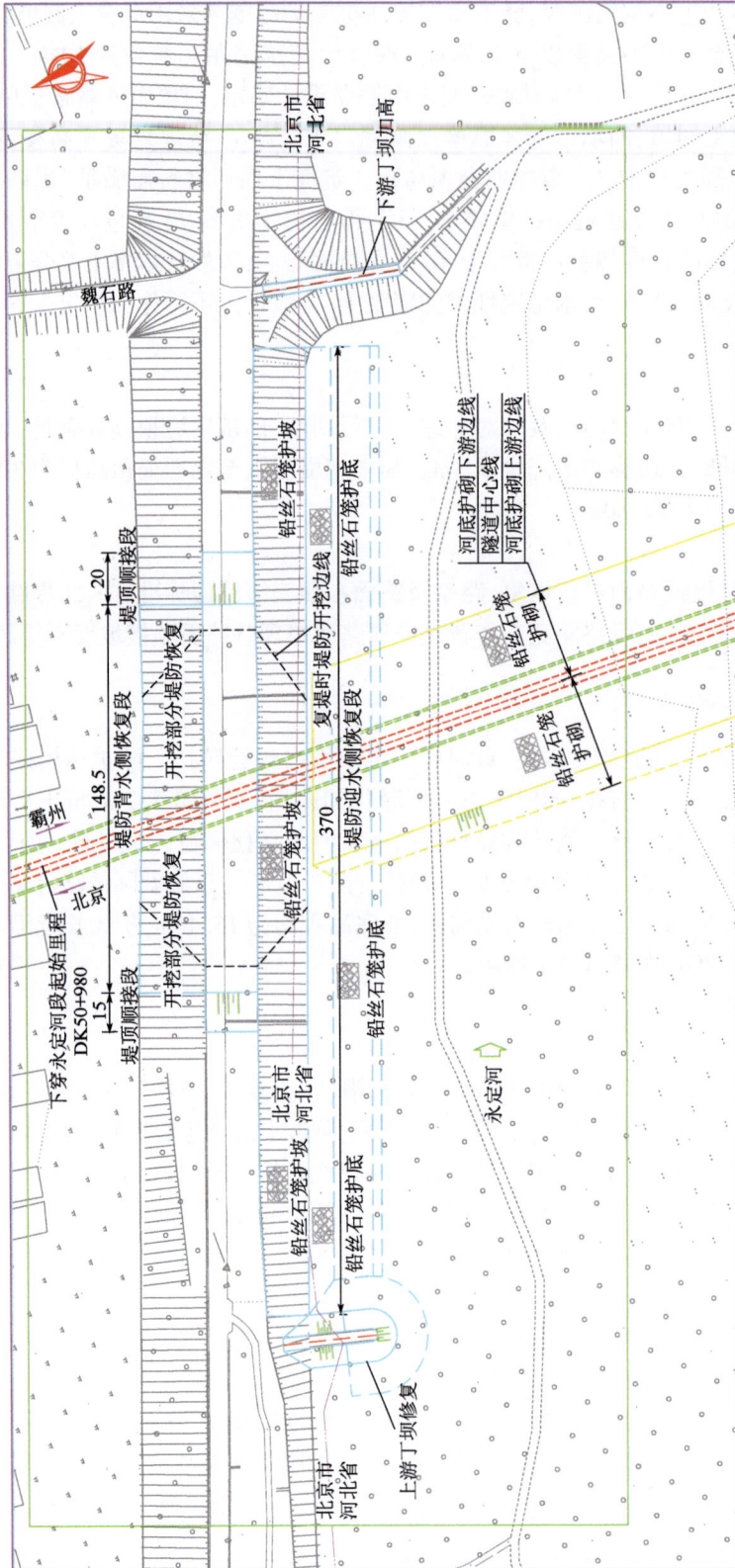

图 4-2-1　河道防护平面图 (尺寸单位：m)

（3）丁坝上、下游面自河向堤 1/3 丁坝长度及半圆形裹头按险工标准护砌，丁坝坝顶至河道 100 年一遇洪水位以下 10m（高程 17.77m），采用 0.5m 厚浆砌石护砌，下铺 0.3m 厚砂砾料垫层。

（4）坝顶采用 0.3m 厚干砌片石护砌，下铺 0.3m 厚砂砾料垫层。

现状下游丁坝边坡已进行浆砌片石护砌，本次仅对坝顶加高并进行护砌，方案设计丁坝坝顶加高至高程 27.61m（百年洪水位）；坝顶采用 0.3m 厚干砌片石护砌，下铺砂砾料垫层。

4.2.6　防汛道路临时导改工程

隧道下穿永定河南、北堤防施工期间，破堤施工会阻断南、北堤路的正常通行。为确保河道防汛道路畅通，对隧道施工范围巡河路进行道路改移，结合现场情况，道路改移至现状河底。

临时导改路路基及路面设计参照四级公路标准，筑路标准应满足《公路沥青路面设计规范》（JTG D50—2017）的要求，设计速度 40km/h，纵坡坡度不得超过 7%。待左右堤顶路面按设计要求恢复后，拆除临时导改路，对河底进行恢复。

4.2.7　防洪评价结论

（1）机场隧道下穿永定河南、北堤及两堤之间河道均为明挖施工，隧道施工开挖轮廓线与上下游丁坝有一定距离，对丁坝修复基本没有影响。河道恢复方案中，南、北堤顶均恢复至规划堤顶高程并预留堤防沉降量 0.3m，为河道规划实施预留了条件。项目建设对有关规划实施基本没有影响。

（2）项目穿越处永定河两堤设防标准为 100 年一遇，建设项目设计防洪标准为 100 年一遇，设计防洪标准不低于河系防洪标准，与河道防洪标准相适应。建设项目防洪标准符合《防洪标准》（GB 50201—2014）的要求。

（3）隧道走向与永定河主流交叉角度为 75°，与永定河北堤交叉角度为 71.24°，与永定河南堤交叉角度为 63.55°，满足河道管理的相关要求。

（4）根据中水北方勘测设计研究有限责任公司于 2008 年 2 月发布的《永定河系防洪规划》，堤防保护范围边线距离堤外坡脚线 90m。隧道进口与永定河北堤堤外坡脚线垂直距离为 10km 左右，隧道出口与永定河南堤堤外坡脚线垂直距离约为 450m，隧道进出口均位于永定河保护范围以外，满足《堤防工程设计规范》（GB 50286—2013）的要求。

（5）隧道穿越河槽和两堤均在非汛期施工，防治补救措施中堤防恢复方案采取了各项防护加强措施（河底护砌、堤防恢复、渗透稳定和边坡稳定分析、堤身安全监测等），项目施工不改变永定河系防洪体系、防洪功能的总体作用，对河道行洪能力、行洪安全基本没有影响。

（6）项目穿越河道北堤为现状的险工段，河道恢复方案中堤防恢复采取了以下加强措施：

①堤身 14.46m 高程以下采用混合土回填，14.46m 以上采用黏性土，压实度不小于 0.98。

②南、北堤顶均恢复至规划堤顶高程并预留堤防沉降量 0.3m。

③险工堤防迎水坡护砌深度为 100 年一遇水位以下 10m，护底采用高镀锌铅丝石笼，水平段长度为 15m，前端设前戗。

采取以上加强措施后，堤防安全标准不低于现状堤防标准，险工段堤防安全得到保障，同时施工单位在施工过程中严格控制各项施工质量,保证了堤身的安全稳定。

(7)隧道穿越河槽和两堤均在非汛期施工,非汛期项目区段永定河常年无水,为保证施工安全,施工期间进行施工导流,围堰等级为Ⅲ级,围堰施工按筑堤标准,可满足永定河非汛期20年一遇洪水的过流要求,不会对围堰产生淹没影响。项目建设施工工期安排基本合理,设置的施工围堰能保证永定河非汛期20年一遇洪水的行洪安全。

(8)隧道破堤施工会阻断两堤防汛道路,在项目施工期提出防汛道路临时导改方案,保证了项目施工期防汛道路的正常通行。项目运行期两堤按规划堤顶高程进行恢复,恢复后的堤顶路面高于现状道路路面,防治与补救措施要求恢复后的堤顶路面与现状路面顺接坡度不超过5%,能够保证车辆的正常通行,因此,项目建设对防汛抢险基本没有影响。

(9)隧道穿越河槽范围100年一遇设计洪水最低冲刷线高程16.46m,穿河段隧洞顶高程为10.84~14.25m。隧洞顶低于100年一遇设计洪水最低冲刷线2.21~5.62m,满足穿越河道主槽及滩地段管顶埋深在最低冲刷线2m以下的要求及防冲安全要求,隧洞主体防御洪水冲刷措施适当。穿越北堤堤身外管理范围段隧洞顶埋深大于10m,穿越南堤堤身外管理范围段隧洞顶埋深6~10m,满足穿越堤防及堤身外管理范围段管顶埋深在堤基线6m以下的要求。明挖围护结构顶高程均低于隧洞顶高程,满足防冲要求。

(10)隧道位于河道冲刷线以下,对河道水流方向、河道冲刷不会造成影响,不会形成横流、紊流。防治补救措施中堤防恢复方案采取了各项防护加强措施(河底护砌、堤防恢复、渗透稳定和边坡稳定分析、堤身安全监测等),减少了破堤施工对堤防稳定造成的影响,因此,项目建设对河势稳定基本没有影响。

4.3 下穿永定河段隧道设计

4.3.1 下穿永定河河槽段设计

隧道下穿永定河河槽段采用明挖法施工,结合河道行政管理部门要求,河槽段采取围堰分幅导流措施。为大幅缩短工期,尽量减少汛期施工时间,设计采用了放坡+双排桩无支撑的支护结构方案。隧道顶覆土厚度为11.5~13.7m,隧道基坑开挖上口宽度为74~81m。

两侧基坑上部采用土钉护坡,一级坡开挖坡度1:1、二级坡1:1.25;采用ϕ22mm钢筋土钉,长度4m,与放坡面垂直,钻孔直径10cm,竖向间距1.5m,水平间距1.5m,交错布置;平台坡面采用C20网喷混凝土支护,喷层厚10cm,钢筋网规格为ϕ6mm@250mm×250mm;放坡坡面采用C25网喷混凝土支护,喷层厚10cm,钢筋网规格为ϕ8mm@200mm×200mm;土钉注浆材料采用水灰比为0.5的水泥砂浆或0.45的水泥砂浆,其强度不低于20MPa;泄水孔纵向、水平间距2m,采用梅花形布置。

防护桩顶设11m宽平台,桩顶高程为8~11m,放坡平台采用喷混凝土+钢筋网硬化处理。钻孔灌注桩、冠梁采用C30混凝土,两排桩布置方式均为桩径1m,间距1.2m,排间净距为2.5m,桩顶布置板梁。钻孔桩间采用C20网喷混凝土支护,喷层厚10cm,钢筋网规格为ϕ8mm@200mm×200mm。灌注桩外侧进行井点降水,降水井采用直径705mm的无砂管,壁厚50mm。河槽段标准断面如图4-3-1所示。

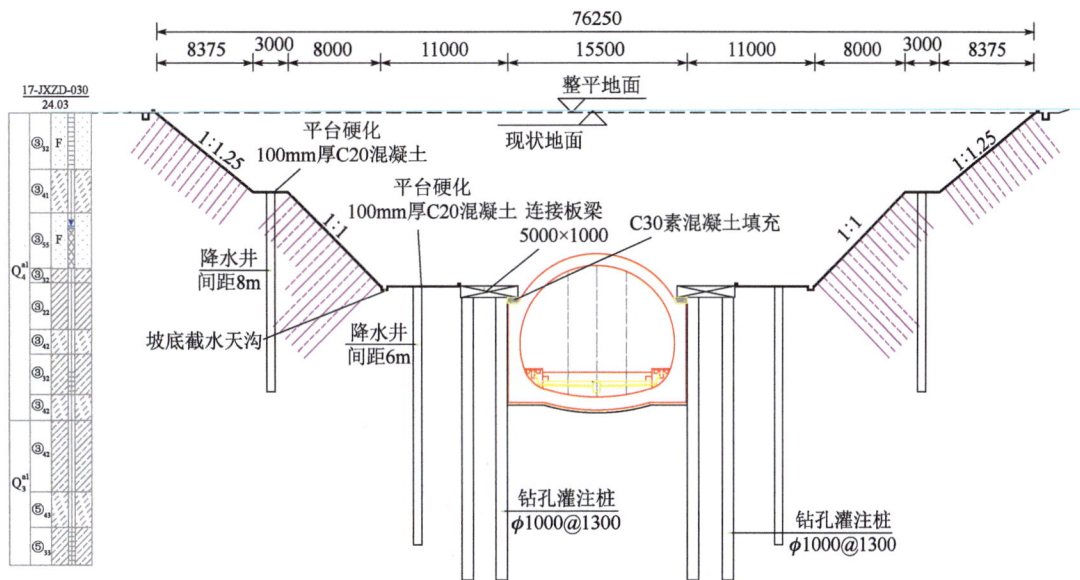

图 4-3-1　机场 2 号隧道下穿永定河河槽段标准断面图(尺寸单位:mm)

4.3.2　下穿永定河河堤段设计

(1)穿越北堤方案(DK50 +980 ~ DK51 +124)

隧道下穿永定河北堤段采用明挖法施工,施工方法为放坡 + 钻孔灌注桩 + 钢支撑,隧道顶覆土厚度为 11.5 ~ 18.3m。

两侧基坑上部采用土钉护坡,开挖坡度 1:1,采用 ϕ22mm 钢筋土钉,长度 4m,与放坡面垂直,钻孔直径 10cm,竖向间距 1.5m,水平间距 1.5m,交错布置;放坡坡面采用 C25 网喷混凝土支护,喷层厚 10cm,钢筋网规格为 ϕ8mm@ 200mm × 200mm,土钉注浆材料采用水灰比为 0.5 的水泥砂浆,其强度不低于 20MPa;泄水孔纵向、水平间距 2m,采用梅花形布置。

钻孔灌注桩、冠梁及混凝土角撑采用 C30 混凝土,钻孔灌注桩规格 ϕ1200mm@ 1500mm,钢支撑采用直径为 609mm 和 800mm 的钢管,Q235 钢,壁厚 16mm;腰梁采用 2 I 45b 钢板组合截面;钻孔桩间采用 C25 网喷混凝土支护,喷层厚 10cm,钢筋网规格为 ϕ8@ 200mm × 200mm。为保证隧道干场施工,灌注桩外侧设止水帷幕,采用 ϕ850mm@ 600mm 水泥土搅拌桩。防护桩顶设 15m 宽平台,桩顶高程为 12.90 ~ 17.20m。下穿永定河北堤标准断面如图 4-3-2 所示,平面布置如图 4-3-3 所示。

(2)穿越南堤方案(DK52 +651 ~ DK52 +802)

隧道下穿永定河南堤段采用明挖法施工,施工方法为放坡 + 双排钻孔灌注桩 + 钢支撑,隧道顶覆土厚度 11.9 ~ 13.9m。

两侧基坑上部采用土钉护坡,开挖坡度 1:1.25,采用 ϕ22mm 钢筋土钉,长度 4m,与放坡面垂直,钻孔直径 10cm,竖向间距 1.5m,水平间距 1.5m,交错布置;放坡坡面采用 C25 网喷混凝土支护,喷层厚 10cm,钢筋网规格为 ϕ8mm@ 200mm × 200mm,土钉注浆材料采用水灰比 0.5 的水泥砂浆,其强度不低于 20MPa;泄水孔纵向、水平间距 2m,采用梅花形布置。

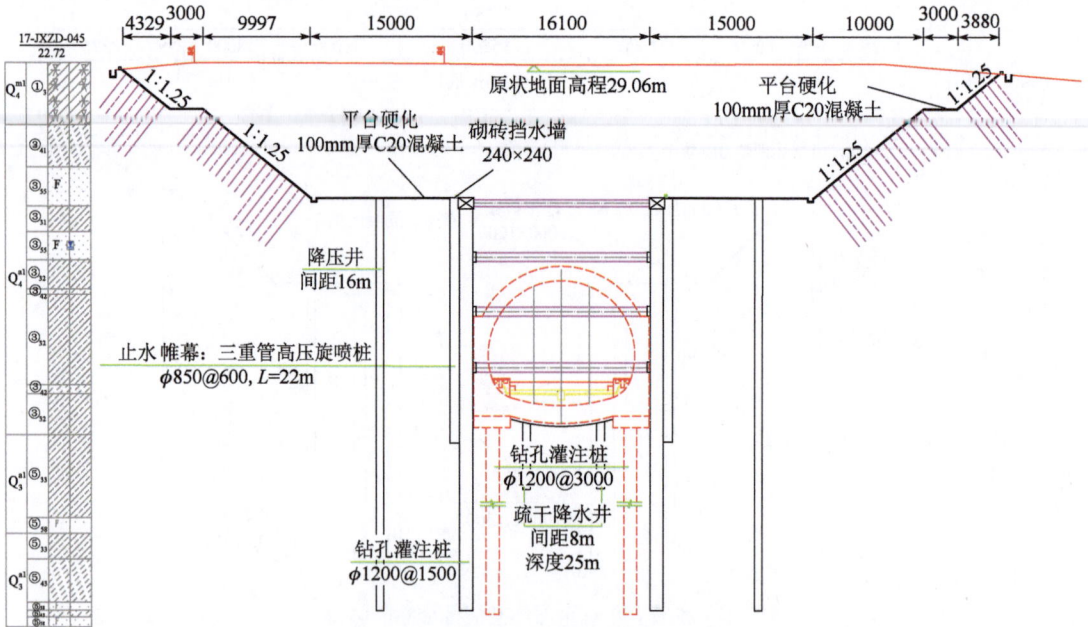

图 4-3-2　机场 2 号隧道下穿永定河北堤标准断面图（尺寸单位：mm）

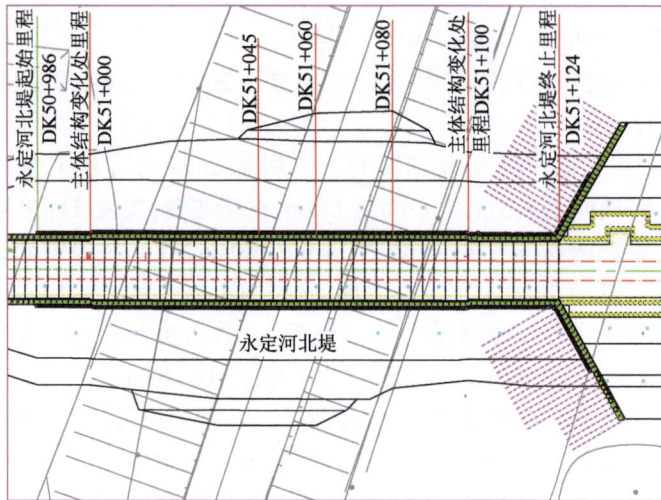

图 4-3-3　下穿永定河北堤平面布置图

　　钻孔灌注桩、冠梁及混凝土角撑采用 C30 混凝土，钻孔灌注桩规格 $\phi1000\text{mm}@1200\text{mm}$，钢支撑采用直径 609mm 的 Q235 钢，壁厚 16mm；腰梁采用 2 I45b 钢板组合截面；钻孔桩间采用 C25 网喷混凝土支护，喷层厚 10cm，钢筋网规格为 ⽂8＠200mm×200mm。为保证隧道干场施工，灌注桩外侧进行井点降水，降水井采用直径为 705mm 的无砂管，壁厚 50mm。防护桩顶设 15m 宽平台，桩顶高程为 11.3m。下穿永定河南堤标准断面如图 4-3-4 所示，平面布置如图 4-3-5 所示。

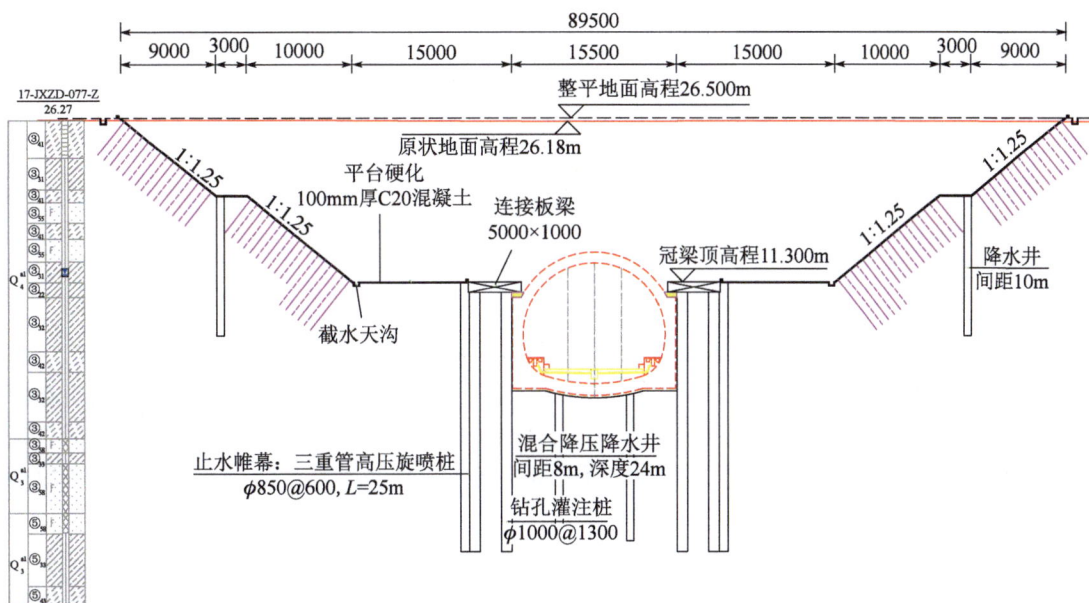

图 4-3-4 机场 2 号隧道下穿永定河南堤标准断面图(尺寸单位：mm)

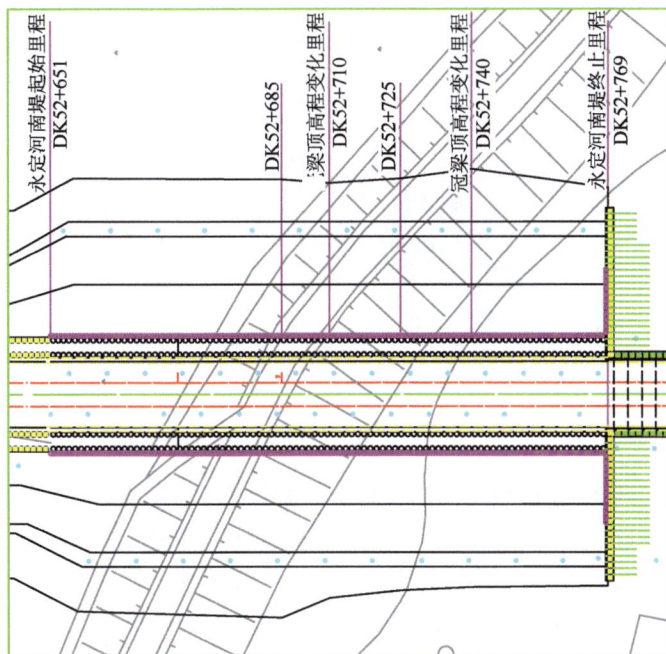

图 4-3-5 下穿永定河南堤平面布置图

4.4 下穿永定河段隧道施工

4.4.1 下穿永定河河槽施工方法

永定河河槽段采用大放坡+双排桩支护形式,根据总体施工安排,先开挖冠梁顶土方,再施作双排钻孔桩,待钻孔桩及基底加固施工完成后再进行坑内土方开挖。

1)基坑开挖及坡面防护施工

(1)冠梁顶土方开挖

根据施工组织计划安排,隧道下穿永定河河槽段纵向分段、分层,横向分块、分层开挖。纵向分段按施工组织施工区段再划分开挖工作长度,根据区段长度合理划分为三个开挖工作面进行施工,在该开挖工作长度内再进行分层,区段内每层开挖长度配置相同机械设备同时进行开挖(区段内可机动调配),土方分层厚度为 2m 左右,表层种植土收集备用,在弃土场单独堆放。

土方开挖在 1 号、3 号工作面相对施工,2 号工作面从线路右侧开始开挖,2 号工作面左侧土方作为土方运输至坑外的基础,其余区段开挖过程中不断进行边坡土钉及挂网喷混凝土支护。开挖至一级坡顶后,及时施作坡顶降水井,同时将一级坡顶平台作为一级坡内土方运至坑外的纵向运输便道,即 1 号、3 号工作面内土方进行一级坡内开挖后,先开挖线路右侧土方,通过横向运输便道运输至一级坡顶平台,再通过平台纵向运输便道运至坑外,如图 4-4-1 所示。

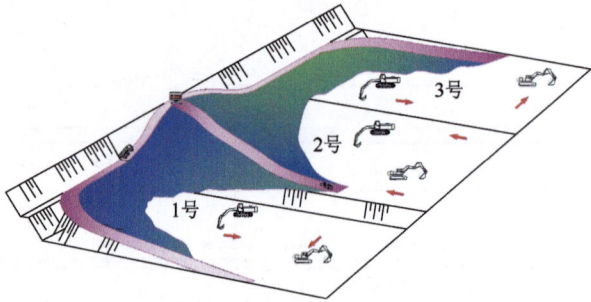

图 4-4-1 永定河河槽内冠梁顶土方开挖示意图

冠梁顶土方分层开挖,通过坑内横向、纵向运输便道运输至坑外,每个区段留置运至坑外的便道。土方开挖时,按照横向从线路右侧向左侧、纵向从两侧向中间推进的方式开挖,开挖严格按照分层开挖方式,不断进行开挖后边坡防护,确保安全。土方横向运输,通过斜坡道运出坑外,同时区段内根据施工组织规定方向,纵向拉槽开挖,开挖土方纵向运输,最后通过斜坡道外运至坑外堆放。

开挖至一级坡时,开挖土方较深,横向运输坡道需结合土质情况放坡。当土质多为砂土而影响外运效率时,可铺设钢板,并焊接防滑钢筋条。开挖工作面内土方可通过迂回外运,即横向斜坡道与一级坡顶纵向土方外运通道相结合,如图 4-4-2 所示。

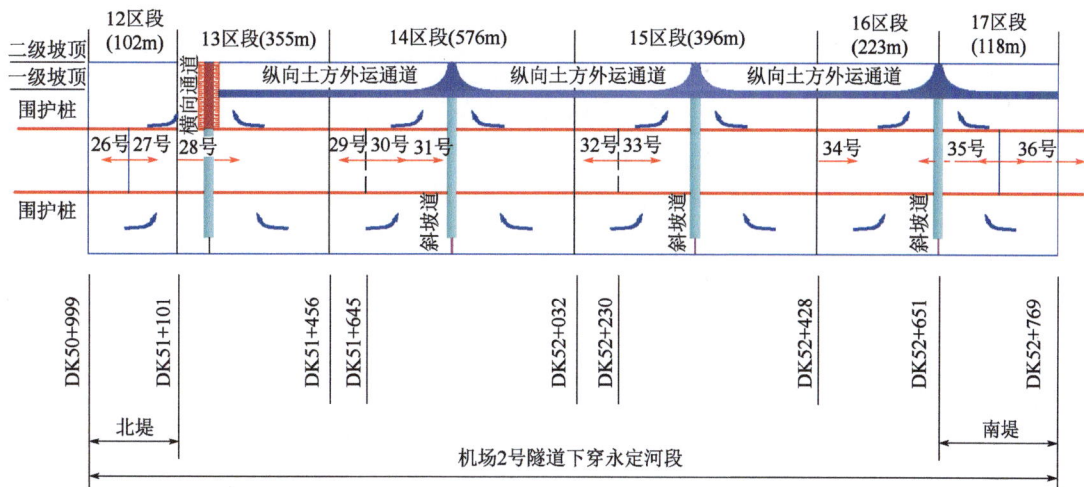

图 4-4-2 土方开挖外运布置平面图

（2）坑内土方开挖

当基坑开挖至冠梁后，及时跟进施作双排桩，沿线路右侧施工围挡外修筑纵向施工便道，并结合现场实际情况修筑斜向便道。通过两级放坡形式接入坑内冠梁顶纵向运输便道，将混凝土运输至坑内，为后期坑内主体结构施工期间混凝土的浇筑做准备。

冠梁施作完成后及时进行坑内土方开挖，采用分层、分段拉槽开挖，严格控制开挖厚度。坑内土方根据总体部署与冠梁顶土方开挖运输便道相结合，在坑内利用挖掘机后退开挖，通过连接坑内纵向斜坡道与冠梁顶一级坡内横向运输通道，从而达到将坑内土方运输至坑外的目的。纵向运输坡道坡度根据地质情况适时调整，当土方多为粉砂层时，铺设钢板，并在钢板上焊接钢筋防滑条，确保土方顺利外运。

土方开挖至后期时，由于未开挖土方较多，为确保土方及时顺利外运至弃土场，在 DK51 + 150 处设置横向运输通道，通道按纵向 1：10 放坡，设置两车道，通道两侧边坡根据地层情况设置放坡，并打设土钉、挂网喷射混凝土支护。

土方开挖至末端时，坑内土方可采用长臂挖掘机装土外运，待坑内土方完成后，挖掘机不断翻挖斜向便道处土方，逐渐后退施工，直至土方全部开挖完后，及时施作边坡土钉并挂网喷混凝土，如图 4-4-3 所示。

为确保后期主体结构施工期间，混凝土运输至坑内与坑内土方开挖不冲突，保证运输通畅。通过坑外纵向施工便道在基坑右侧开挖时修筑斜向便道，河槽段纵向便道宽 9.3m，其他区段宽 7m，与冠梁侧坑内纵向施工便道相接，或可利用 DK51 + 150 处横向通道进出。各斜向便道、横向通道在开挖时参照相应段落基坑形式逐层放坡开挖，并打设土钉、注浆加固，如图 4-4-4 所示。

2）降水管井施工

采用管井降水，利用回转钻机成孔，管井井径设置为 705mm，全孔下入 300mm 水泥砾石滤水管，纵向井间距 8～16m，水平距离钻孔桩边缘 3.5m。

在基坑开挖前 42d，开启降水井，降低水位至基坑底以下不小于 0.5m，保证基坑内无明水。

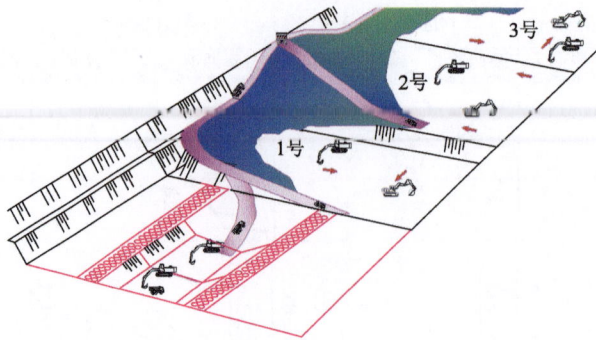

图 4-4-3　坑内土方开挖外运示意图

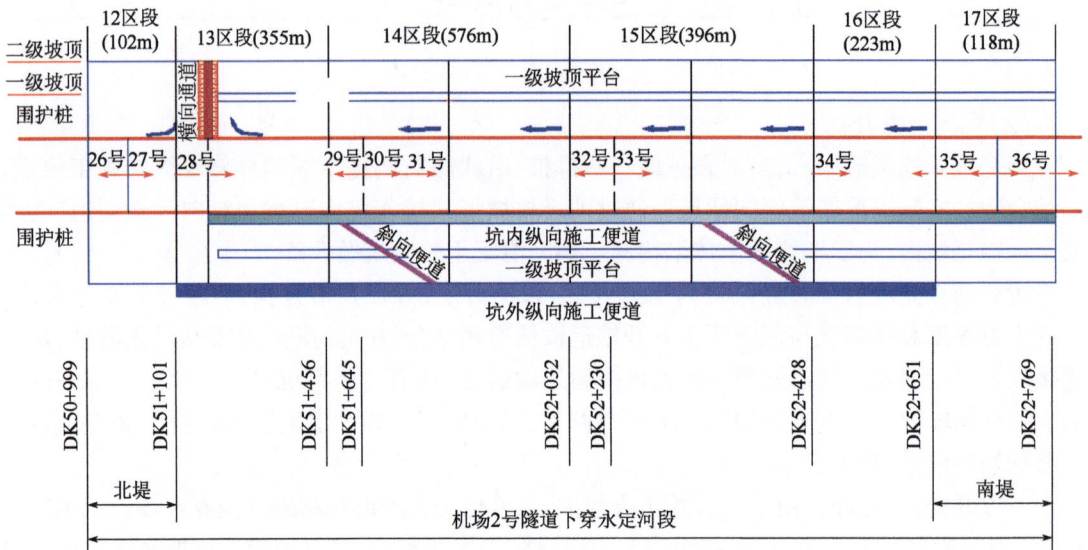

图 4-4-4　基坑便道设置示意图

3）双排围护钻孔桩施工

双排桩布置形式均为 $\phi1000mm@1300mm$，间距 2m，桩顶布置板梁。围护钻孔桩采用旋挖钻按跳孔法组织实施。

施工前，清除设计桩位范围内场地的杂物、障碍物，平整施工场地并引入施工道路。根据总体施工组织规划并结合现场实际地形，局部地段先将冠梁顶部土方挖除，再进行钻孔桩施工。桩位处整平夯实，使施工中钻机能够保持稳定。

4）裙边加固

对于隧道基坑内地层承载力不满足设计承载力要求的地段，为防止产生较大沉降，进行基底裙边加固。采用 $\phi850mm@600mm$ 高压旋喷桩加固，墙角处 3.0m（宽）×3.0m（深），要求水泥掺量不小于 $450kg/m^3$，单轴抗压强度不小于 2MPa，如图 4-4-5 所示。

三重管高压旋喷桩施工工艺流程如下：

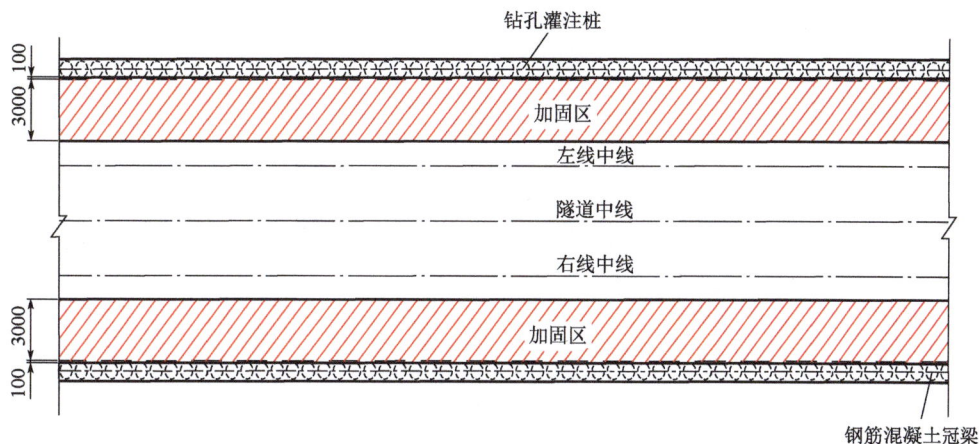

图 4-4-5　基底裙边加固平面示意图(尺寸单位:mm)

(1)场地清理、作业面平整,保证搅拌桩机就位平稳。

(2)按设计要求放样确定孔位,布置排浆沟。

(3)旋喷钻机就位。钻头对准桩位中心,用水平尺校正钻机使钻杆垂直,然后将钻机摆放稳定,防止钻机移位,偏离桩位中心。

(4)开启高压泵钻进。钻机校正固定、钻头对中后,开启高压浆泵,待正常运转后,向孔内送水,同时缓缓下沉钻杆钻进成孔,直至设计深度。

(5)制备水泥浆液。在到达设计深度前 1h 内,先按设计水泥掺量拌制水泥浆液备用,拌制时做到计量准确。浆液在搅拌机内搅拌时间不少于 5min。

(6)旋喷提升。待成孔至设计深度,将拌制水泥浆倾入集料斗,将高压泵送水改为送浆,为保证桩底有足够的水泥浆量,应停止提升,原地旋喷 15s,然后边旋转喷浆边提升,旋转速度和提升速度都按试桩参数执行,直至桩顶高程为止。

(7)清洗、移位。喷浆成桩结束后,拔出钻杆,同时用清水清洗送浆泵、钻杆及输浆道等,然后移位,进行下一根桩的施工。

4.4.2　下穿永定河河堤施工方法

(1)交通导改及导流围堰施工

机场 2 号隧道下穿永定河北堤段,施工前进行道路改移。根据总体施工安排,大堤道路改移至河道外侧,在 DK50+781 处进行横穿线路(此处钻孔桩在道路改移开始前先行完成施工),与既有村道魏石路相接,道路采用混凝土路面,两车道,确保社会车辆有序通行。为确保行车安全,将施工便道与大堤改移道路分开,单独设置,如图 4-4-6 所示。

隧道下穿永定河段在主汛期内(2018 年 7 月 20 日—2018 年 8 月 10 日)不得施工。河槽段在非主汛期内设置导流围堰分期施工:一期围堰围护南、北堤及大部分河槽,留 200m 宽河槽泄洪,然后进行围堰内区段施工。待一期围堰内部分段落施工完成后,及时填筑二期围堰,拆除部分一期围堰,进行泄洪槽转换,最后进行二期围堰内区段施工,如图 4-4-7 所示。

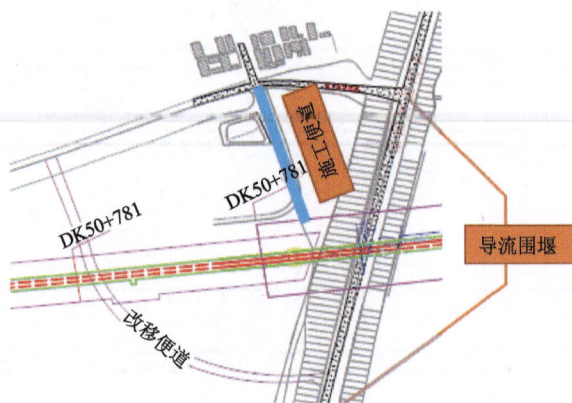

图 4-4-6　北堤道路导改平面位置图

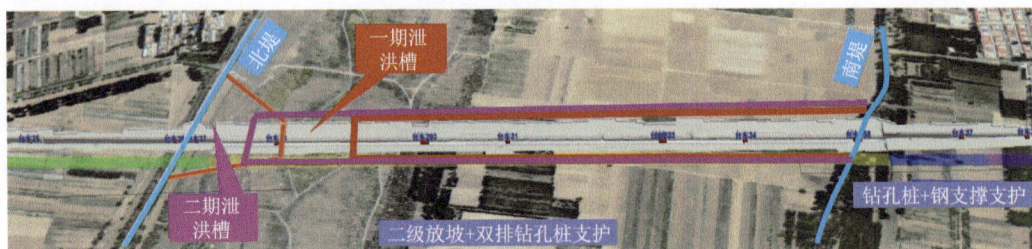

图 4-4-7　导流围堰设置平面图

交通导改及导流围堰施工完成后破除大堤土方,外运至弃土场,根据总体施工安排,北堤段先进行冠梁顶层土方开挖,再进行止水帷幕、钻孔桩、坑内基底加固工作,分别开展流水施工。

(2)基坑开挖及坡面防护施工

冠梁顶表层土方开挖,确保坑外截水天沟已施作完成且排水通畅。土方利用大型挖机分层开挖,自卸汽车装车外运至弃土场,人工修整开挖边坡,及时跟进施作边坡土钉墙挂网喷混凝土,收集表层种植土并单独堆放备用。土方分层厚度为2m左右,如图4-4-8所示。

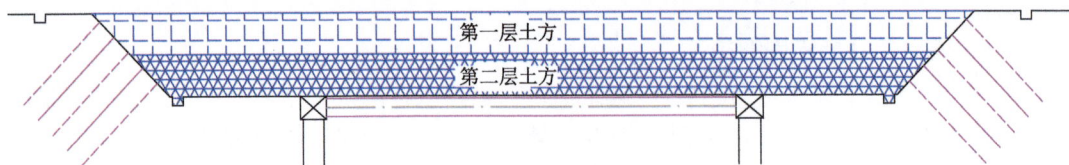

图 4-4-8　冠梁顶表层土开挖分层示意图

坑内土方利用河槽内 DK51+150 处横向通道运输至坑外,坡度 1:10,沿线路方向设置纵向运输通道,在坡脚处与横向通道顺接,纵向运输便道设置于线路左侧冠梁侧,待坑内土方开挖至最后区段时利用长臂挖掘机进行开挖,人工配合清底,直至土方开挖完成。

(3)围护钻孔桩及止水帷幕施工

永定河北堤段,坑内采用 $\phi1.2m@1.5m$(或 $\phi1.0m@1.3m$)单排钻孔桩。围护钻孔桩采用旋挖钻按跳孔法组织实施。

大堤基坑两侧设置止水帷幕,止水帷幕采用 $\phi850mm@600mm$ 的三重管高压旋喷桩。具体施工工艺同裙边加固。

(4)钢支撑及抗浮梁施工

永定河北堤段设置四道钢支撑,采用 $\phi609mm$ 和 $\phi800mm$ 钢管,第一、三道钢管壁厚 16mm,第二、四道钢管壁厚 20mm,腰梁采用 2I45b 钢板组合截面。

北堤主体衬砌结构拱肩部位设置抗浮梁,待主体混凝土达到设计强度后,在围护桩桩身打孔植筋,绑扎抗浮梁钢筋,施作抗浮梁。

(5)满堂加固及土方开挖施工

对于大堤下方部分承载力不满足设计承载力要求的地段,为防止产生较大沉降,进行满堂加固。采用 $\phi850mm@600mm$ 高压旋喷桩加固,要求水泥掺量不小于 $450kg/m^3$,单轴抗压强度不小于 2MPa。

4.4.3 恢复河堤工程施工

隧道穿越永定河处现状堤顶高程高于 100 年一遇洪水位,但堤顶超高未达到规划要求,依照《铁路安全管理条例》,铁路隧道运营后,隧道的保护要求会对堤防今后加高、加固造成影响。因此南、北堤顶应提前加高至规划堤顶高程,为河道规划实施预留条件。

根据河道规划要求,北堤规划堤顶高程高于 100 年一遇洪水位 2.5m,南堤规划堤顶高程高于 100 年一遇洪水位 2.0m,因此隧道穿越处北堤规划堤顶高程 30.18m,南堤规划堤顶高程 29.50m。本次防治与补救措施按规划堤顶高程进行复堤,采用黏性土复堤,压实度不小于 97%。堤顶路面与现状路面顺接坡度不超过 5%。

(1)按满足 100 年一遇洪水位和安全超高要求恢复永定河堤防,并预留沉降量,北堤回填后堤顶高程 30.30m,南堤回填后堤顶高程 29.14m,如图 4-4-9 和图 4-4-10 所示。

(2)对隧道顶部河底进行铅丝石笼防护,防护范围为隧道中心线上下游各 40.00m,上游侧设 1:2 前戗,前戗底高程应低于河道冲刷线。

(3)北堤堤坡防护与现状防护结构相适应,防护范围为上下游丁坝之间;南堤堤坡防护结构形式采用浆砌石结构,防护范围为上游开口线以外 50.0m,下游开口线以外 100.00m。防护底高程低于冲刷线 1.00m。

(4)按三级公路标准恢复南、北堤顶路面,北堤为沥青路面,南堤为混凝土路面,宽度与现状路面宽度一致,新建堤顶路面与现状堤顶路面连接坡度不大于 5%。

4.4.4 河堤恢复施工的隧道变形

根据河道部门要求,需要在明挖隧道回填后重新开挖拓宽河道。因本实施方案需在建成隧道上方进行加、卸载施工,为减少上部工程实施对隧道结构产生影响,本段隧道顶部结合钻孔灌注桩设置盖板。隧道顶盖板厚度为 1m,与两侧冠梁连接,作为防止重新开挖后隧道变形的保护措施。河道开挖深度约为 4.3m,河堤恢复高度约为 4.3m(与原状北堤等高)。施工单位对河道的重新开挖造成无砟轨道产生的位移进行了观测。

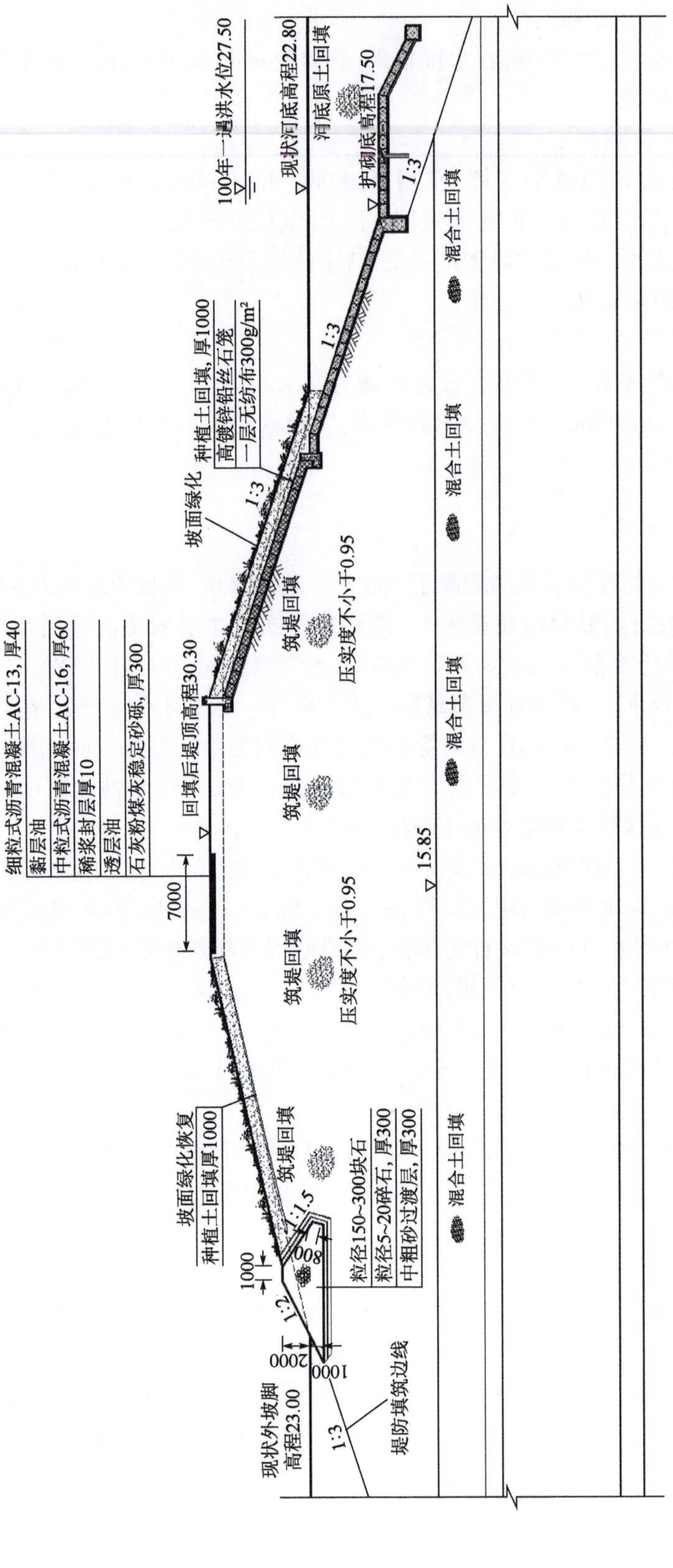

图 4-4-9　北堤恢复纵断面示意图（尺寸单位：mm；高程单位：m）

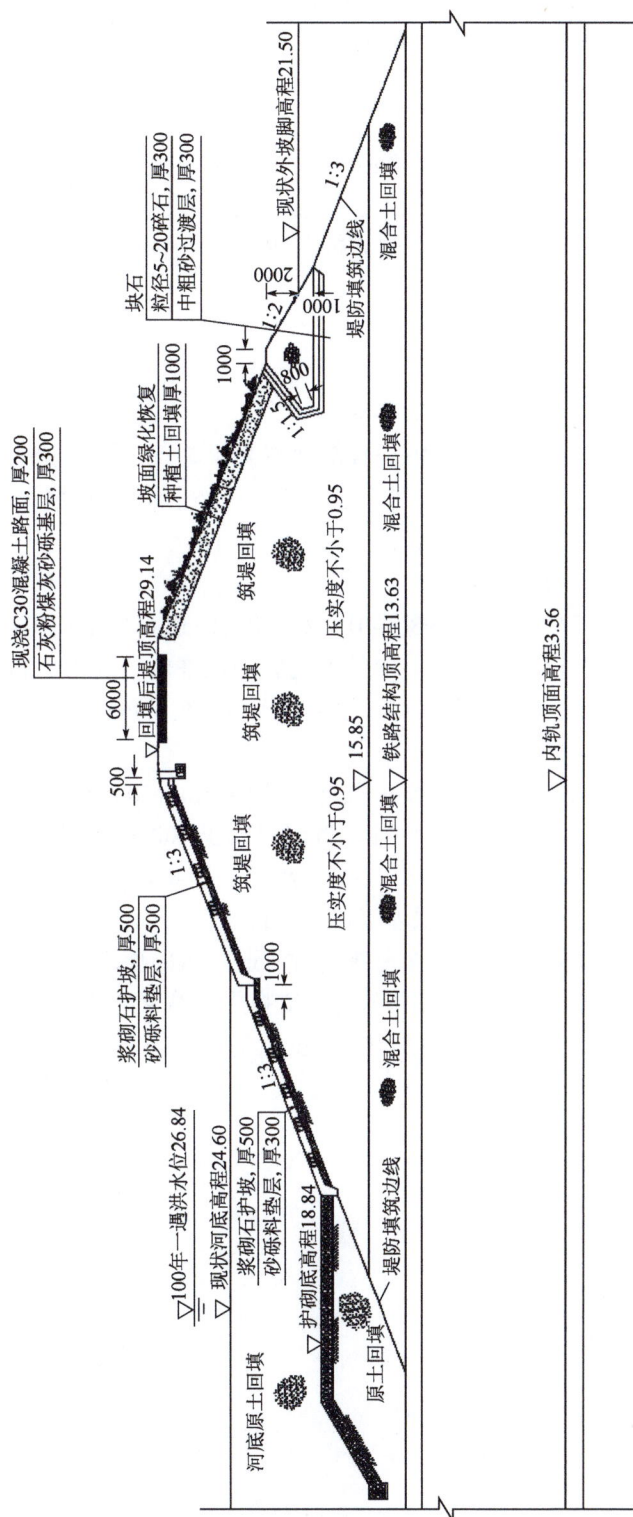

图 4-4-10　南堤恢复纵断面示意图（尺寸单位：mm；高程单位：m）

（1）DK41+818S1第一次覆土回填3.09m，相对沉降量为0.1mm，绝对沉降量为1.1mm；第二次覆土回填4.0m，相对沉降量为3.2mm，绝对沉降量为3.8mm；仰拱二次回填0.25m，相对沉降量为0.0mm，绝对沉降量为0.5mm。

（2）永兴河区域受河道改造施工影响，以2019年3月13日作为初始观测值，2019年6月19日最大累计沉降位置为DK41+732，累计沉降量为10.6mm；最大隆起位置为DK41+818，累计隆起量为10.1mm。

（3）机场隧道即使采用盖板封闭后进行河道改移，相关荷载变化也导致无砟轨道沉降和隆起均超过了10mm。

4.5 本章小结

（1）隧道工程下穿永定河处位于北京市大兴区和河北省廊坊市固安县交界处，梁各庄西侧，穿越河段属于卢沟桥至梁各庄段。穿越处永定河现状已经干涸，河槽内多为耕地，河道南、北堤为土筑大堤。本河段为地上悬河，河底高程较堤外两侧高6～7m。现状河道行洪标准为100年一遇，相应洪峰流量为2500m³/s。

（2）机场隧道下穿永定河段（DK50+980～DK52+802，河道管理范围内），隧道穿越北堤桩号为58+260，穿越南堤桩号为58+195。穿越河道管理范围内长度1822m（沿机场隧道线路方向量测），与永定河中心线交叉角度为75°，与永定河北堤交叉角度为71.24°，与永定河南堤交叉角度为63.55°。

（3）隧道穿越河槽范围100年一遇最低冲刷线高程16.46m，300年一遇最低冲刷线高程15.96m，穿河段隧洞顶高程为10.84～14.25m。隧洞顶低于100年一遇最低冲刷线2.21～5.62m，低于300年一遇最低冲刷线1.71～5.12m；穿越北堤堤身外管理范围段隧洞顶埋深大于10m，穿越南堤堤身外管理范围段隧洞顶埋深6～10m。

（4）根据主体工程的工期要求及河道管理部门对河道防汛的要求，对隧道下穿永定河段进行了方案优化，下穿永定河段落隧道采用排桩+内支撑无倒撑及放坡+双排桩支护体系，工效较单排桩支挡体系提高40%，确保了工程的按时完工，保证了永定河的正常泄洪防汛。

第 5 章

明挖隧道防水技术

机场隧道下穿的大兴国际机场、永兴河、永定河和区域沉降区,地下水丰富,且区域地下水环境保护要求高。通过调研分析国内 13 座大型明挖隧道防水设计及相应施工方法,确定了机场隧道防水等级为一级,采用全包防水方案。

5.1 防水原则与要求

5.1.1 防水原则

20 世纪 80 年代后期,《地下工程防水技术规范》(GBJ 108—1987)对地下工程的防水提出了"防、排、截、堵相结合,因地制宜、综合治理"的原则。在对该规范的修订过程中又明确提出了"刚柔结合"的防水技术原则,从材料的角度考虑防水工程的需要。我国铁路、城市地铁以及公路等隧道工程,除了遵循总的防水原则外,还根据其功能及行业的具体特点,提出了相应的防水要求及防水标准。

《铁路隧道设计规范》(TB 10003—2005)规定,隧道防排水应遵循"防、排、截、堵结合,因地制宜,综合治理"的原则。"防"是指围岩注浆加固、防水层和混凝土衬砌自防水。"排"是指排出衬砌背后空隙及围岩积水,减少衬砌背后的渗水压力和渗水量。"截"是通过导坑、泄水洞、止浆墙等措施,截断流向隧道的地下水,减少地下水流向衬砌周围。"堵"采用围岩注浆、支护衬砌表面喷涂、嵌补抹面等方法堵住渗水裂缝、孔隙或空洞,防止地下水渗漏到洞内,以保证隧道运营安全。隧道防排水设计应对地表水、地下水妥善处理,洞内外应形成一个完整的防排水系统,并保护好自然环境。当隧道内渗漏水引起地表水减少,影响居民生产、生活用水时,应对围岩采取堵水措施,减少地下水的大量排放,以免破坏区域水环境。

我国铁路隧道处理地下水的原则为"以排为主","以排为主"主要是从疏水、泄水着手,通过设置导排水系统把渗入隧道背后的地下水排出,设计时可以不考虑衬砌外的水压力,因而衬砌较薄,工程简单,投资较小,但是隧道排水也带来一系列的负面效应,表现为以下几个方面:

(1)水资源的流失。基于隧道的排水作用,地下水的渗流通道中的充填物会被水携带冲走,渗流通道的贯通性越来越好,这又造成衬砌排泄流量越来越大。另外,随着隧道内涌水量的增加,各种相关病害如路面翻浆、衬砌渗漏、排水沟淤塞等将逐年加重。

(2)地下水大量流失将会造成地下水位下降、地表干旱缺水、农作物减产、地面植被破坏,甚至出现一些耕地因无水弃耕而逐渐沙漠化等生态问题,对自然环境造成破坏。

(3)地下水长期大量排出,致使地下水位降低,伴随着土体的固结过程诱发地面沉降。地下水位下降也使地表水、降水等入渗能力加强,污染物随水渗入地下水和土壤而导致地下水和土壤被污染,水质和土质遭到破坏。

(4)由于隧道排出的地下水不能自由排出隧道外,必须采取人工抽水方式排水,运营期经济负担很大。

山岭隧道往往设计为排水型隧道,山岭隧道排水措施主要包括在拱墙部位设置环向排水管,边墙底部设纵向排水管,边墙底部内侧设排水边沟,隧底设中屯、排水沟。排水型隧道防排水构造标准形式见图 5-1-1。

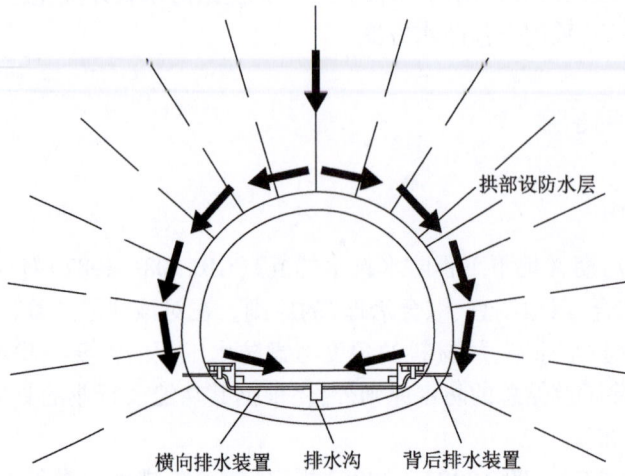

图 5-1-1　排水型隧道防排水构造标准形式

京雄城际机场隧道上方区域为北京大兴国际机场规划飞行区和区域沉降区,隧道防水设计通过采取多道防水措施,将地下水阻隔在隧道衬砌结构外部,排水不会造成隧道周边的地层沉降,采用的是全包防水设计。全包防水型隧道防排水构造标准形式见图 5-1-2。

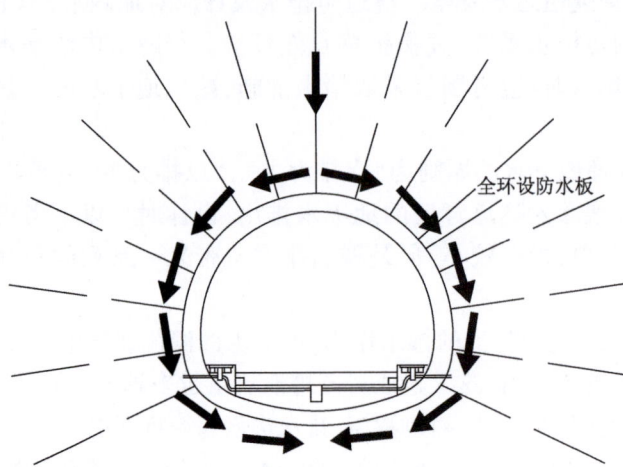

图 5-1-2　全包防水型隧道防排水构造标准形式

5.1.2　地下工程防水的基本要求

地下工程应进行防水设计,并应做到定级准确、方案可靠、施工简便、耐久适用和经济合理。

本工程明挖隧道按照《地下工程防水技术规范》(GB 50108—2008)的标准执行,不同防水等级的标准、适用范围及设防要求见表 5-1-1 ~ 表 5-1-3。

地下工程防水标准   表 5-1-1

防水等级	防水标准
一级	不允许渗水,结构表面无湿渍
二级	不允许漏水,结构表面可有少量湿渍; 工业与民用建筑:总湿渍面积不应大于总防水面积(包括顶板、墙面、地面)的 1/1000;任意 100m² 防水面积上的湿渍不超过 2 处,单个湿渍的最大面积不大于 0.1m²; 其他地下工程:总湿渍面积不应大于总防水面积的 2/1000;任意 100m² 防水面积上的湿渍不超过 3 处,单个湿渍的最大面积不超过 0.2m²;其中,隧道工程还要求平均渗水量不大于 $0.05L/(m^2 \cdot d)$,任意 100m² 防水面积上的渗水量不大于 $0.15L/(m^2 \cdot d)$
三级	有少量漏水点,不得有线流和漏泥砂; 任意 100m² 防水面积上的漏水或湿渍点数不超过 7 处,单个漏水点的最大漏水量不大于 2.25L/d,单个湿渍的最大面积不超过 0.3m²
四级	有漏水点,不得有线流和漏泥砂; 整个工程平均漏水量不大于 $2L/(m^2 \cdot d)$;任意 100m² 防水面积上的平均漏水量不大于 $4L/(m^2 \cdot d)$

不同防水等级的适用范围   表 5-1-2

防水等级	适用范围
一级	人员长期停留的场所;因有少量湿渍会使物品变质、失效的贮存场所及严重影响设备正常运转和危及工程运营安全的部位;极重要的战备工程、地铁车站
二级	人员经常活动的场所;在有少量湿渍的情况下不会使物品变质、失效的贮存场所及基本不影响设备正常运转和危及工程运营安全的部位;重要的战备工程
三级	人员临时活动的场所;一般战备工程
四级	对渗漏水无严格要求的工程

5.1.3　明挖隧道防水施工经验

目前我国大多数隧道工程设计基本上依赖工程类比,目前在隧道防水设计中,工程类比法仍占有很重要地位。自 2000 年以来,国内建设的铁路隧道、城市道路隧道工程中,有不少过江、湖泊、河道的工程,这对隧道防水质量提出了更高的要求。调研收集了水下明暗挖隧道工程防水经验,主要包括隧道结构自防水、外包防水层、施工缝和变形缝的防水措施等,见表 5-1-4。

明挖法地下工程防水设防要求

表 5-1-3

工程部位	主体结构		施工缝	后浇带			变形缝（诱导缝）
防水措施	防水混凝土	防水卷材、防水涂料、塑料防水板、膨润土防水材料、防水砂浆、金属防水板、遇水膨胀止水条（胶）	遇水膨胀止水条（胶）、外贴式止水带、中埋式止水带、外抹防水砂浆、外涂防水涂料、水泥基渗透结晶型防水涂料、预埋注浆管	补偿收缩混凝土	外贴式止水带、预埋注浆管、遇水膨胀止水条（胶）	防水密封材料	中埋式止水带、外贴式止水带、可卸式止水带、防水密封材料、外贴防水卷材、外涂防水涂料
防水等级							
一级	应选	应选一至两种	应选一种	应选	应选二种	应选	应选一至两种
二级	应选	应选一种	应选一至两种	应选	应选一至两种	应选	应选一至两种
三级	应选	宜选一种	宜选一至两种	应选	宜选一至两种	应选	宜选一至两种
四级	应选	—	宜选一种	应选	宜选一种	应选	宜选一种

国内部分水下隧道防水施工经验 表 5-1-4

隧道类型	工程名称	混凝土结构自防水	外包防水层	环向施工缝	纵向施工缝	变形缝
铁路隧道	京雄城际铁路机场隧道	C35、抗渗等级不小于 P10 的防水钢筋混凝土	全环铺设自粘式 ECB 防水板 + 无纺布(主材 ECB 防水板的厚度为 2mm,无纺布密度不小于 400g/m²) + 拱部 2.5mm 厚单组分聚氨酯防水涂料或 2mm 厚高性能聚合物水泥防水涂料(冬施期间),全放坡段拱顶、侧墙采用 2mm 厚喷涂橡胶沥青与仰拱采用 2mm 厚喷涂橡胶沥青 + 高密度聚乙烯(HDPE)自粘胶膜防水卷材	中埋式钢边橡胶止水带 + 2 道遇水膨胀止水条 + 可维护注浆管	镀锌钢板止水带 + 可维护注浆管 + 1 道遇水膨胀止水条 + 可维护注浆管	拱部:采用中埋式钢边橡胶止水带 + 两道遇水膨胀止水条 + 透水盲管;边墙和仰拱部位:采用中埋式钢边橡胶止水带 + 背贴式止水带 + 透水盲管。变形缝辅以聚乙烯泡沫塑料板、双组分聚硫密封膏填缝
	武广高铁浏阳河隧道(暗挖)	高等级耐腐蚀防水混凝土,抗渗等级不小于 P12	全环铺设 EVA 胎基型复合自粘式防水板,卷材厚度不小于 4.0mm,复合土工布质量不小于 350g/m²	外贴式橡胶止水带、中埋式钢边橡胶止水带双道防水,并设置可维护注浆止水管	刷涂混凝土界面剂,止水钢板和遇水膨胀橡胶止水条防水	全环设置外贴式橡胶止水带、φ20mm 打孔聚氯乙烯(PVC)波纹管(外包土工布)、中埋式钢边橡胶止水带、沥青木丝板塞缝、聚硫密封胶等
	哈大鞍山隧道(明挖)	C35、P10 防水钢筋混凝土	全环采用 2mm 厚自粘橡胶沥青防水卷材	中埋钢边橡胶止水带 + 可维护注浆管	中埋钢边橡胶止水带 + 可维护注浆管	背贴橡胶止水带 + 埋钢边止水带 + 可维护注浆管接水盒及双组分聚硫密封膏
	京石客运专线六线隧道(明挖)	C35、P12 防水钢筋混凝土	全环采用自粘 ECB 防水板,防水板主材厚度为 2mm	两道中埋式橡胶止水带	两道中埋式橡胶止水带	两道中埋式橡胶止水带
	金沙洲隧道(明挖)	C35、P8 防水钢筋混凝土	全环铺设防水板	中埋止水带及排水管	涂刷混凝土界面剂	无
	广佛环线沙堤隧道(明挖)	C35、P10 防水钢筋混凝土	全环铺设高分子复合单面自粘型防水卷材。防水卷材胎基厚 1.5mm,其背水侧为复合黏结层,迎水侧为复合土工布	中埋式钢边橡胶止水带 + 遇水膨胀橡胶止水条 + 可维护注浆管	镀锌钢板 + 遇水膨胀橡胶止水条	外贴式止水带 + 中埋式钢边橡胶止水带、接水盒及双组分聚硫密封膏

135

续上表

隧道类型	工程名称	混凝土结构自防水	外包防水层	环向施工缝	纵向施工缝	变形缝
铁路隧道	京沈高丽营隧道(明挖)	C35、P10防水钢筋混凝土	全环铺设自粘式ECB防水板+无纺布(主材ECB防水板的厚度2mm,无纺布密拱部度不小于400g/m²)+2.5mm厚单组分聚氨酯防水涂料	中埋式钢边橡胶止水带+可维护注浆管+遇水膨胀止水条+优质水泥基渗透结晶型防水涂料	中埋式钢边橡胶止水带+可维护注浆管+遇水膨胀止水条+优质水泥基渗透结晶型防水涂料	中埋式钢边橡胶止水带和外贴式止水带、接水盒及双组分聚硫密封膏
	丰沙改建石景山隧道(明挖)	C35、P10防水钢筋混凝土	全环铺设自粘式ECB防水板+无纺布(主材ECB防水板的厚度2mm,无纺布密度不小于400g/m²)	外贴橡胶止水带+中埋钢边止水带+可维护注浆管	外贴橡胶止水带+中埋钢边止水带+可维护注浆管	顶板采用两道遇水膨胀橡胶条、中埋式钢边止水带、接水盒及双组分聚硫化;侧墙和底板背贴式橡胶止水带和中埋式钢边橡胶止水带,接水盒及双组分聚硫密封膏
市政公路隧道	南京玄武湖隧道(明挖)	C30、P8抗渗混凝土	油毡隔离层+2mm厚聚氨酯防水涂料	中埋式钢边橡胶止水带	钢板腻子止水带一道+水泥基渗透结晶型防水涂料	外贴式止水带+中埋式止水带+注浆管,其中外贴式止水带在顶板位置与聚氨酯防水涂料层形成封闭环,顶板的迎水面设有低模量聚氨酯密封胶
	南京九华山隧道(明挖)	C30、P8抗渗混凝土	油毡隔离层+2mm厚聚氨酯防水涂料	中埋式钢边橡胶止水带+水泥基渗透结晶型防水涂料	钢板止水带+单组分聚氨酯水膨胀密封胶+水泥基渗透结晶型防水涂料	外贴式止水带+中埋式止水带+注浆管,其中外贴式止水带在顶板位置与聚氨酯防水涂料层形成封闭环,顶板的迎水面设有低模量聚氨酯密封胶
	无锡太湖大道隧道(明挖)	C35、P8高性能混凝土	预铺防水卷材P类+顶部聚脲防水涂料	中埋式钢边橡胶止水带	钢板止水带+遇水膨胀密封胶+水泥基渗透结晶型防水涂料	底板、侧墙高模量聚氨酯密封胶+中埋钢边橡胶止水带+外贴式的橡胶止水带;顶板高模量聚氨酯密封胶+中埋钢边橡胶止水带+低模量聚氨酯密封胶
	苏州独墅湖隧道(明挖)	C30、P8抗渗混凝土	底板水泥基渗透结晶型防水涂料,侧墙及顶板外侧采用2mm厚聚氨酯防水涂料	中埋式钢边橡胶止水带	钢板止水带+遇水膨胀密封胶+水泥基渗透结晶型防水涂料	外贴式止水带+中埋式止水带+排水盲管,其中外贴式止水带在顶板位置与聚氨酯防水涂料层形成封闭环,顶板的迎水面设有低模量聚氨酯密封胶
	渭河隧道人防工程(明挖)	C30、P12抗渗混凝土	全环TQF-1型防水卷材+弹性聚氨酯高级防水涂料	一道遇水膨胀胶条+外贴镀锌钢板	一道遇水膨胀胶条+外贴镀锌钢板	两道遇水膨胀胶条(WU型止水带),外贴8mm厚防水防爆钢板

5.2 明挖隧道渗水病害成因分析

从国内外目前已完成的明挖隧道工程来看,主要的渗漏水情况有:结构裂缝渗漏水、混凝土振捣不密实缺陷渗漏水、变形缝及施工缝渗漏水、围护结构渗漏水后导致内衬结构渗漏水等。其中最常见的有结构裂缝渗漏水、混凝土振捣不密实缺陷渗漏水和变形缝渗漏水。

渗漏水的原因主要是防水设施施工不到位及混凝土振捣不密实。产生结构渗漏水的原因可能比较多,既有设计和施工的原因,也有周边环境原因,多数渗漏水与施工质量有关。

从渗漏水的情况分析,隧道结构产生渗漏水主要是因为结构外防水层发生了破损,水从外防水层破损位置侵入隧道主体结构迎水面后延伸至混凝土结构的裂缝,进一步侵入混凝土内部,当混凝土裂缝或缺陷处于贯通状态时,即产生了渗漏水现象。

因此渗漏水产生的原因可从隧道结构外防水以及混凝土结构自防水两个方面进行研究。

5.2.1 隧道结构外防水层

不论采用全封闭,还是局部封闭,结构外防水层都是用防水材料在结构的迎水面形成一个隔水屏障。防水材料在一定水头作用下可起防水作用,工程中防水失效问题大致有以下原因:

（1）防水层施工质量不达标,未在隧道结构外形成全封闭的防水层,存在薄弱点。

①防水卷材搭接质量差,自粘卷材在搭接边未充分粘牢(图5-2-1)或热熔卷材在搭接边存在焊伤、未焊接牢固。

②防水卷材收口不到位,存在密封胶未粘位置,如图5-2-2所示。

③钢板止水带搭接位置未满焊或焊伤,常见于转角处钢板,如图5-2-3所示。

图 5-2-1　自粘卷材在搭接边未粘牢

图 5-2-2　防水卷材收口密封胶未粘

图 5-2-3　钢板止水带搭接位置未满焊或焊伤

（2）防水层基面处理不当,导致防水层被破坏或防水层与基面间存在空鼓。

①基面突出物未处理(图5-2-4),如尖锐石块或钢筋,刺破防水卷材或导致防水涂料在该处不连续。

②基面凹凸不平(图5-2-5),防水卷材铺贴完成后,在卷材与基面间形成空鼓,成为"蓄水池"。

图 5-2-4　基面突出物未处理　　　　　　图 5-2-5　基面凹凸不平

③基面存在起皮、疏松、浮土、浮灰(图 5-2-6),导致防水层无法与基面连接牢固,防水层会被撕裂或脱落,且防水层与基面间形成空鼓。

(3)主体结构施工时,由于保护措施不到位,外防水层被损坏,导致防水层未能全封闭。常见损坏方式包括:

①绑扎钢筋时刺破或烧伤各种橡胶止水带,如图 5-2-7 所示。

图 5-2-6　基面存在起皮、疏松、浮土、浮灰　　　图 5-2-7　钢筋刺破橡胶止水带

图 5-2-8　刺破和烧伤的防水卷材

②绑扎衬砌钢筋时,刺破或烧伤防水卷材(图 5-2-8)。

(4)结构变形过大或裂缝过宽,超过材料的延伸性,以致外防水层断裂,这类问题多见于变形缝处。

(5)结构设计形式导致外防水层的整体性被严重削弱。如复合衬砌支护与衬砌之间设锚筋会造成防水层缺损;底板设抗浮锚筋或底板与基坑之间设有锚筋,会严重破坏防水层的完整性。

(6)防水材料以次充好,性能不达标,随着服役时间加长逐渐失效,引起渗漏水。

5.2.2　混凝土结构自防水

在明挖隧道及地下工程中,一旦出现混凝土振捣不密实缺陷导致的渗漏水,处理范围大,易反复,很难根治。在工程实例中发现,由于受岩土矿物溶出、气体溶解等多种因素的作用和影响,地下水均不同程度地存在一些化学成分,这些化学成分会对隧道主体结构的混凝土和钢筋产生侵蚀性腐蚀作用,影响隧道主体结构的使用功能及耐久性。地下水中的有害化学成分会与隧道结构混凝土起溶解反应、结晶反应和溶解与结晶复合反应,从而对混凝土结构产生侵蚀性破坏作用;同时地下水中溶解的 O_2、CO_2、Cl^-、H_2S 及各种金属盐等介质均可能通过混凝土本身的缝隙与混凝土结构中的钢筋、金属构件发生化学反应,使钢筋、金属构件锈蚀,锈蚀后进一步降低混凝土的力学性能。

混凝土结构自防水出现渗漏情况的原因是多种多样的,但渗漏情况的多发原因可归纳为以下几种情况:

(1)混凝土结构裂缝引发的渗漏水

混凝土结构产生裂缝的原因相当复杂,在明挖浅埋隧道混凝土结构中,主要原因是降温和收缩耦合作用引发的非荷载裂缝。隧道结构的底板结构厚度为 85～160cm,内衬墙结构厚度一般为 75～130cm,迎土面和临空面的温度梯差较大,另外如没有采用跳仓法施工,混凝土收缩作用无法释放,当发生临空面降温、截面厚度温度梯差和混凝土收缩耦合作用时,内衬墙会产生以竖向形式为主分布、底板以横向形式为主分布的裂缝。其次为荷载裂缝引起的渗漏水。如侧墙混凝土强度未达到设计强度,提前倒换支撑或拆撑,导致侧墙结构产生裂缝;围护结构不稳定变形导致内衬墙产生竖向裂缝和水平裂缝,这类裂缝比较少,但对结构危害比较大,内衬墙早期混凝土强度低时应特别注意;底板斜裂缝一般是底板不均匀受力所致;内衬墙也会出现斜裂缝,这往往与混凝土施工质量有关,当混凝土布料点间距过大,混凝土分层厚度过大时,振捣时易形成砂浆斜坡带,造成混凝土结构局部薄弱,受内、外力作用时,此部位就易开裂;明挖隧道回填覆土是产生的荷载不均匀导致的裂缝;基底冬季施工冻胀,春季后融化产生的沉降变形,引起裂缝。当这些裂缝贯穿时,就产生渗漏水。

(2)混凝土振捣不密实引发的结构渗漏水

混凝土振捣不密实主要包括欠振、漏振和过振缺陷,属施工质量原因。因为渗漏水封堵较难,应尽量避免混凝土密实性缺陷。

虽然渗漏水的原因多种多样,但主要的因素还是环境要求下的混凝土设计和施工质量问题。施工过程工序多、管理难度大,因此需精细施工来保证隧道结构的防水效果。

5.3　明挖隧道防水设计

5.3.1　机场隧道防水设计原则

(1)机场隧道结构防水设计中遵循"以防为主、刚柔结合、多道防线、因地制宜、综合治理"以及"防水与结构设计并重和统一考虑"的原则。

(2)本隧道采用全包防水,结构防水等级应满足《地下工程防水技术规范》(GB 50108—2008)的一级标准,不允许渗水,结构表面无湿渍。

(3)隧道设计中以柔性防水板为隔离层,结构自身防水为本,施工缝、变形缝为重点,做到衬砌不漏不渗。施工缝设置可维护的注浆管,以便运营期间的防水堵漏;变形缝处设置引水管,以便于将渗漏水引排至水沟槽内,避免渗漏水乱流。

（4）隧道防水材料的选择要符合防水技术要求，耐火性、耐腐性要好，操作方便，施工简单，无污染。

（5）隧道内两侧设置排水沟并设置中心沟，坡度与线路纵坡一致，并根据需要设置排水泵站，隧道内主要引排结构渗水及消防用水。

5.3.2　防水板

机场隧道设置全封闭分离式防水板（2.0mm 厚单面自粘式 ECB 防水板）＋无纺布（不小于 400g/m²）垫层。通过防水板与现浇混凝土的黏结密贴，实现无死角的防水封闭。在结构的阴角、阳角、施工缝、变形缝处利用双面自粘防水板进行防水加强（图 5-3-1～图 5-3-4）。主体结构采用防水混凝土，抗渗等级不小于 P10。

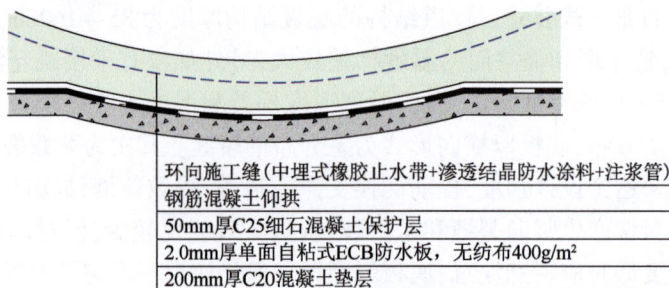

环向施工缝(中埋式橡胶止水带+渗透结晶防水涂料+注浆管)
钢筋混凝土仰拱
50mm厚C25细石混凝土保护层
2.0mm厚单面自粘式ECB防水板，无纺布400g/m²
200mm厚C20混凝土垫层

图 5-3-1　隧道底板防水构造

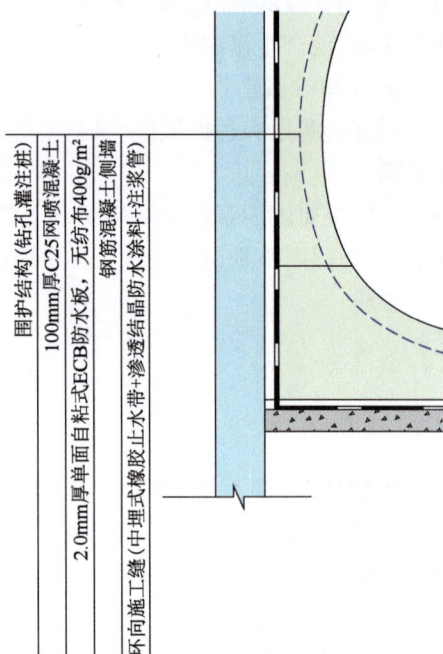

围护结构(钻孔灌注桩)
100mm厚C25网喷混凝土
2.0mm厚单面自粘式ECB防水板，无纺布400g/m²
钢筋混凝土侧墙
环向施工缝(中埋式橡胶止水带+渗透结晶防水涂料+注浆管)

图 5-3-2　隧道侧墙防水构造

80mm厚C25细石混凝土保护层
2.0mm厚单面自粘式ECB防水板，无纺布400g/m²
30mm厚水泥砂浆找平层
2.5mm厚单组分聚氨酯防水涂料
钢筋混凝土衬砌
环向施工缝(中埋式橡胶止水带+渗透结晶防水涂料+注浆管)

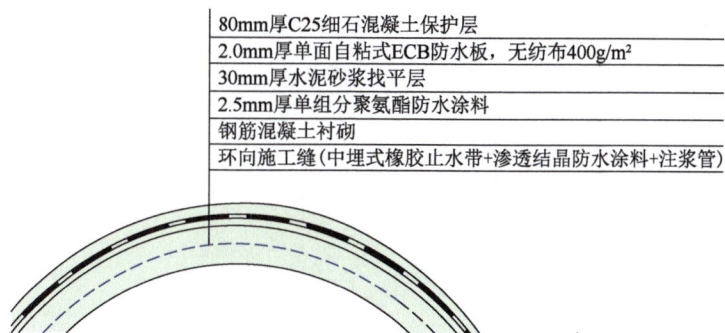

图 5-3-3　隧道拱顶防水构造

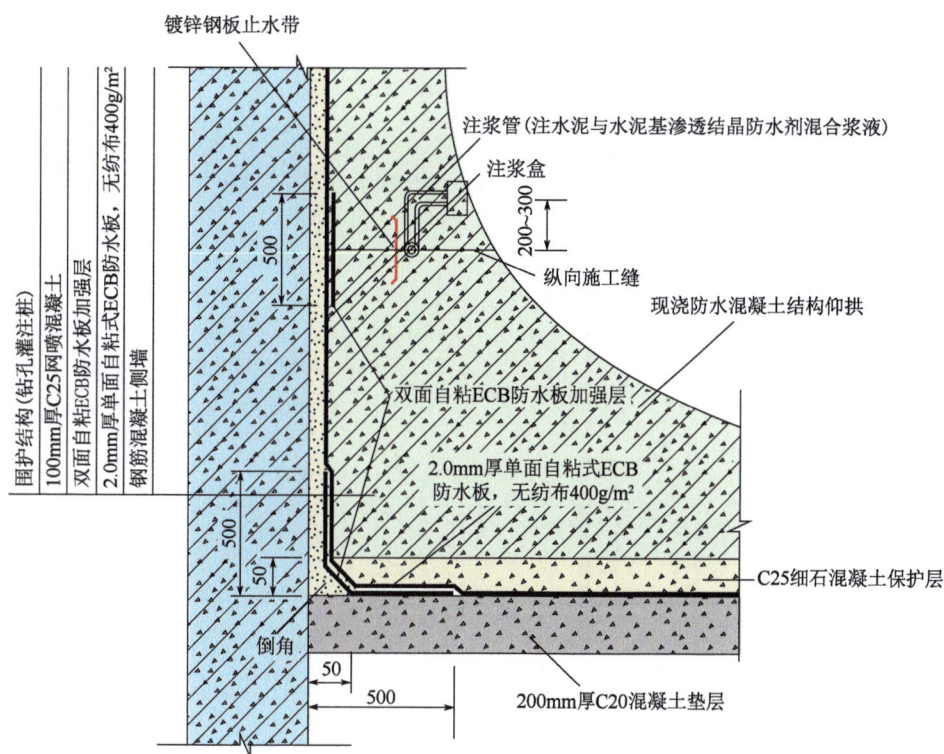

镀锌钢板止水带

注浆管(注水泥与水泥基渗透结晶防水剂混合浆液)
注浆盒
纵向施工缝
现浇防水混凝土结构仰拱

双面自粘ECB防水板加强层

围护结构(钻孔灌注桩)
100mm厚C25网喷混凝土
双面自粘式ECB防水板加强层
2.0mm厚单面自粘式ECB防水板，无纺布400g/m²
钢筋混凝土侧墙

2.0mm厚单面自粘式ECB
防水板，无纺布400g/m²

C25细石混凝土保护层

倒角

200mm厚C20混凝土垫层

图 5-3-4　隧道阴阳角局部加强构造(尺寸单位：mm)

5.3.3　施工缝和变形缝防水设计

（1）施工缝防水设计

明挖隧道分段浇筑的混凝土施工缝分为纵向施工缝和环向施工缝两种，纵向施工缝采用镀锌钢板止水带＋水泥基渗透结晶型防水涂料＋注浆管注浆，环向施工缝采用中埋式钢边橡胶止水带＋水泥基渗透结晶型防水涂料＋注浆管注浆的方法加强防水处理（图 5-3-5 ~ 图 5-3-8）。环向施工缝设置间距为 9m，全环设置。

141

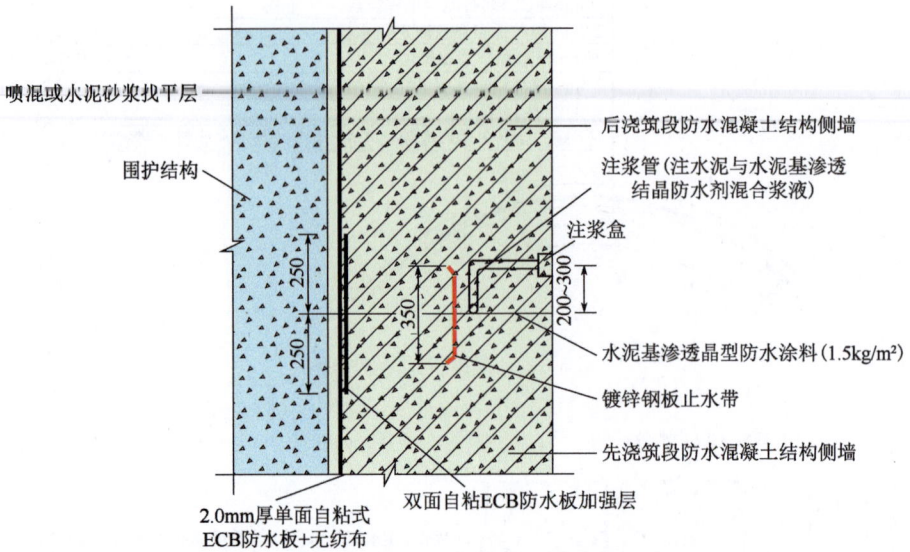

图 5-3-5　侧墙纵向施工缝防水构造(尺寸单位:mm)

图中标注文字:
- 喷混或水泥砂浆找平层
- 围护结构
- 2.0mm厚单面自粘式ECB防水板+无纺布
- 后浇筑段防水混凝土结构侧墙
- 注浆管(注水泥与水泥基渗透结晶防水剂混合浆液)
- 注浆盒
- 水泥基渗透晶型防水涂料(1.5kg/m²)
- 镀锌钢板止水带
- 先浇筑段防水混凝土结构侧墙
- 双面自粘ECB防水板加强层

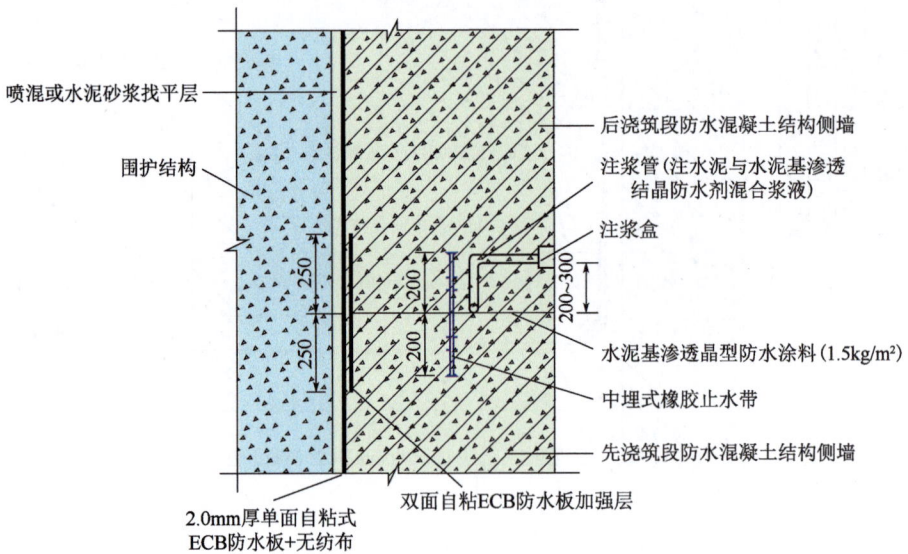

图 5-3-6　侧墙环向施工缝防水构造(尺寸单位:mm)

图中标注文字:
- 喷混或水泥砂浆找平层
- 围护结构
- 2.0mm厚单面自粘式ECB防水板+无纺布
- 后浇筑段防水混凝土结构侧墙
- 注浆管(注水泥与水泥基渗透结晶防水剂混合浆液)
- 注浆盒
- 水泥基渗透晶型防水涂料(1.5kg/m²)
- 中埋式橡胶止水带
- 先浇筑段防水混凝土结构侧墙
- 双面自粘ECB防水板加强层

(2)变形缝防水设计

变形缝采用复合防水构造的方法,如图5-3-9~图5-3-11所示。边墙和仰拱部位采用中埋式钢边橡胶止水带+背贴式止水带,拱部采用中埋式钢边橡胶止水带,拱墙与仰拱部位分设独立的引水盲管,分别引入侧沟。变形缝辅以聚乙烯泡沫塑料板、双组分聚硫密封膏填缝。

先浇筑段防水混凝土结构底板　水泥基渗透晶型防水涂料　后浇筑段防水混凝土结构底板

中埋式橡胶止水带

50mm厚C25细石混凝土保护层

双面自粘ECB防水板加强层

200　200

2.0mm厚单面自粘式
ECB防水板+无纺布

250　250

200mm厚C20混凝土垫层

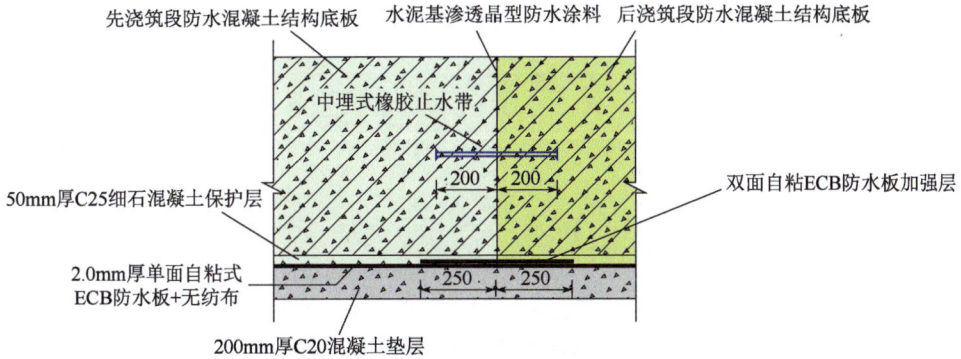

图 5-3-7　拱顶环向施工缝防水构造(尺寸单位：mm)

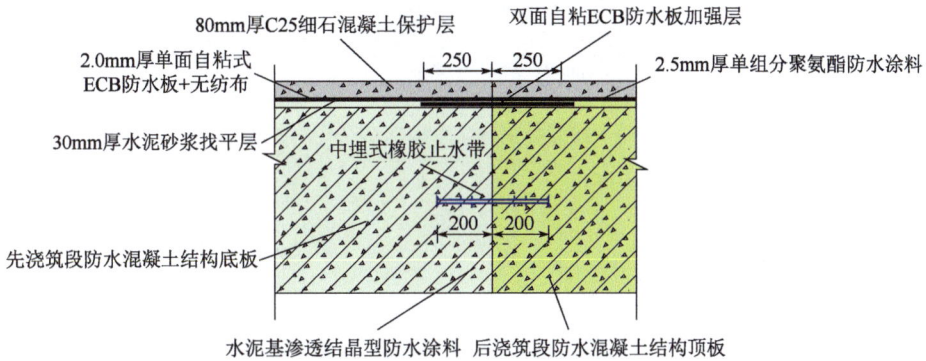

80mm厚C25细石混凝土保护层　双面自粘ECB防水板加强层

250　250

2.0mm厚单面自粘式
ECB防水板+无纺布

2.5mm厚单组分聚氨酯防水涂料

30mm厚水泥砂浆找平层

中埋式橡胶止水带

200　200

先浇筑段防水混凝土结构底板

水泥基渗透结晶型防水涂料　后浇筑段防水混凝土结构顶板

图 5-3-8　仰拱环向施工缝防水构造(尺寸单位：mm)

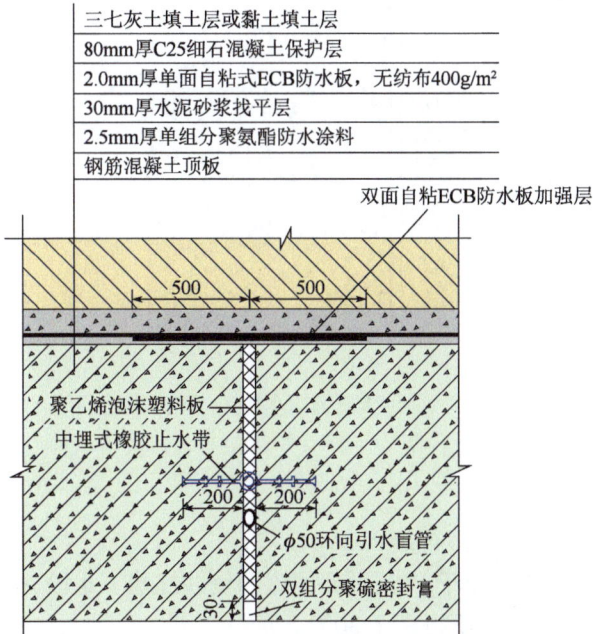

三七灰土填土层或黏土填土层

80mm厚C25细石混凝土保护层

2.0mm厚单面自粘式ECB防水板，无纺布400g/m²

30mm厚水泥砂浆找平层

2.5mm厚单组分聚氨酯防水涂料

钢筋混凝土顶板

双面自粘ECB防水板加强层

500　500

聚乙烯泡沫塑料板

中埋式橡胶止水带

200　200

φ50环向引水盲管

30

双组分聚硫密封膏

图 5-3-9　拱顶变形缝防水构造(尺寸单位：mm)

143

双组分聚硫密封膏

中埋式橡胶止水带

φ50环向引水盲管

聚乙烯泡沫塑料板
背贴式止水带

双面自粘ECB
防水板加强层

钢筋混凝土仰拱
50mm厚细石混凝土保护层
2.0mm厚单面自粘式ECB防水板，无纺布400g/m²
2.0mm厚C20混凝土垫层

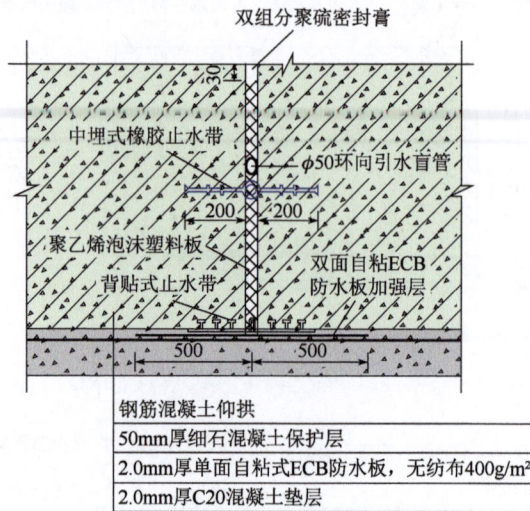

图 5-3-10 仰拱变形缝防水构造(尺寸单位:mm)

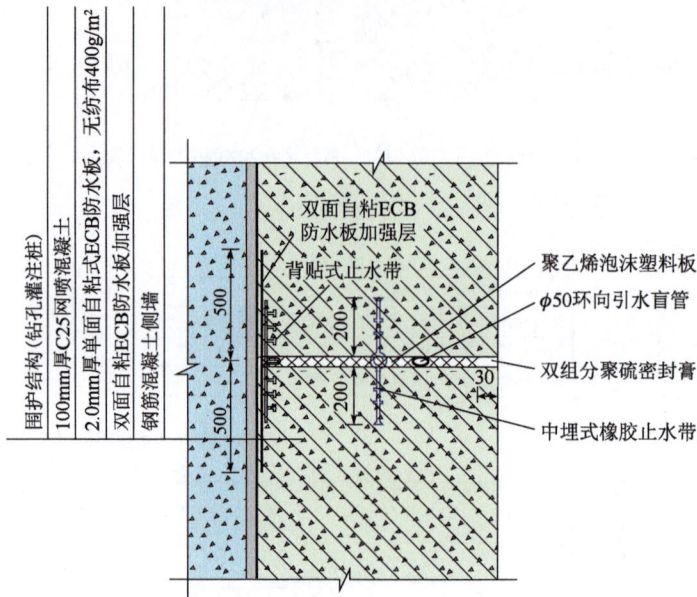

围护结构(钻孔灌注桩)
100mm厚C25网喷混凝土
2.0mm厚单面自粘式ECB防水板，无纺布400g/m²
双面自粘ECB防水板加强层
钢筋混凝土侧墙

双面自粘ECB
防水板加强层

背贴式止水带

聚乙烯泡沫塑料板
φ50环向引水盲管
双组分聚硫密封膏
中埋式橡胶止水带

图 5-3-11 侧墙变形缝防水构造(尺寸单位:mm)

5.3.4 混凝土结构自防水

(1)混凝土结构自防水的一般规定

①主体结构的抗渗等级不小于 P10,下穿河流和侵蚀性地下水段,抗渗等级不小于 P12。

②防水混凝土的环境温度,不得高于80℃。

③防水混凝土结构底板垫层,强度等级为 C20。

④对于隧道主体结构钢筋混凝土的裂缝宽度，外侧不大于0.2mm，内侧不大于0.3mm。

⑤钢筋混凝土结构钢筋的混凝土保护层厚度不小于50mm。

（2）机场隧道衬砌混凝土耐久性要求及抗腐蚀性措施

①防水混凝土抗氯离子侵入性指标：对于L1类环境，电通量指标（56d）小于1200C，氯离子扩散系数（56d龄期）DRCM≤$7 \times 10^{-12} m^2/s$。

②防水混凝土抗盐类结晶破坏指标：对于Y1类环境，抗硫酸盐结晶破坏等级（56d）不小于KS90。

③防水混凝土各类材料的总碱量（Na_2O当量）不得大于$3kg/m^3$；氯离子含量不应超过胶凝材料总量的0.1%。

④防水混凝土12h标准养护强度不大于6MPa或24h标准养护强度不大于10MPa。

⑤对混凝土所有原材料及成品均应按有关规定进行检测。

⑥防水混凝土的硫酸盐耐蚀系数不小于0.8；施工中应采取有效措施，保证混凝土的强度和密实性。

⑦配制耐久混凝土的水泥采用普通硅酸盐水泥，不宜使用早强水泥。

⑧根据地质资料，本段无水土腐蚀性，主体结构钢筋混凝土的强度等级为C35。C35混凝土的胶凝材料最大用量限值为$400kg/m^3$，水胶比不得大于0.5，其总用量不宜小于$320kg/m^3$。

⑨混凝土应选用来料均匀、各项性能指标稳定的一级粉煤灰。

⑩混凝土的原材料及配合比，应在正式施工前的混凝土试配工作中，通过混凝土工作性、强度和耐久性指标的测定，并通过抗裂性能的对比试验后确定。并应在现场进行模拟构件的试浇注，发现问题及时调整。

⑪采取适当措施保证钢筋保护层尺寸及钢筋定位的准确性。

5.3.5　特殊区段加强防水

（1）下穿永定河段防水材料性能指标加强

根据地灾报告结论，隧道段落范围年沉降值大，对隧道的结构安全和正常运营有较大危害。针对本工程区域沉降区段，本工程通过提高防水板的拉伸性能，并采用变形能力强、技术指标高的止水带，防止过大变形造成隧道渗漏水。

（2）下穿永定河段主体结构抗渗等级加强

主体结构混凝土的强度等级为C35，防水抗渗等级不小于P12。

（3）下穿永定河回填层防渗措施

下穿永定河范围内（DK51+120～DK52+660）主体结构上部回填层从下至上依次为三七灰土、夯填土、黏土隔水层、种植土（图5-3-12），其中种植土、黏土隔水层回填厚度为0.5m，结构顶至冲刷高程回填三七灰土，三七灰土在碾压压实后有较高的强度，并起到防渗的作用，回填压实度不小于94%。回填种植土为原开挖基坑时清除的地表种植土，收集备用；黏土严禁使用具有膨胀性的黏土。

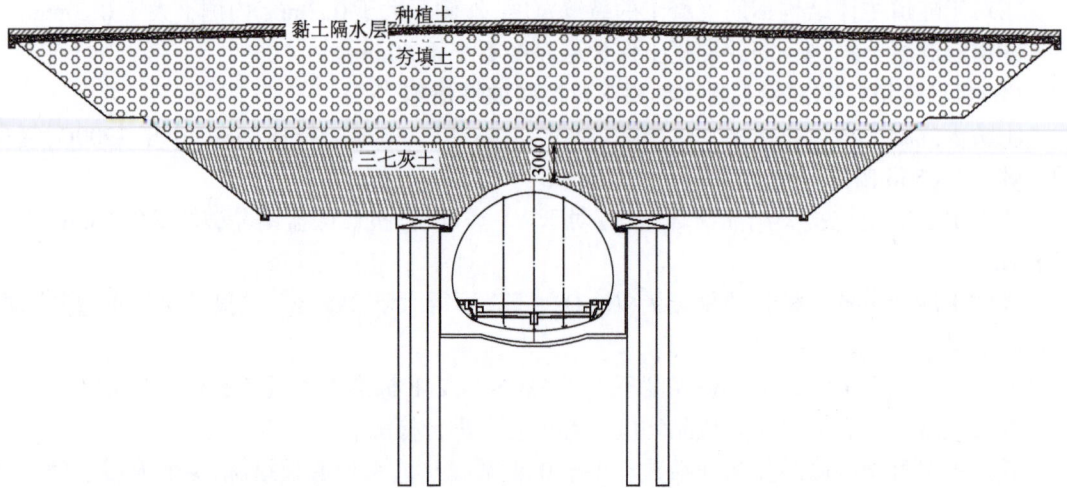

图 5-3-12　永定河河槽段回填层(尺寸单位:mm)

5.4　明挖隧道防水施工

5.4.1　典型断面施工流程

京雄城际机场隧道是采用明挖法施工的高铁隧道,衬砌混凝土施作采用整体衬砌台车,混凝土浇筑由基坑外侧通过混凝土泵车,从衬砌侧墙顶部及拱部通过泵车软管向台车内输送混凝土,作业人员从侧墙顶面进入侧墙内对衬砌侧墙混凝土进行振捣,在拱顶外侧对衬砌拱顶混凝土进行振捣。

因此,机场隧道衬砌施工主要流程为:垫层施工→底部防水施工→仰拱施工(环向及纵向施工缝防水施工)→仰拱填充施工→侧墙防水施工→衬砌钢筋混凝土施工→衬砌拱顶防水施工。

5.4.2　防水板施工

(1)基面施工要求及处理方法

机场隧道防水板铺设在围护结构的基面上。基层面应对垫层及侧墙表面灰渣进行清扫;基层面不允许漏水,地面积水要及时排除;施工期间应通过降水和堵水措施,做到无水防水板铺设作业。

墙基层面必须洁净、平整、坚实,无凸起的石子、钢筋头等尖锐物,平整度应符合 $D/L \leqslant 1/10$(D 为相邻两凸面凹进去的深度;L 为相邻两凸面的距离,$L \leqslant 1 \mathrm{m}$),由技术员采用靠尺验收。

所有阴阳角部位采用 1:2.5 水泥砂浆施作倒角,阴角做成 $5 \mathrm{cm} \times 5 \mathrm{cm}$ 的倒角,阳角可采用水泥砂浆进行圆顺处理,如图 5-4-1 所示。

(2)缓冲层铺设

仰拱采用水泥钉将防水板相配套的热熔垫圈缓冲层固定在基面上,固定点呈正梅花形布设,间距为 $1.0 \sim 1.5 \mathrm{m}$;边墙采用水泥钉将防水板相配套的金属丝热熔垫圈缓冲层固定在基面上,固定点呈正梅花形布设,间距为 0.5m;仰拱与侧墙连接部位的固定间距应当加密至 50cm。在基面凹处应加设金属丝热熔垫圈,避免凹处防水板吊空;钉子不得超出金属丝热熔垫圈平面,以免刺穿防水板。

缓冲层之间采用搭接法进行连接,搭接宽度不小于 5cm,缓冲层铺设时应尽量与基面密贴,不得拉得过紧或出现大的鼓包,以免影响防水板铺设。

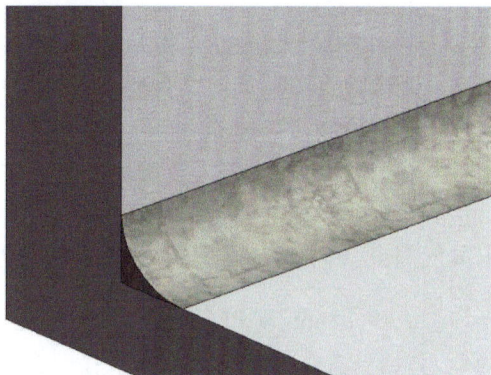

图 5-4-1　采用水泥砂浆施作倒角示意图

(3)防水板铺挂

①仰拱采用预铺反粘法施工,即首先铺好防水板,将防水板中非粘结面(ECB 面)靠近垫层一侧铺设 50mm 细石混凝土保护层,其后可施作主体结构。采取环向铺设,避免阴角处出现搭接面,从而影响防水效果。铺设长度一般应超出混凝土湿接缝及预留钢筋顶端 500mm。相邻两幅卷材搭接宽度为 150mm;要求尽量减少 T 形搭接和十字形搭接的数量,以保证防水效果。仰拱防水板铺设完毕,在绑扎钢筋前,撕掉卷材隔离膜,及时施作 50mm 厚 C25 细石混凝土保护层。

②侧墙采用预铺反粘法施工,采取横(环)向铺设,铺设长度一般应超出混凝土湿接缝及预留钢筋顶端 500mm。灌注桩段先在开挖的灌注桩临空面上喷射 10cm 厚 C20 网喷混凝土找平,然后铺设土工布及单面自粘防水板,自粘面朝向结构,采用超声波热熔焊机将防水板固定在金属丝热熔垫圈上,在绑扎钢筋前,撕掉侧墙卷材隔离膜。

③拱部采用后铺正粘法施工,即首先浇筑混凝土,待混凝土达到设计强度后,在混凝土表面涂刷一层 2.5mm 厚单组分聚氨酯防水涂料,施作 30mm 厚水泥砂浆找平层,然后再铺设防水板,防水板外侧铺设土工布,防水板中粘贴面与找平层密贴,施作 80mm 厚 C25 细石混凝土保护层,最后施作洞顶回填。防水板采取环向铺设,防水材料铺设时不得拉得过紧或出现大的鼓包,铺设好的防水板应与基面凹凸起伏一致,保持自然、平整。相邻两幅卷材搭接宽度为 150mm。

(4)防水板搭接

防水板焊接应采用双焊缝,用调温、调速热楔式自动爬行式热合机热熔焊接,细部处理或修补可采用手持焊枪焊接。焊接前先将防水板铺设平整舒展,避免叠皱,并除尽防水板表面的灰尘、油污、水滴再焊接。焊缝接头处不得有气泡、褶皱及孔隙,每焊接 200~300cm 的焊缝应停电清理粘合物。焊接应满足规定的温度、速度,保证焊缝平直、整齐、轮廓清晰,满足防水焊接要求。

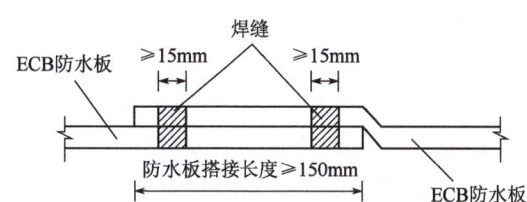

图 5-4-2　防水板焊接示意图

单条焊缝的有效焊接宽度不小于 15mm,两幅防水板的搭接宽度不应小于 15cm,分段铺设的防水板边缘部位应预留至少 20cm 的搭接余量,并对预留边缘部位进行有效的保护。防水板焊接示意图见图 5-4-2。

防水板破损部位应采用双面自粘 ECB 材料进行修补,补丁满粘在破损部位,补丁大小 15cm×15cm,不得有翘边空鼓部位。

（5）质量检测

①目测检查。检查防水板与基面的密贴程度及预留量，检查防水板表面铺设质量，尺寸焊接宽度和固定点距离是否符合要求，焊接表面是否平整光滑、有无波形断面等。

②充气检测。双焊缝宽度不能小于1.5cm，两条焊缝间留15cm宽的空腔作为充气检测用，用空气检测器检测焊接质量。先堵住空气道一端，然后用空气从另一端打气加压，直到压力达到0.2MPa，稳定15min，压力下降在10%以内说明合格。否则，须用检测液（如肥皂水）找出漏气部位，用手动热熔焊接修补后再次检测，直到完全合格。

5.4.3 特殊部位防水施工

（1）衬砌结构倒角处混凝土振捣

隧道衬砌结构倒角位于侧墙最下方，是衬砌混凝土浇筑最开始部位，由于此处深度较大，混凝土浇筑时，采用软管串筒辅助进行布料，防止混凝土自由落体超过2m，导致混凝土离析。倒角处混凝土采用插入式振捣棒和模板台车附着式振捣器相结合的振捣方式。为保证衬砌倒角处混凝土自防水效果，采取开通人员振捣通道、设置人员有效振捣操作平台措施，对此处混凝土进行加强振捣。

①倒角处混凝土通过软管接长后深入侧墙内部，左右对称布料。混凝土自由下落高度不大于2m，每层浇筑30cm；两侧布料高差不超过50cm，两侧交替布料。为避免振捣棒赶料影响混凝土质量，每侧设置四个布料点，每个布料点浇筑半径控制在1～1.2m。两端布料点距离端头1m，其余平均分配。

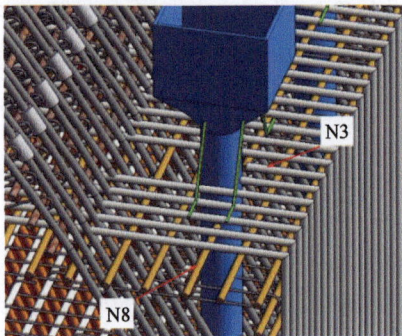

②为方便下料管下放，对结构架立筋提前进行临时移位处理，待下料管提升后及时复位固定。

③倒角处混凝土采取人员下至侧墙内的方式进行振捣，首先在拱顶模板中间位置开设人员进出窗口，窗口处钢筋提前进行处理，然后将通道位置拉钩拆除，人员下去振捣，振捣完毕将拉钩及窗口处钢筋恢复原状，

图 5-4-3　下料管处钢筋处理措施示意图

下料管处钢筋处理措施示意图见图5-4-3。

④使用附着式平板振捣器辅助振捣，可减少衬砌混凝土内表面气泡。当混凝土浇筑高度到达两层平板振捣器中间位置左右时，开启平板振捣器振捣。混凝土坍落度控制在180mm，最大不超过200mm，平板振捣器振捣4次，每次振捣时间8～12s，振捣间隔15s左右，当混凝土在模内泛浆流动或呈水平状即可停振。不得在混凝土初凝状态后再振。

（2）环向止水带安装及固定

隧道衬砌施工缝的止水带施工一直都是施工难点，特别是隧道衬砌的环向止水带安装及加固。环向止水带位于两板衬砌间的环向施工缝或变形缝处，环向止水带的安装、固定是防水施工中极为重要的关键环节。为保证环向止水带位置准确、牢固、不出现扭曲变形现象，环向止水带的安装、固定方法较为重要。若只采用模板对压方法固定止水带的话，拆模后止水带经常会出现位置不正、埋深超标、被压倒、没有埋入混凝土中等问题。结合现场实际情况，提出一种新的中埋式止水带的加固体系。

①环向止水带安装前，将最外层拉钩钢筋进行预弯，使其不与环向止水带位置冲突。安装止水带中心要与环向施工缝或变形缝中心重合，两侧钢边打设固定孔，孔距钢板边缘 2cm，孔径 5mm，纵向间距 450mm。端模安装时用 φ4mm 铁丝穿过固定孔将止水带固定在钢筋上，在止水带两侧打孔位置增设一道筷子筋，可以保持止水带不发生变形、扭曲现象，然后采用上下两片模板将止水带卡在中间位置（图 5-4-4）。

②若环向止水带不够长，需要对止水带进行接长处理。采用 U 形扣件将钢边进行对接，并采用铆钉进行固定，连接后表面安装 2mm 厚橡胶腻子片，最后采用 3mm 厚橡胶薄片进行加强保护。

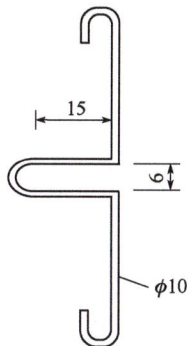

图 5-4-4　施工缝及变形缝处环向止水带固定示意（尺寸单位：cm）

5.4.4　混凝土自防水施工

1）防水混凝土施工配合比设计及优化

（1）混凝土配合比设计

①设计要求。

混凝土强度等级为 C35；坍落度为 180～220mm；胶凝材料最大用量为 400kg/m³，最小用量为 320kg/m³；56d 电通量小于 1200C；含气量不小于 2%；不泌水。

②配合比的确定。

1m³ 混凝土配合比设计如表 5-4-1 所示。

1m³ 混凝土配合比设计　　　　　　　　　　　　　　　　　　表 5-4-1

配合比编号	水胶比（kg）	水泥（kg）	粉煤灰（kg）	矿渣粉（kg）	细集料（kg）	粗集料 1（kg）	粗集料 2（kg）	减水剂（kg）	外加剂（kg）	水（kg）
JXSG3-ZJEHJ0-TPB-20180720-01	0.40	280	60	60	828	202	810	4.40	—	160
JXSG3-ZJEHJ0-TPB-20180720-01-1	0.35	319	69	69	785	200	798	5.03	—	160
JXSG3-ZJEHJ0-TPB-20180720-01-2	0.45	250	53	53	867	203	814	3.92	—	160

通过验证，配合比编号为 JXSG3-ZJEHJ0-TPB-20180720-01 的混凝土性能较好，符合要求；编号为 JXSG3-ZJEHJ0-TPB-20180720-01-1 的混凝土比胶凝材料用量过高，不符合经济性要求；编号为 JXSG3-ZJEHJ0-TPB-20180720-01-2 的混凝土强度低，混凝土拌合物包裹性稍差。

综合考虑强度、工作性、耐久性以及经济性的要求，依据《普通混凝土配合比设计规程》（JGJ 55—2011）、《铁路混凝土结构耐久性设计规范》（TB 10005—2010）等规范的规定，最终选定编号为 JXSG3-ZJEHJ0-TPB-20180720-01 的配合比。

（2）混凝土配合比优化

开展了第一次衬砌混凝土浇筑试验，在现场浇筑过程中，发现依据配合比配制的混凝土出机状态稍差，流动性较为不足，混凝土表面有大量大气泡，混凝土对石的包裹性较差。停放 1h

后,坍落度损失20mm,扩展度损失90mm,流动性较差,不利于现场施工。

邀请相关专家对配合比进行了优化改进,优化的配合比经过验证,混凝土拌合物的黏聚性和包裹性都有了明显改善。出机流动度较好,石子裸露较少,混凝土拌合物表面大气泡明显减少,坍落度试验过程中无失浆现象。1h后坍落度损失15mm,扩展度损失60mm,流动性变化不大。同时,配合比优化后混凝土初凝时间明显延长,能够较好地满足现场施工要求。优化后混凝土配合比见表5-4-2,拌合物性能参数见表5-4-3。

优化后混凝土配合比   表5-4-2

材料名称	水泥(kg)	粉煤灰(kg)	矿粉(kg)	砂(kg)	碎石(kg)	碎石(kg)	水(kg)	外加剂(g)
用量(20L)	5.60	1.20	1.20	16.56	2.02	18.22	3.20	88.0

拌合物性能参数   表5-4-3

参数	出机坍落度(mm)	1h坍落度(mm)	出机扩展度(mm)	1h扩展度(mm)	出机含气量(%)	1h含气量(%)	泌水率(%)	密度(kg/m³)	初凝时间
数值	220	205	540	480	3.0	2.4	0	2410	10h5min

2)混凝土振捣

(1)混凝土性能要求

混凝土集料最大粒径不应大于20mm。混凝土应拌和均匀,严格控制坍落度在180~200mm,混凝土的初凝时间控制在6~8h。混凝土振捣密实,严格控制浇筑混凝土的自落高度不应超过2m。严禁混凝土在运输和浇筑过程中加水,可使用减水剂调整坍落度。

(2)仰拱混凝土振捣

①仰拱布料点及振捣孔布置位置示意见图5-4-5。

图5-4-5   仰拱布料点及振捣孔布置位置示意(尺寸单位:mm)

②布料方式:从仰拱最低点布料即从拱底开始布料,前后左右对称布料,每层布料厚度不超过30cm。上下层浇筑间隔时间不大于混凝土初凝时间。

③振捣方式:采用插入式振捣器振捣,与端模应保持25cm左右距离;与侧墙应保持5cm左右的距离。

(3)边墙及拱顶混凝土振捣

①边墙混凝土布料点及振捣孔见图5-4-6。

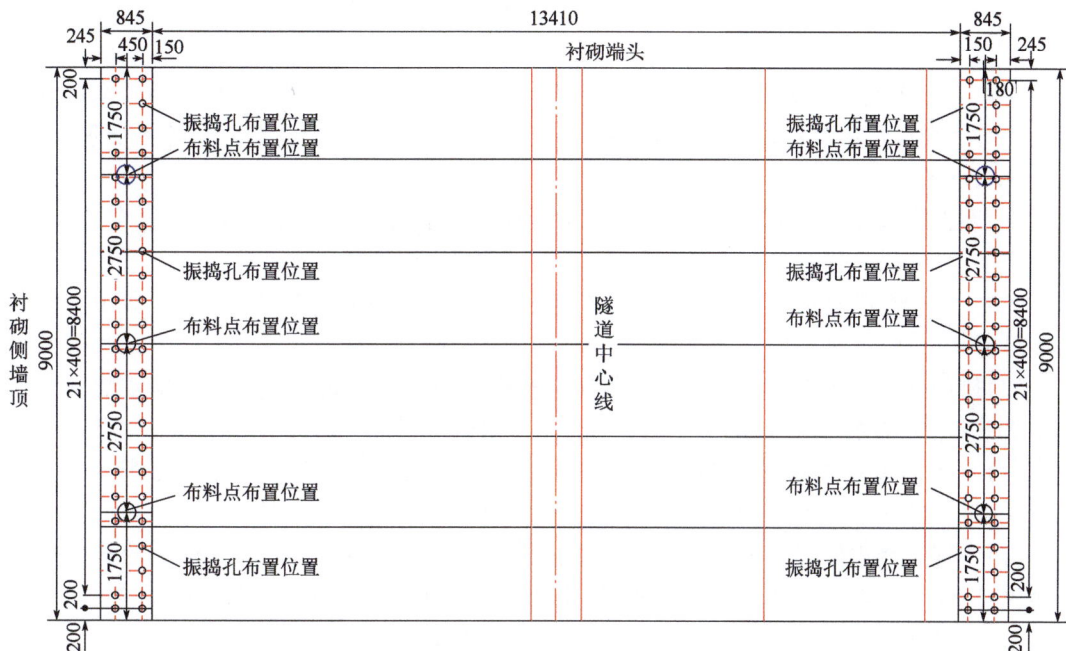

图5-4-6 边墙布料点示意(尺寸单位:mm)

②拱顶混凝土压模布料孔布置见图5-4-7。

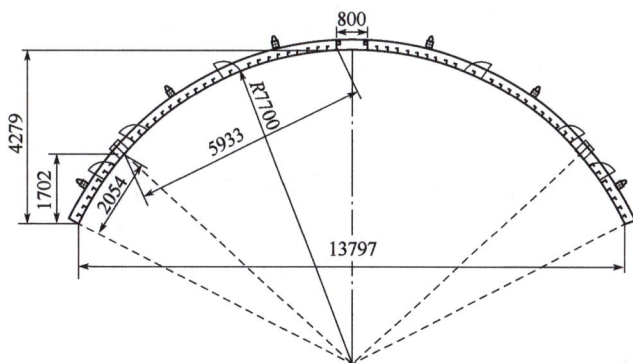

图5-4-7 拱顶布料窗口示意图(尺寸单位:mm)

③布料方式。

侧墙采用串管,接长后深入侧墙内部,左右对称布料。拱顶通过盖模窗口,左右对称布料。混凝土自由下落高度不大于2m,每层浇筑30cm;两侧布料高差不超过50cm。两侧交替布料。

④振捣方式。

侧墙采用插入式振捣棒和模板台车附着式振捣器相结合的振捣方式;拱部采用插入式振捣棒振捣。

衬砌圆弧下半部分振捣棒覆盖不到的位置,可将拉钩拆除,人员下去振捣,振捣完毕将拉钩恢复原状。

3)施工缝施工要求

主体结构环向施工缝采用中埋式钢边橡胶止水带,纵向施工缝采用镀锌钢板止水带,混凝土界面间涂刷水泥基渗透结晶型防水涂料,靠近止水带铺设注浆管进行加强防水处理。具体施工要求如下:

(1)明挖隧道按施工顺序设置纵向施工缝和环向施工缝,纵向施工缝应留置在高出底板顶面不小于300mm,且宜在水沟盖板底面以下的墙体上,环向施工缝间距为9m。

(2)止水带在结构钢筋上固定的间距不得大于400mm,固定应牢固、可靠,不得出现扭曲、变形等现象。

(3)拱部和仰拱施工缝部位的止水带应牢固平直,保证振捣时产生的气泡能够顺利排出,使止水带部位的混凝土与止水带之间咬合密实、不透水。

(4)止水带部位的混凝土应进行充分的振捣,保证变形缝部位的混凝土充分密实,这是止水带发挥止水作用的关键,应确实做好。振捣时严禁振捣棒触及止水带。

(5)中埋式钢边橡胶止水带仅允许现场对接接头(采用机械对接),其他形式的接头(十字形接头、T形接头)均要求提供预制接头,接头部位抗拉强度不得低于母材强度的80%。止水带在工地进行接头处理时,应严格按照图中止水带的对接作法进行操作。

(6)浇筑施工缝部位混凝土前,需对施工缝表面进行凿毛处理,将施工缝表面清理干净,此时应确保不得对止水带造成破坏。

(7)在先浇筑一侧的施工缝基面上涂刷或喷涂水泥基渗透结晶防水涂料,用量1.5kg/m²。

(8)施工缝部位采用注浆管注浆的方式进行防水加强处理,注浆管采用专用扣件固定在施工缝表面中埋式钢边止水带与靠近内侧的遇水膨胀止水条之间,固定间距20～25cm,沿施工缝通长设置。注浆管采用搭接法进行连接,有效搭接长度不小于10～15cm(即出浆段的有效搭接长度)。侧墙下部纵向施工缝及环向施工缝处的注浆管引至环纵向施工缝连接处附近,并与小外径软管连接,最终接入注浆盒中。利用注浆盒内的小直径软管进行注浆,使浆液从注浆管孔隙内均匀渗出,填充止水带与结构内墙范围内的孔隙,达到止水的目的。注浆浆液采用水灰比1∶1的水泥浆液,外渗水泥基渗透结晶防水剂(每100kg水泥掺加5kg)。

4)变形缝施工要求

变形缝采用中埋式钢边橡胶止水带、背贴式止水带、引水盲管。变形缝填缝材料选用泡沫塑料板,密封材料采用双组分聚硫密封膏。具体施工要求如下:

(1)机场隧道明挖段变形缝应设置在洞室位置、衬砌断面变化处、隧道下卧层承载力显著变化处、工法变化处,变形缝位置应与衬砌变化位置保证1m间距,与衬砌开洞位置保证一倍洞径的净距。

(2)变形缝预埋引水盲管,采用专用扣件固定在变形缝结构表面,中埋式止水带靠近结构内侧,固定间距 20~25cm,沿变形缝通长设置。

(3)变形缝的两侧应平整、清洁、无渗水。

(4)变形缝嵌缝应密实。

(5)拱部和仰拱变形缝部位的止水带应牢固平直,保证振捣时产生的气泡能够顺利排出,使止水带部位的混凝土与止水带之间咬合密实、不透水。

(6)止水带部位的混凝土应进行充分的振捣,保证变形缝部位的混凝土充分密实,这是止水带发挥止水作用的关键,应确实做好。振捣时严禁振捣棒触及止水带。

(7)中埋式钢边橡胶止水带仅允许现场对接接头(采用机械对接),其他形式的接头(十字形接头、T 形接头)均要求提供预制接头,接头部位抗拉强度不得低于母材强度的 80%。止水带在工地进行接头处理时,应严格按照图中止水带的对接作法进行操作。

5.5 本章小结

(1)本章分析了国内外明挖隧道渗漏水缺陷情况及成因,主要有结构裂缝渗漏水、混凝土振捣不密实缺陷渗漏水、变形缝及施工缝处渗漏水、围护结构渗漏水导致的内衬结构渗漏水等。

(2)在调研分析了国内 13 座大型明挖隧道防水设计经验基础上,根据京雄城际机场隧道特点,采用全包防水设计,隧道防水等级为一级,不允许渗水,结构表面无湿渍。

(3)京雄城际机场隧道防水设计与施工采用"强本固基、补弱强防"的原则,即以结构自身防水为本,加强混凝土密实度以增强结构自身防水能力,以施工缝、变形缝为重点,补强结构的阴角、阳角、施工缝、变形缝等薄弱环节的防水防线,设置全封闭自粘式防水板,通过自粘式防水板与现浇混凝土粘结密贴,实现无死角的防水封闭,采用精细化施工工艺,保证隧道防水施工质量,实现结构表面无湿渍,做到隧道"滴水不漏"。

(4)针对本工程区域沉降问题,本工程通过提高防水板的拉伸性能,并采用变形能力强、技术指标高的止水带,防止过大变形造成隧道渗漏水。

(5)纵向施工缝采用镀锌钢板止水带 + 水泥基渗透结晶型防水涂料 + 注浆管注浆,环向施工缝采用中埋式橡胶止水带 + 水泥基渗透结晶型防水涂料 + 注浆管注浆的方法进行加强防水处理。环向施工缝设置间距为 9m,全环设置。

(6)变形缝采用复合防水构造的方法,边墙和仰拱部位采用中埋式橡胶止水带 + 背贴式止水带,拱部采用中埋式橡胶止水带,拱墙与仰拱部位分设独立的引水盲管,分别引入侧沟。变形缝辅以聚乙烯泡沫塑料板、双组分聚硫密封膏填缝。

(7)用全套装备、精细化工艺保证隧道防水施工质量,衬砌混凝土施作采用整体衬砌台车,混凝土浇筑由基坑外侧通过混凝土泵车,从衬砌侧墙顶部及拱部通过泵车软管向台车内输送混凝土;作业人员从侧墙顶面进入侧墙内对衬砌侧墙混凝土进行振捣,在拱顶外侧对衬砌拱顶混凝土进行振捣。

(8)隧道 DK46 + 746 ~ DK46 + 887 永兴河段主体结构于 2019 年 7 月 10 日完成,2019 年 9

月土方回填完成,2019 年 7 月底地下水位上升至拱顶高程位置;DK49 +050 ~ DK52 +645 永定河段主体结构于 2019 年 6 月 15 日完成,2019 年 8 月底土方回填完成,2019 年 7 月中旬地下水位上升至拱顶高程。土方回填完成后,水位至拱顶以上 3 ~ 4m。2020 年 5 月,隧道下穿的永定河进行了生态补水,隧道上方河流跨度达到 200m。在地下水回灌、雨季及永定河补水等多种复杂情况下,隧道衬砌防水经历了多重考验,未发生漏水情况,打造了"滴水不漏"的高铁明挖隧道。

第6章

长大明挖隧道变形
控制技术

本章针对软土、大埋深明挖隧道沉降变形风险,通过模型试验、数值模拟、现场监测与试验验证等方法,提出了一套适用于富水第四系软土地层明挖隧道覆土加、卸载附加沉降变形的理论计算方法与参数,提出了不同区段有针对性的地基处理技术。研发和应用了基坑围护钢支撑轴力自动伺服调整系统,有效控制了深基坑施工期周边环境变形。首次在铺轨后采用挤塑聚苯乙烯(XPS)轻质材料回填马道处隧道上部覆土,有效减小沉降变形,满足无砟轨道扣件可调节变形的控制标准。

6.1 隧道工后沉降主要控制项目和方法

6.1.1 控制项目

高速铁路的设计速度为 350km/h,为满足列车的安全、高效、平稳以及舒适性等要求,需要设置较大曲线半径,包括线路的平面曲线半径和竖向曲线半径,同时对线形的短波平顺性有极其严格要求,例如对于设计速度为 350km/h 高速铁路轨道,当弦长为 48m 时,相距 8m 的任意两测点实际矢度差与设计矢度差的偏差不得大于 2mm,如表 6-1-1、表 6-1-2 所示。经过多年的探索,线形的设计技术比较成熟,能满足列车运营的需求;轨道铺设和正常运营维护能较好保持轨道的平顺性。但路基、桥梁或隧道结构变形、不均匀沉降变形可破坏轨道平顺性,影响高铁正常运营。因此,隧道工后沉降变形控制是软土地区隧道建设的关键。

隧道工后沉降控制内容较多,主要分为:①施工期沉降量、沉降差。②运营期的沉降量、沉降差和上浮量。高速铁路工后沉降控制的目标是控制总体沉降量,避免不均匀沉降。目前工程界普遍认为下卧软弱土层、邻近隧道施工活动、地下水位以及上部荷载变化等因素是隧道纵向不均匀沉降的主要原因。隧道工后沉降控制需从源头剖析隧道沉降以及不均匀沉降的原因,然后采取对应的控制措施。

轨道静态几何尺寸长弦测量作业验收容许偏差 表 6-1-1

项目	基线长(m)	测点间距(m)	容许偏差(mm)
高低	480a	240a	≤10
	48a	8a	≤2
转向	480a	240a	≤10
	48a	8a	≤2

注:1. 表中 a 为扣件节点间距。

2. 当弦长为 48a 时,相距 8a 的任意两测点实际矢度差与设计矢度差的偏差不得大于 2mm;当弦长为 480a 时,相距 240a 的任意两测点实际矢度差与设计矢度差的偏差不得大于 10mm。

3. 容许偏差是指相距测点间距的任意两测点实际矢度差与设计矢度差的偏差。

250(不含)～350km/h 线路轨道动态质量容许偏差 表 6-1-2

项目	经常保养	舒适度	临时补修	限速(200km/h)
偏差等级	Ⅰ级	Ⅱ级	Ⅲ级	Ⅳ级
轨距(mm)	−3 ～ +4	−4 ～ +6	−5 ～ +7	−6 ～ +8

项目		经常保养	舒适度	临时补修	限速(200km/h)
水平(mm)		5	6	7	8
扭曲(基长3m)(mm)		4	6	7	8
高低(mm)	波长1.5~42m	4	6	8	10
轨向(mm)		4	5	6	7
高低(mm)	波长1.5~120m	7	9	12	15
轨向(mm)		6	8	10	12
复合不平顺(mm)		6	8	—	—
车体垂向加速度(m/s²)		1.0	1.5	2.0	2.5
车体横向加速度(m/s²)		0.6	0.9	1.5	2.0
轨距变化率(基长3m)(‰)		1.0	1.2	—	—

注:1. 表中管理值为轨道不平顺实际幅值的半峰值。

2. 水平限值不包含曲线按规定设置的超高值及超高顺坡量。

3. 扭曲限值包含缓和曲线超高顺坡造成的扭曲量。

4. 车体垂向加速度采用20Hz低通滤波,车体横向加速度Ⅰ、Ⅱ标准采用0.5~10Hz带通滤波处理的值进行判断,Ⅲ、Ⅳ标准采用10Hz低通滤波处理的值进行判断。

5. 复合不平顺是指水平和逆向复合不平顺,按水平和1.5~42m轨向代数差计算,避免出现连续多波不平顺。

6.1.2 控制方法

明挖隧道工后沉降控制主要有以下三种方法。

(1)隧道结构刚度调整法

根据隧道地基软、覆土厚和双线铁路隧道断面大的特点,选择了大刚度拱形结构。根据埋深的不同,拱、墙截面厚度为800~1600mm,仰拱厚度为900~1700mm;同时尽量减少设置沉降缝,可设置伸缩缝。

(2)地基基础调整法

根据实际地质、地形、地貌情况,进行地基改良加固处理。地基处理时应坚持减少地基工后沉降,最大限度地消除不均匀沉降,追求不均匀沉降量为零的目标。地基处理措施的选用要充分考虑地基土特征、厚度及埋深。

穿越超深覆土及突变段,要设置桩基础及过渡段。

(3)剩余沉降调节法

隧道建成后,工后不均匀沉降可能在设计要求范围内,也可能与设计值有较大误差。可以在铺轨阶段调节轨道面的高程,使得轨道的最终沉降以及不均匀沉降满足列车的安全、高效、平稳以及舒适性等要求。因此,除考虑明挖隧道施工阶段沉降外,还需合理预测评估长期或后期的剩余沉降。

6.2　隧道浮力与沉降变形计算模型和参数研究

6.2.1　隧道沉降变形影响因素与控制指标

1）沉降变形影响因素

（1）京雄城际机场隧道跨越区间长达 10km，隧道埋深起伏大，埋深分布在 3～16m，隧道衬砌厚度也由 0.8m 增加至 1.6m，附加荷载与隧道结构差异大；沿线分布粉质黏土、粉土、粉细砂以及细砂，地层组合多，且多为粉质黏土与工程力学特性较差的粉土、粉细砂互层。影响地层力学参数变化的因素多，沉降控制难度大。

（2）隧道断面尺寸大，断面平均面积约 $166m^2$，浮力对隧道结构影响大，且不同地层地下水产生的浮力差异大，地下水变化幅度大，水位与隧道的浸没关系复杂，不稳定地下水位线对沉降变形影响较大。

（3）隧道施工期施工降水、地基地层施工扰动、隧道结构施工和上部填土等是施工沉降变形的主要影响因素，施工因素与地基地层力学特性关系复杂。

（4）在运营期，长期作用的列车动荷载，对隧道结构沉降影响大。

2）隧道沉降变形控制指标

根据《高速铁路设计规范》（TB 10621—2014）、《铁路工程沉降变形观测与评估技术规程》（Q/CR 9230—2016）等，设置沉降变形控制的主要指标。

（1）路基工程

①填筑期间路堤中心地面沉降速率不应大于 10mm/d，坡脚水平位移速率不应大于 5mm/d。

②工后沉降不宜超过 15mm。

③沉降比较均匀且轨面高程调整后的竖曲线半径 $R_{sh} \geq 0.4V_{sj}^2$ 时，允许的最大工后沉降量为 30mm。

④过渡段不同结构物间的预测工后不均匀沉降不应大于 5mm，不均匀沉降造成的纵向折角不应大于 1/1000。

（2）桥梁工程

桥梁墩（台）基础的工后沉降控制标准应符合表 6-2-1 的要求。特殊条件下，无砟轨道桥梁沉降限值可结合预留调整量与线路具体情况确定。

桥梁墩（台）基础的工后沉降控制标准　　　　　　　　　　　　　　　表 6-2-1

沉降类型	无砟轨道沉降限值（mm）
墩（台）均匀沉降	≤20
相邻墩（台）沉降差	≤5

（3）隧道工程

隧道不均匀沉降可参考路基工程，路基与桥梁、隧道或横向结构物交界处的工后差异沉降不应大于 5mm，不均匀沉降造成的折角不应大于 1/1000。

6.2.2 隧道结构浮力计算模型与参数试验

对于砂土等透水性良好的地层,地下水的影响已明确,浮力为隧道衬砌上、下面的压力差。对于弱透水性地层,地下水对浮力的影响尚无定论,总体来说,有三种不同的结论:

(1)黏土中基础受到的浮力往往小于水头高度。

(2)黏性土基础受到的浮力与在砂土中相同。

(3)黏性土中基础不受浮力作用。

隧道区域地层主要由粉质黏土、粉土、粉细砂以及细砂等地层组成,地层互层整体渗透系数不大,为 $0.05 \sim 2\mathrm{m/d}$。由于弱透水性地层具有不确定性,隧道沉降计算难度大,沉降控制无可靠理论依据提供支撑。需开展浮力折减系数试验,研究不同水头压力下不同地层的浮力折减情况,得出浮力折减系数,进而提出不同埋深、不同下卧地层情况下的沉降计算模型。

1)浮力折减系数试验原理

通过埋设在浮力箱底部的孔压计以及渗流通道内的孔压计获得孔压测试值,将测试值与理论值对比获取浮力折减系数。为反映一定地层厚度对浮力的影响,设计了 4m 长的渗流通道。试验分两步,第一步为水的渗透过程,施工期的降水使得水位位于隧道底部以下,施工完成后,水位会慢慢恢复到施工前。第二步为隧道底部土体饱和度达到一定程度时,隧道开始受到浮力,当土体完全饱和时,隧道所受浮力值达到最大。

试验土样来自基坑底部,为真实反映土体力学特性,用千斤顶按地层自重施加预压荷载,浮力箱达到平衡状态,发生向上的位移时,试验终止。

2)试验设计

根据试验设计原理,设计了一套直角 U 形管的试验装置。本装置主要由一个加载箱、一个加载监测箱、一个渗流通道和三个出线口组成,如图 6-2-1 所示。

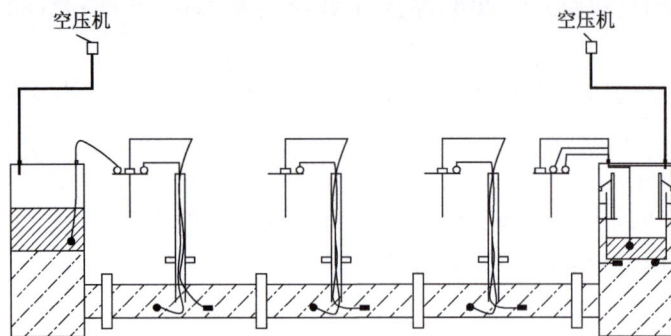

图 6-2-1 直角 U 形管加压系统

(1)加载箱

加载箱为上部开口、尺寸为 $0.5\mathrm{m} \times 0.5\mathrm{m} \times 1\mathrm{m}$ 的空心铁箱,上部开口主要方便试验准备时填土用,试验时上部开口用螺栓连接钢板和加载箱进行密封,加载箱与钢板间垫有密封橡胶垫。密封用钢板上有出线口和进气口,出线口用于内部测试仪器的出线,进气口用于给空压机加压,其布置情况如图 6-2-2 所示。

（2）加载监测箱

加载监测箱大小与加载箱相同，箱体内放有定位箱和浮力箱，其密封原理与加载箱相同，也是通过压紧箱体和盖子之间的橡胶垫达到密封的目的。盖子上的出线口接土压力盒、位移计和孔压计，进气口接空压机，安装布置如图6-2-3所示。

图6-2-2　加载箱　　　　　　　图6-2-3　加载监测箱

浮力箱是平面尺寸为354mm×354mm的空心铁箱。为了监测浮力箱的位移，在箱体内部四个角布置了4个定位片，采用位移计监测定位片的位移，当浮力箱有位移时，位移计可以立刻监测到位移变化，浮力箱样式如图6-2-4a)所示。

定位箱的作用是固定浮力箱，目的是避免浮力箱上浮过程中的翻转，从而导致箱体与位移计脱开。定位箱是一个中心空心的方形钢盒，样式如图6-2-4b)所示，外部平面尺寸为500mm×500mm，空心部分平面尺寸为354mm×354mm。

a)浮力箱　　　　　　　　　　b)定位箱

图6-2-4　浮力箱与定位箱

（3）渗流通道和出线口

加载箱和加载监测箱之间用3m长的渗流通道连接，渗流通道为内径180mm的钢管。受运输和安装的限制，渗流通道由3节长度为1m的钢管连接组成，节段与节段之间由法兰盘连接，并在法兰盘间垫密封橡胶垫。每节节段上设有1个出线口，用于在渗流通道内埋设土压力盒和孔压计以及仪器设备的出线。从加载监测箱到加载箱分别为1号出线口、2号出线口和3号出线口。出线口布置情况如图6-2-5所示。

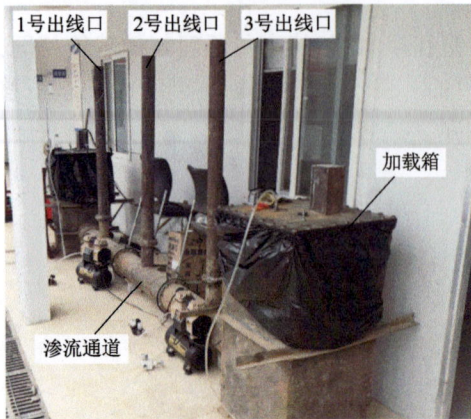

图 6-2-5　渗流通道及出线口

3）加载及数据采集系统

（1）加载系统

加载系统为两台 DC661-900W 空压机。该空压机提供的气压范围为 0.3～0.9MPa，在试验时配合减压阀使用可以长时间稳定提供试验所需的气压。空压机与油水分离器和减压阀采用串联的方式连接。

（2）土压力采集系统

土压力盒型号为 YT-ZX-0300，采集系统为 WKD3812 多功能静态应变仪。采集系统稳定可靠，能够满足长时间（一周内）连续采集的需求。采集数据不仅记录土压力，还记录对应的采集时间，便于数据分析。

（3）位移采集系统

位移采集系统由位移计和位移数据采集系统组成，位移计型号为 DP-WYJ-5000，数据采集系统为 YBY801。位移采集系统用于监测记录试验过程中浮力箱的位移，该系统配合磁性表座使用，安装方便，记录数据准确。

（4）孔隙水压力采集系统

孔隙水压力采集系统由孔压计和数据采集软件组成，孔压计型号为 YZ-100，数据采集软件为 SYZ-100。孔压计测读数据稳定，满足长时间测读的要求；能够随时查看数据，并且记录有数据采集时间便于数据分析。

4）试验步骤

为了更加真实地模拟隧道底部的情况，试验用土取自隧道底部土体，并针对不同埋深对试验土体进行了不同程度的压实，具体的试验步骤如下。

（1）试验装置填土及安装

为了控制填土的密实度，试验填土晒干后加水填装，粉质黏土加水到可塑状态，含水率控制在塑限，易于填土及夯实，粉土加水到稍湿状态，便于填土及压实。

①加载箱填土及安装。将加载箱摆正位置，分层填入试验土，并分层夯实，填土完成后用钢板、分离式油压千斤顶和吊带组成土体压实装置将土体再次压实，具体压实情况如图 6-2-6 所示。首先把填土顶部整平，将钢板垫在填土顶部，用千斤顶施加反力将土体压实。

②渗流通道填土。设计了三个渗流通道用于数据监测，渗流通道采用法兰盘连接，可重复利用，考虑到密封性要求，在试验开展过程中采用混凝土密封渗流通道。

③加载监测箱填土及安装。首先连接加载监测箱与渗流通道，然后用千斤顶和自制工装在加载监测箱内再次压实渗流通道内的土体，然后往加载监测箱内填土并压实。加载监测箱填土压实方法与加载箱相同，渗流通道土体再次压实方法为：将自制工装一头与土体接触，另一头与千斤顶接触，通过控制千斤顶力的反力压实土体，如图 6-2-7 所示。

（2）试验土浸水饱和

在加载箱以及加载监测箱中加水至箱顶，静置一段时间（粉质黏土静置半个月，粉土静置

3d 或 4d),使土体达到饱和状态。

(3)加载箱仪器安装及密封

将土压力盒放入加载箱中水和土的分界处,用于测量加载箱中的水压。盖板出线口处用两液混合硬化胶(AB 胶)封死,在盖板和箱体间放入橡胶垫并用螺栓压紧密封,见图 6-2-8。

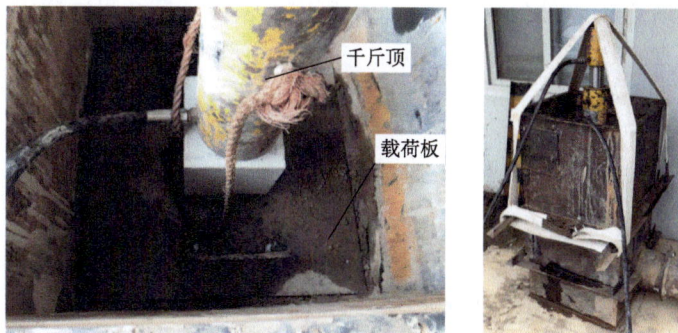

图 6-2-6　千斤顶压实土体

图 6-2-7　渗流通道土体压实

(4)加载监测箱仪器安装

排除加载监测箱内多余的水,将 1 个土压力盒以及 2 个孔压计埋入土中,然后在土体表面垫一层塑料薄膜,在塑料袋上方放入定位箱和浮力箱,见图 6-2-9。安装完浮力箱后在相应的位置安装位移计。

图 6-2-8　加载箱密封

图 6-2-9　排出明水后放入塑料袋和定位箱

（5）加载

通过调节空压机输出气压的方式改变加载箱中的水头压力，从而实现加载箱与加载监测箱之间的不同水头差。加载箱体中的水头压力通过渗流通道中的饱和土体传递至浮力桶底部使得浮力桶浮起来。

试验时加载管线连接如图 6-2-10 所示，加载步骤为：①关闭 2 号阀门，打开 1 号阀门，将 1 号空压机压力调节至 P0。②保持压力平衡后，关闭 1 号阀门，打开 2 号阀门以及 2 号空压机，将 2 号空压机压力调节至 P0。③将 1 号空压机压力升高至 P1。

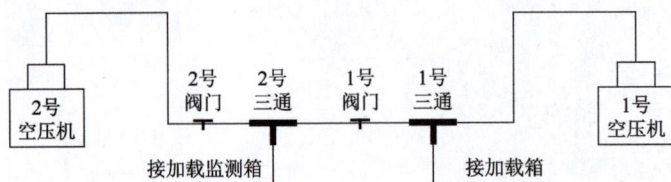

图 6-2-10　加载系统管线连接示意

（6）试验结束

观测位移计的监测数据，如果位移计读数有持续增长，就可以判定浮力桶已经浮起，试验结束。

5）试验结果

（1）结构埋深 0m 时的试验结果与分析

加载箱和加载监测箱先同时加载到 50kPa，等到 1～5 号孔压计稳定后再保持加载监测箱内的压力不变，将加载箱内的压力增加到 100kPa 直至浮力箱浮起。试验过程中孔隙水压力时程曲线及浮力箱位移时程曲线如图 6-2-11 所示。

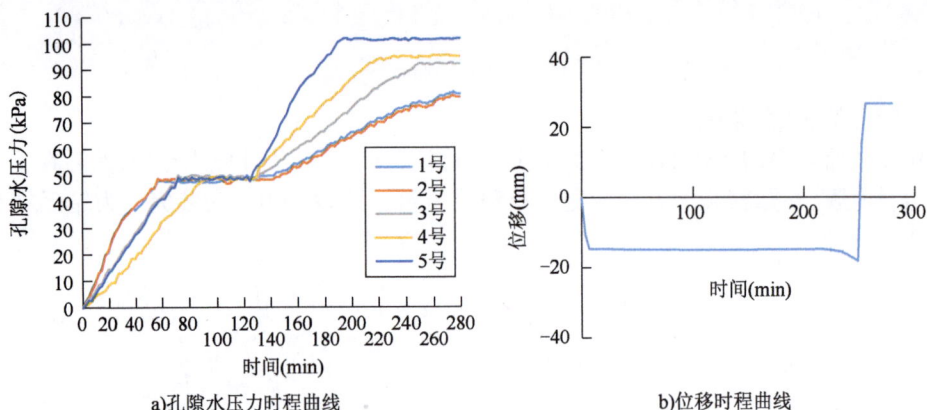

a)孔隙水压力时程曲线　　　　　　　b)位移时程曲线

图 6-2-11　结构埋深 0m 时的试验结果

由图 6-2-11 可以得到以下 3 点结论：

①结构浅埋于粉质黏土时水压的传递存在滞后现象，并且高水压下的滞后现象比低水压下的滞后现象明显。

②结构的上浮过程比较快，5min 内完成上浮。

③结构浅埋于粉质黏土时存在孔隙水压力折减的现象,上浮时2号孔隙水压力增长量为80kPa,浮力折减系数为0.8。

(2)结构埋深10m时的试验结果与分析

将试验装置内的土取出,重新填土压实,模拟结构埋深在10m时的工况。

加载箱和加载监测箱先同时加载到50kPa,等到1~5号孔压计稳定后再保持加载监测箱内的压力不变,将加载箱内的压力增加到100kPa直至浮力箱浮起。试验过程中孔隙水压力时程曲线及浮力箱位移时程曲线如图6-2-12所示。测试得到2号箱孔隙水压力约68kPa,折减系数约为0.68。

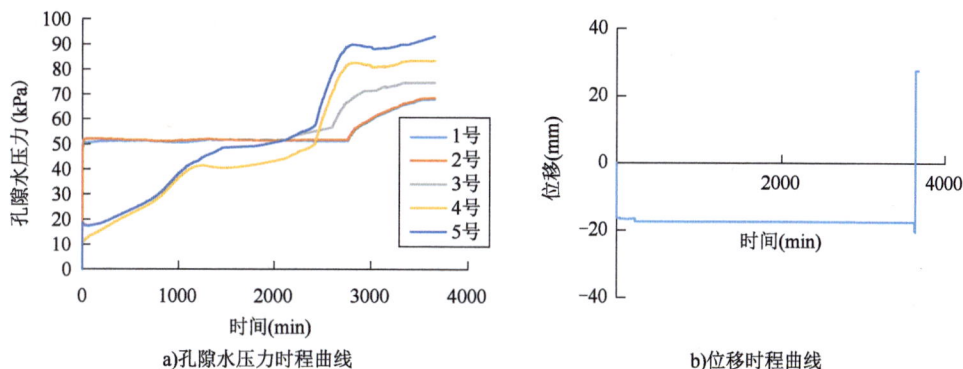

a)孔隙水压力时程曲线　　　　　　　　b)位移时程曲线

图6-2-12　结构埋深为10m时的试验结果

(3)结构埋深30m时的试验结果与分析

换掉加载监测箱中的土,重新压实渗流通道中的土体,回填加载监测箱土体并压实。

受试验装置强度限制,仅在加载箱内加载到100kPa,试验持续了5000多分钟。试验过程中孔隙水压力时程曲线及浮力箱位移时程曲线如图6-2-13所示。

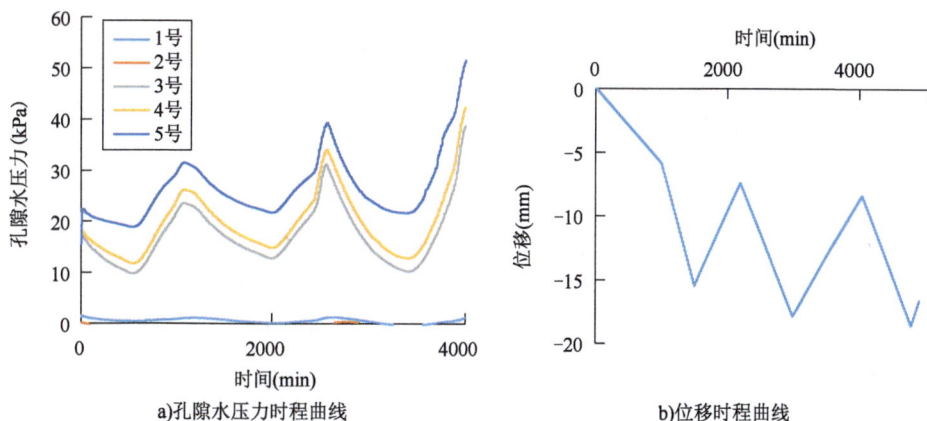

a)孔隙水压力时程曲线　　　　　　　　b)位移时程曲线

图6-2-13　结构埋深30m的计算结果

加载箱的压力加载到75kPa后,增长最大的1号孔压计也只增加到157kPa,并且1号、2号孔压计处的水压基本无变化,说明此层已经可以当作隔水层考虑,不用考虑浮力的影响,即浮力折减系数为0。

（4）粉土试验结果与分析

粉土也开展相同试验，得到试验曲线如图 6-2-14 所示。低水头下粉土中孔隙水压力的传递没有明显的延迟现象，在高水头时存在延迟现象，但埋深对粉土浮力折减系数影响较小，得到粉土浮力折减系数约为 0.76。

6）浮力计算模型与参数

由上述模型试验与分析可得如下结论：

（1）附加荷载的计算主要与结构底部土体的土性以及埋深有关。

（2）当埋深约为 10m、结构下部土层厚度大于 3m 且地下水位变化时，粉质黏土的浮力折减系数为 0.68，结构附加荷载 $P = G - \rho g V \times 0.68$；粉土的浮力折减系数为 0.76，结构附加荷载 $P = G - \rho g V \times 0.76$。计算模型如图 6-2-15 和图 6-2-16 所示。

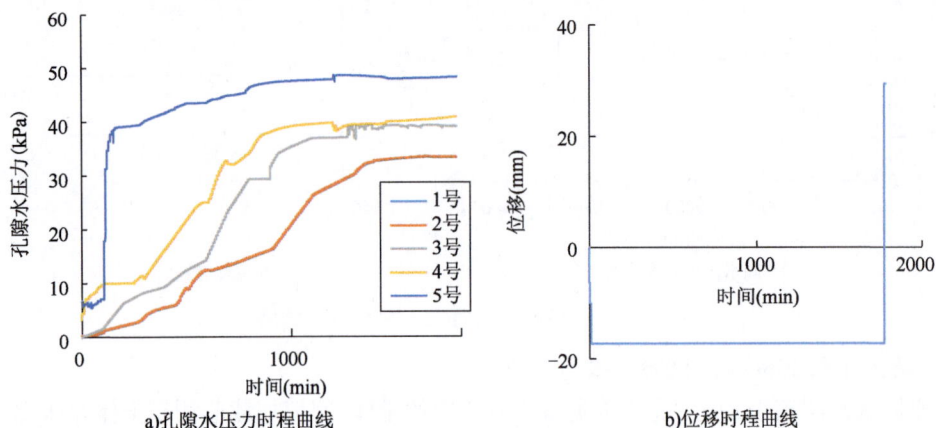

a)孔隙水压力时程曲线

b)位移时程曲线

图 6-2-14　粉土试验结果

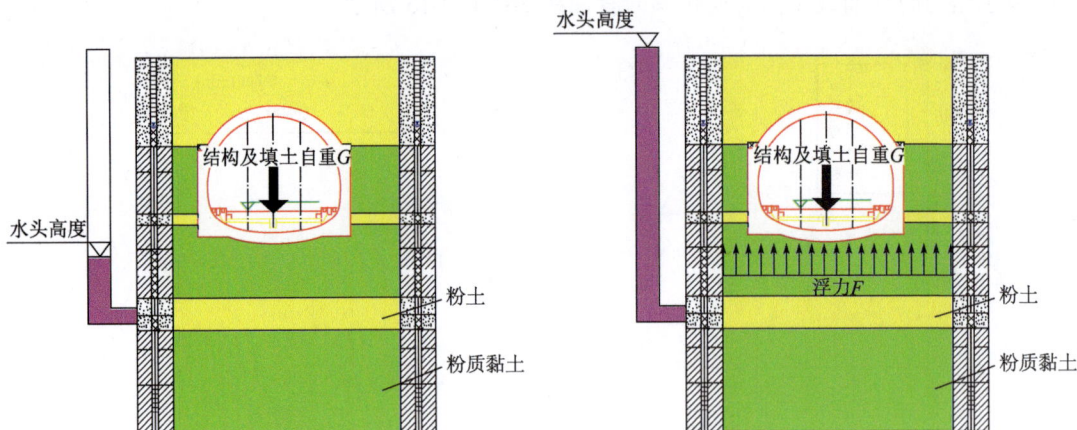

图 6-2-15　附加荷载 $P = G - \rho g V \times 0.68$（粉质黏土）

（3）当埋深在 30m 左右，结构下部土层厚度大于 3m 时，地下水位变化时，粉质黏土相当于隔水层，结构无浮力，粉质黏土的附加荷载：$P = G_0 - Sgh$；粉土的浮力折减系数为 0.76，附加荷载：$P = G - \rho g V \times 0.76$。计算模型如图 6-2-17 和图 6-2-18 所示。

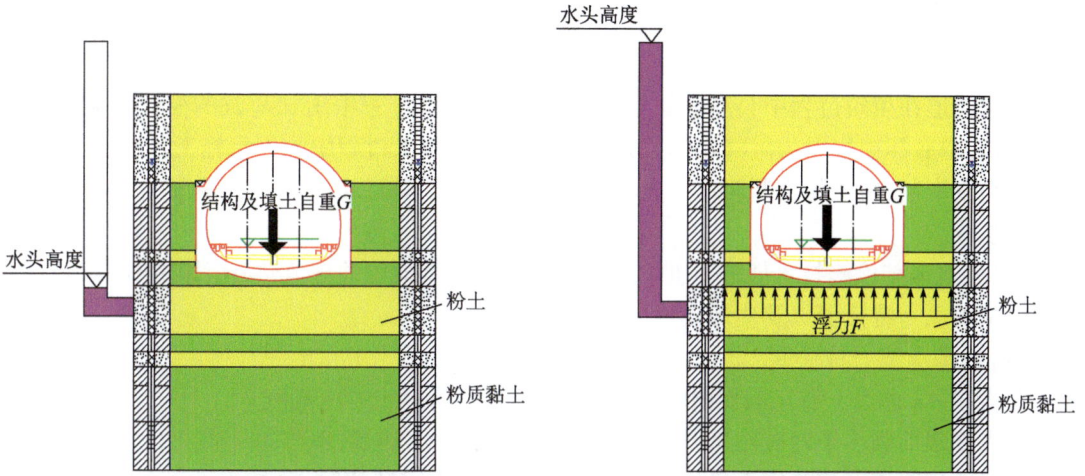

图 6-2-16　附加荷载 $P = G - \rho g V \times 0.76$（粉土）

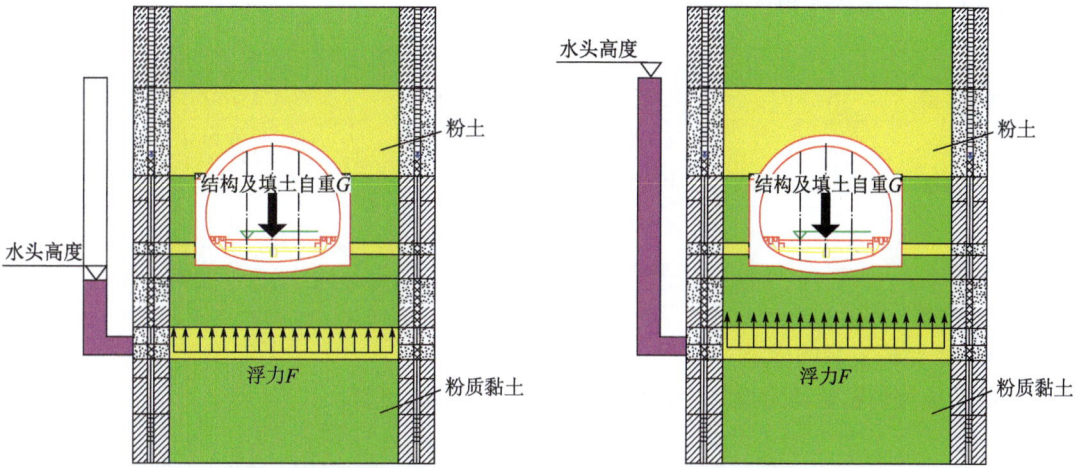

图 6-2-17　附加荷载 $P = G_0 - Sgh$（粉质黏土）

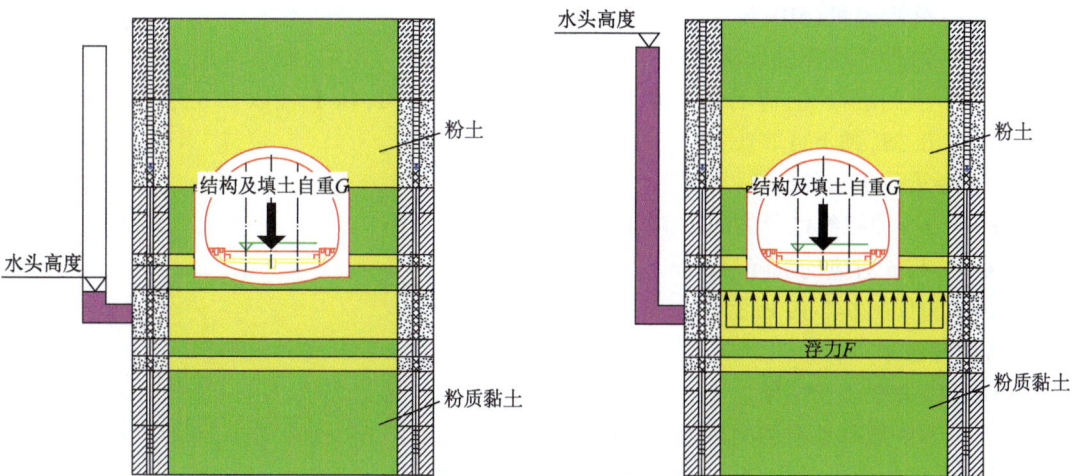

图 6-2-18　附加荷载 $P = G - \rho g V \times 0.76$（粉土）

6.2.3 软土压缩沉降变形试验与参数确定

明挖隧道在填筑过程中会产生软土压缩沉降,在运营过程中附加荷载的变化会导致隧道产生沉降,基底压缩模量为沉降量的关键参数。隧道在施工过程中为无水施工环境,隧道运营后地下水位恢复,由于隧道断面尺寸大,浮力的影响较大,基底以下的回弹模量也是控制沉降的关键参数。

按《建筑地基检测技术规范》(JGJ 340—2015)以及其他相关规范,采用浅层平板载荷试验得到地基承载力特征值以及变形模量。

(1)地基承载力特征值

①当在 p-s 曲线上有比例界限时,应取该比例界限所对应的荷载值。

②当极限荷载小于对应比例界限荷载值的 2 倍时,取极限荷载值的一半。

③当按相对变形值确定天然地基及人工地基承载力特征值时,可按表 6-2-2 规定的地基变形值确定,且不应大于最大试验荷载的一半。

按相对变形值确定承载力特征值　　　　表 6-2-2

地基类型	地基土性质	特征值对应的变形值 s_0
天然地基	高压缩性土	0.015b
	中压缩性土	0.012b
	低压缩性土和砂性土	0.010b
人工地基	中、低压缩性土	0.010b

注:b 为承压板直径。

(2)地基变形模量的确定

浅层平板载荷试验确定地基变形模量,可按式(6-2-1)计算:

$$E_0 = I_0(1-\mu^2)\frac{pb}{s} \tag{6-2-1}$$

式中:E_0——变形模量(MPa);

　　　I_0——刚性承压板的形状系数,圆形承压板取 0.785;

　　　μ——土的泊松比,碎石土可取 0.27,砂土可取 0.30,粉土可取 0.35,粉质黏土可取 0.38,黏土可取 0.42;

　　　b——承压板直径(m);

　　　p——p-s 曲线线性段的压力值(kPa);

　　　s——与 p 对应的沉降量(mm)。

基底试验如图 6-2-19 所示。

(3)试验结果

①DK52 +800 试验结果。

DK52 +800 地基地质剖面以及载荷试验的 p-s 曲线如图 6-2-20、图 6-2-21 所示。地层为粉土,可以得到变形模量为 16.14MPa,地基承载力为 214kPa。

②DK50 +660 试验结果。

a)现场平板载荷试验压重

b)平板载荷试验加载系统

图 6-2-19　基底试验

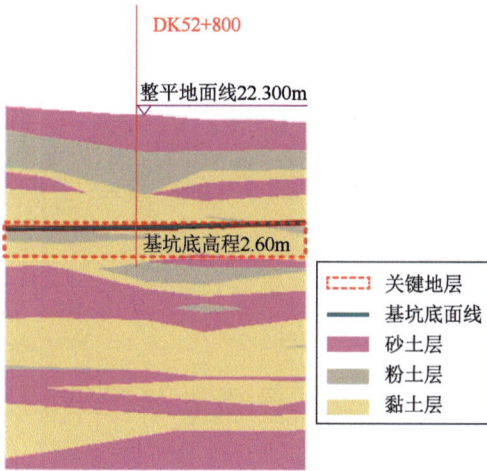

图 6-2-20　DK52 +800 地质剖面

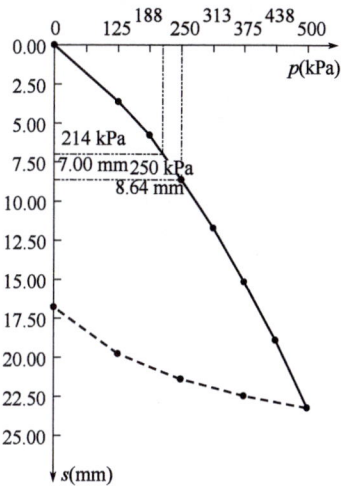

图 6-2-21　DK52 +800 p-s 曲线

DK50 +660 地质剖面以及地基载荷试验的 p-s 曲线如图 6-2-22 和图 6-2-23 所示。地层为粉质黏土,可以得到变形模量为 16.74MPa,地基承载力为 209kPa。

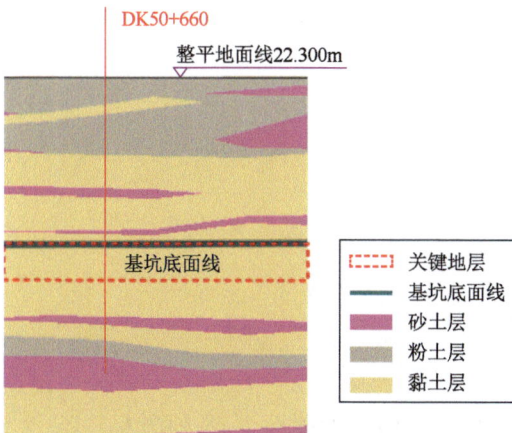

图 6-2-22　DK50 +660 地质剖面

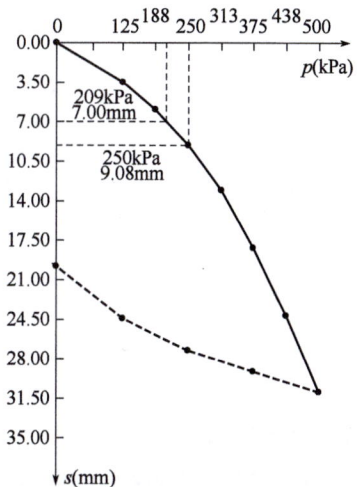

图 6-2-23　DK50 +660 p-s 曲线

169

③DK50 + 300 试验结果。

DK50 + 300 地质剖面以及地基载荷试验的 $p\text{-}s$ 曲线如图 6-2-24 ~ 图 6-2-27 所示。地层为粉细砂,可以得到变形模量依次为 10.3MPa、12.86MPa 和 11.19MPa,地基承载力为 148kPa、177kPa 和 161kPa。

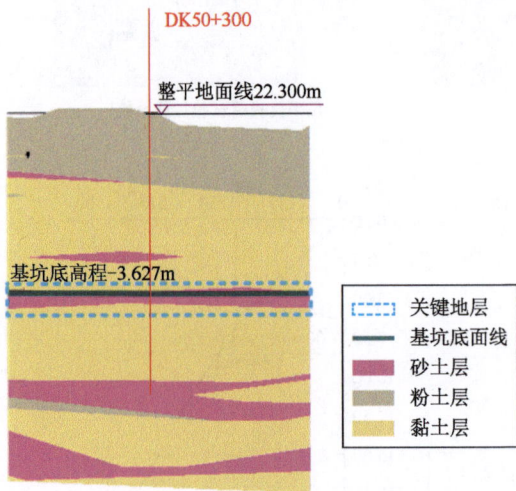

图 6-2-24　DK50 + 300 地质剖面

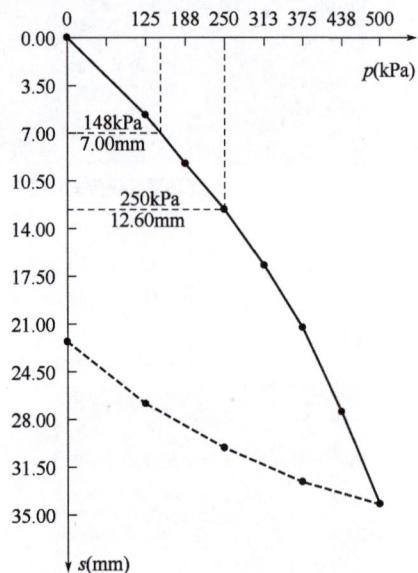

图 6-2-25　DK50 + 300 $p\text{-}s$ 曲线 1

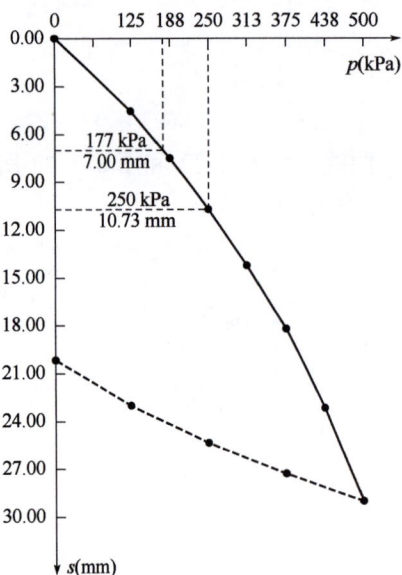

图 6-2-26　DK50 + 300 $p\text{-}s$ 曲线 2

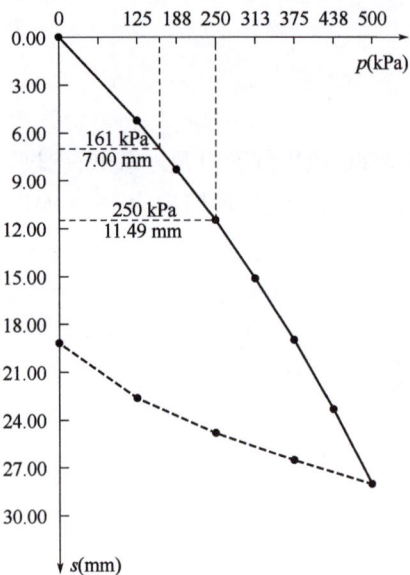

图 6-2-27　DK50 + 300 $p\text{-}s$ 曲线 3

④DK49 + 800 试验结果。

DK49 + 800 地质剖面以及地基载荷试验的 $p\text{-}s$ 曲线如图 6-2-28 和图 6-2-29 所示。地层为粉质黏土,可以得到变形模量为 14.91MPa,地基承载力为 202kPa。

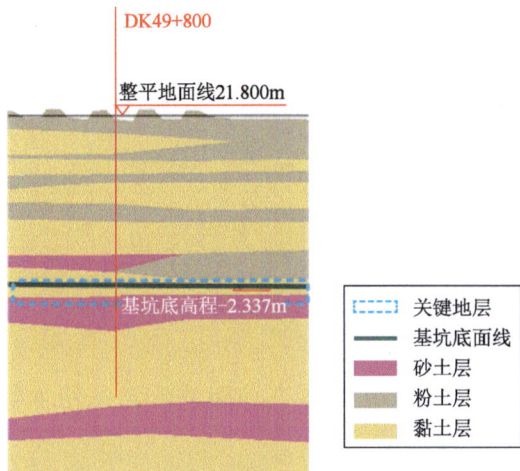

图 6-2-28 DK49 +800 地质剖面

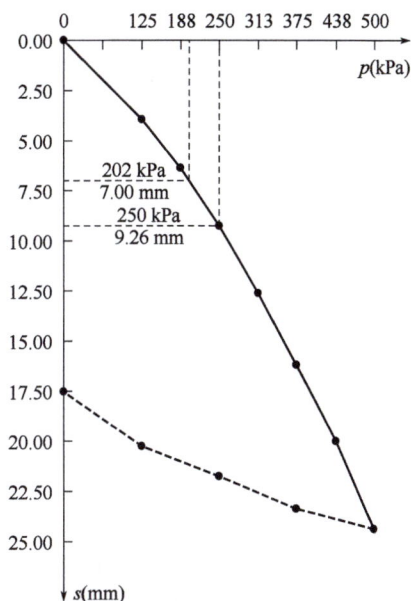

图 6-2-29 DK49 +800 p-s 曲线

⑤DK48 +600 试验结果。

DK48 +600 地质剖面以及地基载荷试验的 p-s 曲线如图 6-2-30 和图 6-2-31 所示。地层为粉土,可以得到变形模量为 16.14MPa,地基承载力为 224kPa。

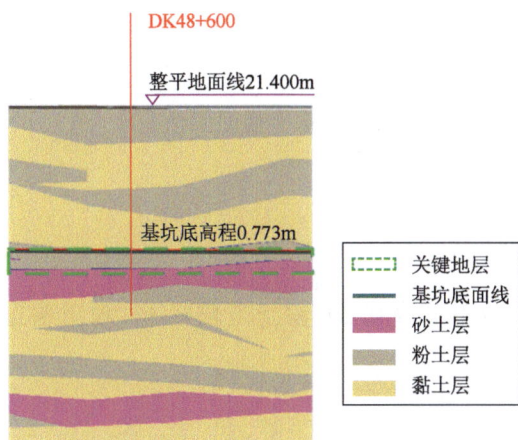

图 6-2-30 DK48 +600 地质剖面

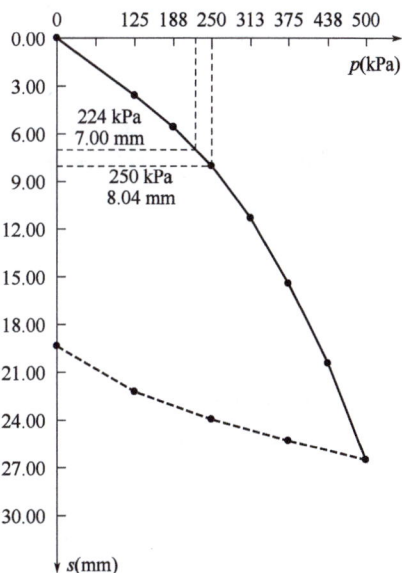

图 6-2-31 DK48 +600 p-s 曲线

(4)粉细砂、粉土和粉质黏土变形模量的确定

各检测点的试验结果汇总如表 6-2-3 所示。试验确定粉细砂的变形模量平均值为(10.33 + 12.86 + 11.19)/3 = 11.7MPa,粉土变形模量为 16.23MPa。粉质黏土变形模量为 15.83MPa。

171

浅层平板载荷试验检测结果汇总　　　　　　　　　　表 6-2-3

检测部位	试验点号	最大加载量		地基承载力特征值		变形模量（MPa）	试验点下卧土层
		荷载（kPa）	沉降（mm）	荷载（kPa）	沉降（mm）		
DK52+800	52800-1	500.0	23.2	214.0	7.00	16.14	粉土③₄₂
DK50+660	50660-1	500.0	30.95	209.0	7.00	16.74	粉质黏土⑤₃₃
DK50+300	50300-1	500.0	34.21	148.0	7.00	10.33	粉砂③₅₈
	50300-2	500.0	29.02	177.0	7.00	12.86	
	50300-3	500.0	28.05	161.0	7.00	11.19	
DK49+800	49800-1	500.0	24.37	202.0	7.00	14.91	粉质黏土③₃₂
DK48+600	48600-1	500.0	26.51	224.0	7.00	16.32	粉土③₄₂

6.2.4　软土地基回弹变形试验与参数确定

根据《公路路基路面现场测试规程》（JTG 3450—2019）以及其他相关规范,采用承载板法开展试验,试验设备和试验步骤严格按照相关规范执行。

（1）地基各级荷载下回弹模量的计算方法

按下式计算各级荷载下的地基回弹模量 E_i 值：

$$E_i = \frac{\pi D}{4} \cdot \frac{p_i}{L_i}(1 - \mu_0^2)$$ （6-2-2）

式中：E_i——各级荷载下的土基回弹模量（MPa）；

μ_0——土的泊松比,碎石土可取 0.27,砂土可取 0.30,粉土可取 0.35,粉质黏土可取 0.38,黏土可取 0.42；

D——承载板直径,取 30cm；

p_i——承载板压力（MPa）；

L_i——相对于荷载 p_i 的回弹变形（cm）。

（2）地基回弹模量的计算方法

取结束试验前的各回弹变形值按线性回归方法按下式计算土基回弹模量 E_0 值。

$$E_0 = \frac{\pi D}{4} \cdot \frac{\sum p_i}{\sum L_i}(1 - \mu_0^2)$$ （6-2-3）

式中：E_0——地基回弹模量（MPa）；

μ_0——土的泊松比,碎石土可取 0.27,砂土可取 0.30,粉土可取 0.35,粉质黏土可取 0.38,黏土可取 0.42；

L_i——结束试验前的各级实测回弹变形值（cm）；

p_i——对应于 L_i 的各级压力值（MPa）。

（3）试验结果

①DK52+800 试验结果。

DK52+800 部位共检测 4 个点,其中线左设置两个试验点,中线和线右各设置一个试验点,DK52+800 的地质剖面如图 6-2-32 所示,试验地层为粉土层。

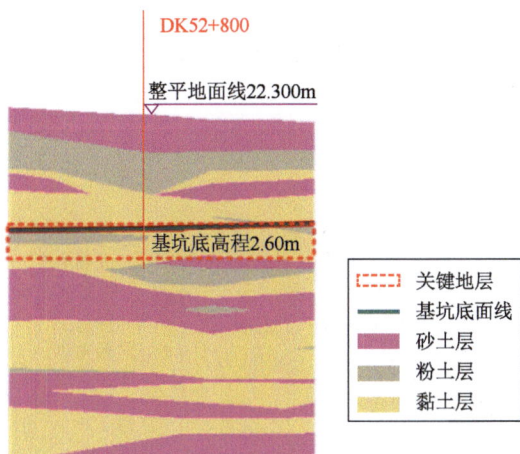

图 6-2-32　DK52 +800 地质剖面

DK52 +800 的回弹变形曲线如图 6-2-33 所示。该部位线左第一试验点的地基回弹模量为 48.26MPa，线左第二试验点的地基回弹模量为 55.17MPa，中线的地基回弹模量为 58.81MPa，线右的地基回弹模量为 54.09MPa。

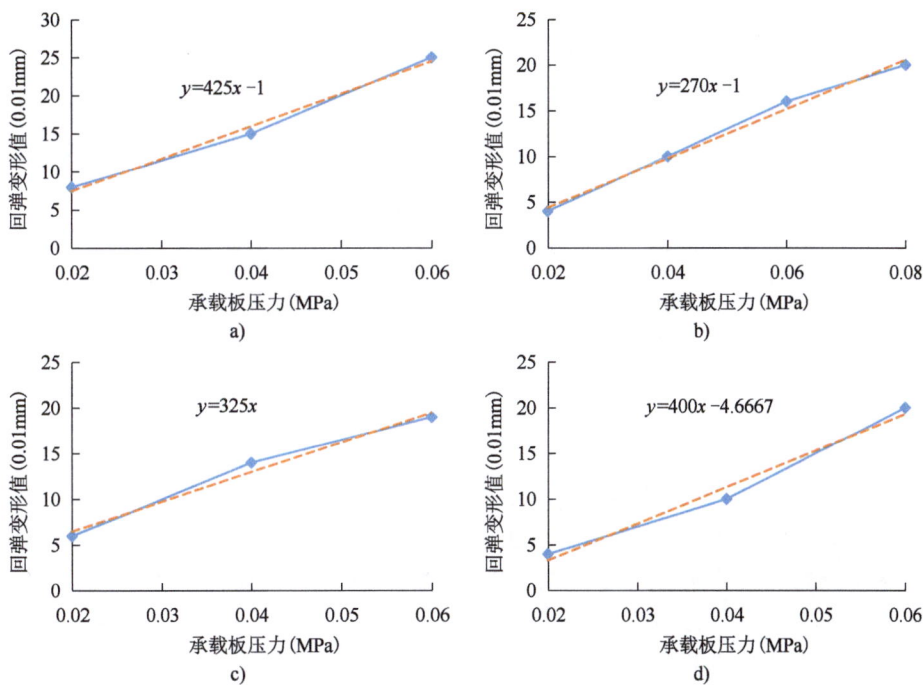

图 6-2-33　DK52 +800 回弹变形曲线

②DK50 +660 试验结果。

DK50 +660 共检测 4 个点，其中线左和线右各布置一个试验点、中线布置两个试验点，DK50 +660 的地质剖面如图 6-2-34 所示，试验地层为粉质黏土层，地层编号为⑤₃₃。

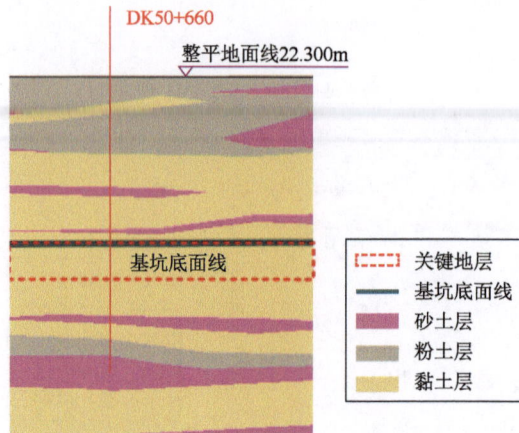

图 6-2-34　DK50 +660 地质剖面

DK50 +660 线左的回弹变形曲线如图 6-2-35 所示。该部位线左的地基回弹模量为 52.52MPa,中线第一试验点的地基回弹模量为 52.52MPa,中线第二试验点的地基回弹模量为 67.20MPa。

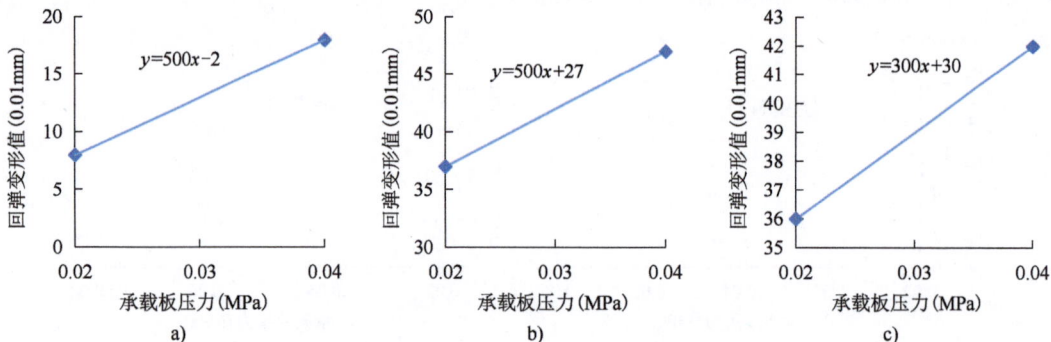

图 6-2-35　DK50 +660 线左回弹变形曲线

③DK50 +300 试验结果。

DK50 +300 部位共检测 4 个点,其中线左和线右各布置一个试验点、中线布置两个试验点,DK50 +300 的地质剖面如图 6-2-36 所示,试验地层为粉砂层,地层编号为③$_{58}$。

DK50 +300 的回弹变形曲线如图 6-2-37 所示,该部位线左的地基回弹模量为 33.17MPa,中线第一试验点的地基回弹模量为 41.72MPa,中线第二试验点的地基回弹模量为 44.64MPa,线右的地基回弹模量为 46.13MPa。

④DK49 +800 试验结果。

DK49 +800 部位共检测 4 个点,其中线左和线右各布置一个试验点、中线布置两个试验点,DK49 +800 的地质剖面如图 6-2-38 所示,试验地层为粉质黏土,地层编号为③$_{32}$。

DK49 +800 的回弹变形曲线如图 6-2-39 所示,该部位线左的地基回弹模量为 37.91MPa,中线第一试验点土基回弹模量为 48.20MPa,中线第二试验点地基回弹模量为 36.59MPa,线右的地基回弹模量为 42.23MPa。

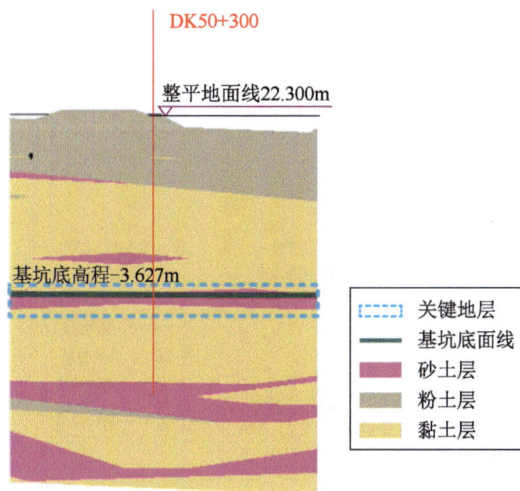

图 6-2-36　DK50 +300 地质剖面

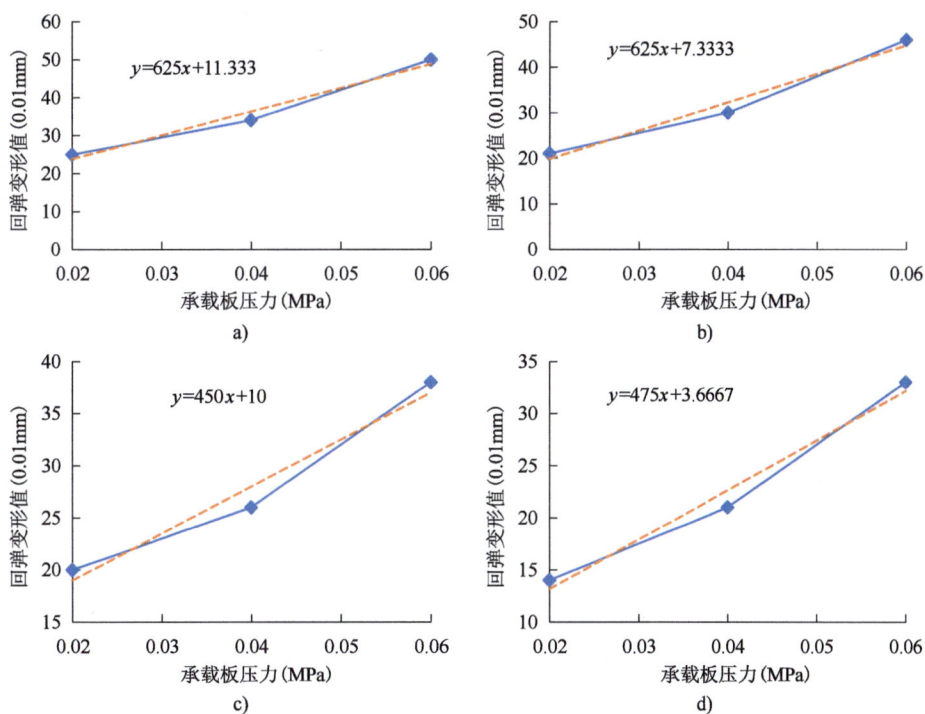

图 6-2-37　DK50 +300 回弹变形曲线

（4）软土回弹模量的确定

地基回弹变形试验共检测了 4 个部位 16 个点，每个部位去除偏离最大值，取其他点的平均值为最终的地层回弹模量，试验的关键地层和回弹模量检测结果如表 6-2-4 所示。

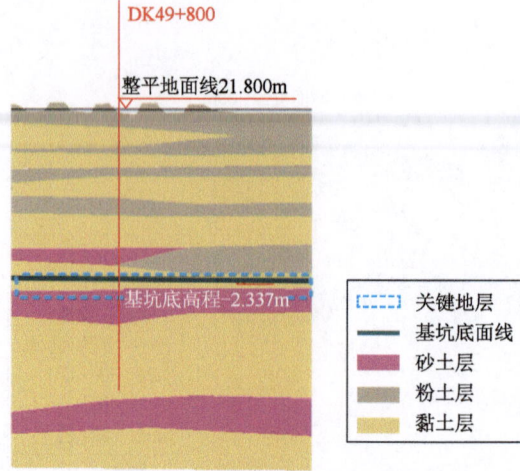

图 6-2-38　DK49 +800 地质剖面

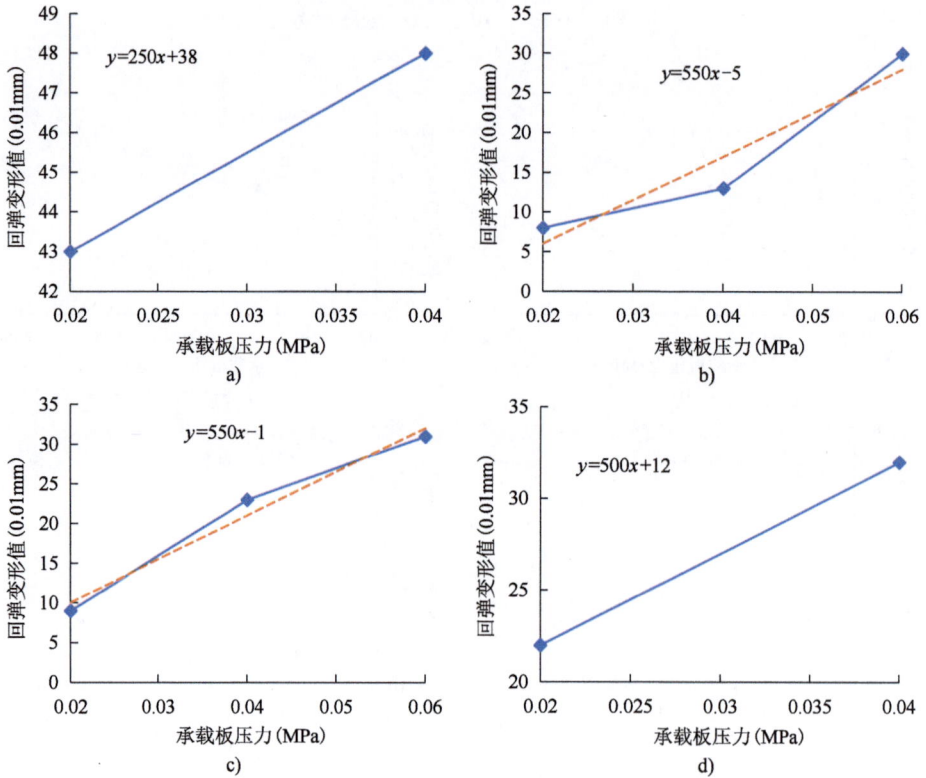

图 6-2-39　DK49 +800 回弹变形曲线

回弹模量检测结果汇总

表 6-2-4

测试位置	测点下卧土层	回弹模量（MPa）
DK52 +800	粉土③$_{42}$	56.02
DK50 +660	粉质黏土⑤$_{33}$	52.52

测试位置	测点下卧土层	回弹模量(MPa)
DK50+300	粉砂③$_{58}$	44.17
DK49+800	粉质黏土③$_{32}$	40.07

6.2.5 隧道变形预测分析与对比

为论证不同区段软土与覆土条件下的隧道沉降,论证计算方法是否可靠,分别选取砂土地层、粉土地层以及粉质黏土地层的典型断面,对实际荷载板试验结果与预测隧道结构沉降进行对比分析,验证沉降计算模式与参数的可靠性。

1)不同地层的沉降变形预测与实测结果

(1)互层地层的砂土下卧层

选取断面DK48+460进行模拟计算,该断面上覆土6.6m,基底以下为3.9m细砂层。建立二维有限元模型,依据载荷板试验的结论,基底地层细砂层变形模量取11.7MPa,其余地层参数与地勘资料一致,边界条件符合设计要求,如图6-2-40所示。

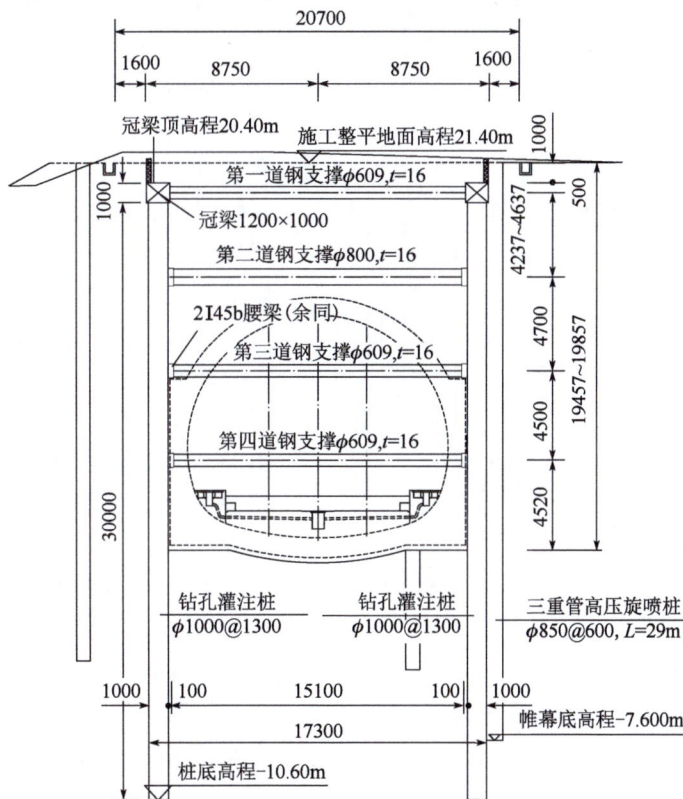

图6-2-40 DK48+460计算剖面图(尺寸单位:mm)

在DK48+460剖面分别计算未考虑浮力沉降以及折减浮力情况下的两种工况,得出的计算结果如图6-2-41所示。

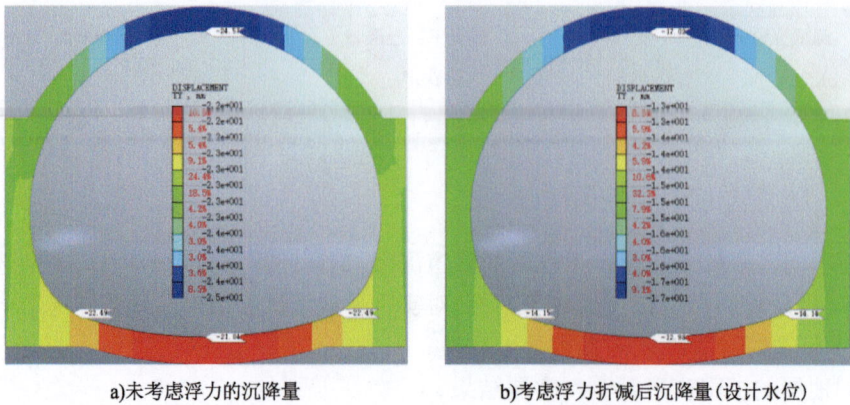

a)未考虑浮力的沉降量　　　　b)考虑浮力折减后沉降量(设计水位)

图 6-2-41　KD48+460 剖面计算结果

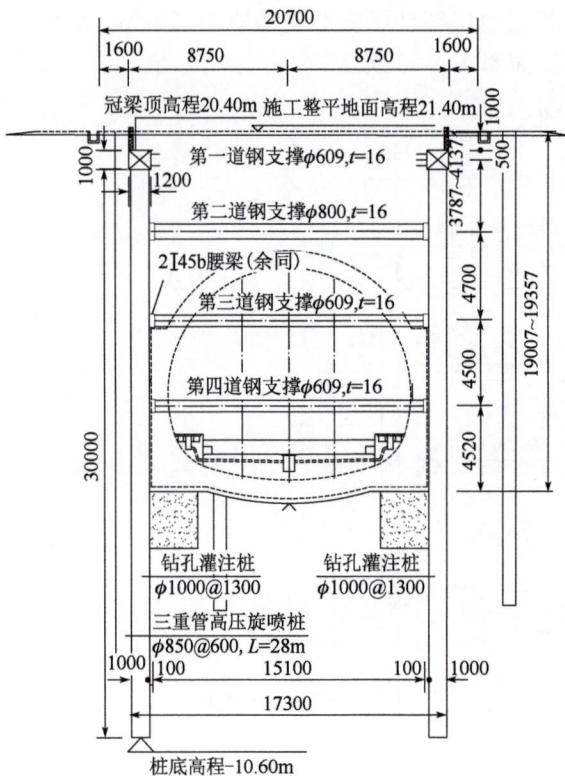

图 6-2-42　DK48+260 剖面图(尺寸单位:mm)

计算结果显示,不考虑浮力作用时,基底平均沉降量为 22.27mm,按地勘水位线考虑浮力后得到的基底平均沉降量为 13.76mm。

根据实际施工监测结果,该断面最终基底平均沉降量为 15.42mm。对比计算结果,不考虑浮力作用时,误差为+44.42%;按地勘水位线考虑浮力后,误差为 -10.76%。可见地下水位浮力影响较大,计算模型的结果可接受。

(2)互层地层的粉土下卧层

断面 DK48+260 基底以下的关键地层为粉土(编号③$_{42}$),采用原位试验得出的变形模量值 16.23MPa 进行模拟计算,其余地层参数与地勘资料一致,边界条件符合设计要求,如图 6-2-42 所示。

在 DK49+262 断面分别计算未考虑浮力沉降以及折减浮力情况下的两种工况,得出的计算结果如图 6-2-43 所示。

不考虑浮力工况,结构平均沉降值为 42.59mm,考虑浮力折减时,平均沉降量为 17.54mm。

实际施工监测值为 13.58mm,对比计算结果,不考虑浮力作用时,误差为+213.6%;浮力折减时,误差为+29.1%。浮力折减计算结果偏大,地下水位浮力影响较大,计算结果可接受。

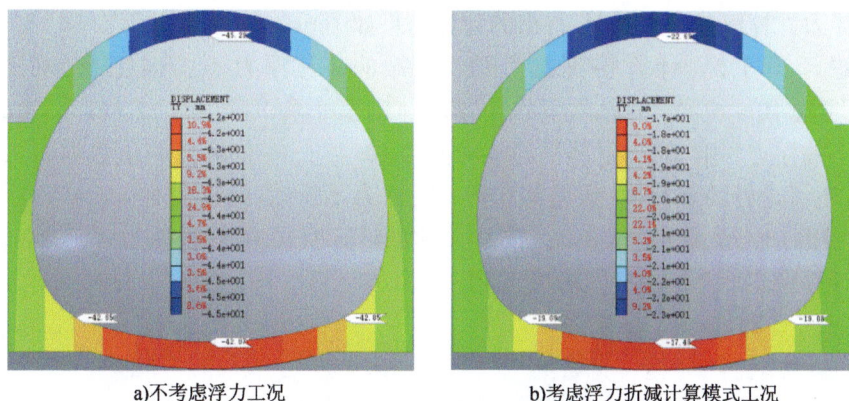

a)不考虑浮力工况   b)考虑浮力折减计算模式工况

图 6-2-43 DK49 +262 断面计算结果

（3）互层地层的粉质黏土下卧层

断面 DK47 +575 基底以下的关键地层为粉质黏土（编号③$_{32}$），采用原位试验得出的变形模量值 14.91MPa 进行模拟计算，其余地层参数与地勘资料一致，边界条件符合设计要求，如图 6-2-44 所示。

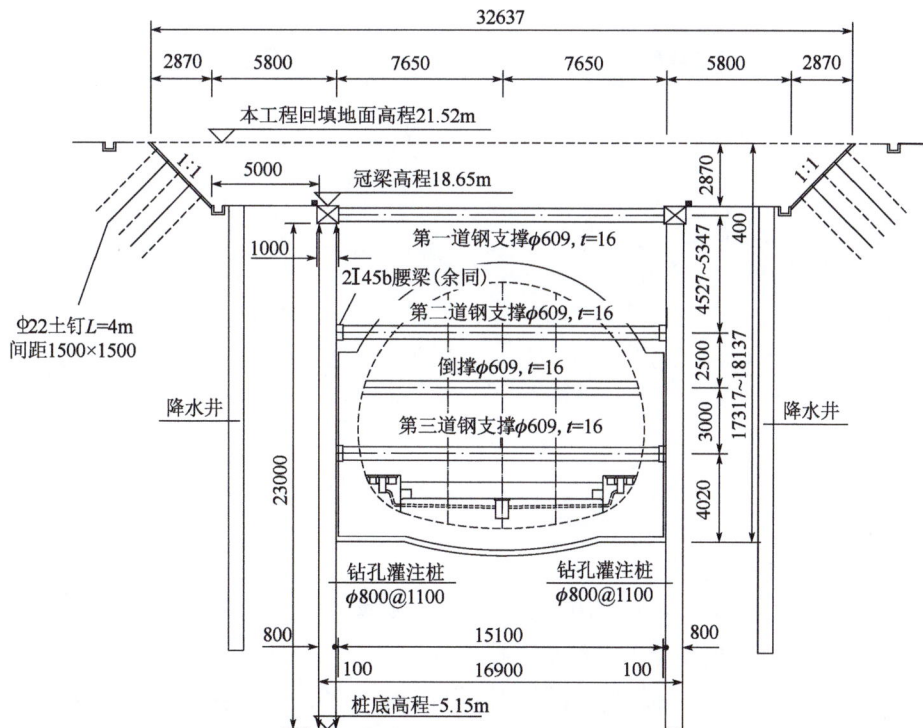

图 6-2-44 DK47 +575 剖面图（尺寸单位：mm）

在 DK47 + 575 断面分别计算不考虑浮力、浮力不折减、10m 埋深浮力计算模式和采用 30m 埋深浮力计算模式四种工况,得出的计算结果如图 6-2-45 所示。

不考虑浮力工况,计算得到沉降值为 27.84mm;浮力不折减工况,平均沉降值为 19.37mm;考虑 10m 埋深计算模式下的浮力影响工况,平均沉降值为 22.66mm;考虑 30m 埋深计算模式下的浮力影响工况,下部平均沉降值为 10.47mm。实际监测值数据为 9.5mm,对比计算结果,不考虑浮力作用时,误差为 +193%;浮力不折减时,误差为 +104%;浮力折减(按埋深 10m 考虑)时,误差为 +138%,;按 30m 埋深计算模式工况,误差为 +10.2%。可见 30m 埋深所提计算模式计算结果与实测值匹配。

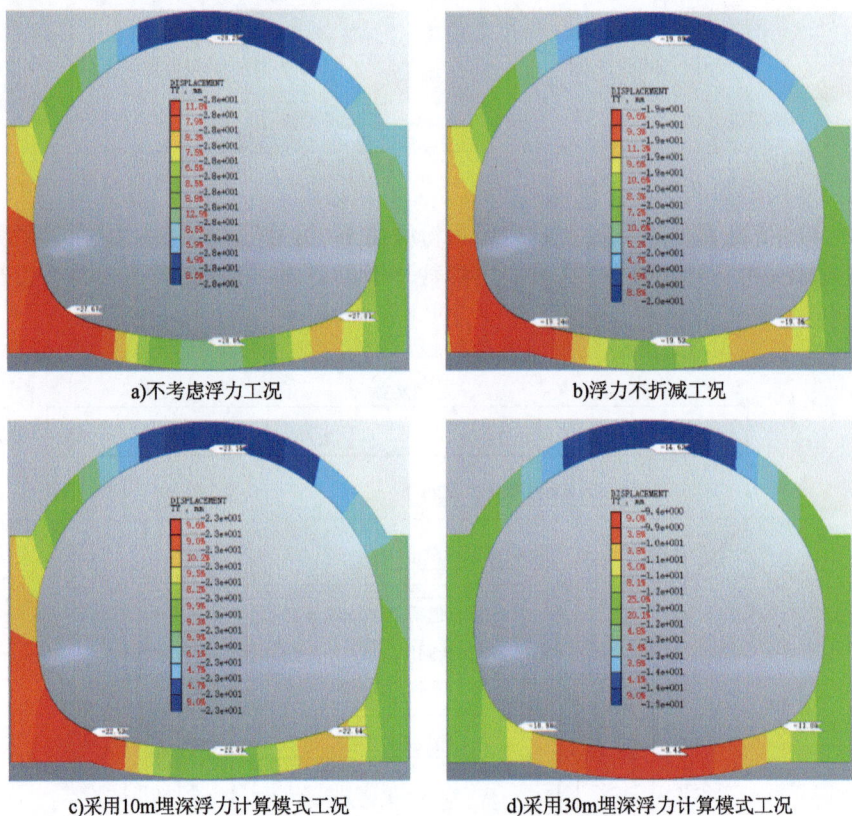

a)不考虑浮力工况 b)浮力不折减工况
c)采用10m埋深浮力计算模式工况 d)采用30m埋深浮力计算模式工况

图 6-2-45 DK47 +575 断面计算结果

2)实测与预测结果对比分析

(1)对于砂性土,计算误差为 - 10.76% ~ + 44.42%,其误差与地下水有关,可见地下水位浮力影响较大,但计算模型得到的结果可接受。

(2)对于粉土按本章所提浮力折减时,误差为 + 29.1%;但浮力不折减时,误差为 213.6%。本章所提浮力折减计算结果较实际监测值偏大,计算结果误差较小,计算结果可接受。

(3)对于粉质黏土,浮力不折减时,误差为 +104%;浮力折减(按埋深 10m 考虑)时,误差

为 $+138\%$；按计算模式工况，误差为 $+10.2\%$。可见 $30m$ 埋深所提计算模式计算结果与实测值匹配。

综上所述，本章所提浮力折减计算方法计算值与实测值比较匹配，可以用于沉降预测与分析，便于沉降控制。

6.3 隧道沉降变形控制技术

6.3.1 地基处理技术

1）地基承载力不足地段

（1）基底加固原则

对于隧道基坑内地层承载力特征值小于 $160kPa$ 的地段，为防止运营期产生较大沉降，改善仰拱内力分布，同时为满足基坑抗倾覆稳定性、增加基坑内侧被动土压力，采用三重管高压旋喷桩进行基底满堂或裙边加固。

（2）基底加固段落

基底加固段落详见表 6-3-1。

基底加固段落

表 6-3-1

序号	起始里程	终点里程	长度（m）	备注
1	DK40＋700	DK41＋400	700	裙边
2	DK44＋911.349	DK44＋946	34.651	站隧过渡段、满堂（加固深度5m）
3	DK44＋946	DK44＋983	37	站隧过渡段、满堂（加固深度3m）
4	DK44＋983	DK47＋400	2417	裙边
5	DK48＋320	DK48＋400	80	裙边［墙角处2.65m（宽）×3.0m（深）］
6	DK50＋940	DK51＋000	60	裙边［墙角处2.65m（宽）×3.0m（深）］
7	DK51＋000	DK51＋100	100	满堂（加固深度3.0m）
8	DK51＋100	DK52＋769	1669	裙边［墙角处3.25m（宽）×3.0m（深）］
9	DK52＋920	DK53＋300	380	裙边［墙角处2.65m（宽）×3.0m（深）］
合计			5477.651	

（3）基底加固方案

基底加固采用 $\phi850mm@600mm$ 三重管高压旋喷桩，沿加固段落纵向通长布置，旋喷桩水泥掺量不小于 $450kg/m^3$，单轴抗压强度不小于 $2MPa$。基底加固位置见图 6-3-1。

（4）基底加固效果分析

采用前述沉降变形预测方法，得到基底加固前、后沉降对比，如图 6-3-2 所示。未加固时，浮力作用后基底沉降量为 10.1mm；加固后在浮力作用下基底沉降量为 9.91mm。对比发现，裙边加固的沉降控制效果有限。

2）隧道基底存在软弱下卧层地段

（1）基底加固原则

隧道段基坑底板以下 5m 范围存在粉砂地层等软弱下卧层，采用旋喷桩进行基底加固。

181

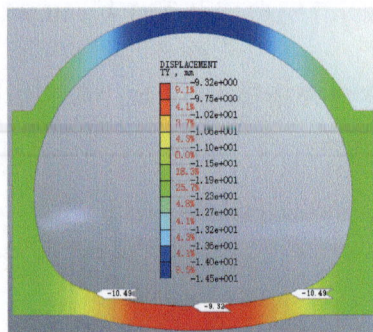

a)加固前

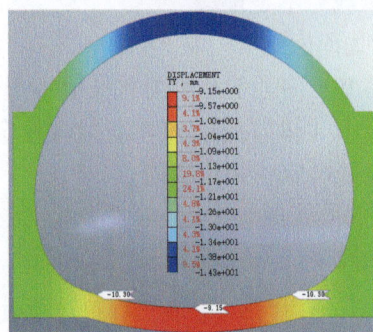

b)加固后

图6-3-2 基底沉降数值模拟结果

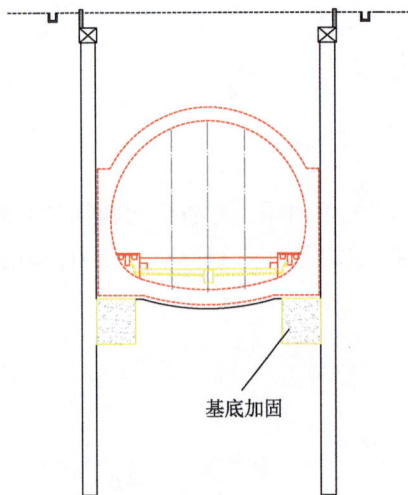

基底加固

图6-3-1 基底加固位置示意图

（2）基底加固段落

基底加固段落详见表6-3-2。

隧道软弱下卧层基底加固段落 表6-3-2

序号	起始里程	终点里程	长度（m）
1	DK40+780	DK40+960	180
2	DK42+000	DK42+360	360
3	DK42+480	DK42+840	360
4	DK45+300	DK45+560	260
5	DK46+140	DK46+220	80
6	DK46+570	DK46+970	400
7	DK47+250	DK47+570	320
8	DK47+810	DK48+000	190
9	DK48+400	DK48+460	60
合计			2210

（3）基底加固方案

基底加固采用 $\phi850mm@600mm$ 三重管高压旋喷桩，加固深度为基底以下5m，布置方式三桩一组，$3m×3m$ 交错布置。旋喷桩水泥掺量不小于 $450kg/m^3$，单轴抗压强度不小于2MPa。

（4）基底加固效果分析

采用前述沉降变形预测方法，得到基底加固前、后沉降对比，如图6-3-3所示。

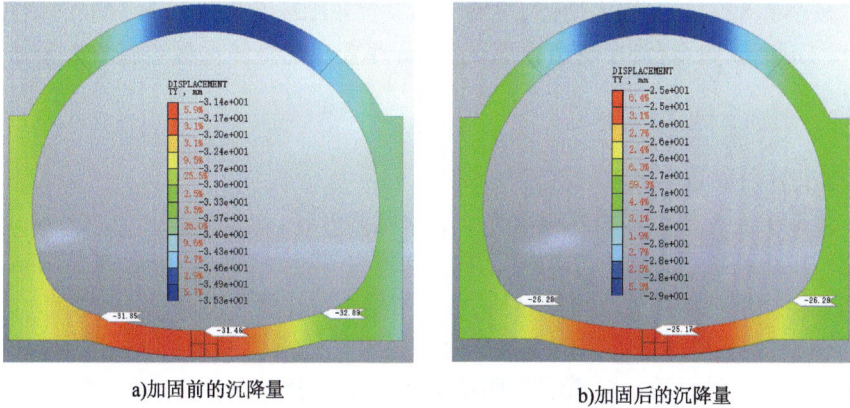

a)加固前的沉降量　　　　　　　　　b)加固后的沉降量

图6-3-3　基底沉降数值模拟结果

加固前基底沉降量为31.3mm，加固后基底沉降量为25.6mm，沉降量减小18%。

3）下穿永定河北堤段

隧道在DK50+990～DK51+120段下穿永定河北堤，隧道与北堤相交处中心里程为DK51+055，水平交角约为71.24°，大堤按规划高程恢复后隧道覆土厚度约20m，属于超高填方明挖隧道。

为防止上方大堤恢复后对隧道产生较大影响，拱墙下部设置ϕ1.2m@3.0m、深34m的钻孔灌注桩基础，桩顶设置1m高纵向承台。在隧道顶部设置1.0m厚盖板，盖板与基坑侧壁围护桩相连，通过围护结构分担部分顶部填土荷载，如图6-3-4所示。

加固前、后沉降对比如图6-3-5所示。

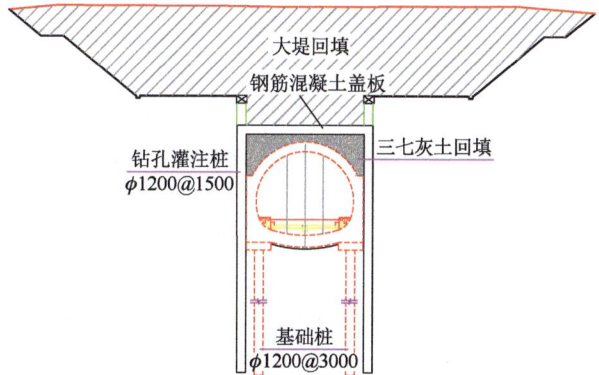

图6-3-4　桩基加固位置示意图

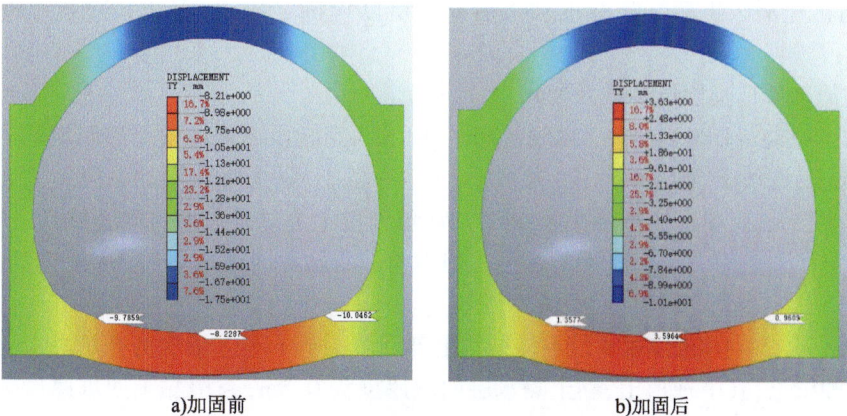

a)加固前　　　　　　　　　　b)加固后

图6-3-5　基底沉降数值模拟结果

按水头高度在黏土层底部施加浮力,加固前沉降量为9mm,加固后沉降量为1.6mm。

通过对比发现,未施加浮力前加固措施导致沉降量减小了45.6%,施加浮力后加固措施导致沉降量减小了82.2%。综上所述,拱墙下部设置φ1.2m@3.0m、深34m的钻孔灌注桩基础,桩顶设置1m高纵向承台,在隧道顶部设置1m厚盖板的整体加固措施效果显著。

6.3.2 明挖隧道回填技术

(1)上方土方回填基本要求

隧道主体结构上方的土方回填应对称分层填筑和夯实,每层厚度不宜大于0.3m,拱高范围内其两侧回填土高差不宜大于0.5m,回填至拱顶后,即应满铺,并分层向上填筑,严禁随意抛填。基坑分段回填在接茬处应设置台阶,台阶宽度不得小于1m,高度不得大于0.5m。基坑回填时,机械或机具不得碰撞隧道防水保护层。隧道结构两侧及顶部1m范围内以及地下管线周围应采用小型机具夯填。隧道洞顶回填机械施工荷载不大于20kPa,禁止采用振动碾压模式。

机场范围回填标准应满足机场建设基础要求,其余段落回填施工应满足《地下铁道工程施工质量验收标准》(GB/T 50299—2018)中的相关规定。

(2)规划机场飞行区(DK48+000~DK49+188段)回填标准

机场范围内明挖基坑填筑压实标准须满足表3-4-1要求。宜采用变形小、水稳定性高的填料,利用基坑开挖土经掺加石灰及水泥处理后作为填料,应逐层采用同种填料进行回填再进行压实,避免产生不均匀沉降;如回填空间狭窄,不利于采用常规机具进行压实,应采用小型压实或振捣实机具,确保压实质量,必要时视工程条件可采取适当的地基处理措施。

主体结构上部回填层从下至上依次为三七灰土、夯填土、黏土隔水层,其中黏土隔水层回填厚度为0.5m。回填高度大于3m时,三七灰土回填厚度为3m;回填高度小于3m时,全部回填三七灰土。回填压实度不小于96%。回填前需凿除距回填地面线3m以内的砖墙、桩和冠梁。

(3)飞行区隧道工后沉降与差异沉降标准

①飞行区道面影响区的滑行道和停机坪工后沉降标准为0.3m,工后差异沉降为0.2‰。

②飞行区土面区工后沉降标准和工后差异沉降应满足排水、管线和建筑等设施的使用要求。

(4)其他区域范围回填标准及要求

①DK49+188~DK49+475、DK52+769~DK53+008段主体结构上部回填层从下至上依次为夯填黏土、夯填土、黏土隔水层、种植土,其中种植土、黏土隔水层回填厚度为0.5m,夯填黏土回填厚度1m,回填压实度不小于94%。回填种植土为原开挖基坑时清除地表种植土,收集备用;黏土严禁使用具有膨胀性的黏土。回填前需凿除距回填地面线3m以内的砖墙、桩和冠梁。

②DK49+475~DK51+000段主体结构上部回填层从下至上依次为夯填黏土、夯填土、黏土隔水层、种植土,其中种植土、黏土隔水层回填厚度为0.5m,夯填黏土回填厚度1m,回填压实度不小于94%。回填种植土为原开挖基坑时清除地表种植土,收集备用;黏土严禁使用具

有膨胀性的黏土。

③永定河范围内(DK50+124~DK52+651)主体结构上部回填层从下至上依次为三七灰土、夯填土、黏土隔水层、种植土,其中种植土、黏土隔水层回填厚度为0.5m,结构顶至冲刷高程回填三七灰土,回填压实度不小于94%。回填种植土为原开挖基坑时清除地表种植土,收集备用;黏土严禁使用具有膨胀性的黏土。

④永定河北堤DK51+000~DK51+124段,结构顶至冲刷高程回填三七灰土,冲刷高程以上由相关具资质的设计单位按水利部门要求进行回填设计,回填压实度不小于94%。回填前先凿除冲刷高程以下3m的桩和冠梁,并预留1m桩的钢筋头,回填至冲刷高程下3m位置时,施作混凝土盖板,并与桩钢筋一起浇筑,详见盖板配筋图。

⑤永定河南堤DK52+651~DK52+769段,结构顶至冲刷高程回填三七灰土,冲刷高程以上由相关具资质的设计单位按水利部门要求进行回填设计。

⑥DK53+008~DK53+300段主体结构上部回填层从下至上依次为夯填土、黏土隔水层、种植土,其中黏土隔水层、种植土回填厚度为0.5m。回填压实度不小于94%。回填种植土为原开挖基坑时清除地表种植土,收集备用;黏土严禁使用具有膨胀性的黏土。

6.3.3 铺轨变形调节技术

1)互层地质的砂土下卧层段轨道变形调节量分析

DK48+460断面附近沉降监测点的沉降-时间曲线和剖面围护结构断面如图6-3-6和图6-3-7所示。由沉降曲线可知,该剖面在2019年8月10日前隧道都以较为均匀的速度沉降。截至2019年12月23日,沉降监测点S1累计沉降值为14.53mm,沉降监测点S2累计沉降值为18.73mm,沉降监测点S3累计沉降值为13.2mm,平均累计沉降值为15.49mm。

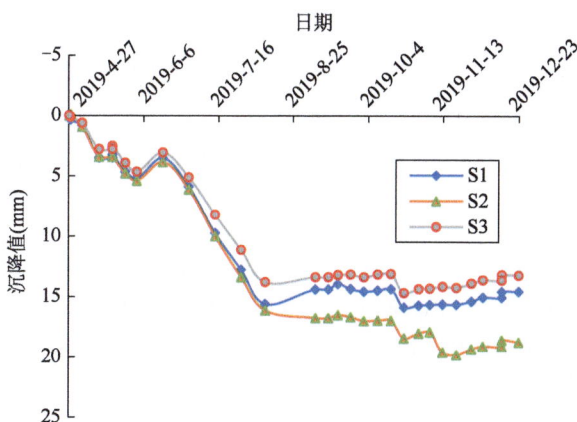

图6-3-6 DK48+465剖面沉降监测曲线

(1)分层总和法沉降量计算

①铺轨前基底沉降计算。

回填土基底附加压力为$p_0 = \gamma d = 139$kPa,水位回升后的基底附加压力$p_0 = \gamma d - \beta F = 79$kPa,计算沉降变形结果如表6-3-3所示。

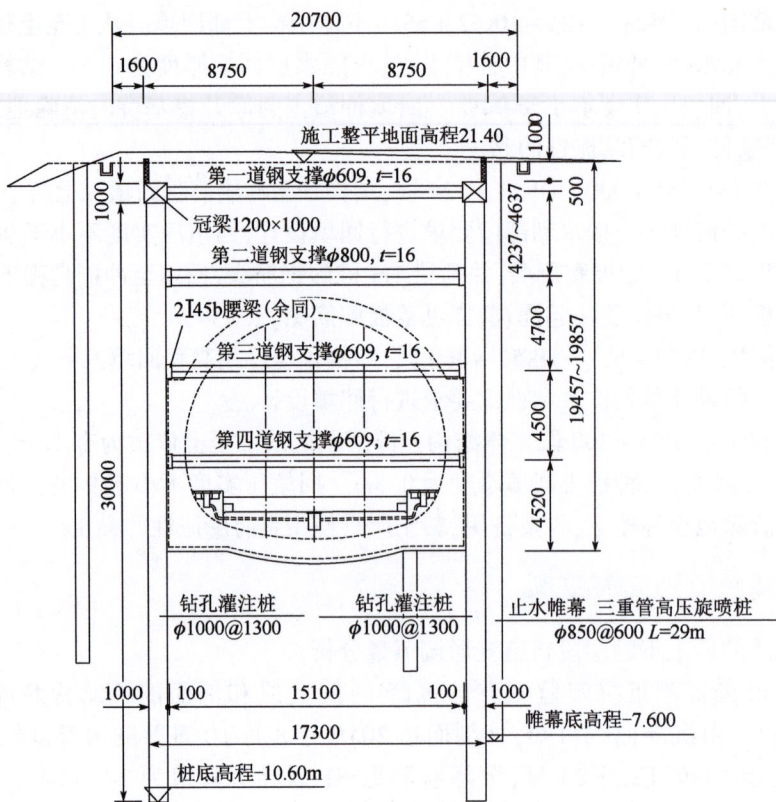

图 6-3-7　DK48＋460 计算剖面(尺寸单位:mm)

分层总和法计算结果汇总　　　　　　　　　　　　　　　表 6-3-3

工况	监测数据平均累计沉降值(mm)	不考虑地下水时的沉降(mm)	考虑地下水时的沉降(mm)	修正系数 ζ
计算结果	15.49	17.66	10.01	1.55

②铺轨后基底沉降预测。

铺轨后列车运营时,施加的基底附加压力 $p_0 = \gamma d - \beta F + F_r = 10\text{kPa}$。

计算沉降量为 12.73mm,采用铺轨前的沉降修正系数 1.55,得到最终沉降值为

$$S = \zeta \bar{s} = 1.55 \times 12.73 = 19.73 \text{mm}。$$

(2)数值方法基底沉降量计算

采用前述沉降变形计算方法,得出的结果如图 6-3-8 所示。

根据图 6-3-8 计算结果,得出浮力工况下隧道基底沉降值为 13.76mm,列车荷载作用下隧道基底沉降值为 17.23mm。实际监测数据为 15.49mm,比较计算结果,采用本节沉降计算模型所得沉降比实际值低 11%,如表 6-3-4 所示。

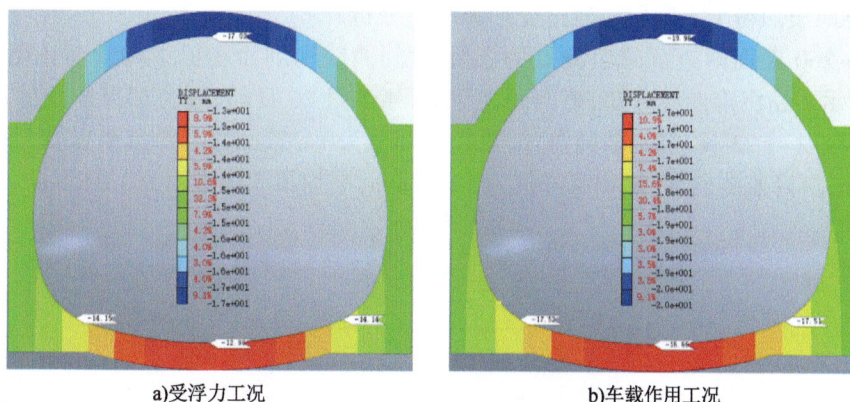

a)受浮力工况   b)车载作用工况

图6-3-8 基底沉降数值模拟结果

数值方法计算结果汇总   表6-3-4

工况	监测数据沉降平均值(mm)	考虑地下水时的沉降(mm)	修正系数 ζ
计算结果	15.49	13.76	1.13

铺轨后列车运营时,隧道基底计算沉降量为17.23mm,采用铺轨前的沉降修正系数1.13,得到最终沉降值为 $S = \zeta s = 1.13 \times 17.23 = 19.47$ mm。

(3)固结周期评估

以大规模填筑加载为监测原点,整理观测沉降曲线如图6-3-9所示。采用双曲线拟合得到沉降曲线: $y = x/(2.11 + 0.063x)$,可以看出由于粉质黏土-粉土-粉细砂互层地层,沉降曲线比理论上的沉降曲线变化速率快,并较快收敛,55d时互层地层固结周期为90%,而理论上的固结度为52%,推荐该地层的固结周期为55d。

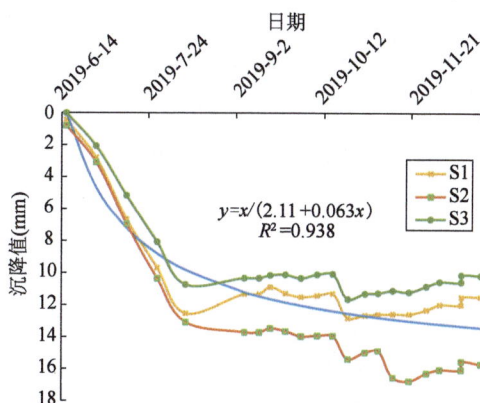

图6-3-9 DK48+465剖面沉降监测数据拟合结果

(4)轨道变形调节量

互层地质的砂土下卧层采用分层总和法得到修正系数为1.55,数值仿真得到修正系数为1.13。采用两种不同的计算方法得到互层地质砂土下卧层最终沉降量为19.5~19.7mm,铺轨后沉降量为4~4.2mm,固结周期为55d,铺轨时可以此为依据调节轨道高度。

2）互层地质的粉土下卧层段轨道变形调节量分析

DK48 +260 断面附近沉降监测点的沉降-时间曲线和剖面围护结构断面如图 6-3-10 和图 6-3-11所示。由沉降曲线可知，该剖面在 2019 年 7 月 26 日前，隧道都以较快的速度沉降，截至 2019 年 12 月 23 日，沉降监测点 S1 累积沉降值为 14.21mm，沉降监测点 S2 累积沉降值为 14.14mm，沉降监测点 S3 累积沉降值为 12.22mm，平均累积沉降值为 13.52mm。

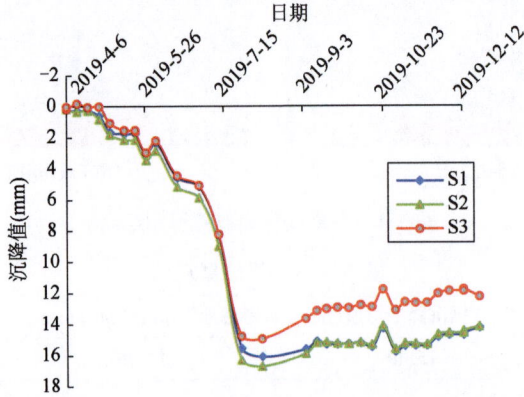

图 6-3-10　DK48 +262 剖面沉降监测曲线

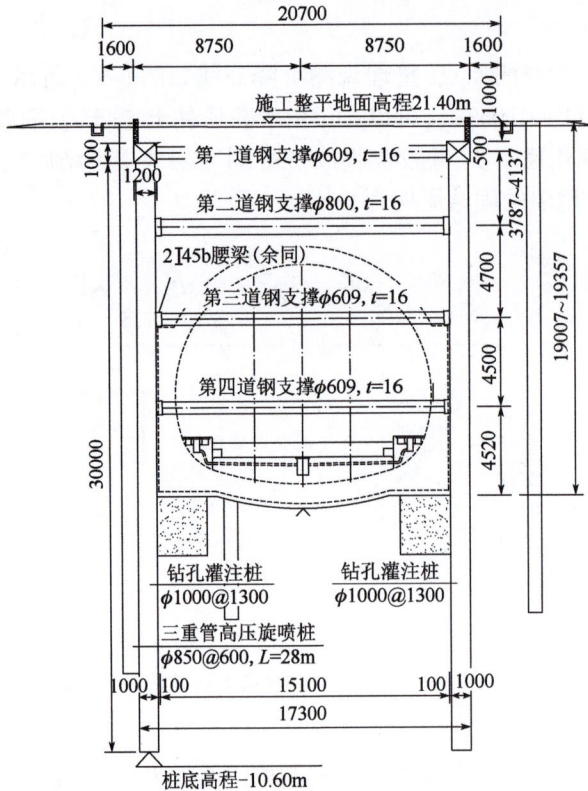

图 6-3-11　DK48 +260 计算剖面(尺寸单位:mm)

（1）分层总和法沉降量计算

①铺轨前基底沉降。

回填土基底附加压力 $p_0 = \gamma d = 141.8$kPa，水位回升后的基底附加压力 $p_0 = \gamma d - \beta F = 109.2$kPa，计算结果如表 6-3-5 所示。

分层总和法计算结果汇总   表6-3-5

工况	监测数据平均值（mm）	考虑地下水时的沉降（mm）	修正系数 ζ
计算结果	13.52	9.62	1.41

②铺轨后沉降预测。

铺轨后列车运营时，施加的基底附加压力 $p_0 = \gamma d - \beta F + F_r = 131.4$kPa，计算沉降量为 11.57mm，采用铺轨前的沉降修正系数 1.41，得到最终沉降值为 $S = \zeta s = 1.41 \times 11.57 = 16.3$mm。

（2）数值方法沉降计算

采用前述沉降变形计算方法，得到沉降变形结果如图 6-3-12 所示。

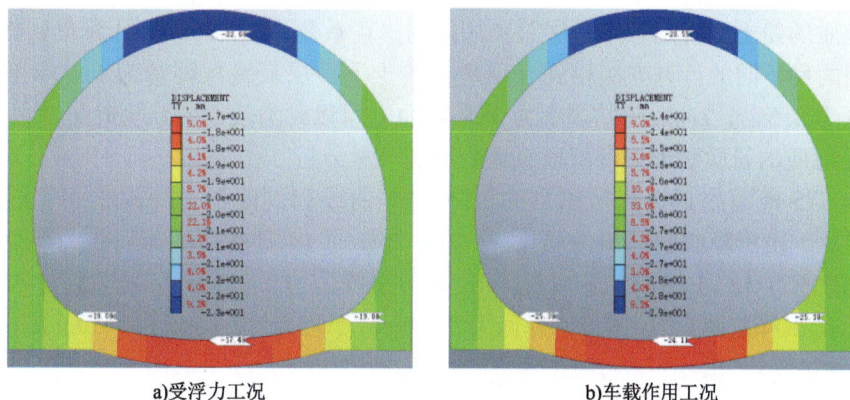

a)受浮力工况   b)车载作用工况

图6-3-12　基底沉降数值模拟结果

根据图 6-3-12 计算结果，得出浮力工况下隧道基底沉降值为 17.54mm；列车荷载作用下隧道基底沉降值为 24.96mm。实际监测数据为 13.58mm，比较计算结果表明采用沉降计算模式所得沉降比实际值高 29.2%，见表 6-3-6。

数值方法计算结果汇总   表6-3-6

工况	监测数据平均值（mm）	不考虑地下水时的沉降（mm）	考虑地下水时的沉降（mm）	修正系数 ζ
计算结果	13.52	42.59	17.54	0.77

铺轨后列车运营时，计算沉降量为 24.96mm，采用铺轨前的沉降修正系数 0.77，得到最终沉降值为 $S = \zeta s = 0.77 \times 24.96 = 19.22$mm。

（3）固结周期评估

以大规模填筑加载为监测原点，整理观测沉降曲线如图 6-3-13 所示。采用双曲线拟合得到沉降曲线：$y = x / (1.95 + 0.069x)$。可以看出由于粉质黏土-粉土-粉细砂互层地层下卧层为粉土,沉降曲线比理论上的沉降曲线速率快,并较快收敛,55d 时互层地层固结周期为 99%,而理论上的固结度为 75%,推荐该地层的固结周期为 55d。

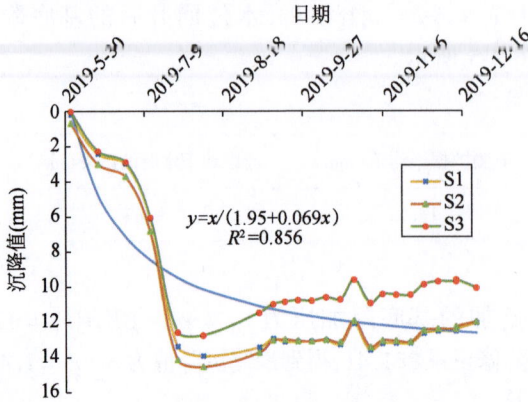

图 6-3-13　DK48+262 剖面沉降监测数据拟合结果

(4)轨道变形调节量

互层地质的粉土下卧层采用分层总和法得到修正系数为 1.41,数值计算得到修正系数为 0.77。采用两种不同的计算方法得到互层地质粉土下卧层最终沉降量为 17.0~19.2mm,铺轨后沉降量为 3.5~5.7mm,固结周期为 55d,铺轨时可以此为依据调节轨道高度。

3)互层地质的粉质黏土下卧层段轨道变形调节量分析

DK47+575 断面附近沉降监测点的沉降-时间曲线和剖面围护结构断面如图 6-3-14 和图 6-3-15所示。由沉降曲线可知,该剖面在 2019 年 7 月 19 日前隧道都以较为均匀的速度沉降,截止到 2019 年 12 月 23 日沉降监测点 S1 累计沉降值为 9.97mm,沉降监测点 S2 累计沉降值为 9.79mm,沉降监测点 S3 累计沉降值为 8.74mm,平均累计沉降值为 9.50mm。

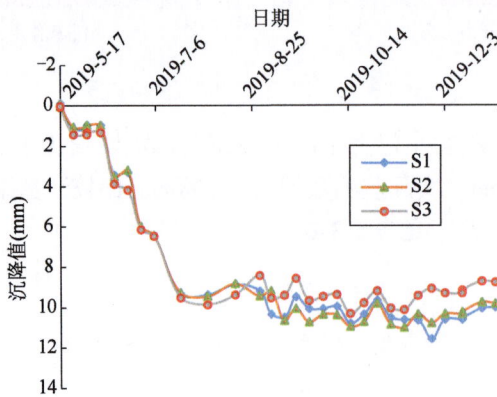

图 6-3-14　DK47+557 剖面沉降监测曲线

(1)分层总和法计算沉降值

①铺轨前基底沉降计算。

回填土基底附加压力 $p_0 = \gamma d = 115.6\text{kPa}$。

水位回升后的基底附加压力 $p_0 = \gamma d - \beta F = 103.4\text{kPa}$。

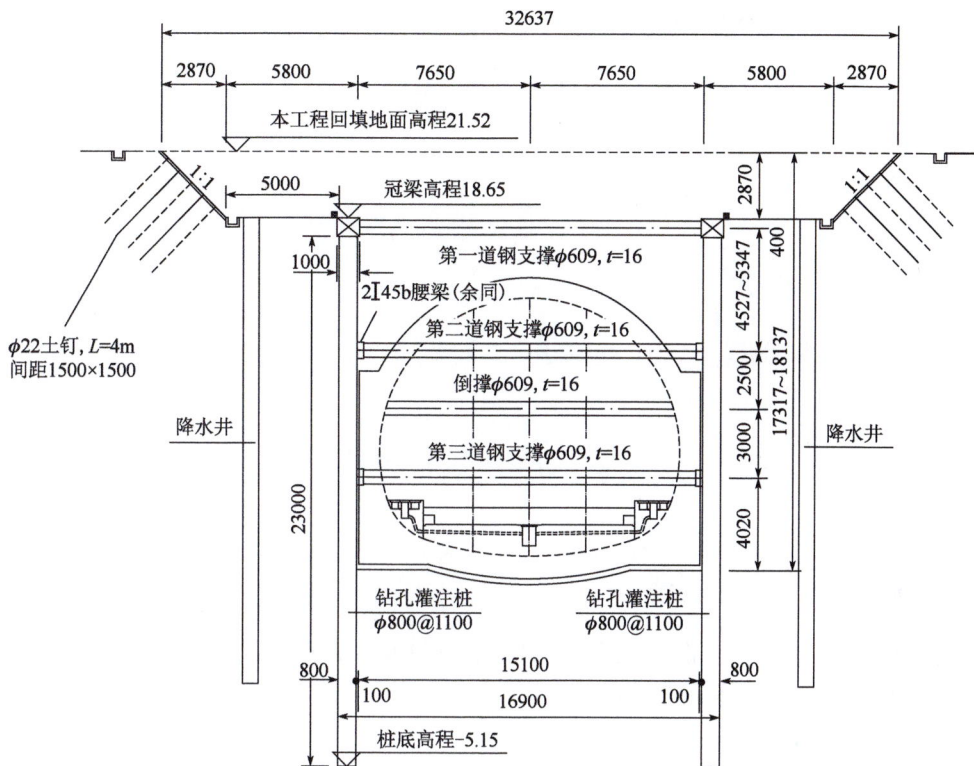

图 6-3-15　DK47+575 计算剖面(尺寸单位:mm;高程单位:m)

分层总和法计算结果如表 6-3-7 所示。

分层总和法计算结果汇总　　　　　表 6-3-7

工况	监测数据平均值(mm)	不考虑地下水时的沉降(mm)	考虑地下水时的沉降(mm)	修正系数 ζ
结果	9.50	8.68	7.76	1.22

②铺轨后基底沉降预测。

铺轨后列车运营时,施加的基底附加压力 $p_0 = \gamma d - \beta F + F_r = 125.2$ kPa。计算沉降量为 9.4mm,采用铺轨前的沉降修正系数 1.22,得到最终沉降值为:$S = \zeta s = 1.22 \times 9.4 = 11.47$ mm。

(2)数值方法计算沉降值

采用前述沉降变形计算方法,得到沉降变形结果如图 6-3-16 所示。

根据图 6-3-16 计算结果,得出浮力工况下隧道基底沉降值为 10.47mm;列车荷载作用下隧道基底沉降值为 13.41mm。实际监测数据为 9.50mm,比较计算结果表明采用沉降计算模式所得沉降比实际值高 10.2%,如表 6-3-8 所示。

191

a)受浮力工况

b)车载作用工况

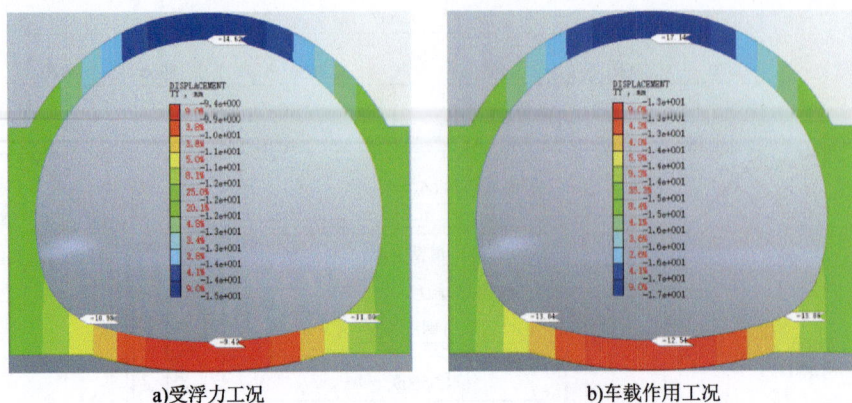

图 6-3-16　基底沉降数值模拟结果

数值方法计算结果汇总　　　　　　　　　　　　　　　　表 6-3-8

工况	监测数据平均值（mm）	考虑地下水时的沉降（mm）	修正系数 ζ
计算结果	9.50	10.47	0.91

铺轨后列车运营时,计算沉降量为 13.41mm,采用铺轨前的沉降修正系数 0.91,得到最终沉降值 $S = \zeta s = 0.91 \times 13.41 = 12.20$ mm。

（3）固结周期评估

以大规模填筑加载为监测原点,整理观测沉降曲线如图 6-3-17 所示。采用双曲线拟合得到沉降曲线: $y = x/(1.31 + 0.092x)$。可以看出由于粉质黏土-粉土-粉细砂互层地层,沉降曲线比理论上的沉降曲线速率快,并较快收敛,63d 时互层地层固结周期为 95%,而理论上的固结度为 62%,推荐该地层的固结周期为 63d。

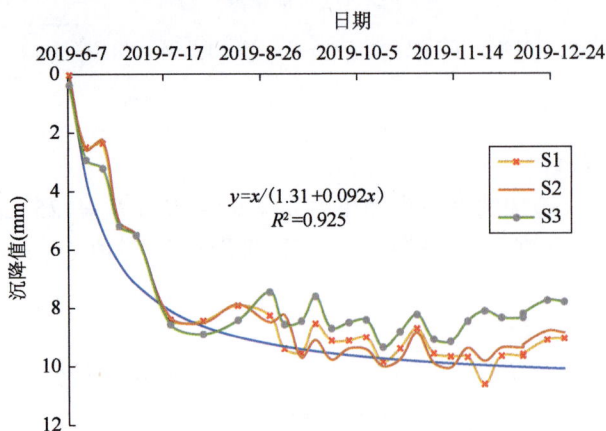

图 6-3-17　DK47 +557 剖面沉降监测数据拟合结果

（4）轨道变形调节量

互层地质的粉质黏土下卧层采用分层总和法得到修正系数为 1.22,数值计算得到修正系数为 0.91。采用两种不同的计算方法得到互层地质粉土下卧层最终沉降量为 10.47 ~

11.47mm,铺轨后沉降量为 0.73~1.73mm,固结周期为 63d,铺轨时可以此为依据调节轨道高度。

6.4 已铺轨段隧道回填影响分析及沉降变形控制技术

6.4.1 施工马道概况

为保障京雄城际机场隧道无砟轨道板铺设工程按期完成,根据施工组织要求,在隧道 DK50+780 设置一处轨道板施工马道。马道最深处开挖约 21.8m,自隧道衬砌开口处,与隧道结构垂直设置长 9m 的直线段,之后经过 90°曲线连接到与隧道走向平行的直线段,整个马道以 3%+11% 的坡度逐渐爬升至整平地面。待隧道段铺轨完成后对隧道主体结构进行封堵,最后对隧道结构进行覆土回填。这就表明马道段落范围内的回填工程须在铺轨完成后进行。

在回填施工过程中,隧道顶部的加载改变了地基受力状态,引起隧道基底变形,影响已铺设的无砟轨道平顺性,严重时可能会导致本段轨道需重新铺设,影响全线的联调联试时间,造成京雄城际铁路不能按期开通。因此,必须采取有效的工程措施来避免此类问题的发生。马道与正线平面位置关系如图 6-4-1 所示。

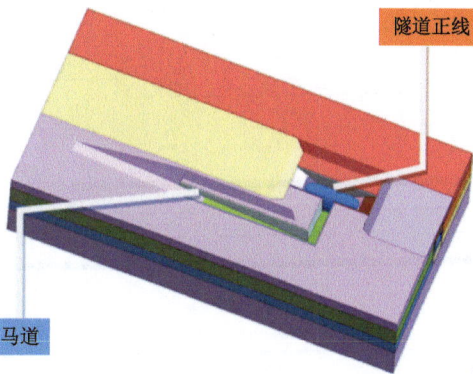

图 6-4-1　马道与隧道正线平面位置关系示意图

马道段隧道主要处于第四系上更新统地层中,由上至下主要有粉土、粉质黏土①、粉砂、粉质黏土②和黏土等。在钻孔控制的深度范围内有地下水,地下水类型为层间无压水,水位埋深约在地面以下 7m。土层物理性质参数见表 6-4-1。

在明挖高速铁路隧道施工过程中,土方回填应在铺轨之前完成,并应有一定的工后沉降观测期,待沉降稳定后方可铺设无砟轨道。一般情况下无砟轨道铺设后禁止在隧道上方进行大规模的填、挖工程,否则上方土体的回填会导致隧道结构沉降,从而使无砟轨道产生较大变形,危及行车安全。

土层物理性质参数　　　　　　　　　　　　　　　　　　　　　表 6-4-1

土层名称	重度(kN/m³)	压缩模量(MPa)	泊松比	黏聚力(kPa)	内摩擦角(°)
粉土	20.2	8	0.35	14	15
粉质黏土①	19.5	15	0.23	33	12
粉砂	21.0	30	0.33	5	32
粉质黏土②	20.0	15	0.29	30	20
黏土	18.8	16	0.29	30	20

6.4.2 XPS 轻质材料回填技术

为减小马道回填后隧道沉降量,确保无砟轨道平顺,马道处隧顶拟采用轻质材料回填,减小拱顶部回填荷载。

隧道 DK50 + 780 马道处隧道顶回填上口线路纵向范围为 DK50 + 743.5 ~ DK50 + 816.5,底口范围为 DK50 + 766 ~ DK50 + 793,垂直线路水平向范围对应段落采用轻质材料回填,见图 6-4-2。

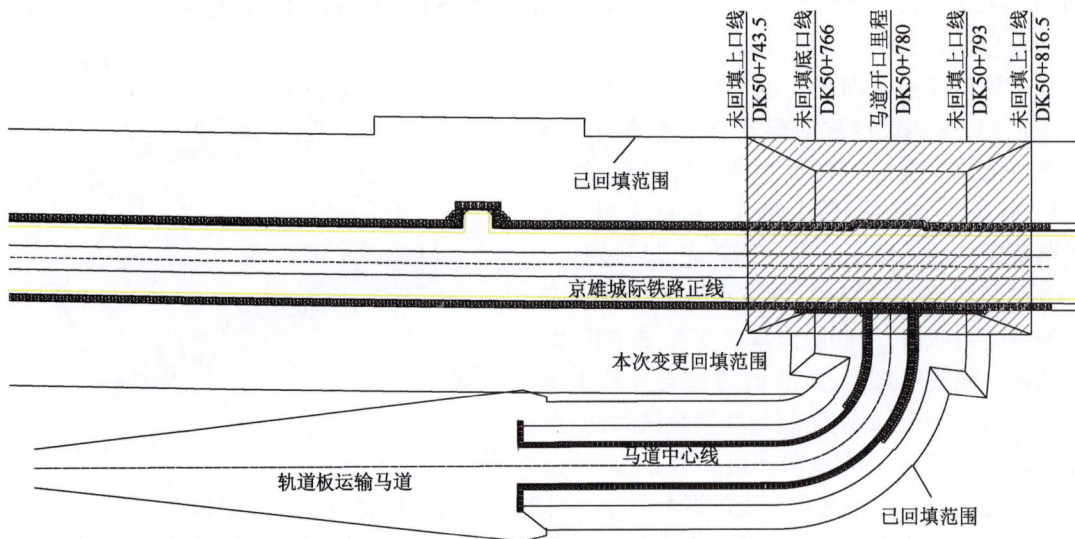

图 6-4-2 马道范围平面示意

洞顶回填采用的轻质填料是挤塑聚苯乙烯泡沫塑料(XPS),要求抗压强度不小于200kPa,相关性能指标应符合《绝热用挤塑聚苯乙烯泡沫塑料(XPS)》(GB/T 10801.2—2018)的相关要求。

①拱顶至冠梁顶的回填。拱顶上方 1.5m 范围夯填黏土,1.5m 高度后上方交替回填XPS 轻质材料及夯填土至冠梁顶高程(高度约 5.59m,其中 XPS 材料总高度 3m,夯填土2.59m)。

②冠梁顶至地面的回填。冠梁顶面上方范围交替回填 XPS 轻质材料及夯填土至设计回填顶面高程下 2m(高度 3m,其中 XPS 材料总高度 2m,夯填土 1m),设计回填高程顶面下 2m 范围夯填土,见图 6-4-3。

XPS 板铺筑时,禁止重型机械直接在 XPS 板上行驶。板与板要错缝设置,搭接宽度大于或等于 0.5m。块体间产生高低差采用无收缩水泥砂浆调平。XPS 板与基坑边空隙采用无收缩水泥砂浆填塞。

6.4.3 马道回填沉降变形分析

为评估马道土方回填对隧道结构的影响,对京雄城际机场隧道马道回填的实际工况进行数值模拟。利用 MIDAS-GTS 建立整体三维模型,包括隧道基坑、隧道主体结构、马道基坑,如图6-4-4所示。模型中放坡高度、坡率、平台宽度及相关结构位置关系根据实际施工图纸建立。土体本构关系采用修正莫尔-库仑模型,结构采用线弹性本构模型。模型中围护结构、隧道衬砌、土体均采用3D单元模拟。混凝土结构重度均为 $25kN/m^3$。考虑到实际工况和边界效应,计算模型尺寸为300m(长)×150m(宽)×70m(高)。模型上部为自由面,底部设置全约束,侧面设置水平向约束,在产生初始应力场后将整体模型进行位移清零。

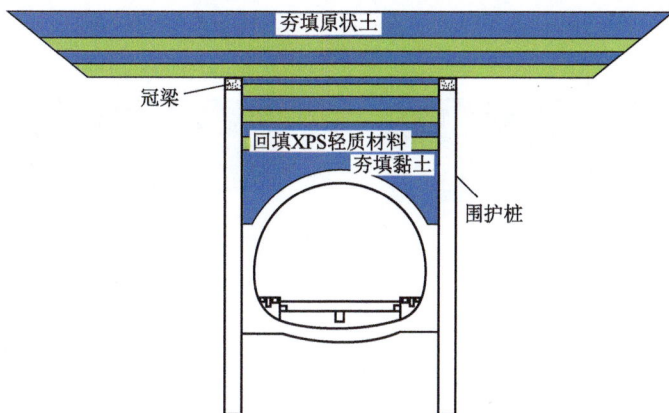

图6-4-3 交替回填原状土与 XPS 轻质材料示意图

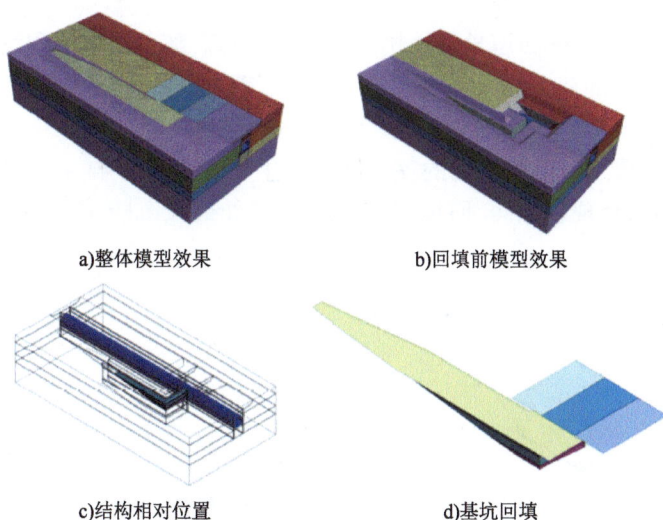

a)整体模型效果

b)回填前模型效果

c)结构相对位置

d)基坑回填

图6-4-4 三维仿真模型

为准确模拟回填对隧道的影响,计算回填过程与现场回填工序一致,回填共分五步(图6-4-5):①回填马道内侧至高程3.5m。②回填马道至高程6.0m。③回填马道及主体结构至高程11.3m。④回填马道及主体结构至高程17.3m。⑤回填剩余部位至地面高程22.3m。

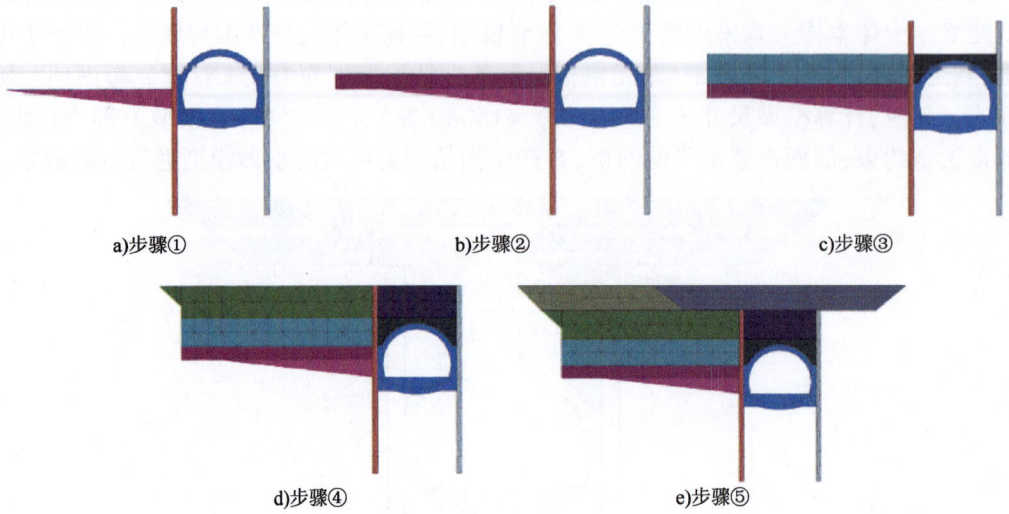

a)步骤①　　　　　　b)步骤②　　　　　　c)步骤③

d)步骤④　　　　　　e)步骤⑤

图6-4-5　回填工序

6.4.4　计算结果与分析

（1）原状土回填隧道基底沉降

根据数值模拟分析，土体回填导致结构产生竖向位移。随着回填高程增加，结构的沉降逐渐增大，上部土方回填的各工况使得隧道产生的沉降分别为 0.30mm、0.76mm、3.26mm、8.33mm 和 19.9mm，隧道结构沉降曲线见图6-4-6。

隧道结构顶部的覆土回填对结构的整体沉降产生了较大的影响，结构沉降最大值发生在最后一步，即土体回填至现状地面，回填引起结构底板处最大沉降 19.9mm，隧道结构沉降见图6-4-7。

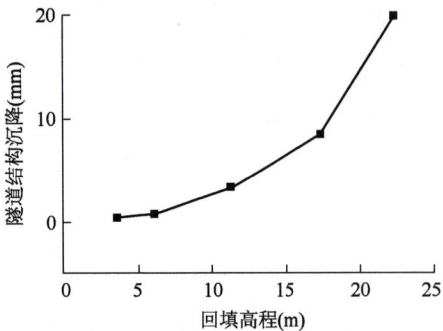

图6-4-6　回填过程中隧道结构沉降曲线

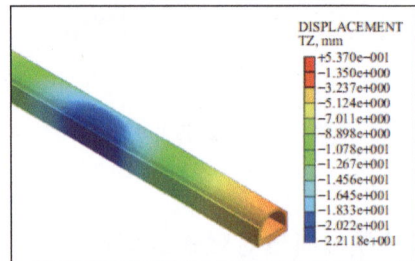

图6-4-7　原状土回填引起的隧道结构沉降

根据数值模拟结果，相对于顶部回填土引起结构产生较大的竖向沉降，侧面马道回填引起的隧道底板处最大水平位移为 0.2mm，见图6-4-8。这表明马道范围内回填对隧道变形的影响很小,可忽略不计,隧道沉降主要来源于顶部覆土的回填。

(2)采用原状土+XPS轻质材料分层回填

由上述分析可知,隧道上方采用原状土回填会导致结构产生较大的竖向位移,而马道范围内的侧面回填对结构的水平位移影响较小。为控制结构竖向位移,先回填黏土,之后隧道顶部采用原状土结合轻质材料分层回填的方案。轻质回填材料采用XPS,其抗压强度不小于200kPa,如图6-4-9所示。

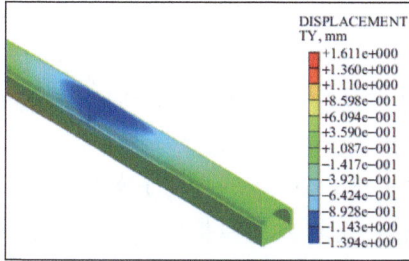

图6-4-8 原状土回填引起的隧道结构底板处水平位移　　图6-4-9 现场回填使用的XPS板

经数值模拟,采用原状土+XPS轻质材料分层回填引起隧道结构底板的沉降显著减小,为12.8mm,见图6-4-10。

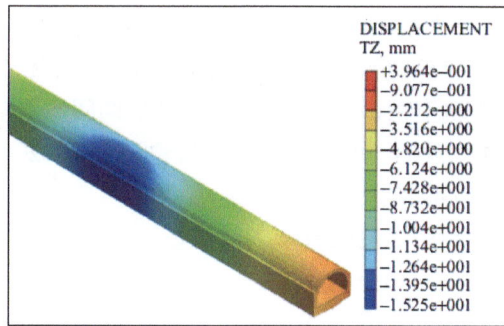

图6-4-10 原状土+XPS轻质材料回填引起的隧道结构沉降

6.4.5 施工变形监测与效果分析

(1)变形监测结果

根据设计回填要求,对马道及隧道正线进行回填施工,2020年6月25日开始回填,8月10日完成回填,后经20d的沉降观测,沉降趋于平稳,达到联调联试条件。回填过程中分别采集了正洞左右线轨道道床中心的沉降数据,数据来自邻近马道位置的三个采集点。道床实测累计沉降曲线见图6-4-11。

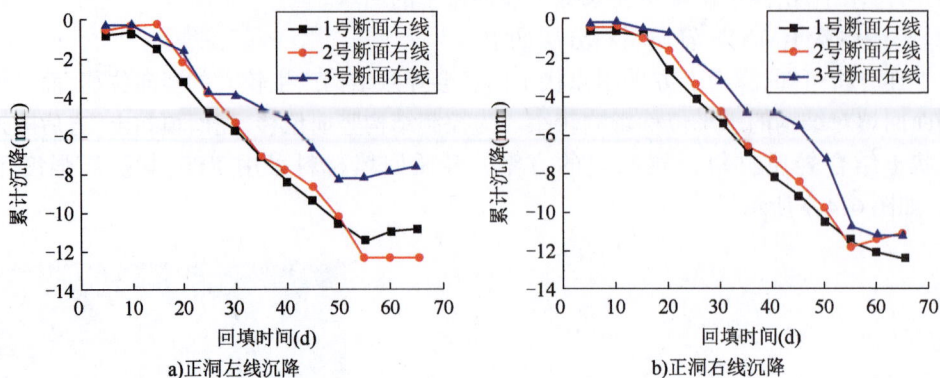

a)正洞左线沉降　　　　　　　　b)正洞右线沉降

图 6-4-11　监测点的实测累计沉降曲线

根据图 6-4-11 及其数据拟合情况可知,隧道的沉降基本与上方回填土的回填量成正比,随着回填时间及回填土量的增加,沉降逐渐加大,沉降-回填时间曲线可以认为是斜率不变且单调递减的直线,从而可以看出结构地基土处于弹性状态,与上部回填土质量是线性相关的。其中回填引起的最大沉降约为 12.4mm,这与数值模拟中 12.8mm 的最大沉降基本相同。

此外,在隧道回填碾压的过程中,轻质材料并未随上部覆土荷载的增加产生较大变形,未影响上部覆土的填筑。隧道回填至地面后,在隧道基底沉降稳定后,地面也未产生较大沉降。这证明 XPS 材料具有足够的刚度,满足夹土层压实要求,回填后不影响地面承载能力。

(2)沉降控制效果分析

本方案是在京雄城际机场隧道无砟轨道已经铺设完成的条件下,采用原状土 + XPS 轻质材料组合方式进行结构回填,且隧道顶部回填高度达 11m。本段无砟轨道扣件轨高调节值为 −4 ~ 26mm,调节量主要用于轨道精调,以及后期运营维护期间的调整。一般情况下精调后扣件已调整用量不应大于总调整量的 50%,此次回填后轨道上调 12.4mm,满足总调整量 50%(13mm)的要求,满足交付验收标准。

目前京雄城际铁路已经运营,该段落行车条件良好。实践证实,此方法可以有效地控制无砟轨道的沉降,满足了无砟轨道变形控制标准,未对已铺设的无砟轨道产生不良影响,可为同类项目提供依据。

6.5　本章小结

(1)通过模型试验方法,确定了不同覆土埋深时的隧道结构浮力计算模型与参数。

①当埋深在 10m 左右、结构下部土层厚度大于 3m,且地下水位变化时,粉质黏土的折减系数为 0.68,结构附加荷载 $P = G - \rho g V \times 0.68$;粉土的浮力折减系数为 0.76,结构附加荷载 $P = G - \rho g V \times 0.76$。

②当埋深在 30m 左右、结构下部土层厚度大于 3m,且地下水位变化时,粉质黏土相当于隔水层,结构无浮力,附加荷载 $P = G_0 - Sgh$;粉土的浮力折减系数为 0.76,附加荷载 $P = G -$

$\rho g V \times 0.76$。

（2）通过承载板原位试验，获得了工程不同类型软土地层的回弹模量值，其中，粉土（编号③$_{42}$）为 56.02MPa，粉质黏土（编号⑤$_{33}$）为 52.52MPa，粉砂（编号③$_{58}$）为 44.17MPa，粉质黏土（编号③$_{32}$）为 40.07MPa。

（3）为论证不同区段软土与覆土条件下隧道沉降计算模型是否可靠，分别选取砂土地层、粉土地层以及粉质黏土地层的典型断面，开展了实际荷载板试验并进行对比分析，验证了沉降计算模型与参数的可靠性。

（4）为防止运营期产生较大沉降，改善仰拱内力分布，同时为满足基坑抗倾覆稳定性、增加基坑内侧被动土压力，不同区段采取了针对性地基处理技术。即地基承载力不足地段采用三重管高压旋喷桩进行基底满堂或裙边加固，存在软弱下卧层地段对于隧道段基坑底板以下 5m 范围采用旋喷桩进行基底加固，下穿永定河北堤段在拱墙下部设置 1.2m@3.0m、深 34m 钻孔灌注桩基础，桩顶设置 1m 高纵向承台，并在隧道顶部设置 1.0m 厚盖板，盖板与基坑侧壁围护桩相连。

（5）分析预测了不同软土地层的最终沉降量和铺轨后沉降量，砂土下卧层最终沉降量为 19.5~19.7mm，铺轨后沉降量为 4~4.2mm，固结周期为 55d；粉土下卧层最终沉降量为 17.0~19.2mm，铺轨后沉降量为 3.5~5.7mm，固结周期为 55d；粉质黏土下卧层最终沉降量为 10.47~11.47mm，铺轨后沉降量为 0.73~1.73mm，固结周期为 63d。

（6）在高速铁路隧道无砟轨道已经铺设完成的条件下，采用原状土 + XPS 轻质材料组合方式进行结构回填，且隧道顶部回填高度达 11m。回填引起的最大沉降约为 12.4mm，无砟轨道扣件轨高调节值为 −4~26mm，回填后轨道上调 12.4mm，满足交付验收标准。

第 7 章

长大明挖隧道快速
施工技术

机场隧道机场段因机场场地移交滞后,下穿永定河段施工方案确定滞后,导致工期延误,为实现与机场建设同步完成目标,建设过程中对 DK44 +961.349 ~ DK48 +000 长区段基坑支撑优化为锚拉结构,避免隧道衬砌结构施工中的拆撑、换撑;优化侧墙台车和拱部台车为整体式台车;全隧以 16 个分区 30 个工作面同步施工;采用全工序工厂化、机械化施工技术以及装配式边坡防护结构等新技术,实现了明挖隧道的快速、高质量建设。

7.1 基于快速施工的围护结构和支撑形式优化技术

7.1.1 隧道基坑特点及围护形式

1)机场隧道基坑特点

(1)水文地质条件差异大

京雄城际机场隧道全长 10.589km,沿线地质以第四系松散堆积层为主。沿线地下水为第四系孔隙潜水,赋存于第四系松散堆积层中,局部具承压性,其中砂类土层中水量丰富。沿线地下水埋深变化较大,水位埋深 6.0 ~14.40m(高程 6.31 ~16.01m),水位季节性变幅 3 ~5m,局部地段变幅达 7 ~9m,水位与隧道的埋深基本持平。

2)深度变化范围大

基坑深度为 8.687 ~30.9677m,变化范围大。隧道明挖围护形式以土体放坡开挖与混凝土钻孔灌注桩的形式为主。根据基坑深度不同,围护桩和支撑参数不同。

2)基坑围护结构形式

(1)出口段深度 8.687 ~14.647m 浅基坑放坡形式

隧道出口埋深较小,基坑深度小于 15m 段采用放坡施工方案(图 7-1-1),坡率为 1:1。基坑深度为 8.687 ~14.647m,采用单级或两级放坡方式,单坡最大高度为 8m,坡间设置 8m 平台。坡面喷射 C25 早强混凝土,厚度不小于 100mm,内设 $\phi 8@150mm \times 150mm$ 钢筋网,放坡平台采用 10cm 厚 C20 混凝土加 $\phi 6mm$ 钢筋网格硬化处理;土钉采用 $\phi 22mm$ 钢筋,间距为 1500mm ×1500mm,采用梅花形布置;土钉长 4 ~10m,成孔直径 100mm,内注水泥浆。

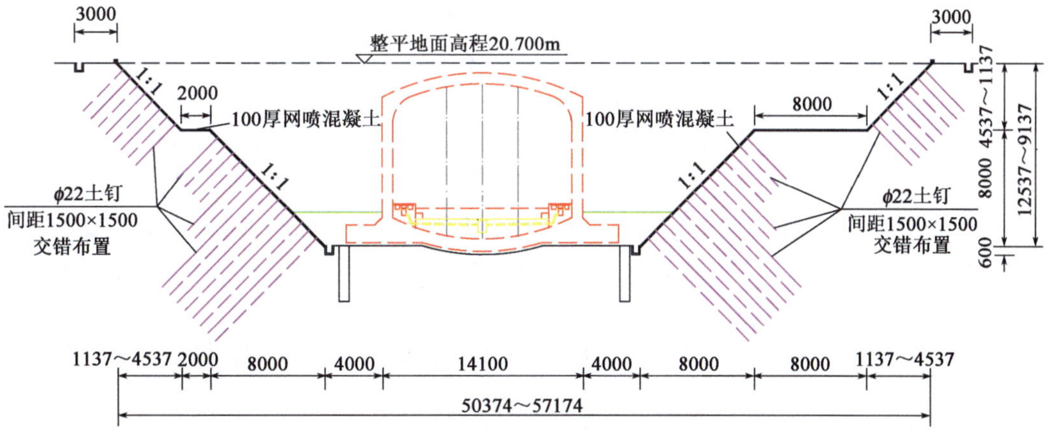

图 7-1-1　深度 8.687 ~14.647m 浅基坑围护结构横断面图(尺寸单位:mm)

（2）基坑深度 15m＜H＜18m 段的砖墙＋钻孔桩＋三道钢支撑围护形式

基坑深度 15m＜H＜18m 段采用 1.2m 厚砖墙＋ϕ1000mm@1300mm 钻孔桩＋三道钢支撑的围护形式（图 7-1-2），钢管支撑采用 ϕ609mm 钢管（$t=16$mm）。

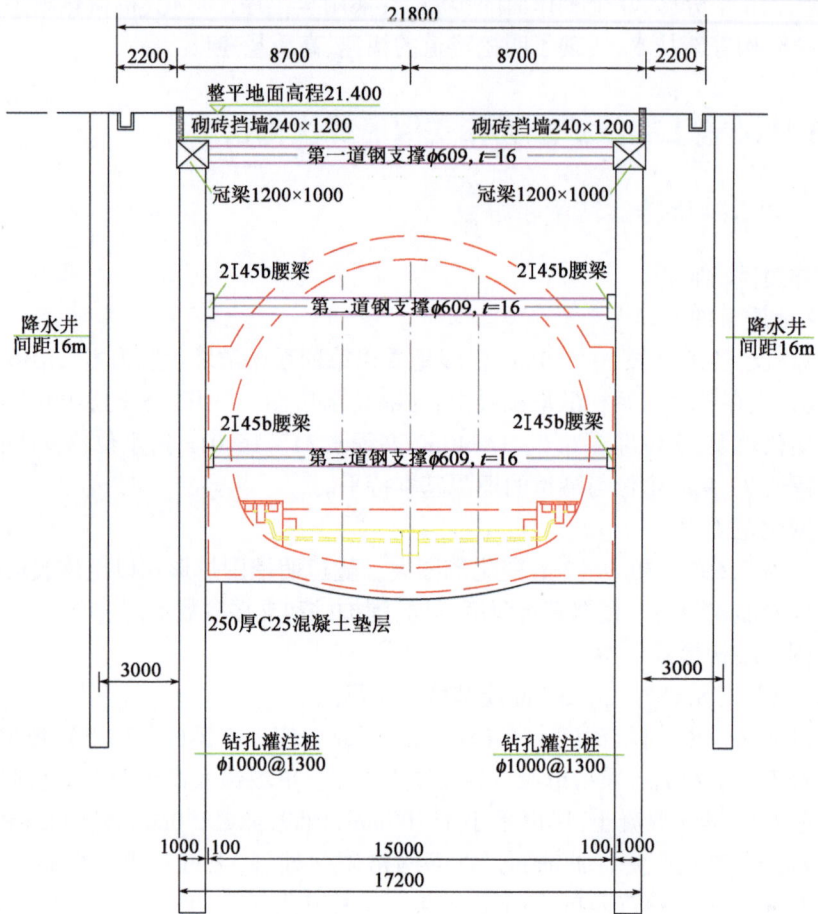

图 7-1-2　砖墙＋钻孔桩＋三道支撑形式（尺寸单位：mm）

为了满足在拱顶施工过程中基坑的稳定性，在侧墙施工完成后在侧墙中上部位置增加一道倒撑，倒撑的型号与钢管支撑型号相同。

（3）基坑深度 18m≤H＜20m 段的 1.2m 砖墙＋ϕ1000mm@1300mm 钻孔桩＋四道钢支撑围护形式

当埋置深度过大，基坑深度为 18m≤H＜20m，采用直径 1m、间距 1.3m 的钻孔灌注桩＋四道支撑围护形式。第一、三、四道钢管支撑采用 ϕ609mm 钢管（$t=16$mm），第二道道钢支撑采用 ϕ800mm 钢管（$t=16$mm），如图 7-1-3 所示。

（4）基坑深度 20m～22m 段的 1.2m 砖墙＋ϕ1200mm@1500mm 钻孔桩＋四道钢支撑围护形式

基坑深度 20m≤H≤22m 段采用直径 1.2m、间距 1.5m 的钻孔灌注桩＋四道支撑（直径800mm），钢管支撑的直径根据轴力的大小可在 609mm 和 800mm 两种之间选择。

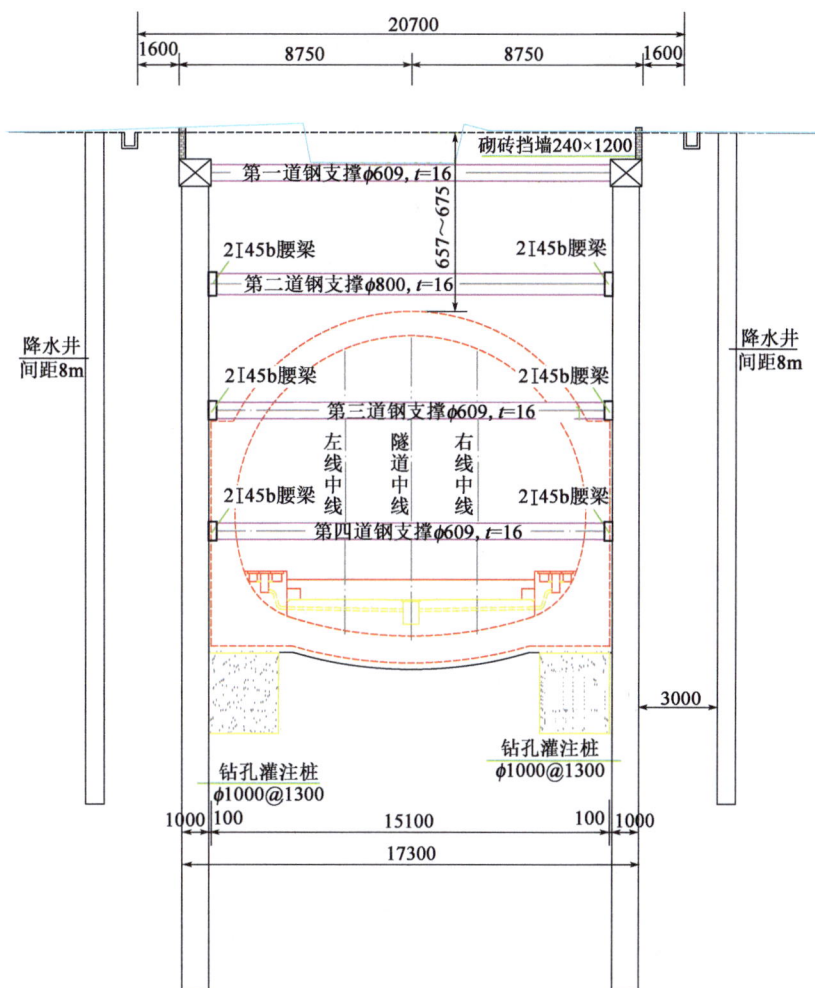

图 7-1-3 砖墙 + 钻孔灌注桩 + 四道支撑形式(尺寸单位:mm)

（5）基坑深度大于 22m 段的放坡 + 钻孔桩 + 四道支撑围护形式

基坑深度大于 22m,采用放坡 ϕ1200mm@1500mm 钻孔桩 + 钢支撑形式。冠梁顶高程设置 12m 宽平台,上部土体采用喷混凝土 + 钢筋网 + 土钉防护,坡率 1∶1.25,放坡平台采用喷混凝土 + 钢筋网硬化处理,第一钢管支撑采用 ϕ609mm 钢管支撑($t=16$mm),其他钢管支撑采用 ϕ800mm 钢管支撑($t=16$mm),如图 7-1-4 所示。

（6）永定河河槽段的大放坡 + 双排钻孔桩围护形式

对于穿越永定河区段覆盖厚度、开挖深度最大的区段,采用大方坡与双排钻孔灌注桩相结合的方式进行围护。冠梁顶高程设置 15m 宽平台,放坡采用两级放坡形式,坡率 1∶1.25 或 1∶1,单坡最大高度为 8m。坡间设置 3m 平台,上部土体采用喷混凝土 + 钢筋网 + 土钉防护,坡率 1∶1.25,放坡平台采用喷混凝土 + 钢筋网硬化处理。双排桩布置方式相同,均为 ϕ1000mm@1300mm,排间净距为 3.0m,桩顶布置板梁,如图 7-1-5 所示。

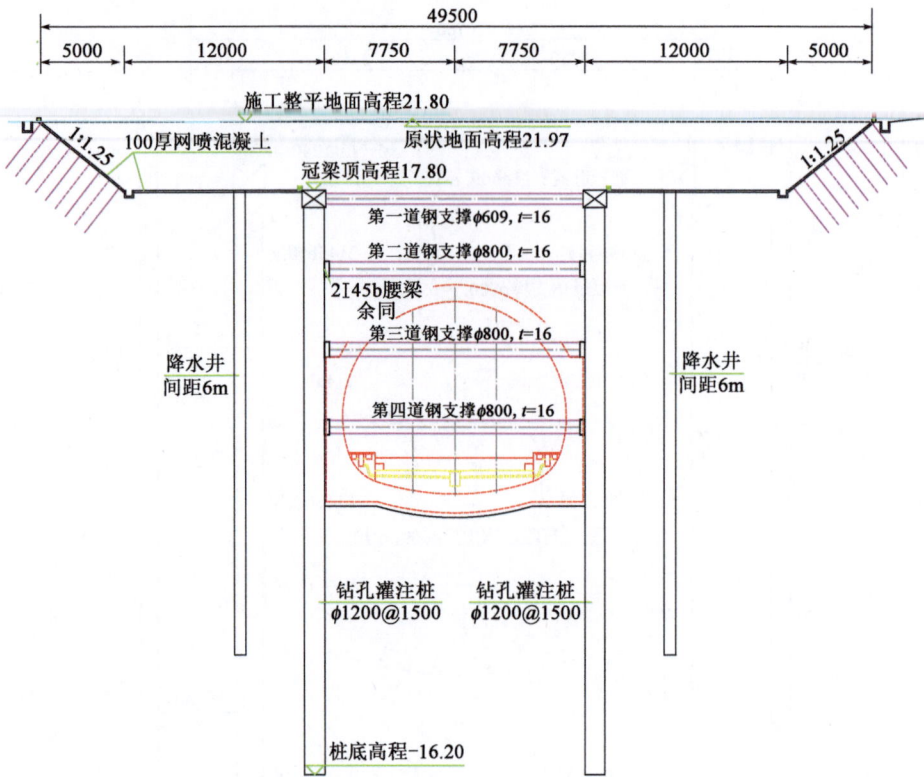

图 7-1-4　放坡 + 钻孔灌注桩 + 4 道钢支撑围护形式(尺寸单位:mm;高程单位:m)

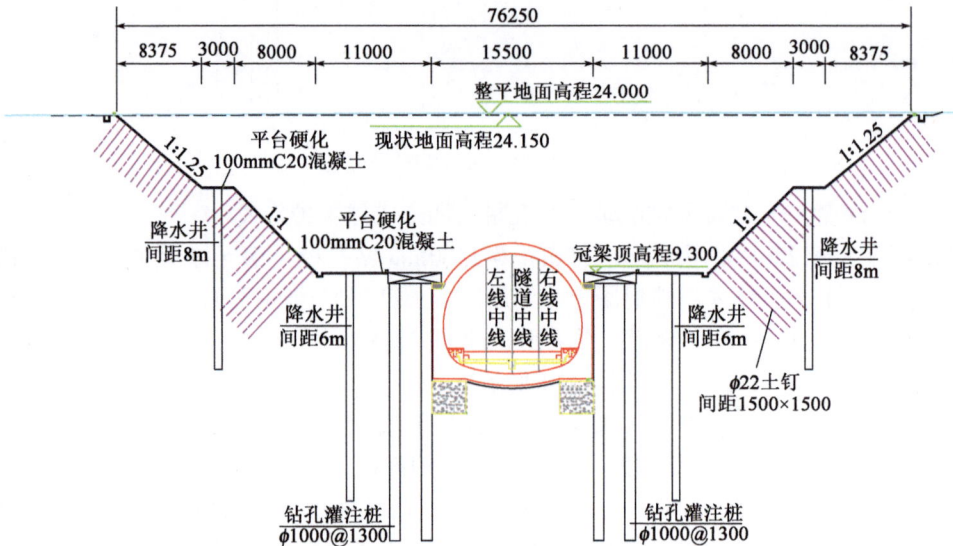

图 7-1-5　永定河河槽段大放坡 + 双排桩围护形式(尺寸单位:mm;高程单位:m)

（7）永定河南堤明挖段的大放坡 + 双排桩围护形式

永定河南堤明挖段，采用大放坡 + 双排围护桩的围护形式。冠梁顶高程设置15m宽平台，采用多级放坡方式，坡率1:1.25，单坡最大高度为8m，坡间设置3m平台，上部土体采用喷混凝土 + 钢筋网 + 土钉防护，坡率1:1.25，放坡平台采用喷混凝土 + 钢筋网硬化处理。双排桩布置方式相同，均为 $\phi1000mm@1300mm$，排间净距为2.0m，桩顶布置板梁，如图7-1-6所示。

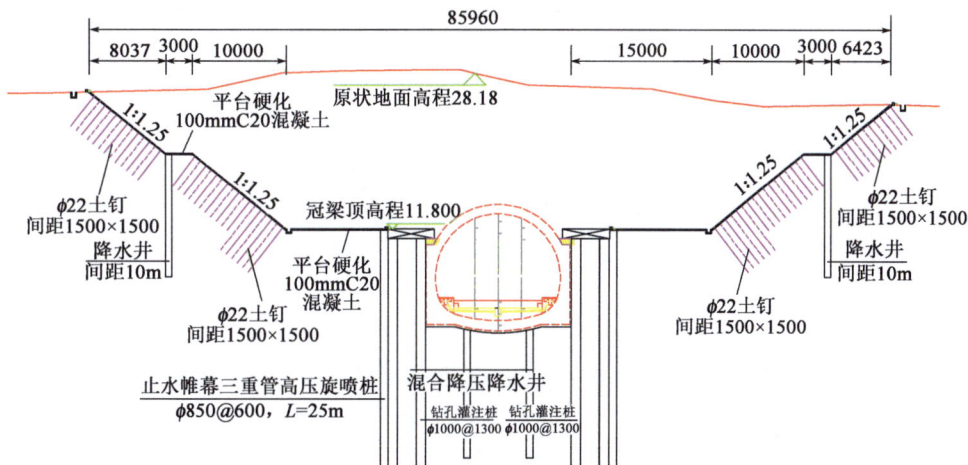

图7-1-6　南堤大放坡 + 双排围护桩围护形式（尺寸单位：mm；高程单位：m）

（8）永定河北堤明挖段的大放坡 + 双排桩 + 四道支撑围护形式

永定河北堤明挖段采用放坡 + $\phi1200mm@1500mm$ 钻孔桩 + 四道钢支撑形式。冠梁顶高程设置15m宽平台，单坡最大高度为8m，坡间设置3m平台，平台上部土体采用喷混凝土 + 钢筋网 + 土钉防护，坡率1:1.25，放坡平台采用混凝土 + 钢筋网硬化处理，如图7-1-7所示。

7.1.2　支撑预加力优化分析

（1）桩土作用计算图式

为了确保支护结构的受力满足要求，保障在施工过程中能够为基坑提高可靠的支撑，对基坑围护结构进行了较全面的受力特性分析。根据对各工况下钻孔灌注桩桩身内力分布情况，以实现桩身内力最优为原则，确定撑杆的最合理支撑力。

在围护体系受力分析过程中，对于基坑两侧土体对桩身的作用，偏保守地仅考虑其荷载作用，不考虑土体对桩身的约束作用。基坑两侧土体按照库仑主动土压力进行计算，嵌入区段土体对桩身的约束作用按照 M 值法进行计算，以土弹簧方式施加于桩身对应位置，如图7-1-8所示。

（2）支撑预加力优化分析

以 DK47 + 680 ~ DK47 + 900 区段为例，该区段围护方式是采用直径0.8m钻孔灌注桩，混凝土桩之间设置3道钢管支撑，混凝土侧墙施工完成后在混凝土侧墙之间设置一道钢管支撑后拆除第二道钢管支撑。

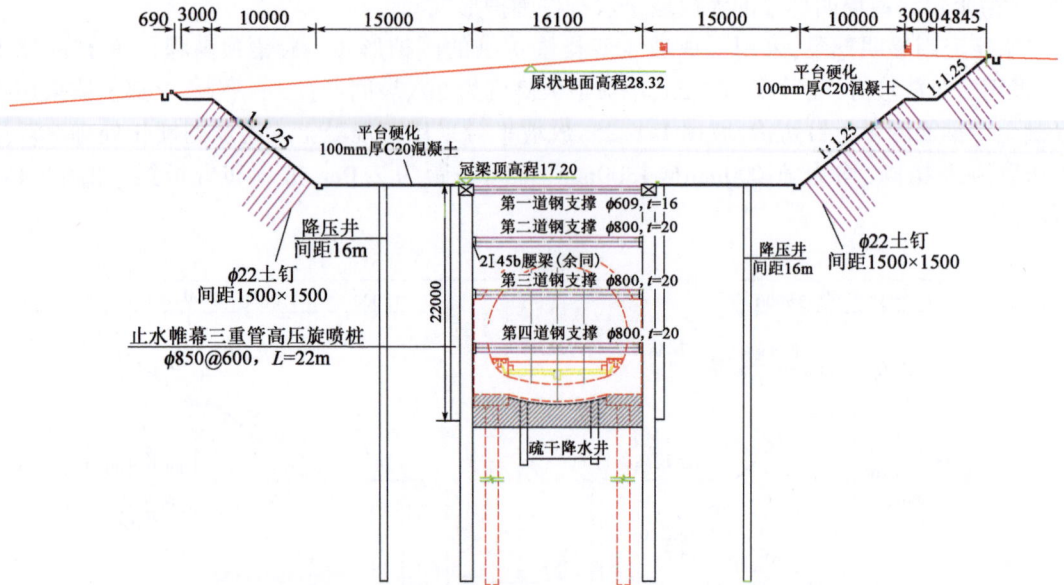

图 7-1-7 北堤大放坡 + 双排桩 + 四道支撑围护形式(尺寸单位:mm;高程单位:m)

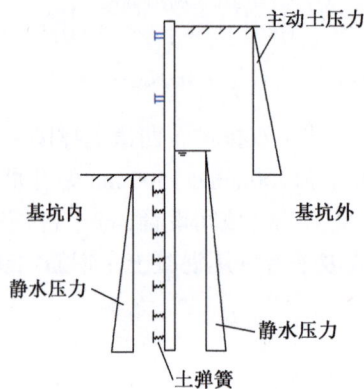

图 7-1-8 桩土作用计算图式

将第二道钢管支撑力的预加力以 150kN 施加,将第三道钢管支撑力的预加力以 150kN 施加,将第一道钢管支撑力作为变量,分析桩基内力随着第一道钢管预加力的变化关系。分析结果表明,在第二道和第三道钢管支撑保持不变的情况下,钻孔桩在各工况下出现的最大弯矩随着第一道钢管桩支撑预加力的增加而减小,如图 7-1-9 所示。当支撑力增加至 120kN 后钻孔桩的最大弯矩相对较小。第一道钢管桩的预加内力可选择为 120kN。

将第一道钢管支撑力的预加力以 120kN 施加,将第三道钢管支撑力的预加力以 550kN 施加,将第二道钢管支撑力作为变量,分析桩基内力随着第二道钢管预加力的变化关系。分析结果表明,在第一道和第三道钢管支撑保持不变的状态下,钻孔桩在各工况下出现的最大弯矩随着第二道钢管桩支撑预加力的增加而减小,如图 7-1-10 所示。当支撑力增加至 580kN 后钻孔桩的最大弯矩相对较小。第二道钢管桩的预加内力可选择为 590kN。

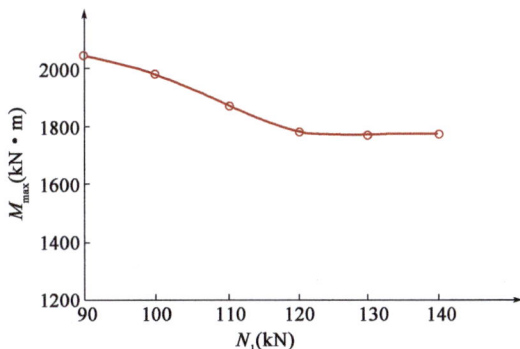

图 7-1-9 桩基最大弯矩 M_{max} 与第一道钢管支撑预加力 N_1 的关系曲线

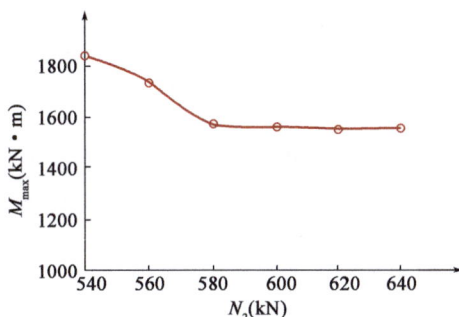

图 7-1-10 桩基最大弯矩 M_{max} 与第二道钢管支撑预加力 N_2 的关系曲线

将第一道钢管支撑力的预加力以 120kN 施加,将第二道钢管支撑力的预加力以 590kN 施加,将第三道钢管支撑力作为变量,分析桩基内力随着第三道钢管预加力的变化关系。分析结果表明,在第一道和第二道钢管支撑保持不变的状态下,钻孔桩在各工况下出现的最大弯矩随着第三道钢管桩支撑预加力的增加而减小,如图 7-1-11 所示。当支撑力增加至 600kN 后钻孔桩的最大弯矩相对较小。第三道钢管桩的预加内力可选择为 630kN。

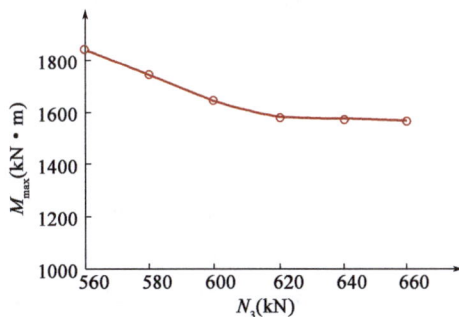

图 7-1-11 桩基最大弯矩 M_{max} 与第三道钢管支撑预加 N_3 力的关系曲线

通过系统的参数优化,对不同区段对应的各种支撑方案的支撑杆件的初始预加力进行优化,优化结果表明,各区段钢管桩横撑的最优内力状态见表 7-1-1。

各区段基坑钢支撑轴力一览表　　　　表 7-1-1

| 序号 | 里程段落 | 第一道支撑 | | 第二道支撑 | | 第三道支撑 | | 第四道支撑 | |
		预加轴力（kN）	最大轴力（kN）	预加轴力（kN）	最大轴力（kN）	预加轴力（kN）	最大轴力（kN）	预加轴力（kN）	最大轴力（kN）
1	DK46+090～DK46+250	90	273.9	360	984.3	—	—	—	—
2	DK46+250～DK46+500	120	381.6	570	1204.2	—	—	—	—
3	DK46+500～DK46+640	120	372.7	570	1222	600	1406.8	—	—
4	DK46+640～DK46+779	120	371.1	570	1225.1	600	1409.3	—	—
5	DK46+779～DK46+825	120	262.2	570	1147.5	600	1306.7	—	—
6	DK46+825～DK46+970	120	346.1	570	1275	600	1450.7	—	—
7	DK46+970～DK47+270	120	309.8	580	1347.4	620	1510.7	—	—
8	DK47+270～DK47+680	120	274.4	580	1417.9	620	1569.2	—	—
9	DK47+680～DK47+900	120	274.5	590	1509.4	630	1652.2	—	—
10	DK47+900～DK48+000	120	237.1	600	1569.2	640	1709.3	—	—
11	DK48+000～DK48+095	198	404	1329	3667	645	1996	927	2899
12	DK48+095～DK48+175	201	412	1347	3724	645	2000	951	2974
13	DK48+175～DK48+350	186	379	1272	3489	642	1975	855	2673
14	DK48+350～DK48+400	144	297	951	2615	591	1699	618	2008
15	DK48+400～DK48+600	225	470	1515	4125	915	2635	993	3201
16	DK48+600～DK48+670	204	445	1344	3646	792	2256	1008	3168
17	DK48+670～DK48+880	168	354	1119	3031	729	2128	885	2875
18	DK48+880～DK49+125	231	478	1584	4339	951	2821	1065	3353
19	DK49+125～DK49+265	201	437	1245	3353	723	2157	1116	3423
20	DK49+265～DK49+350	195	420	1230	3320	690	2083	1092	3328
21	DK49+350～DK49+435	234	519	1323	3522	888	2524	1230	3889
22	DK49+435～DK49+455	219	478	1335	3572	879	2520	1212	3840
23	DK49+455～DK49+475	192	396	1323	3588	825	2367	1191	3786
24	DK49+475～DK49+695	201	412	1248	3452	759	2219	948	2982
25	DK49+695～DK50+015	216	453	1263	3555	774	2244	732	2161
26	DK50+015～DK50+210	189	408	1116	2941	849	2516	1092	3576
27	DK50+210～DK50+280	219	445	1494	3922	1209	3696	1482	4884
28	DK50+280～DK50+426.75	249	482	1872	4904	1569	4875	1872	6196
29	DK50+426.75～DK50+760	342	759	1710	4599	1359	3823	1392	4512
30	DK50+760～DK50+820	351	779	1686	4566	1275	3564	1401	4496
31	DK50+820～DK50+971	333	734	1602	4318	1290	3650	1284	4166
32	DK50+971～DK50+986	378	833	1941	5185	1440	4310	1563	4991
33	DK50+986～DK51+000	210	495	1740	4311	1440	3597	2040	5218

续上表

序号	里程段落	第一道支撑		第二道支撑		第三道支撑		第四道支撑	
		预加轴力 (kN)	最大轴力 (kN)	预加轴力 (kN)	最大轴力 (kN)	预加轴力 (kN)	最大轴力 (kN)	预加轴力 (kN)	最大轴力 (kN)
34	DK51+000	180	413	1710	4331	1410	3589	2190	5693
35	DK51+045	233	583	1918	4995	1598	3921		5606
36	DK51+060	240	602	1980	5156	1650	4047	2100	5787
37	DK51+080	218	548	1802	4692	1502	3683	1911	5266
38	DK51+100	176	404	1672	4236	1379	3510	2142	5568
39	DK51+100~DK51+124	210	495	1740	4311	1440	3597	2040	5218
40	DK52+769~DK52+784	213	548	1440	3658	1206	3073	1620	4120
41	DK52+784~DK52+810	255	507	1500	3774	1200	3007	1500	3918
42	DK52+810~DK52+826	180	420	1560	3931	1050	2623	1260	3242
43	DK52+826~DK52+869	180	420	1425	3720	1020	2594	1260	3254
44	DK52+869~DK52+935	450	1126	1200	2524	1110	3192	—	—
45	DK52+935~DK52+960	420	1039	900	2215	1200	3234	—	—
46	DK52+960~DK53+008	360	829	810	2037	1200	3064	—	—

7.1.3 基坑支撑形式优化

1）基坑围护结构原设计

机场隧道按明挖顺作法施工，主要采用土钉墙放坡、钻孔桩 + 钢支撑和放坡 + 双排钻孔桩 + 钢支撑围护形式。各段围护结构形式见表 7-1-2。

DK46+092~DK48+000 段原设计围护参数 表 7-1-2

序号	起始里程	终止里程	长度 (m)	冠梁顶高程 (m)	放坡高度 (m)	桩长 (m)	围护桩 (m)	支撑形式
1	DK46+092	DK46+500	408	17.15	4.2/4.5	17/18	ϕ0.8@1.1	两道支撑 + 一道倒撑
2	DK46+500	DK46+640	140	18.65	3.7	21	ϕ0.8@1.1	三道支撑 + 一道倒撑
3	DK46+640	DK46+725	85	18.65	2.87	21	ϕ0.8@1.1	三道支撑 + 一道倒撑
4	DK46+725	DK46+910	185	18.65	2.87	21	ϕ0.8@1.1	三道支撑 + 一道倒撑
5	DK46+910	DK46+970	60	18.65	2.87	21	ϕ0.8@1.1	三道支撑 + 一道倒撑
6	DK46+970	DK47+680	710	18.65	3.15/2.87	22/23	0.8ϕ@1.1	三道支撑 + 一道倒撑
7	DK47+680	DK48+000	320	18.65	2.87	24/25	0.8ϕ@1.1	三道支撑 + 一道倒撑

放坡 + ϕ800mm@1100mm 钻孔桩 + 钢支撑支护形式，衬砌施工时在拱腰位置设置一道倒撑。冠梁顶高程设置 5m 宽平台，上部土体采用喷射混凝土 + 钢筋网 + 土钉防护，坡率为 1:1。基坑采用 ϕ609mm（t=16mm）钢管支撑。

该方案隧道主体结构分三步浇筑：第 1 步，浇筑底板，待底板达到一定强度后，拆除最下部一道支撑;第2步,浇筑第2道支撑以下的部分边墙,待边墙达到一定强度后进行换撑,即先用支撑顶住边墙,然后拆除第2道支撑;第3步,浇筑上部部分边墙和拱部,待混凝土强度达到设计要求后拆除上部支撑和隧道内部的支撑,并进行拱顶以上土方回填。衬砌结构设置了两道纵向施工缝,原设计衬砌施工示意图见图7-1-12。

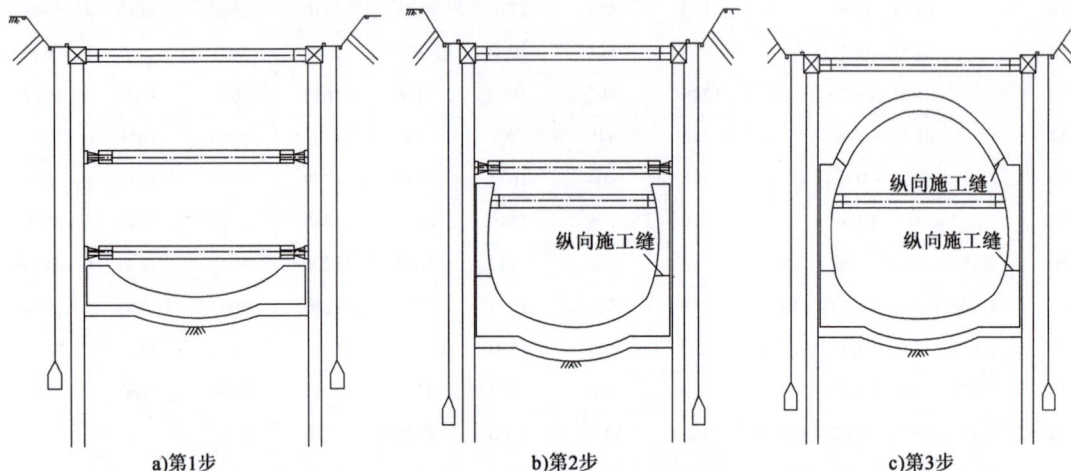

图7-1-12 原设计衬砌施工示意图

原方案内支撑钢管密集,作业空间小,出土困难,衬砌需要采用能够跨越倒撑结构而专门研制的步履式分体台车,其工序多,工艺复杂,施工工效低,衬砌无法一次浇筑成形造成纵向施工缝增加,钢支撑的热胀冷缩造成钢支撑长度发生变化,在衬砌混凝土强度较低时易在钢支撑与混凝土的界面产生错动,增加了衬砌混凝土开裂的风险,造成衬砌渗漏水。

2)基坑围护结构优化

针对上述问题,DK44 +961.349 ~ DK48 +000 段按照以下思路对基坑围护结构支撑体系进行优化:

(1)确保明挖基坑稳定和周围建筑物安全。

(2)为隧道结构施工提供宽阔空间和良好条件,衬砌整体浇筑成形,缩短施工工期,减少施工缝数量,保障防水质量。

(3)合理利用土体强度传递与承受支撑桩结构拉力,减少内支撑数量。

桩锚较桩撑围护结构具有干扰小、工序道数少、有利于大型机械作业、减少衬砌结构纵向施工缝数量等优点。

在保证基坑支护结构安全、隧道施工质量可控,确保本段隧道按期完成的前提下,取消机场隧道 DK46 +092 ~ DK48 +000 段倒撑,并按表7-1-3 ~ 表7-1-5 分段落优化围护结构形式,以保证隧道结构侧墙及顶板能通过衬砌台车进行一次性浇筑,具体优化参数如下。

(1)DK46 +092 ~ DK46 +500:取消原设计第一道钢支撑、倒撑及其对应的腰梁、连接件,冠梁位置改用预应力锚索。锚索长度22m,每根锚索由 3 束 Φ^s15.2-1860 钢绞线组成。

(2)DK46 +500 ~ DK46 +725、DK46 +910 ~ DK46 +970:取消原设计第一道钢支撑、倒撑及其对应的腰梁、连接件。冠梁顶高程调整至 17.02m,放坡高度相应变化,冠梁位置改用预应力锚索。锚索长度25m,每根锚索由3束 Φ^s15.2-1860 钢绞线组成。第三道钢支撑位置不变,第二、三道钢支撑间距调整为4m。

（3）DK46+725～DK46+910:下穿现状排水渠段,考虑到基坑两侧地层受河道地下水影响,锚索成孔效果以及锚固效果不佳,采用取消倒撑的同时加强围护结构方案。围护桩调整为直径1.0m,间距1.3m,冠梁宽1.2m,高1m,桩长调整为22m,配筋方式不变,冠梁高程调整至19.15m,放坡高度相应变化。第三道钢支撑位置不变,第二、三道钢支撑竖向间距调整为4.5m。结合富各庄村拆迁情况将DK46+380～DK46+820段止水帷幕调整为DK46+725～DK46+910,止水帷幕桩长调整为23m,其他参数维持原设计不变。现状水渠低于冠梁高程段落,仍需按原设计图,先回填再打设围护桩及止水帷幕,最后开挖基坑。同时需与水渠产权部门落实好下穿段水渠的临时导流及恢复方案,主体结构施工完成后做好抗浮措施及成品保护。

（4）DK46+970～DK47+680:取消原设计第二道钢支撑、倒撑及其对应的腰梁、连接件,在第二道支撑位置改用预应力锚索。锚索长度33m,每根锚索由4束 Φ^s15.2-1860 钢绞线组成。

（5）D47+680～DK48+000:取消原设计第二道钢支撑、倒撑及其对应的腰梁、连接件,在第二道支撑位置改用预应力锚索。锚索长度35m,每根锚索由4束 Φ^s15.2-1860 钢绞线组成。

（6）锚索均采用1桩1锚,纵向间距1.1m,同一排相邻锚索倾角分别为15°和25°交错布置。锚索钻孔直径150mm,采用套管跟进护壁的成孔方法。注浆采用二次注浆工艺,二次压力注浆采用水灰比0.5～0.55的水泥浆,注浆压力不宜小于1.5MPa,锚索腰梁采用2Ⅰ25b 钢板组合截面。锚索布置如图7-1-13和图7-1-14所示。

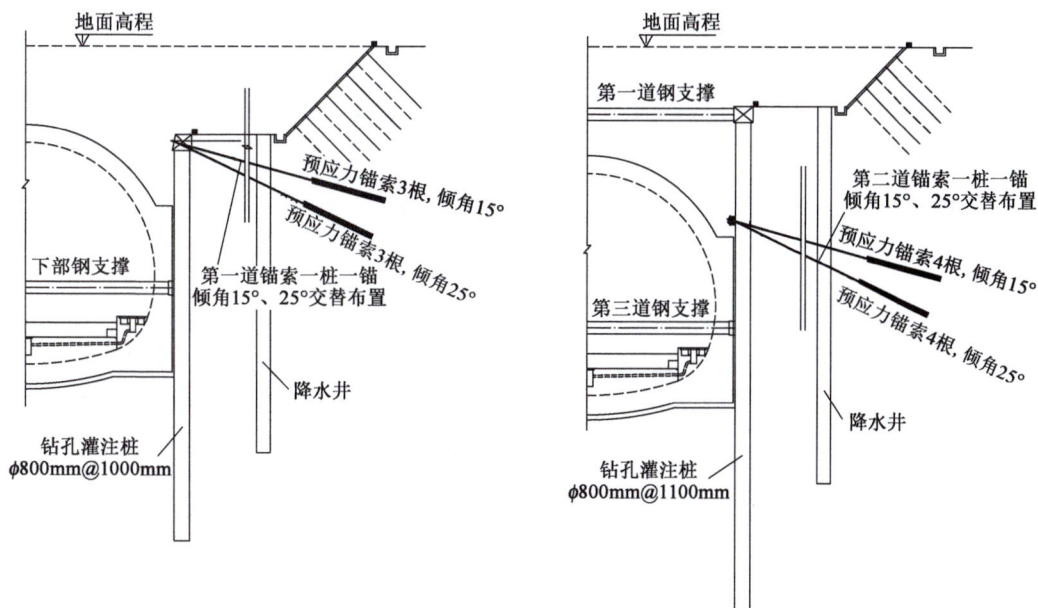

图7-1-13　第一道、第二道支撑撑改锚索布置示意图

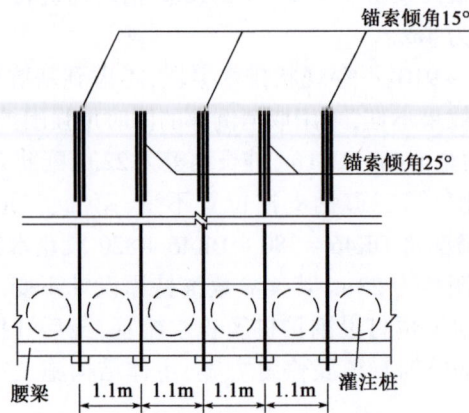

图 7-1-14　锚索平面布置示意图

（7）各段落围护结构锚索、支撑预加力值见表 7-1-3 ~ 表 7-1-8。

DK46 + 092 ~ DK46 + 500 段锚索、支撑预加力　　　　表 7-1-3

锚索倾角	钢支撑序号	预加轴力（kN）	设计轴力（kN）
15°	第一道锚索	118	206.1
	第二道钢支撑	660	1793.6
25°	第一道锚索	126	205.1
	第二道钢支撑	660	1782.4

注：锚索自由段长度 11.6m。

DK46 + 500 ~ DK46 + 725 段锚索、支撑预加力　　　　表 7-1-4

锚索倾角	钢支撑序号	预加轴力（kN）	设计轴力（kN）
15°	第一道锚索	97	153.5
	第二道钢支撑	360	816.8
	第三道钢支撑	1140	2268.8
25°	第一道锚索	103	162.7
	第二道钢支撑	360	792.0
	第三道钢支撑	1140	2264.6

注：锚索自由段长度 10.9m。

DK46 + 725 ~ DK46 + 910 段支撑预加轴力　　　　表 7-1-5

钢支撑序号	预加轴力（kN）	设计轴力（kN）
第一道钢支撑	300	796.1
第二道钢支撑	810	2087.3
第三道钢支撑	1140	2763.8

DK46＋910～DK46＋970 段锚索、支撑预加力　　　表 7-1-6

锚索倾角	钢支撑序号	预加轴力（kN）	设计轴力（kN）
15°	第一道锚索	80	122.1
	第二道钢支撑	330	767.3
	第三道钢支撑	1110	2227.5
25°	第一道锚索	85	128.5
	第二道钢支撑	330	742.5
	第三道钢支撑	1110	2227.5

注：锚索自由段长度 9.9m。

DK46＋970～DK47＋680 段锚索、支撑预加轴力　　　表 7-1-7

锚索倾角	钢支撑序号	预加轴力（kN）	设计轴力（kN）
15°	第一道钢支撑	105	265.7
	第二道锚索	342	590.0
	第三道钢支撑	1350	2687.4
25°	第一道钢支撑	105	265.7
	第二道锚索	364	618.7
	第三道钢支撑	1350	2687.4

注：锚索自由段长度 6.7m。

DK47＋680～DK48＋060 段锚索、支撑预加轴力　　　表 7-1-8

锚索倾角	钢支撑序号	预加轴力（kN）	设计轴力（kN）
15°	第一道钢支撑	180	308.1
	第二道锚索	319	578.0
	第三道钢支撑	1200	2590.5
25°	第一道钢支撑	180	308.1
	第二道锚索	340	604.9
	第三道钢支撑	1200	2590.1

注：锚索自由段长度 7m。

　　机场隧道基坑围护结构取消倒撑支护结构，优化为锚索支护结构，节约了钢管倒撑工程量，整体式台车较分离式模板台车减少了台车投入费用，衬砌一次浇筑成形减少了纵向施工缝数量，且防水质量更有保障，节约了防水材料；优化后衬砌施工工序减少，提高了工效，加快了施工进度，缩短了工期。优化前后衬砌纵向施工缝布置见图 7-1-15 和图 7-1-16。

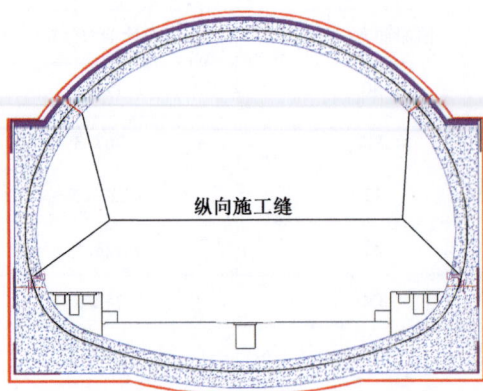

图7-1-15　优化前衬砌纵向施工缝设置

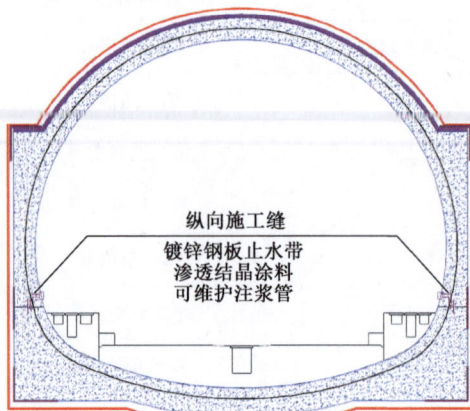

图7-1-16　优化后衬砌纵向施工缝设置

7.1.4　钢管支撑内力控制施工技术

钢管支撑是维持及调整围护桩基受力状态的关键,因此钢管支撑既要能够有效为桩基提高可靠支撑力,同时也要确保自身强度及稳定性。在围护桩及冠梁施工完成并检验合格后进行基坑开挖,在基坑开挖至钢支撑安装位置出露后安装检验合格的牛腿托梁、围檩等钢结构。

当基坑土体开挖至对应高度时,吊装钢支撑结构,并通过端头调整千斤顶对钢支撑内力,满足要求后锁定钢支撑端头活络头楔形块。在基坑开挖完至基坑内部衬砌施工全过程对基坑变形及稳定性进行监测,确保施工过程中基坑安全稳定。

(1)钢牛腿、钢支撑、钢围檩加工

钢管支撑可分为由若干标准节和调整节组成,在不同节段之间采用法兰盘螺栓连接。调整节型号可采用基本支撑宽度的型号。在标准节一头设置一段长度为0.8m的活动端头,活动端头应具有不小于0.3m的调节适应能力。活络头在两侧可设置调整千斤顶,作为钢管支撑内力调整的设备。在活络头位置设置钢楔形垫块,在调整就位后进行固定。活络调节段与钢管标准节之间通过法兰连接。

钢管支撑先在地面上按实测基坑的宽度进行预拼装,拼装好后放在坚实的地坪上用细绳将两端拉直,用钢卷尺丈量或用水准仪测量检查支撑管的平直度,并检查支撑管接头连接是否紧密、支撑管有无破损或变形、支撑两个端头是否平整。经检查合格后用红油漆在支撑上编号,标明支撑的长度、安装的具体位置。同时,检查支撑安装所需的吊装设备、焊接设备以及施加预应轴力所需组合千斤顶等设备的完好性,确保支撑安装作业能正常连续进行。钢围檩采用2I45b的工字钢加缀板焊接而成,斜撑节点处设置抗剪凳,钢牛腿采用∠8角钢加斜撑制成。

(2)钢牛腿、钢围檩安装

基坑开挖到支撑设计高程位置后,根据整个结构控制轴线和水准点,确定钢牛腿和钢围檩高程位置,进行钢牛腿、钢围檩安装。

将钢围檩放到钢牛腿上,用膨胀螺栓锚固在围护桩上,每根围护桩上设置1个膨胀螺栓。

埋设前准确测量放样围檩高程,通过测量放线两个水准点之间采用拉线法确定牛腿安装的水平线,采用 25~50t 吊车将钢围檩吊装就位,并将其与围护桩上的钢牛腿焊接在一起。钢围檩安装后,其背面与桩面之间的空隙用 C30 细石混凝土填嵌密实,确保钢围檩与各桩面密贴。钢围檩安装完毕后,丈量支撑两端的实际净距离。

(3)钢支撑安装

将检查合格的钢支撑采用汽车起重机吊装到位,支撑吊装采用两点起吊,在吊装过程中必须保持钢支撑平稳、无碰撞、无变形。

钢管支撑吊装到位后,先不松开吊钩,将钢支撑两端放在钢牛腿上,人工辅助将钢支撑调整到设计位置后再将钢支撑临时固定。对围护桩墙施工误差造成钢支撑端头不能与钢围檩紧密接触处,必须在围檩面与钢支撑端头之间加设钢板垫块,以确保钢支撑轴向受力。

钢支撑临时固定后,及时检查各节点连接状况,经确认符合要求后方可施加预压轴力。施加预压力时,通过调整活络头两侧的 2 台 200t 液压千斤顶顶压活络头,两台液压千斤顶安放位置必须对称平行。施加预压轴力时应注意保持两个千斤顶对称同步进行,预压轴力应分级匀速施加,反复进行,每级施加压力不得超过 600kN,且活络头楔入钢楔的空隙不得超过 70mm。每级压力施加完毕后,在活络头中楔紧钢垫块,并焊接牢固。当预加轴力达到设计预加轴力时,再次检查各连接点的情况,必要时对节点进行加固,待预加压力稳定后锁定,在活络头中楔紧钢垫块并焊接牢固,最后回油松开千斤顶,解开钢丝绳完成钢支撑安装。

(4)钢支撑保护

在钢支撑安装就位后,在基坑后续施工过程中,需要加强对钢支撑的防护工作。在后续基坑开挖过程中要防止挖土机械碰撞钢支撑体系,特别是竖向钢支撑,以防钢支撑失稳,造成事故。同时需要加强对钢支撑变形的监测,对基坑回弹导致钢支撑竖向挠曲变形接近允许值时,必须及时松弛横梁,释放竖向应力,保证钢支撑受力稳定,确保基坑安全。

(5)换撑和钢支撑拆除

钢支撑拆除或换撑过程是指钢支撑的"倒换"过程,即把由钢支撑所承受的土压力转换至永久支护结构或其他临时支护结构,因此钢支撑拆除与换撑必须严格控制,避免钢支撑倒换导致围护桩内力变化。

临时钢支撑安装与钢支撑拆除保持协调同步,按"安装一根拆除一根"的原则进行,避免围护结构产生过大变形。临时钢支撑吊装及钢支撑预应力施加作业同钢支撑施工相同。临时钢支撑拆除在主体衬砌结构形成闭合且混凝土强度达到设计要求后进行,此时由于作业空间限制,无法采用起重机配合,因此在结构施工时,即在钢支撑对应结构顶板上预埋 $\phi22mm$ 钢筋吊环,利用吊环实施临时钢支撑拆除。临时钢支撑拆除时临时支架搭设和轴力卸除作业同钢支撑拆除施工。

在钢支撑拆卸前,先在各钢管与钢管的接点处架设一托架,起固定钢管作用,然后在管端千斤顶座上设置千斤顶,操作千斤顶逐步给管撑卸荷,在完全卸荷后,拆除管端头与围檩之间钢斜楔;然后给千斤顶减压并在完全放松后移走千斤顶,预加力端的钢楔卸去后,可松去各钢管连接螺栓;螺栓卸下之后,将钢管吊到地上,再运到吊点处,由起吊装置将钢管吊出基坑。钢管与钢围檩(预埋件)的固定端,可由氧焊法将焊接处割断而卸掉。钢围檩也是用氧焊法将其各个部件分割出去。

钢支撑卸荷及拆除要结合结构施工过程,部分钢支撑要等结构浇筑完成并养护一定时间后再拆除,以免发生质量事故及安全事故。在拆除时,按设计要求的顺序进行拆除,在卸掉钢管支撑之前,操作人员与起重机吊点分别位于钢管的两侧,以免钢管起吊后摆动,伤及施工人员。拆除时应避免瞬间预加应力释放过大而导致结构局部变形、开裂。利用主体结构换撑时,主体结构底板混凝土强度应达到设计要求强度。

(6)钢支撑内力调整、控制技术

支撑安装就位后,严格按照各道支撑设计轴力施加预加轴力,预加轴力施加必须分级加载,施加预应力值应为设计预加轴力值加上 10% 的预应力损失值。为减少温度应力对预加轴力的影响,尽量选择在气温较低时对钢管支撑施加预应力。对施加预应力的油箱、压力表装置要经常进行标定,确保应力值正确,并做好记录。

随着基坑开挖逐渐向下延伸以及受下道支撑施加轴力的影响,上道支撑的轴力可能会减小,必须根据监测轴力和现场实际情况及时进行轴力调整。

本项目研发了基坑围护钢支撑轴力自动伺服调整系统,该系统采用了液压控制技术及可视化监控管理信息技术,具备对支撑轴力损失自动调节补偿、故障自动报警等功能,使工程始终处于安全可控状态。

7.2 超长基坑快速施工技术

超长明挖隧道基坑工程体量大,施工工序复杂,一般可采用多点同步施工的方法缩短施工工期。基坑快速开挖是影响隧道快速施工的关键。要实现大断面超长基坑的快速施工,要做到以下几点:①合理组织,实现对超长基坑的多点同步施工,同时能具有良好的经济指标,降低施工费用。②建立合理的分段分层开挖工序,以合理的工序指导施工的总体组织,提高施工的效率。③形成可控的质量及风险控制技术,提高施工过程的安全性,降低施工风险,确保施工不间断,顺利实施。

7.2.1 纵向 16 个分区 30 个工作面同步施工

(1)工程关键线路

京雄城际机场隧道是本标段控制性工程,关键线路为"施工准备→机场隧道施工→沉降观测→道床施工→配合铺轨→四电工程及轨道精调→静态验收及缺陷整治→联调联试及运行→初步验收、安全评估、开通运营",该关键线路占用直线工期最长。

(2)隧道工程施工进度指标分析

根据类似的施工经验,结合本标段拟采用的施工工艺和机械化配套方案,确定隧道施工进度指标为 40m/月(采用单台台车)。

(3)隧道工程工期计划

隧道工程工期计划见表 7-2-1。

隧道工程工期计划 表 7-2-1

编号	工作名称	工期(d)	开始日期	结束日期
1	施工准备	28	2018-2-1	2018-2-28
2	围护桩	123	2018-3-1	2018-7-31
3	隧道开挖及支护	109	2018-5-6	2018-10-15
4	垫层、仰拱及填充	122	2018-5-12	2018-11-15
5	衬砌施工	328	2018-6-7	2019-4-30
6	回填施工	326	2018-6-24	2019-5-15
7	沉降观测	92	2019-6-1	2019-8-31
8	道床施工	60	2019-9-1	2019-10-30

（4）基坑快速施工原则

基坑施工采用流水作业，严格按照"时空效应"理论，掌握好"分层、分段、分块、对称、限时"五个要点，遵循"开槽支撑、先撑后挖、分层开挖、严禁超挖"的原则，做到先撑后挖，尽量减少无支撑暴露时间。基坑坑底素混凝土垫层要求随挖随浇，严格按基坑施工规范要求施工。

（5）纵向 16 个施工分区 30 个工作面

为实现快速施工、保证工期，全长 7948m 的机场 2 号隧道由 4 个施工队共同承担，其中一队施工 DK46 + 092 ~ DK48 + 000（长 1908m），二队施工 DK48 + 000 ~ DK50 + 484（长 2484m），三队施工 DK50 + 484 ~ DK52 + 428（长 1944m），四队施工 DK52 + 428 ~ DK54 + 040.1（长 1612.1m），如表 7-2-2 所示。

施工区段任务划分及施工工区部署 表 7-2-2

序号	施工队伍名称	施工区段	主要施工任务	驻地位置	占地面积（m²）
1	项目经理部	DK46 + 092 ~ DK54 + 040.1 段	负责三标段（DK46 + 092 ~ DK54 + 040.1，全长 7948.1m）站前工程及接口工程施工	DK54 + 200 右侧，租赁办公用房	4100
2	一队	DK46 + 092 ~ DK48 + 000 段	负责该段内机场 2 号隧道施工，全长 1908m	DK48 + 200 左侧，租赁集装箱房	2667
3	二队	DK48 + 000 ~ DK50 + 484 段	负责该段内机场 2 号隧道施工，全长 2484m		
4	三队	DK50 + 484 ~ DK52 + 428 段	负责该段内机场 2 号隧道施工，全长 1944m	DK53 + 200 左侧，租赁办公用房	1300
5	四队	DK52 + 428 ~ DK54 + 040.1 段	负责该段内机场 2 号隧道、路基段施工，全长 1612.1m		

隧道共划分为 16 个分区 30 个工作面，如图 7-2-1 和图 7-2-2 所示。其中第 1 区段 358m 一个工作面，第 2 区段 338m 一个工作面，第 3 区段 717m 两个工作面，第 4 区段 495m

两个工作面,第5区段200m一个工作面,第6区段288m两个工作面,第7区段808m三个工作面,第8区段604m三个工作面,第9区段594m两个工作面,第10区段516m两个工作面,第11区段(北大堤)124m一个工作面,第12区段332m两个工作面,第13区段972m四个工作面,第14区段223m两个工作面,第15区段(南大堤)118m一个工作面,第16区段531m两个工作面。

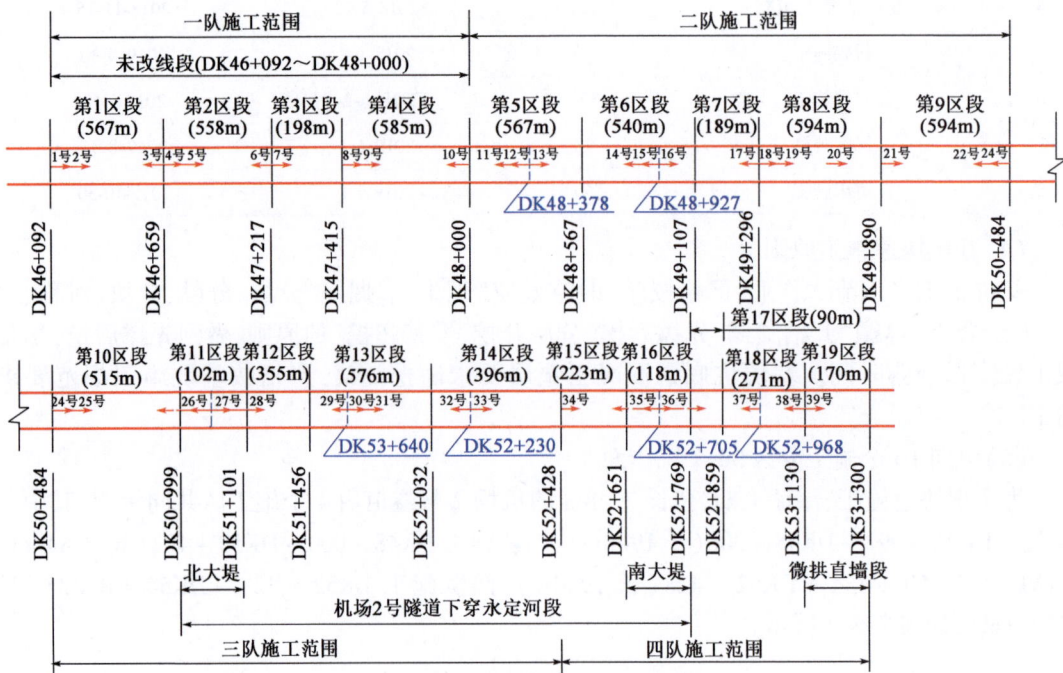

图7-2-1　隧道纵向施工分区范围

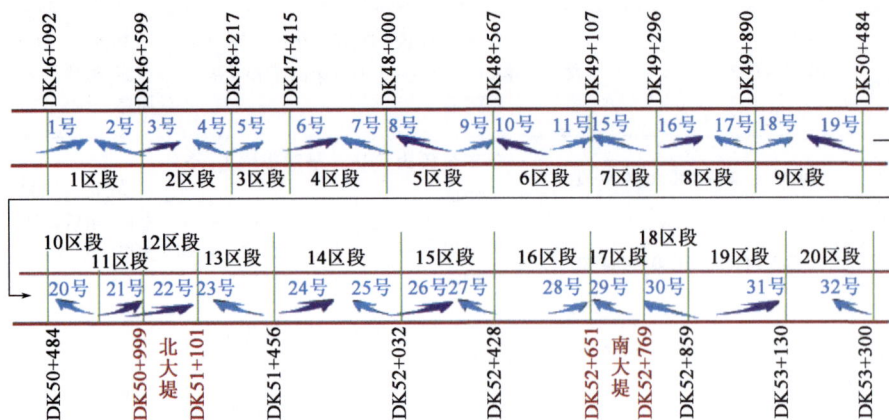

图7-2-2　土方开挖多作业面布置

永定河河槽内共分为七个工作面,利用冠梁顶放坡开挖土方修筑河槽内导流围堰,共分二期,紧贴围挡外侧设置,围堰高0.5~3.5m,迎水坡坡比为1:2,背水面坡比为1:1.5,围堰顶宽度为 2m,沿线路两侧围挡外围设置,如图 7-2-3 所示。

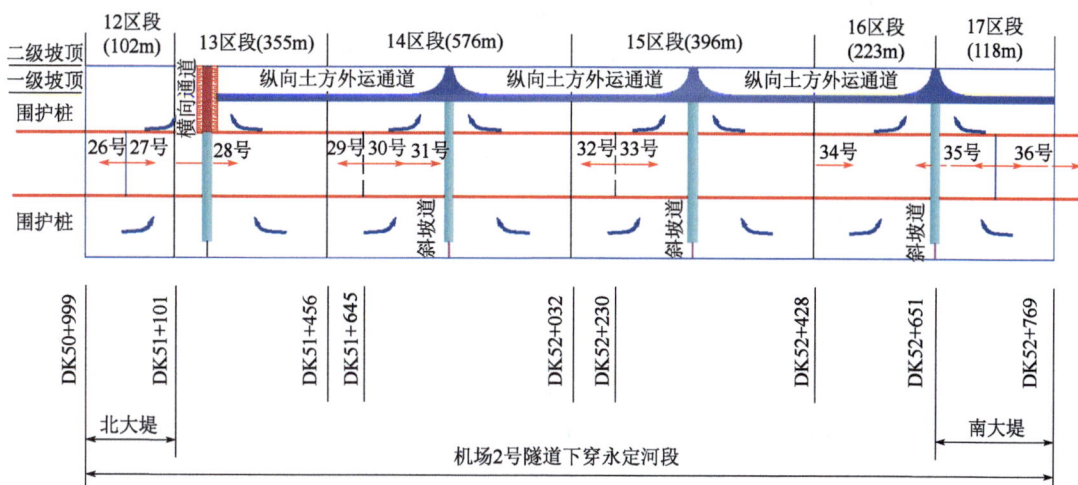

图 7-2-3　土方开挖外运布置平面图

其中北堤和靠近北提区段(桩号方位 DK50 +999 ~ DK51 +456)作为北堤开挖工作面,由外侧向北堤开挖,土体在靠近北堤内侧进行运输。以 DK51 +456 作为第一个开挖工作作业面,按照中间向两侧开挖,运输通道开完作业两侧。DK52 +032 作为第二个开挖工作作业面,按照中间向两侧开挖,运输通道开完作业两侧。DK52 +428 作为第三个开挖工作作业面,按照中间向两侧开挖,运输通道开完作业两侧。

土方开挖在 1 号、3 号工作面相对施工,2 号工作面从线路右侧开始开挖,2 号左侧土方作为土方运输至坑外的基础,其余区段开挖过程中不断进行边坡土钉及挂网喷混凝土支护,开挖至一级坡顶后,及时施作坡顶降水井,同时将一级坡顶平台作为一级坡内土方外运至坑外的纵向运输便道,即 1 号和 3 号工作面内土方进行一级坡内开挖后,先开挖线路右侧土方,通过横向便道运输至一级坡顶平台,再通过平台纵向运输便道运至坑外。

(6)设备和人员投入

因同步施工工作面多达 30 个,围护桩、开挖和衬砌设备投入加大,例如衬砌台车实际使用 30 套、准备了 39 套,如表 7-2-3 所示。同时加大了施工人员投入力度,高峰期达 1774 人,如表 7-2-4 所示。

投入本工程的主要施工设备　　　　　　　　　　　　　　　　　　表 7-2-3

序号	设备名称	规格型号	数量	备注
1	反铲挖掘机	CAT320、三一260	88	
2	长臂挖掘机	CAT6018-32m	50	
3	渣土运输车		352	
4	旋挖钻机	TR180D、SD20C 等	88	
5	泥浆泵	2L/2PWL	58	
6	回转钻机		78	降水钻孔设备

序号	设备名称	规格型号	数量	备注
7	潜水泵	WQ15-28-3	350	管井降水设备
8	搅拌桩机		7	
9	旋喷桩机	MGJ-50	40	
10	起重机	25～50t	56	
11	千斤顶	200t	56	
12	注浆机		30	
13	湿喷机械手		5	
14	空压机		30	
15	仰拱曲模	9.1m	39	
16	衬砌台车	9.1m	39	
17	水沟电缆槽移动模架	9.1m	39	
18	止水带焊接机		40	
19	数控钢筋弯曲机	TJB2-32	4	
20	钢筋切断机	GQ40	8	
21	钢筋笼滚焊机	TJ1500、LL1500-12	5	
22	钢筋网片焊接机		2	
23	变压器	630kV·A	9	
24	混凝土输送泵	三一	19	
25	混凝土输送车	8m³	60	
26	养护台架		39	
27	平板车		16	
28	平板夯		54	洞顶两侧回填压实
29	压路机	1～15t	15	洞顶回填碾压
30	电动风镐		40	围护桩桩头破除

劳动力配置计划(单位:人)   表7-2-4

工种	2018 年				2019 年				2020 年
	第1季度	第2季度	第3季度	第4季度	第1季度	第2季度	第3季度	第4季度	第1季度
电工	13	14	14	14	10	10	4	4	4
电焊工	85	115	65	45	25	10	10	5	5
钢筋工	140	230	230	115	65	30	0	0	0
模板工	25	180	120	70	35	30	0	0	0
混凝土工	95	170	130	65	35	30	0	0	0
机械操作手	145	290	240	170	35	0	0	0	0
司 机	100	200	170	130	60	50	20	10	10
普工	220	355	355	285	145	75	70	70	70

续上表

工种	2018 年				2019 年				2020 年
	第 1 季度	第 2 季度	第 3 季度	第 4 季度	第 1 季度	第 2 季度	第 3 季度	第 4 季度	第 1 季度
技术人员	80	100	100	100	60	40	20	20	20
管理人员	100	120	120	120	80	50	30	30	30
合计	1003	1774	1544	1114	550	325	154	139	139

7.2.2 交通组织安排

（1）基坑两侧地面主通道

纵向施工便道设置在基坑的两侧,主运输通道设置在基坑的右侧,为 9.3m 宽混凝土路面,左侧为 7.0m 宽辅助通道。在永定河河槽内"放坡开挖 + 双排桩支护"和"土钉墙放坡 + 钻孔灌注桩 + 钢支撑围护"基坑支护结构中,两侧冠梁顶平台上也设置混凝土路面,永定河河槽段路面宽 10.5m,其余段落为 7.0m。

（2）冠梁顶平台纵向施工便道

为确保后期主体结构施工期间,混凝土运输至坑内与坑内土方外运不冲突,确保运输通畅,通过坑外纵向施工便道在基坑右侧开挖时修筑斜向便道,河槽段纵向便道宽 9.3m,其他区段宽 7m,与冠梁顶平台纵向施工便道相接。各斜坡道、横向通道在开挖时参照相应段落基坑形式逐层放坡开挖,并打设土钉注浆加固,如图 7-2-4 所示。

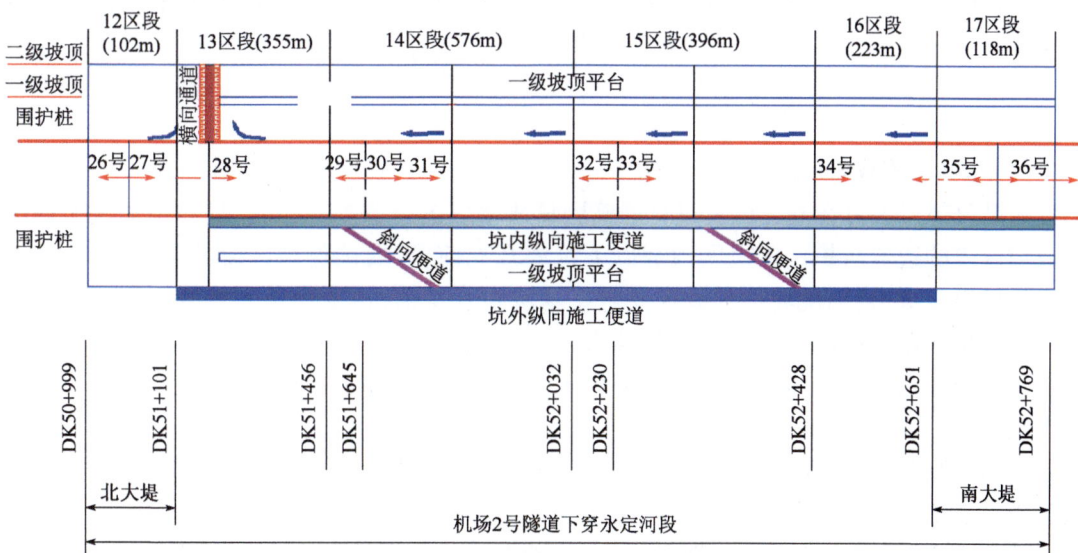

图 7-2-4　河槽段基坑便道设置示意图

（3）北大堤段道路改移

机场隧道下穿永定河北大堤段,施工前进行道路改移,根据总体施工安排,大堤道路改移至河道外侧,在 DK50 + 781 处进行横穿线路（此处钻孔桩在道路改移开始前先行完成施工）,与既有村道魏石路相接,道路采用两车道混凝土路面,确保社会车辆有序通行。为确保行车安全,将施工便道与大堤改移道路分开,单独设置,如图 7-2-5 所示。

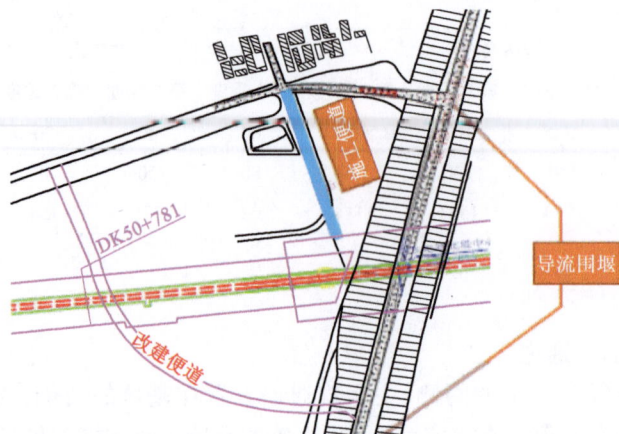

图 7-2-5　北大堤道路导改平面位置

交通导改及导流围堰施工完成后破除大堤土方,外运至弃土场,根据总体施工安排,北大堤段先进行冠梁顶层土方开挖,再进行止水帷幕、钻孔桩、坑内基底加固工作,分别展开流水施工,冠梁顶土方开挖同永定河河槽外段冠梁顶层土方开挖,开挖方向由北堤外侧向北堤防线方向开挖。坑内土方利用河槽内 DK51+150 处横向通道运输至坑外,坡度 1:10,沿线路方向设置纵向运输通道在坡脚处与横向通道顺接,纵向运输便道设置于线路左侧冠梁侧,待坑内土方开挖至最后区段时利用长臂挖掘机进行开挖,人工配合清底,直至土方开挖完成。

7.2.3　基坑分层开挖技术

（1）基坑开挖基本条件

冠梁顶部以上可在基坑位置进行准确测量放样后进行开挖,在开挖过程中需要及时完成放坡区段的边坡防护。在冠梁顶部以下坑内开挖前,需要确保该区段的围护桩墙、冠梁施工均已经完成,且强度均达到设计要求。基坑在开挖前,需要确保开挖区段范围内的降水井已经将该范围内的地下水位降低至基坑底面以下 0.5~1.0m 的位置,一般降水井应在坑内土体开挖前不小于 30d 正式开始降水工作,且应检查各种抽排水设备,确保使用时设备性能正常。

沿基坑外做好临时防护,在坡顶应具备可靠的截水和防水措施,避免在开挖过程中雨水、施工用水等对基坑的侵蚀。

正式开挖前应按施工作业计划配备性能和机况良好的开挖机械设备,根据施工图纸和施工计划总体安排,准备足够的经检查符合要求的钢管支撑。按照基坑施工应急预案,备足基坑开挖过程中可能出现突发事件的应急材料物资,做好各项应急准备。

（2）非永定河区段平原区基坑开挖

京雄城际机场隧道在永定河河槽区段以外的基坑采用顶部放坡与钻孔桩相结合的方式进行围护,钻孔桩设置钢支撑为 3 道或 4 道。针对这类基坑结构形式,在快速开挖过程中,开挖土层时竖向应该进行合理分层,逐层开挖。根据基坑支撑竖向设置道数确定基坑开挖的层数,分层原则为支撑底高程下 50cm。

以竖向布置 4 道支撑区段为例,基坑土方应分为五层进行开挖,第一层从原地面高程开挖至冠梁底部高程(DK48 +000 ~ DK49 +435 段冠梁接近原地面,第一层土方直接开挖至冠梁底),开挖深度为 5.0 ~ 7.5m,分两层开挖。第二层从第一道钢支撑底部至第二道钢支撑底部以下 50cm,开挖深度为 6.0 ~ 7.0m,分两层开挖。第三层从第二道钢支撑底部至第三道钢支撑底部以下 50cm,开挖深度约为 5m,分两层开挖。第四层从第三道钢支撑底部至第四道钢支撑底部以下 50cm,开挖深度为 4.5 ~ 5.0m。第五层从第四道钢支撑底部至基坑底部,第五道钢支撑至基底的距离为 4.0 ~ 5.0m。

在冠梁顶表层土方开挖前,确保坑外截水天沟已施作完成且排水通畅。土方利用大型挖掘机分层开挖,自卸汽车装车外运至弃土场,人工修整开挖边坡,及时跟进施作边坡土钉墙挂网喷混凝土,将表层种植土收集单独堆放备用。

围护桩范围内的深层土方开挖需要在冠梁施工完成后进行,在开挖过程中应遵循"随挖随撑"的原则,分层开挖至每道支撑下 0.5m,及时架设钢支撑,并施加轴力,确保基坑安全稳定。

在坑内布置两台液压挖掘机,沿着纵向分层放坡开挖坑内土方,土方分层、分段拉槽开挖。在开挖过程中需要在坑内设置纵向运输坡道,运输坡道的坡度可按照 1∶10 控制,沿着纵向坡道可保持同样的坡度向前开挖。在开挖过程中可根据现场土质情况适时调整,当坑内土方多为粉砂层时,可在坡道上铺设钢板,并在钢板上焊接防滑钢筋,保障土方运输车辆可以快速完成运输。

基坑内每层土体沿着纵向进行分段开挖。根据投入开挖设备的生产能力、开挖条件以及基坑开挖宽度和每层开挖高度确定每层纵向分段开挖长度,第一层土方开挖基本为冠梁高度范围内,其纵向分段长度主要根据施工组织的需要确定;其他土层每层土方分段开挖长度控制在 6m 以内。

对于基坑沿着纵向无法满足运输坡度进行放坡时,可不在基坑内设置运输坡道。通过台阶开挖,利用挖掘机相互"倒换开挖",即最深处挖掘机将土体"倒换开挖"至上层台阶,依次开挖,由顶层挖掘机将土体装载至土方运输车辆移运。

坑内机械挖不到的死角用小型挖掘机或人工配合翻挖,然后用挖掘机翻倒至挖掘机工作半径内装车外运。土方运输车辆在坑外根据总体规划引入纵向施工便道,土方运输至指定弃土场根据所需分类堆放。

横向土方采取先中间后两侧的"拉槽"方式开挖,尽量减少基坑无支撑暴露时间,减小围护桩的位移。围护桩内侧留取 2.0m 的施工平台便于钢支撑安装,之后在中部按"倒梯形"拉槽开挖,"倒梯形"坡度按 1∶1 控制,待每层钢支撑安装完成后再开挖该段土方。

开挖过程中横向靠近围护桩侧壁位置的土体最后进行开挖,如图 7-2-6 所示。侧壁预留区在开挖时应尽量避免对其扰动,侧壁预留区作为围檩安装及桩间混凝土封闭作业平台。

对于基坑末端,无法满足机械设备纵向坡道通行区段,采用坑外长臂挖掘机开挖出土,自卸汽车停放在坑外纵向便道处,装车外运。坑内最后少许土方用人工配合长臂挖掘机开挖,直至清理干净。

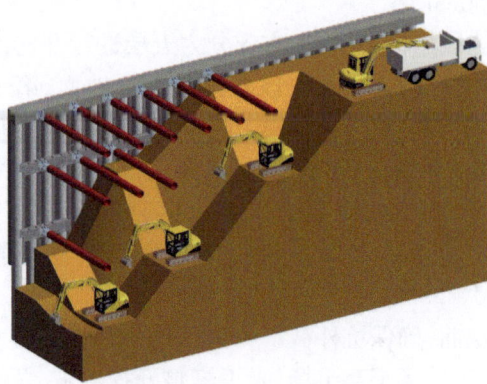

图 7-2-6　分级开挖工序

（3）永定河河槽段基坑开挖

机场隧道下穿永定河河槽段（DK51 + 124 ~ DK52 + 651），采用两级大放坡配合双排桩围护形式，开挖土方约 178 万 m³，其中冠梁顶以上土方约 153 万 m³，冠梁顶以下土方 25 万 m³。根据总体施工组织安排，河槽内计划先进行大放坡开挖冠梁顶以上土方，再施作双排围护钻孔桩、降水井和基底加固，避免在原地面进行钻孔桩施工时空钻段吊筋影响坑内土方开挖。

河槽范围内土方开挖总量巨大，其中冠梁顶以上土方开挖量占总土方开挖量的 86%。因此，冠梁顶以上土方开挖是基坑开挖的重点。该区段冠梁以上土体的开挖按照纵向分段、分层，横向分块、分层开挖。

（4）永定河河堤段基坑开挖

北堤和靠近北大提区段（桩号方位 DK50 + 999 ~ DK51 + 456）作为北堤开挖工作面，由外侧向北堤开挖，土体在靠近北堤内侧进行运输。以 DK51 + 456 作为第一个开挖工作作业面，按照中间向两侧开挖。DK52 + 032 作为第二个开挖工作作业面，按照中间向两侧开挖。DK52 + 428 作为第三个开挖工作作业面，按照中间向两侧开挖。

土方开挖过程中不断进行边坡土钉及挂网喷射混凝土支护，开挖至一级坡顶后，及时施作坡顶降水井，同时将一级坡顶平台作为一级坡内土方外运至坑外的纵向运输便道，先开挖线路右侧土方，通过横向便道运输至一级坡顶平台，再通过平台纵向运输便道运至坑外。

冠梁顶土方分层开挖，通过坑内横向、纵向运输便道运输至坑外，每个区段留置外运至坑外的便道。土方开挖时，按照横向从线路右侧向左侧、纵向从两侧向中间推进的方式开挖。土方横向运输，通过斜坡道运出坑外，同时区段内纵向拉槽开挖，开挖土方纵向运输，最后通过斜坡道外运至坑外堆放。

基坑开挖至冠梁后，及时跟进施作双排桩，沿线路右侧施工围挡外修筑纵向施工便道，并结合现场实际情况，修筑斜向便道，两级放坡形式接入坑内冠梁顶纵向运输便道，将混凝土运输至坑内。

冠梁施作完成后及时进行坑内土方开挖，采用分层、分段拉槽开挖，严格控制开挖厚度，土方根据总体部署与冠梁顶土方开挖运输便道相结合，在坑内利用挖掘机后退开挖，通过连接坑内纵向斜坡道与冠梁顶一级坡内横向运输通道，从而达到将坑内土方运输至坑外的目的，纵向运输坡道坡度根据地质情况适时调整,当土方多为粉砂层时,铺设钢板,并在钢板上焊接钢筋防滑条,确保土方顺利外运。

土方开挖至后期时,由于线路左侧土方承担确保斜坡道与纵向土方外运通道稳定功能,未开挖土方较多,为确保土方及时顺利外运至弃土场,在 DK51+150 处设置横向运输通道,通道按纵向 1:10 放坡,两车道设置,通道两侧边坡根据地层情况放坡设置,并打设土钉、挂网喷混凝土支护。

土方开挖至末端时,坑内土方可采用长臂挖掘机装土外运,待坑内土方完成后,挖掘机不断翻挖斜向便道处土方,逐渐后退施工,直至土方全部开挖完后,而后及时施作边坡土钉并挂网喷射混凝土,如图 7-2-7 所示。

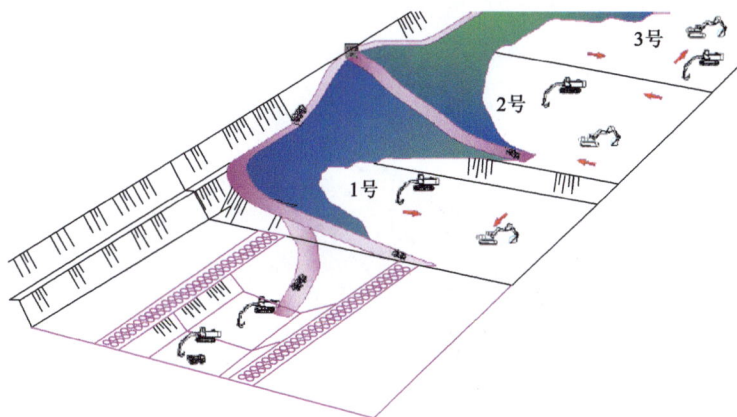

图 7-2-7　坑内土方开挖与外运示意图

7.3　明挖隧道衬砌快速施工技术

7.3.1　台车长度优化

根据防水设计理念,京雄城际机场隧道防水主要依靠结构自防水,即防水对混凝土施工质量要求高。影响自防水混凝土结构抗渗效果的因素主要有混凝土裂缝和细部施工缺陷,其中混凝土裂缝包括温度裂缝、干缩裂缝、沉降裂缝和荷载裂缝等;细部施工缺陷主要表现为施工缝处理不当、预埋铁件和穿墙螺栓安装不当等。

温度裂缝相比于干缩裂缝、变形裂缝和荷载裂缝,更容易在隧道衬砌混凝土浇筑过程中产生,也最难控制。水泥水化过程中产生大量水化热,衬砌混凝土发生水化反应体积膨胀,当混凝土芯部温度与表面温度温差过大,温差引起的温度应力超过混凝土抗拉强度时,混凝土内部产生温度裂缝。混凝土初始浇注完成达到温峰后温度将逐渐下降,如果混凝土养护措施不到位,降温速度过快,极易对混凝土表面产生冷刺激,温度应力过大导致产生由表层至内部的温度裂缝,这种由表及里的贯穿性裂缝对混凝土结构抗渗性能影响极大。

隧道衬砌混凝土温度裂缝控制主要是控制混凝土浇筑完成后的内外温度差,目前隧道衬砌混凝土温度裂缝主要控制手段有优化混凝土配合比、降低水化热、冷却原材料和保证养护措施等,很少从结构方面考虑,即减少衬砌台车长度。

京雄城际机场隧道衬砌混凝土摒弃了传统12m一节段的台车设计,通过大体积混凝土温控仿真模拟计算,改进后9m一节段混凝土结构产生的温度应力小于12m一节段混凝土结构,安全系数更高。通过现场实际情况来看,缩小衬砌混凝土每节段长度,也有利于后期养护,并且在施工组织过程中排期更加灵活。这样不仅能更大限度保证混凝土结构质量,还能有效控制工期。

1)隧道衬砌混凝土一次合理浇筑长度计算分析

隧道衬砌混凝土每个施工浇筑长度分为9m和12m两种,分别按低温、常温和高温季节进行模拟计算,混凝土强度等级为C35。通过建立实体隧道衬砌混凝土有限元剖分模型,模拟分析不同施工长度隧道衬砌混凝土浇筑过程中混凝土内部最高温度变化情况,以及浇筑间隔期为5d的应力发展情况。计算模型见图7-3-1。

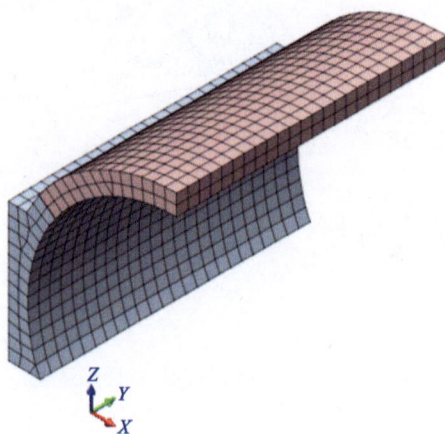

图7-3-1 计算模型

分析计算按照环境温度、浇筑温度、浇筑长度和养护情况不同组合,按低温季节、常温季节和高温季节三种工况进行模拟计算。

①环境温度参考当地气温,低温、常温及高温季节分别按(15±5)℃、(20±5)℃及(30±5)℃计算。

②低温、常温及高温季节混凝土入模温度分别按14℃、23℃、28℃计算。

③带模养护,低温季节喷雾环境湿度取75%RH;常温季节和高温季节养护环境湿度取50%RH计算。

④考虑现场施工工艺,在仰拱已完成浇筑的基础上,隧道衬砌分侧墙和拱顶两层进行浇筑,上、下层混凝土浇筑间隔期按照5d计算。

⑤根据隧道衬砌混凝土结构对称性,取1/2结构进行温度应力仿真模拟计算。

⑥温度及温度应力计算从混凝土浇筑开始,模拟浇筑之后60d温度应力变化。

(1)施工长度9m时的分析结果

根据混凝土物理、热学性能参数及混凝土所受约束信息等设定条件,计算冬季施工段长度为9m隧道衬砌混凝土内部最高温度为55.7℃,温峰出现时间约为浇筑后2d,温峰位置为侧墙顶端最大变截面处,符合《铁路混凝土结构耐久性设计规范》(TB 10005—2010)规定的养护期间对大体积混凝土构件内部最高温度小于65℃的要求。

根据计算温度场结果,冬季施工一次浇筑长度9m的侧墙混凝土、拱顶混凝土3d、7d、28d和60d温度应力见表7-3-1。

冬季施工隧道衬砌混凝土温度应力(9m) 表7-3-1

龄期	部位	3d	7d	28d	60d	最小安全系数	最高温度(℃)
劈裂抗拉强度(MPa)		2.1	2.7	3.1	3.6		
温度应力(MPa)	侧墙	1.24	1.68	1.64	1.45	1.61	55.7
	拱顶	1.30	1.65	1.56	1.43	1.62	51.8

施工段长度为9m侧墙和拱顶混凝土3d、7d、28d和60d抗裂安全系数均大于1.4,混凝土安全系数保证率在95%以上,可以满足现场要求。

(2)施工长度12m时的计算结果

根据混凝土物理、热学性能参数及混凝土所受约束信息等设定条件,计算冬季施工段长度为12m隧道衬砌混凝土内部最高温度为55.8℃,温峰出现时间约为浇筑后2d,温峰位置为侧墙顶端最大变截面处,符合《铁路混凝土结构耐久性设计规范》(TB 10005—2010)规定的养护期间对大体积混凝土构件内部最高温度小于65℃的要求。

根据计算温度场结果,冬季施工一次浇筑长度为12m隧道侧墙和拱顶混凝土3d、7d、28d及60d温度应力见表7-3-2。

冬季施工隧道衬砌混凝土温度应力(12m) 表7-3-2

龄期	部位	3d	7d	28d	60d	最小安全系数	最高温度(℃)
劈裂抗拉强度(MPa)		2.1	2.7	3.1	3.6		
温度应力(MPa)	侧墙	1.48	1.98	1.75	1.56	1.36	55.8
	拱顶	1.45	1.68	1.69	1.54	1.45	51.8

冬季施工段长度为12m隧道侧墙混凝土3d、7d、28d及60d温度应力分别为1.48MPa、1.98MPa、1.75MPa和1.56MPa,其中7d抗裂安全系数低于1.4。侧墙顶端最大变截面处、侧墙底部应力集中现象较为明显,不能满足现场施工要求。

2)计算结果分析及台车长度确定

混凝土在不同计算工况条件下温度应力见表7-3-3。

温控仿真模拟计算结果 表7-3-3

工况条件		浇筑温度(℃)	最高温度(℃)		部位	最大拉应力(MPa)								最小安全系数	
环境	养护		9m	12m		3d	7d	28d	60d	3d	7d	28d	60d	9m	12m
						9m				12m					
低温季节	喷雾养护	14	55.7	55.8	侧墙	1.24	1.68	1.64	1.45	1.48	1.98	1.75	1.56	1.61	1.36
					拱顶	1.30	1.65	1.56	1.43	1.45	1.68	1.69	1.54		

工况条件		浇筑温度（℃）	最高温度（℃）		部位	最大拉应力（MPa）								最小安全系数	
环境	养护		9m	12m		3d	7d	28d	60d	3d	7d	28d	60d	9m	12m
						9m				12m				9m	12m
常温季节	一般养护	23	64.8	64.9	侧墙	1.27	1.87	1.68	1.56	1.51	2.23	1.63	1.59	1.44	1.21
					拱顶	1.33	1.62	1.58	1.49	1.34	1.80	1.61	1.54		
高温季节		28	69.9	70.0	侧墙	1.63	2.29	2.00	1.88	1.89	2.38	2.19	2.05	1.18	1.11
					拱顶	1.42	1.88	1.61	1.70	1.62	1.95	1.70	1.92		

通过模拟计算结果，从表7-3-3可以看出低温季节和常温季节混凝土内部最高温度符合《铁路混凝土结构耐久性设计规范》（TB 10005—2020）规定的养护期间对大体积混凝土构件内部最高温度小于65℃的要求，且一次性浇筑9m的衬砌混凝土安全系数保证率在95%以上，可以满足施工要求。高温季节混凝土内部最高温度均超过65℃，最小安全系数均小于1.4，相较于9m衬砌混凝土施工方案而言，12m衬砌混凝土施工方案开裂风险较大，为了保障工程品质，最终决定采用9m衬砌混凝土台车进行施工，并采取针对性措施防止混凝土开裂。

3）温控措施

根据模拟计算，为保证混凝土内表温差、内部最高温度满足设计指标要求，降低混凝土开裂风险，采用以下混凝土抗裂措施：

（1）在侧墙混凝土浇筑之前，在侧墙顶端最大截面模板外表面挂双层保温材料（草袋、棉被等）进行保温养护，避免混凝土裂缝的发生。

（2）侧墙混凝土拆模后立即在应力集中位置覆盖薄膜＋土工布保温、保湿（并提前准备保温材料），防止混凝土产生过大温差应力。

（3）为防止温差过大，设置温度筋作为防裂措施。在温度收缩应力较大的现浇板区域内，双向配置不小于0.10%配筋率的防裂构造钢筋，且其间距不宜大于200mm。

（4）高温季节施工时，重点控制原材料入机温度，必要时可加冰拌和，以降低混凝土浇筑温度。

7.3.2 仰拱填充工业化施工技术

（1）仰拱填充构造特点

根据上方填土厚度不同，机场隧道仰拱厚度在0.85～1.60m之间。单侧仰拱拱脚平直段宽度为3.01～5.40m。仰拱填充部分顶宽为12.6m，填充中部设置排水沟，排水沟宽度为0.6m。填充中心厚度为1.35m，填充顶部中间位置设置双向横坡，坡率为2%，两侧各设置2.2m无横坡区段。

隧道仰拱结构层构造形式如图7-3-2所示，在基坑底部设置厚度20cm的C20混凝土垫层。在混凝土垫层上方设置防水层，防水层由底层无纺土工布和2mm厚单面黏结ECB防水板组成，在防水层上方设置5cm厚C25碎石混凝土保护层，保护层上方为仰拱混凝土及仰拱填充混凝土结构。

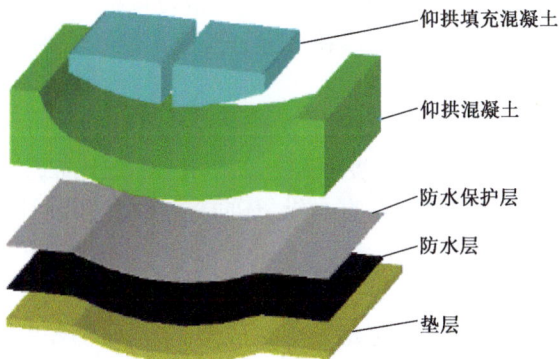

仰拱填充混凝土

仰拱混凝土

防水保护层

防水层

垫层

图 7-3-2　衬砌结构组成示意图

仰拱是为隧道提高基础支撑力的主要结构,也是承受地下水压力最大的区域,因此隧道仰拱施工相对较为复杂,既要保障仰拱结构自身强度,同时也要保障其具有良好防水效果。故如何在实现隧道仰拱快速施工的同时,保障构件的强度和防水效果是隧道仰拱施工的关键。

根据明挖隧道衬砌的结构特点,首先准确控制基坑开挖高度,依次进行垫层混凝土浇筑、防水层铺设及保护层浇筑,等保护层达到强度后再进行仰拱钢筋绑扎、模板安装及混凝土浇筑。等仰拱混凝土强度满足要求后进行仰拱填充钢筋绑扎及混凝土施工。

(2)仰拱结构工厂化施工工艺

仰拱钢筋在工厂集中加工,钢筋在工厂加工完成并经验收合格后,采用平板车运至现场,机械吊入基坑内绑扎。钢筋绑扎过程可以利用带槽口的定位卡尺对主筋的位置和间距进行准确控制,以提高钢筋绑扎精度。不同施工节段之间纵向主筋采用钢筋套筒连接,钢筋绑扎时需要重点对纵向施工节段之间的钢筋接头质量进行控制,保障不同施工节段之间的可靠连接。

仰拱模板采用组合钢模板,模板安装时按照先安装端模,再安装顶模的顺序进行,在端模安装时需要注意纵向主筋与预留孔洞的准确安装,顶模安装时先安装墙趾位置拐角位置模板,后安装弧线区段模板,在弧底中央位置不安装顶模,通过收面对混凝土尺寸和外形质量进行控制。仰拱模板固定到位后一次性连续浇注仰拱混凝土,钢筋与模板之间利用混凝土垫块,严禁钢筋与模板紧贴。

混凝土采用罐车运输至现场,泵送入模。仰拱混凝土施工断面整体全幅灌注,纵向长度依据模板台车长度和图纸对沉降缝的要求确定,与衬砌施工节段长度保持一致。混凝土连续浇筑,并及时振捣,混凝土浇筑采用分层连续浇筑,先浇筑拱底弧形区段,在弧形区段浇筑至上层钢筋最低点下缘位置时用两侧墙趾位置对称浇筑,在浇筑过程中利用插入式振捣棒及时振捣。在两侧墙趾浇筑至对应高度后再对仰拱中间位置进行补浇筑与振捣。

在中央位置混凝土振捣完成后进行顶面混凝土收面,振捣就位后进行第一次收面,在混凝土初凝前进行二次收面,收面以支撑于两端之间的跳板作为工作通道。

(3)仰拱填充工业化施工工艺

仰拱填充在仰拱混凝土强度达到不小于设计强度的50%后施工。由于填充内钢筋均为架立筋,钢筋数量很少,为实现快速施工,钢筋可采用钢筋网片加工后快速施工。在钢筋工厂内组焊成标准型号的钢筋网,在填充模板安装后快速安装钢筋网片。

　　填充模板均采用定型钢模板结构,在端模与中央槽口模板和侧边阳角模板之间设置快速链接构造。在施工时需要对端模板进行精确控制,通过端模板与侧模的快速链接构造实现侧模板的快速安装与准确定位。

　　仰拱填充混凝土对称浇筑,左右两侧混凝土面高差不得超过 0.5m,前后高差不得超过 0.6m,由下向上、对称分层,倾落自由高度不超过 2.0m。混凝土浇筑连续进行,同时留置施工缝,施工缝的平面应与结构的轴线相垂直。纵、环向施工缝按照设计要求设置中埋式橡胶止水带。

　　在浇筑过程应及时进行混凝土振捣,振捣利用插入式振捣棒,每一振点的振捣延续时间以混凝土不再沉落为标准。采用插入式振动器振捣混凝土时,振捣器的移动间距不大于振捣器作用半径的 1.5 倍,且插入下层混凝土内深度宜为 50～100mm,与侧模应保持 50～100mm 距离,并避免碰撞钢筋、模板、预埋件等。填充混凝土浇筑完成后及时进行混凝土养护,在顶部覆盖土工布进行洒水养护,确保混凝土顶面湿润。

7.3.3　移动工厂式衬砌台车施工技术

　　模板台车和混凝土运输及泵送配套设备的不断改进,极大提高了隧道衬砌施工质量和施工速度,做到"内实外美",基本上克服了渗漏水质量通病。该方法越来越广泛地被施工单位应用在隧道施工中。高速铁路明挖隧道如何快速完成隧道衬砌施工是明挖隧道施工的关键之一。明挖隧道衬砌台车法施工是一种能够适用于隧道衬砌快速施工的施工方法,利用台车刚度大、可自行走、整体性好的特点,能够实现隧道衬砌的快速施工。

　　(1)移动工厂式衬砌台车特点

　　京雄城际机场隧道地处北方,施工需要经历春夏秋冬的季节变化,且施工周期短,施工工期紧。故本项目在采用衬砌台车施工的同时配合采用移动式防护棚,以移动工厂的方式进行施工,实现全天候长周期的快速施工,有利于缩短施工周期,便于质量控制。

　　移动工厂式的总体思路是在基坑两侧设置行走轨道,在轨道上安装具有自动走行功能的半封闭式刚架式厂房。在衬砌施工中,移动式厂房可沿着基坑纵向移动,为工作作业面提高良好可控的施工环境,使得工作作业不受天气影响。同时在刚架式厂房上方设置桁架吊重设备,使移动式厂房能够满足衬砌施工过程中的起吊功能,完成自供给式施工,避免其他机械设备的干扰和影响。

　　采用的移动式厂房横向跨度为 22.5m,厂房内侧在冠梁顶部各设置宽 2.5m 的通行通道作为小型设备运输通道。两侧距离规定 3m 位置设置侧向风缆,在厂房行走就位后可靠固定风缆,提高厂房在工装状态下的稳定性,风缆沿着纵向每 2m 设置 1 道。两侧冠梁平台各留有 4.5m 宽的通道,作为大型设备的通行通道。

　　明挖隧道衬砌台车的工作性能要求与暗挖隧道的方式有所不同,明挖隧道衬砌台车应具有支撑能力、模板收缩简易、行走便捷和支撑稳定的特点,本项目所用台车的内模基本构造如图 7-3-3 所示。衬砌台车由主支撑骨架、可收缩式液压支撑系统、模板及骨架系统、操作平台和行走系统组成。

　　为了提高衬砌的施工质量和施工效率,京雄城际机场隧道采用了外模台车系统,如图 7-3-4 所示。

图 7-3-3 移动式衬砌内模台车

图 7-3-4 移动式衬砌外模台车

（2）衬砌快速施工装备与技术

移动工厂式衬砌台车施工的标准化工艺，主要分为侧墙防水层施工、台车钢筋绑扎、钢筋骨架支撑转移、模板安装、混凝土浇筑、模板拆除及衬砌养护环节。

①侧墙防水层施工。

移动式平台可沿着基坑纵向移动，在每侧操作平台骨架上设置三层操作踏板平台，每层高度间距控制在 2～2.2m，操作平台纵向长度可按照 4～5m 进行控制。该操作平台能够基本满足便捷移动和快速施工的要求，见图 7-3-5。

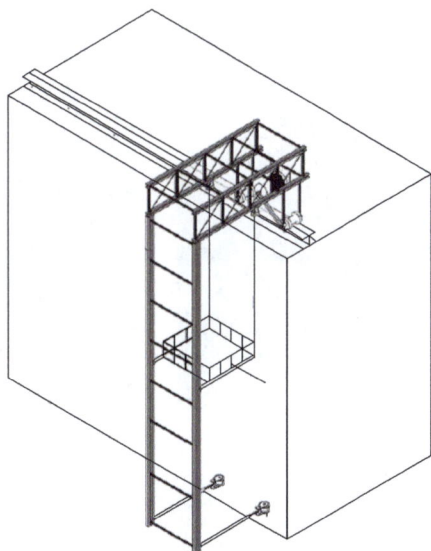

图 7-3-5 自行走式侧墙防水层施工操作平台

②台车钢筋绑扎。

明挖隧道钢筋工程的快速施工，主要通过钢筋绑扎台车快速移动、钢筋绑扎顺序优化和接头快速链接等方面来实现。由于隧道仰拱两侧为弧形结构，不具有钢筋接长工作作业面，故钢筋接长工作可采用简易的快速移动式操作支架完成。该快速支架由型钢简易焊接成型，下方具有移动机构，如图 7-3-6 所示。利用操作平台设置上、下层平台完成钢筋的快速接长。

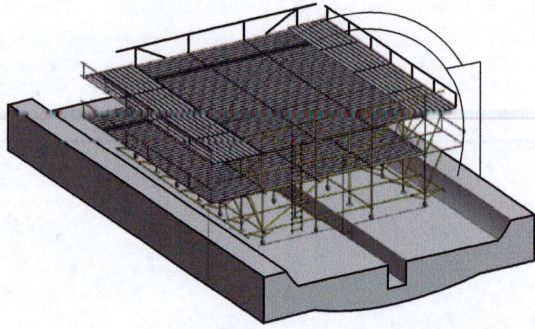

图 7-3-6　移动式侧墙钢筋绑扎支架

通过 BIM 可视化模拟结合现场实践对钢筋绑扎顺序进行优化,确立最优钢筋绑扎顺序,按照优化得到最优绑扎顺序既能有效提高钢筋绑扎效率,同时也可提高钢筋安装精度。

③顶模板与侧墙、端模铰接式连接。

在隧道衬砌侧墙浇筑时,混凝土浇筑入口以侧墙顶部作为下料口,故在顶模板安装时侧墙顶部位置处于开放状态。在衬砌侧墙混凝土浇筑至顶部位置时,再对侧墙顶部模板进行封堵,如图 7-3-7 所示。侧墙顶部封堵模板与顶模板端部采用可开启式铰链连接,在侧墙混凝土浇筑时处于开启状态,等混凝土浇筑就位后将墙顶封堵模板通过铰链快速连接,另一侧与冠梁顶部预留的抗浮卡槽进行固定。确保衬砌顶板混凝土浇筑过程中顶模板满足抗浮要求。

图 7-3-7　衬砌顶模板安装示意

衬砌顶模板沿纵向采用分块式结构,每块宽度为 1.6m,顶模板每两块成一组进行吊装,各组模板安装完成后通过模板间预留孔洞通过螺栓连接形成一体。在顶模板沿着环向设置若干可开启式浇筑窗口,如图 7-3-7 所示,在混凝土未浇筑到对应浇筑窗口时浇筑窗口呈打开状态,混凝土浇筑至距离浇筑口 0.1m 时将对应浇筑窗口通过铰链快速封闭。

隧道衬砌拱顶位置的顶模板采用横向对称分开结构,在中央位置预留 0.8～1.0m 顶部浇筑口,顶部预留浇筑槽口之间采用可自紧式铰链进行连接。自紧式铰链梁端与模板端部的 U 形扣连接,通过旋转铰链拉紧两侧模板,固定牢靠。

④冬季密闭移动式厂房内混凝土养护。

衬砌混凝土冬季施工过程中通过利用移动式厂房的密闭功能,在养护棚梁端挂设防风帘形成封闭空间。同时在衬砌模板端部支架位置封堵加厚防风帘,使衬砌内部形成完全封闭的空间。在密闭空间内混凝土表层温度可按照梯度温度指标要求进行合理控制。

根据衬砌混凝土温度控制要求,本项目冬季施工期间衬砌混凝土温度控制指标主要包括:表面混凝土与环境温度差控制在±15℃范围内,衬砌混凝土表面与内部温度差控制在±10℃范围内,并对混凝土的降温速率进行控制,为4℃/d。在上述温度指标控制下,衬砌混凝土不会出现施工期温度裂缝。

在衬砌养护保温棚内设置一台75kW电加温加湿器,模板外侧间隔2m铺设直径32mm的钢管(侧壁打孔喷热气),钢管外侧再覆盖篷布或保温棉被。在衬砌内模台车范围内放置4台电暖风机进行加热、1台蒸汽发生器加湿,对混凝土养护环境温度和湿度进行控制。在模板拆除后根据不同季节情况对衬砌混凝土表面持续养护,以提高混凝土质量。

7.3.4　衬砌移动模架施工技术

(1)移动模架施工技术原理

明挖隧道衬砌移动模架施工技术利用移动支架体系,这种移动支架体系由移动式侧墙支架和移动式拱顶支架组成,均带有移动行走滚轮和支撑垫块与锚固构造。在隧道仰拱施工后,利用侧墙支架逐环进行侧墙施工,最后逐环进行拱顶施工,通过侧墙与拱顶施工节奏的配合,有效提高了支架的使用效率。

这种施工技术利用了支架施工法灵活、便于操作的特点,同时实现了自移动功能,避免了反复拆卸与搭设的烦琐工序。这种施工技术既提高了施工效率,又降低了施工措施成本,是一种施工中、长隧道的施工方法。

(2)移动侧墙支架边墙内模

研究一种基于移动支架的衬砌施工方法,这种施工方法能够实现明挖隧道衬砌的快速施工,且具有良好的经济性。

移动侧墙支架体系总体布置见图7-3-8,两侧侧墙可设置两榀独立的移动式支架。移动式支架主要由钢支架、侧墙模板及模板骨架、行走系统和支撑锚固系统组成。各系统形成自稳定的整体结构,在施工过程中可实现快速移动和可靠锚固,作为衬砌施工的内模支撑体系,实现侧墙逐环快速浇筑。

侧墙模架支撑架为三角形桁架结构,桁片的纵向间距与型钢尺寸由支架结构的受力计算确定。本项目桁架由I16a工字钢焊接支撑,桁片纵向间距为1.2m。三角形桁架纵向通过水平联系杆和斜向联系杆连接为整体,纵向总长度可根据每环施工长度控制在6~9m之间。桁架支撑竖杆外侧与弧形侧墙模板支撑体系相连接,侧模支撑桁架外形与隧道结构形状基本相同。侧面桁架与弧形模板主龙骨可靠焊接,主龙骨外依次连接工字形次背楞与定形钢板模。弧形模板主背楞和桁架竖杆之间通过角钢或工字钢等型钢可靠连接。在桁架底部分别设置行走滚轮和支撑垫块,在一环隧道施工完成后,可通过行走滚轮向前推进到达下一环施工位置。侧模位置调节到位后通过支撑垫块垫实牢靠,实现对侧向支架的可靠支撑。

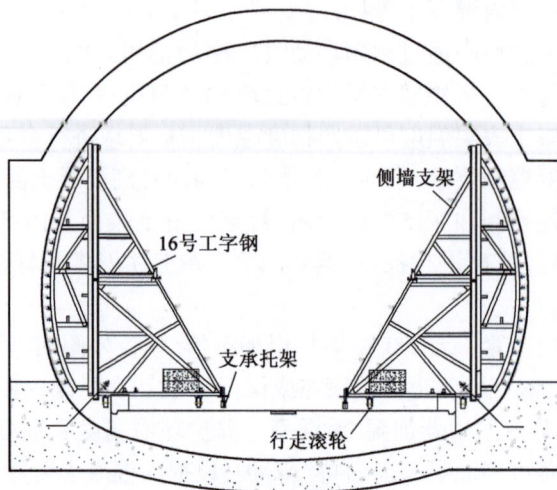

图7-3-8 移动侧墙支架系统示意图

由于侧墙模架需要承受混凝土浇筑产生的压力荷载,如何进行可靠锚固是移动侧墙模架设计的要点。侧向模架除了在底部设置型钢垫块外,尚应在内侧设置预埋锚固结构,可在模架内角设置锚固装置,通过仰拱施工时预留的拉杆将其可靠锚固。在三角形桁架直角位置设置与直角边成45°的锚固件,锚固件外沿纵向设置双拼锚固槽钢,用于锚固仰拱内预埋拉杆,为侧前模架形成锚固铰,与竖向支撑垫块共同承载水平压力。

支架侧模制造可先安装侧模骨架,侧模骨架制作采用卧式。组成模板骨架的桁架逐榀焊接完成后再进行组拼,在组焊时确保各桁架相互平行,与纵向连接杆件冲直。在各桁架组拼成为整体后进行模板背楞安装,背楞采用卡扣式连接,将工字钢背楞与钢骨架可靠连接。所有背楞安装并检查合格后再进行面板安装。

(3)移动式拱顶施工支架顶模

拱顶施工支架的构造相对简单,在支架底部沿着纵向采用型钢连接形成支架底盘,在底盘下部分别设置行走滚轮和支撑垫块,支架底盘上部搭设盘扣支架体系。盘扣支架的底托与支架底盘顶面焊接牢靠,盘扣支架之间通过斜向联系杆和水平联系杆连接形成整体,较传统支架应增加联系杆数量,提高支架的整体性。盘扣支架杆件可选用直径48mm杆件,纵、横向间距根据支架结构受力计算确定,本支架间距为1.2m。在支架中央位置可设置门洞形施工通道,为施工人员及小型机械预留纵向通道。

在施工过程中可采用与侧墙支架同样的操作方法进行纵向移动与支撑。此种工艺不仅能促进快速施工,节省成本,缩短工期,且能反复利用支架结构提高周转率,具有一定的经济效益。

(4)衬砌移动模架施工流程

基于移动支架法的明挖隧道标准化施工流程见图7-3-9,在仰拱及填充施工完成检验合格后可进行侧墙钢筋绑扎及混凝土浇筑。一环侧墙混凝土施工完成后,侧墙模架移动至下一环施工侧墙,拱顶移动模架由上一环移动至该环施工拱顶钢筋与混凝土。在施工时需要控制每环衬砌侧墙施工周期与拱顶施工周期相匹配,实现每环侧墙与拱顶的协调施工,提高移动支架系统的周转效率。

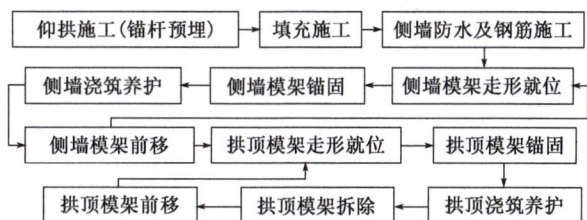

图 7-3-9　基于移动支架法的衬砌施工标准流程

在衬砌施工时,首先进行仰拱施工,仰拱及仰拱填充混凝土应分开浇筑,在仰拱混凝土强度达到 5MPa 时,进行仰拱填充施工;拆模时混凝土强度应达到 8MPa,拆模后应及时进行养护。在仰拱施工时,应沿侧墙锚固地脚螺栓,一般预埋地脚螺栓高出混凝土面为 250mm;各预埋件相互之间距离应根据锚固力计算确定,且不宜大于 300mm,在靠近支架标准段起点与终点各布置一个预埋件。预埋件与地面成 45°,现场预埋件预埋时要求拉通线,保证预埋件在同一条直线上。埋设时需要保证精度,并对螺纹采取保护措施,以免施工时混凝土黏附在丝扣上,影响下一步施工时螺母连接。

仰拱填充施作完成后,先进行防水板铺设与侧墙钢筋绑扎。侧墙钢筋施工就位后,推进移动侧模支架就位,并进行精确调整定位,固定牢靠,后进行侧墙混凝土施工。侧墙混凝土强度达到设计强度 100% 后方可拆模,具备拆模条件后及时脱模、前移及浇筑下一段侧墙。在侧向模架拆除时应先解除锚固,并收起支架底部的支撑垫块,将支架重量转移至行走滚轮上。在模架整体横向拉开一定距离脱模后,再纵向前移,进行下环侧墙施工。

拱顶弧形底模由多块模板拼接组成,在模板对接处设置子母口,以达到减少混凝土在模板拼接处可能产生的错台,并降低安装难度。子母口设置见图 7-3-10,将模板拼缝设置在背楞处,安装时将两侧模板均接近在背楞表面上,实现模板拼缝的平顺。由于面板设置了子母口,模板在安装和拆除时应该按照"先装的后拆,后拆的先装"工序。铺设面板时要注意侧模和盖模面板铺设左右侧模板的不同。这样的设置方式可避免混凝土表面出现明显施工缝。

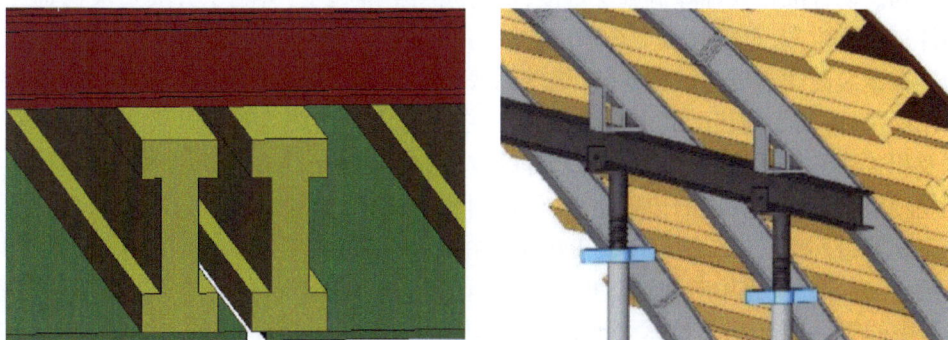

图 7-3-10　移动支架模板细节构造示意图

为了解决弧形模板与竖向支架之间的可靠支撑,保证主龙骨及上部模板整体平顺性,采用 I10 工字钢纵向设置在顶托上部作为转换梁,主龙骨采用双拼[10 槽钢,与转换梁结合面处设置楔形块进行角度调节,这种处理方式可以通过调节螺栓调整主龙骨的连接。

在一环衬砌侧墙模架前移后,将移动式拱顶支架移至该环位置,并对其平面位置和高程进行精调定位。调整就位后对支架进行可靠支撑锚固,在拱顶底模上完成钢筋绑扎与混凝土浇筑。拱顶混凝土达到强度要求后通过旋转顶部螺旋托架使底模与拱顶混凝土底面脱离。收起支架底盘下方的支撑垫块,将支架重量转移至行走滚轮上,并利用行走滚轮移动至下一环位置施工。

基于移动支架法的隧道衬砌施工工艺将支架法的经济性与台车法的施工便利性相结合,利用走行系统实现支架整体快速移动。同时利用支架简易结构替代台车法施工支撑系统,降低造价。采用该施工方法重点需要控制好侧墙与拱顶的异步施工节奏,实现衬砌的快速施工。施工可靠性控制的要点在于支架锚固的可靠性,施工中需要加强对锚固性的检查。

该施工方法在京雄城际铁路机场隧道施工项目的实践表明,采用移动支架法施工较采用移动台车法施工所用施工措施费用节约 50% ~ 60%。支架移动及传统支架拆除与搭设总时间节约了 70% 以上,在施工效率和经济性方面均取得了良好的效果。

7.4 装配式基坑边坡防护技术

传统的边坡防护多采用锚喷防护,在坡面开挖后,采用初喷 C25 混凝土,在坡面孔内放置土钉,土钉一般采用螺纹钢,土钉打设完成后及时灌注水泥砂浆锚固,并及时挂网复喷坡面混凝土至设计厚度,这种防护方式不具有重复利用性,且对环境有一定的污染和影响。

近年来,装配化理念在建筑领域得到大范围推广,将工艺中的固定设备、结构标准化,可以大幅度提高生产效率、质量,具有显著的经济性。边坡支护的装配化也得到了研究和探索,例如采用十字形装配式边坡支护结构、现浇加装配式连拱内撑的结构等。这些都是针对复杂受力或复杂支护形式开展的装配化研究。

在一定地质条件下开挖的标准断面,采用支护结构相似性程度较高,为装配式方法的应用提供了基础。以标准化设计降低施工难度,提高施工精准程度,有利于开展边坡稳定性控制。防护构件工厂化生产,也能够减少对环境的影响。

为了探索装配式边坡防护技术,京雄城际铁路机场隧道开展了装配式边坡防护技术研究。主要采用绿色、可回收的装配式土钉墙,取代传统土钉墙。以此为基础开发了支护形式、配套工艺以及相关质量标准体系等,取得了较好的应用效果。

明挖隧道基坑上部放坡的边坡防护,原计划采用锚、网、喷混凝土形式。考虑到本项目隧道施工工期紧、任务重,C25 网喷混凝土施工存在劳动强度大、工效低且污染环境、易出现质量缺陷等缺点,在项目实施中对边坡防护方式进行了优化。为探索装配化产品与绿色建造技术在本项目中的应用,结合已有技术调研以及参照同类工程实践经验,选取 DK46 +092 ~ DK48 +000、DK49 +435 ~ DK51 +129 两段采用绿色装配式(可回收)土钉墙(GRF)结构代替传统锚、网、喷混凝土防护形式。

7.4.1 装配式基坑边坡防护结构特点

装配式基坑边坡防护结构主要组成形式见图 7-4-1,主要由绿色可回收的柔性防护面层和锚固体系组成。面层为高强轻质预制复合材料加工制成的网状结构，承担边坡土体的压力。锚固体系主要由锚筋和锚固配件组成，锚筋可采用直径为 22mm 的螺纹钢筋，锚筋通过锚孔灌浆锚固。锚固钢筋穿过面层，在面层上方缠绕为直径 6mm 的钢丝绳，钢丝绳外侧安放 4mm 厚的钢垫片，钢垫片外利用钢套筒旋紧锚固，将面层紧密锚固于边坡外表面。

防护结构锚固钢筋在面层上均匀布置，锚固钢筋间距为 2m × 2m，长度不小于 4m。在锚固钢筋上缠绕的钢丝绳在不同土钉之间连续缠绕，形成间距 2m 的网格，在锚钉之间压紧面层。

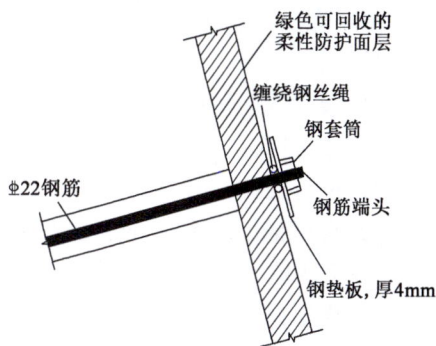

图 7-4-1　典型锚固断面

可回收绿色装配式土钉墙是一种较为新颖的装配式边坡防护结构，这种结构利用了装配化理念推进绿色建造技术的应用。与传统锚喷防护相比较，绿色装配式土钉墙具有以下优势：

（1）绿色环保优势。能耗低、污染小，绿色节能环保，可减少污染较大的材料（例如水泥、钢筋）的使用，还可将材料回收再利用，同时具备美学效果。

（2）显著的工期及工效优势。施工简便、高效，不需要在现场编网、支模和养护，从工厂出货检验合格后可直接在现场进行安装，施工受天气影响较小，施工效率极高，较普通土钉墙支护可缩短工期 50% 以上。

（3）经济优势。可明显缩短施工工期，还可以回收再利用。

（4）质量优势。在工厂预制，方便质量检验，利于按照标准进行质量管控，施工方法流程化、标准化强，施工质量易于保证和控制。

7.4.2　装配式基坑边坡防护现场试验

在京雄城际铁路建造过程中为了推行绿色装配式边坡防护形式的应用，在正式应用前先进行了现场试验，选取了机场隧道工程 DK46 + 970 ~ DK47 +070（长 100m）段开挖边坡作为试验段。试验段基坑的围护形式采用顶部放坡 + 钻孔桩 + 钢支撑。放坡平台断面见图 7-4-2。

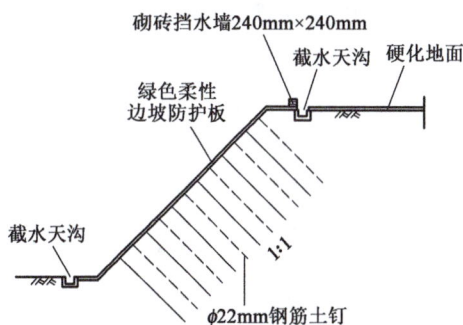

图 7-4-2　试验段放坡平台断面图

现场分别对材料的主要性能、锚固性能及施工工艺等进行试验与总结，以确定满足施工要求的防护板材料拉伸强度、伸长率、铺设搭接长度、翻边长度等参数，从而验证绿色装配式土钉墙联合支护形式在现场施工、验收上的可行性，并为后续推广提高施工工艺及质量把控提供依据。

试验段防护层现场先进行锚固土钉施工，再进行面层铺设。装配式面层材料主要采用汽车起重机配合人工进行铺设，施工工艺较为简单方便。面层铺设后，缠绕钢丝与锚固螺栓紧固工作。

在试验段实施过程及实施后对主要工艺及质量进行了分析,主要检验指标及相关质量分析情况如下:

(1)装配式防护面层的单位质量测试结果表明,其单位面积质量为 $650 \sim 680g/m^2$,质量检验要求可按照 $650g/m^2$ 进行控制。材料拉伸强度实测值为 $35 \sim 40kN/m$,质量检验可按照 $35kN/m$ 进行控制。材料实测拉伸率大于 12%,拉伸率检测指标可按照 10% 控制。

(2)土钉锚固结构共进行了 32 组检测,钻孔深度为 $4.20 \sim 4.25m$,均大于 $4.20m$ 深度要求;孔径实测值为 $10 \sim 11cm$,均大于 $10cm$ 的要求;试验段所用工艺可满足锚孔使用要求。

(3)面层搭设宽度实测值均大于控制值,搭接质量可控,可按照搭接宽度为 $0.5m$ 进行控制。在坡顶和坡脚的翻边宽度施工中均可控,可按照坡顶 $0.5m$、坡脚 $0.8m$ 控制。

(4)试验段防护效果连续 1 个月观察结果表明,钢筋随断面形状布置,在结构接缝位置设置钢筋搭接区域采用套管连接,布置形式较为简洁。通过固定安装顺序,可以实现较高效率的安装。

总结试验效果与相关检验数据表明,采用装配式边坡防护结构的各项施工工艺、性能指标及现场施工安全质量等均达到预期目标,绿色装配式面层结构代替网喷混凝土结构可行,为后续绿色装配式土钉墙边坡防护施工提供了经验与数据参数,达到了绿色装配式土钉墙工艺性试验目的。

7.4.3 装配式基坑边坡防护施工

装配式基坑边坡防护结构标准化施工工序可分为施工准备和开挖、土钉施工、绿色装配式面层铺设施工、绿色装配式面层压边施工四个标准工序,各工序标准化操作可按照以下规定执行。

(1)施工准备和开挖

边坡施工前需对所有施工机械、设备、材料进行检查,满足开挖后及时防护的要求。根据设计坡度要求,边坡开挖后先用挖掘机进行边坡初步修整,再进行人工修整剩余土体边坡,从而达到设计要求坡度及平整度。检查明确边坡范围内需要设置的管线、临水、临电埋深及位置,并完成所有预埋设备的预埋工作,避免出现二次开挖。

(2)土钉施工

本项目所用标准土钉长度为 $3m$,采用直径 $22mm$ 的 HRB400 钢筋制成,沿锚杆轴线方向隔 $1.8m$ 设置一组对中支架,每组两个对中支架,相互之间呈 $90°$ 布置,以对两个方向进行对中。对中支架采用直径为 $8mm$ 的 HPB300 钢筋制作,与锚杆焊接。对中支架梁端距离锚杆埋设端部 $0.2m$。

边坡修整完成后,搭设钻孔平台,进行孔位测量放样,孔位布置形式应符合设计要求,孔位允许误差 $\pm100mm$,钻孔至设计孔深,安装土钉及注浆管,注浆管规格型号须与注浆机相匹配。采用孔底注浆法,将金属管插入孔内,管口离孔底 $200 \sim 500mm$,用密封袋将孔口封严,启动注浆泵开始送浆,调整注浆压力到 $0.2MPa$,边注浆边向孔口方向拔管,直至注满,连续逐孔注浆并补浆,确保孔内注浆饱满。

(3)绿色装配式面层铺设施工

根据现场情况,确定卷材尺寸,准确量取尺寸并进行裁剪后试铺,裁剪尺寸精度应控制在

±10mm;并检查撒拉宽度是否合适,搭接处应平整,松紧适度。绿色可回收装配式面层(GRF面层)用人工滚铺,布面要平整,并适当留有变形余量,在坡面上对土工布的一端进行锚固,然后将卷材从坡面放下以使面层保持拉紧状态。

GRF面层搭接处搭接宽度宜控制在0.5m以上,拼接缝应相互垂直,在接缝搭接位置应设置土钉锚固,土钉间距不宜大于1.5m;两道相互平行的拼缝间距应大于1.5m。

面层接缝处通过直径6mm的普通钢丝绳连接件将土钉在纵向与横向连接,土钉外端头设置钢垫板与钢套筒,通过丝扣与土钉连接。

(4)绿色装配式面层压边施工

绿色装配式面层在距离边坡坡顶外0.5~1.0m范围进行压边处理。在面层端部利用长1m的土钉锚杆进行锚固,土钉纵向布置间距为1.5m,并用直径6mm的钢丝绳沿纵向连接。之后在面层顶部浇筑0.1cm厚C20混凝土硬化层,在面层边缘0.2~0.3m位置砖砌挡水台和截水沟,避免冲刷对边坡形成破坏。

绿色装配式面层在距离边坡坡脚0.6~0.8m范围进行压边处理,在面层距边缘0.2m位置采用长度为1m的土钉锚固,土钉型号与坡顶相同。土钉纵向间距按照不大于1.5m控制,并用钢丝绳沿纵向连接。之后在面层上方浇筑0.1m厚C20混凝土。在面层端部位置沿纵向设置一道截水沟进行边坡底部排水。装配式基坑边坡铺设效果见图7-4-3。

图7-4-3 装配式基坑边坡铺设效果

根据试验段的实践情况和经验可知,为提高防护的总体质量,在采用装配式防护结构施工时应做好以下工艺控制要点:

①边坡开挖后应及时施作坡面防护结构,避免长时间暴露被雨水冲刷或风化。

②坡面防护材料与边坡土层应保证密贴,有一定平整度,坡面材料上避免出现砂浆污染,控制好防护层外观质量。

③控制好泄水孔,避免泄水孔对面层造成过多破坏,压边施工应综合考虑既有坡顶和坡脚硬化层并妥善处理。

④现场土钉锚固螺栓及垫片做好防腐处理,宜采用绿色油漆涂装防腐,确保坡面色泽基本一致,提高坡面防护的美观效果。

7.5 本章小结

(1)针对京雄城际铁路机场隧道的特点,进行了不同基坑深度条件下6类合理支护形式的研究,优化确定了6类支护形式各层支撑预加力,形成了适合于京雄城际铁路大断面超长隧道基坑的合理围护结构体系。

(2)对基坑支护的钢管支撑接头构造进行了优化,应用基坑围护钢支撑轴力自动伺服调整系统,形成了内力可调节、对轴力损失自动调节补偿的支撑结构,实现了对支撑内力的主动调整。

(3)将DK46+092~DK48+000段基坑支撑优化为锚拉结构,避免隧道衬砌结构施工中的拆撑、换撑,实现明挖隧道的快速施工。

(4)将隧道基坑分为16个分区、30个工作面进行同步施工,加大设备和人员投入力度,形成了适合于京雄城际铁路机场隧道多断面快速施工工序。

(5)研发了明挖隧道具有内模、外模的衬砌台车和密闭移动式衬砌工厂,提高施工效率和质量。形成了基于移动支架法隧道衬砌施工方法与工艺,代替台车法施工的衬砌台车,降低了设备成本50%~60%;相对传统支架模板施工,节约模板安装与拆除工时70%以上,取得了良好效果。

(6)针对传统边坡锚喷防护无法回收利用、易造成环境污染的缺陷,本项目研究探索了一种装配式边坡防护结构,推进了绿色建造技术的发展,施工简便、高效,较普通土钉墙支护可缩短工期50%以上,施工质量易于保证和控制。

第 8 章

隧道施工装备研发
与监测新技术

依托京雄城际铁路机场隧道,研发了隧道衬砌施工移动式工厂,包括工厂内配套的钢筋台车、模板台车和养护系统,开发了配套的隧道信息化管理系统;采用全站仪自动监测系统,对明挖隧道基坑工程实施了全方位的自动化监测;利用无人机倾斜摄影测量技术,建立了全隧道的三维可视化场景数据,实施了无人机施工巡检,对现场施工进度、资源配置、安全质量情况进行全面的掌控。

8.1 隧道衬砌施工移动式工厂和信息化管理系统

8.1.1 隧道衬砌施工移动式工厂

针对机场隧道优化的桩锚围护结构、整体式衬砌和快速施工要求的特点,研发明挖隧道衬砌施工移动式工厂。移动式工厂的衬砌施工,是将钢筋台车、模板台车、养护系统集成到一个可移动的厂房中。它将传统工厂中的设备不动、材料流动的运行方式,转变为材料不动、设备流动的运行方式,实现了长大隧道衬砌施工工厂化。

通过衬砌施工移动式工厂,将野外施工转变为室内施工,雨雪季也可以施工,增加了有效工期;增加钢筋台车将钢筋绑扎工序从关键路线中解放出来,实现工厂化流水线作业;通过衬砌台车浇筑混凝土、工厂内混凝土养护,加快了混凝土浇筑速度,提高了混凝土施工质量,减少了每板衬砌浇筑与养护时间。

1)总装构成

衬砌施工移动式工厂(图 8-1-1)由移动厂房、钢筋台车、模板台车、养护系统组成,这些设备相对位置固定,随着移动式工厂整体移动,形成流水线作业。

图 8-1-1 移动式工厂模型

移动厂房横跨于基坑上方,在围护桩冠梁铺设导轨的轨道上纵向行走,厂房内、外两侧均设有车辆通行道路,材料运输车辆可将材料运送至厂房内,再由厂房自带起重机将材料转移至作业区域。移动厂房剖面布置如图 8-1-2 所示。

移动式工厂内的设备布置顺序为:钢筋台车在前,模板台车在后,养护系统与外模板连接为整体,与模板台车在同一位置,如图 8-1-3 所示。

为更清晰地表达施工过程中各设备的相对位置,表 8-1-1 描述了相应作业流程。

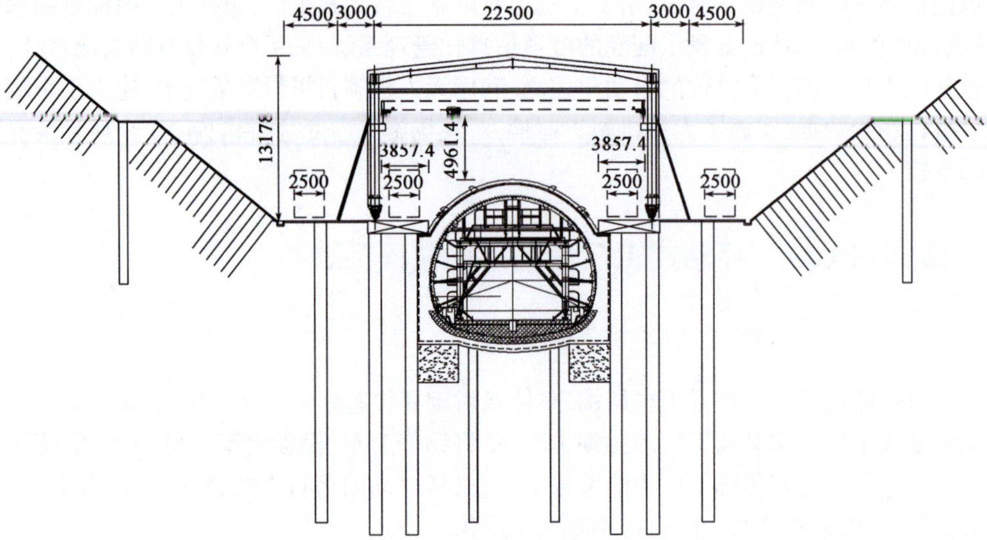

图8-1-2　移动厂房剖面布置(尺寸单位:mm)

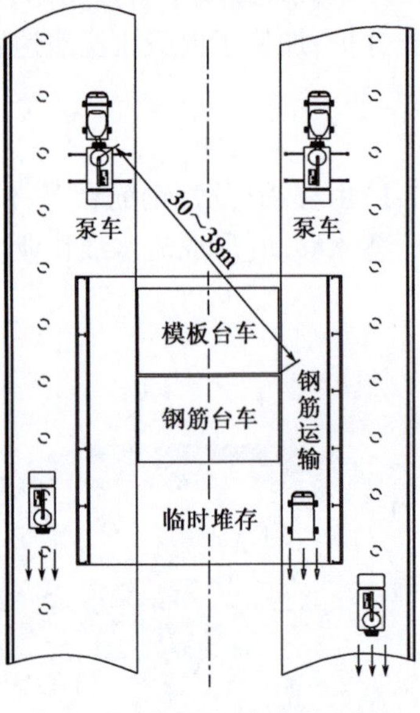

图8-1-3　移动式工厂平面布置

移动式工厂的施工流程　　　　　　　　　　　　　　　　　表 8-1-1

施工顺序	施工流程
第1步	钢筋台车卡槽定位,然后在钢筋台车上绑扎钢筋;此时模板台车养护上一板混凝土
第2步	拆除上一板模板,并对端面进行凿毛;吊起当前板钢筋笼
第3步	钢筋台车前移至下一工位;模板台车脱模,并前移至起吊的钢筋笼下放
第4步	安装止水带、端模、外模;浇筑混凝土并振捣密实
第5步	移动厂房前移至下一工位;开启混凝土养护。其间重复第1步,在钢筋台车上绑扎下一板钢筋
第6步	重复第1步,开始绑扎下一环钢筋

2）移动厂房

移动厂房是一个可以沿隧道纵向轴线方向移动的钢结构厂房（图 8-1-4），钢结构厂房配置行走机构，内部配桁架起重机。为最大限度减少环境因素的影响，通过密封布和帘式端门形成封闭作业空间。

图 8-1-4　移动厂房

移动厂房参数见表 8-1-2，轨距与基坑外侧围护桩中心距相同，利用围护桩冠梁作为轨道基础。移动厂房为移动式工厂内所有设备集中供电，移动厂房自带电缆卷筒，从附近配电柜取电。

移动厂房参数　　　　　　　　　　　　　　　　表 8-1-2

项目	参数	项目	参数
轨距	22.5m	起重机轨距	21.3m
长度	20m	起重机大车行走速度	3～30m/min
高度	12.625m	起重机小车行走速度	2～20m/min
行走速度	1～10m/min	电源	交流电（AC）380V±38V，50Hz±1Hz；三相五线制
最大轮压	110kN	供电	电缆卷筒供电，总行程中间供电
轨道型号	QU38	环境温度	-16～+40℃
起重机	2 台 10t 电动单梁起重机（遥控操作）	最大相对湿度	≥95%
起重机轨顶高度	8.6m	盐雾	有盐雾

3）钢筋台车

钢筋台车由行走机构、托举装置、主体框架和操作平台等构成。台车主体框架钢结构为"门"字形，下方空间可通行车辆，见图 8-1-5。主体框架支腿处有可三向调节的液压缸，台车绑扎内环钢筋时，可以通过调节竖直方向的顶升液压缸来调节台车整体高度，顶升液压缸行程为 700mm。当台车中心线与隧道中心偏离时，可通过钢筋台车横移液压缸调节，调节量为左、右各 50mm。

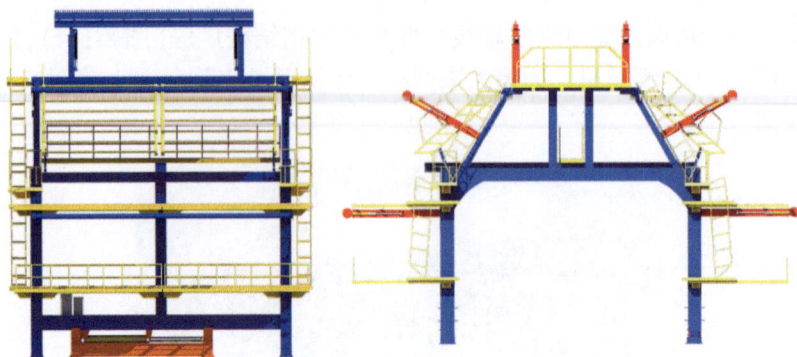

图 8-1-5　钢筋台车模型

行走机构为液压缸顶推式,液压缸行程为 2000mm,行驶速度为 18m/h。托举装置为液压缸伸缩式,台车绑扎钢筋的托举装置左右各分布三排,分别为顶部、拱部和侧向,顶部设置卡槽,可以固定环向筋之间的纵向位置,拱部和侧向设置滚轮,结构为大管套小管,大管可以沿小管滚动,这样可以减少环向钢筋环向拖动时的阻力并提高对接仰拱钢筋时微调的方便性。托举装置伸缩液压缸行程为 600mm,每个位置都预留了伸出余量。侧向平台可以伸缩,拱部平台可以调节,满足绑扎钢筋时操作需要。

传统钢筋台车主要用于暗挖隧道施工,其钢筋通过锚杆固定于洞壁,不存在钢筋下挠问题。而明挖隧道钢筋绑扎完成后,钢筋台车离开前需要外部力量将钢筋提拉,待模板台车进入后,方可放下钢筋,存在受力转换过程。移动厂房内的两台起重机可以实现钢筋提拉功能,配合钢筋台车将钢筋绑扎工艺从关键路线中解除,减少了每板衬砌施工时间。

4)模板台车

模板台车主要由门架、模板和液压系统组成,具有行走、液压脱模的功能。为提高施工工效,降低工人劳动强度,提升隧道混凝土的施工质量,模板台车在传统液压台车的基础上从其液压控制系统、行走控制系统及集中控制系统几个方面进行设计改进及系统优化。

(1)拱顶外模

京雄城际铁路机场隧道整体式衬砌厚度较大,大埋深段衬砌混凝土墙厚达 1.3m,因此台车直接从两侧直墙顶部和拱顶外侧下料,拱顶外模板采用小块模板(一共 12 块),通过调节丝杆支撑到基坑围护结构上,模板上开有下料孔和振捣孔,如图 8-1-6 所示。

(2)液压控制系统

模板台车的自动化主要体现于行走、模板调位,它们分别由电机驱动、液压缸驱动。其中行走由两个主动轮和两个从动轮完成,主动轮由三相异步电机经过减速器驱动,减速器本身具有减速和缓冲作用,主要需要对电机进行正、反转控制,同时加入更多的测量信息;另外,液压缸由液压系统驱动,主要由顶升(4 液压缸)、侧模开合(4 液压缸)、横向调整(2 液压缸)总共10 个执行液压缸组成,分开动作,无耦合,模板台车动作解析如图 8-1-7 所示。

泵站控制子系统对液压缸位移和压力进行实时测量,自动位移同步控制,与主控采用现场总线通信,分别采用进口拉线位移传感器、压力传感器对液压缸的位移和压力实时监测。

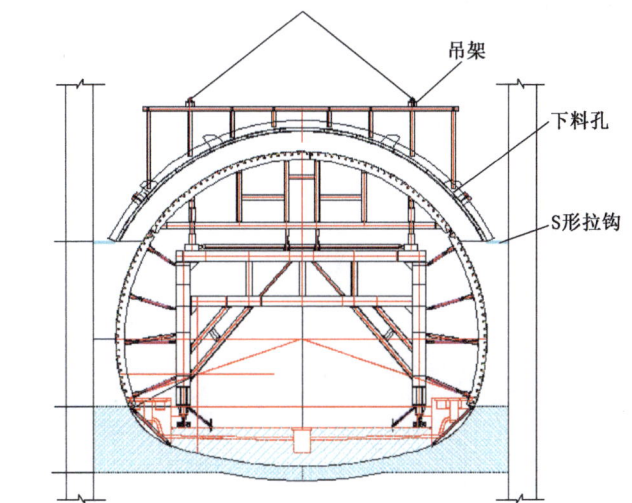

吊架

下料孔

S形拉钩

图 8-1-6　拱顶外模板优化方案

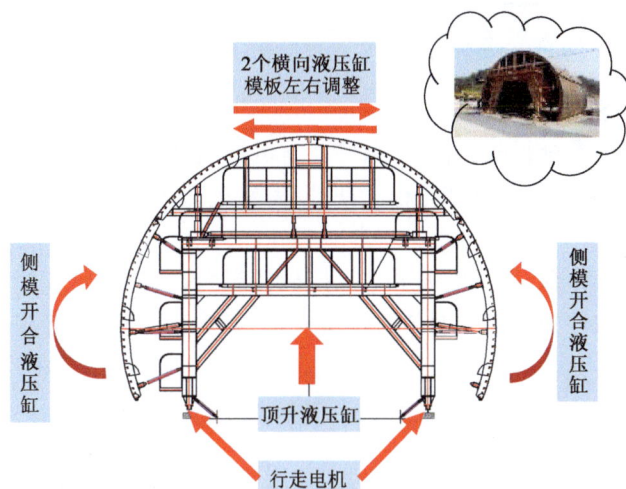

2个横向液压缸
模板左右调整

侧模开合液压缸

侧模开合液压缸

顶升液压缸

行走电机

图 8-1-7　模板台车动作解析

（3）行走控制系统

行走控制系统控制电机正、反转,设置声光报警器,行走时声光报警提示,实时检测台车移动速度及位移,并显示与主控人际界面,同时设置前方障碍物检测传感器,增加行走主动安全保护。

（4）自动定位测量系统

衬砌台车自动定位系统的硬件主要由传感器部分、定位测量终端、工控机部分以及电光源系统四部分组成。首先,以隧道内的已知点作为快速定位的控制点,并在此架设高分辨率长焦数字相机以及激光测距仪等。其次,在衬砌台车上固定反光片,将其作为激光测距仪使用中的激光反射靶,将激光测距仪所测量的数据信息以及相机成像相关数据信息传入工控机,由工控机对这些数据进行分析和处理,进而得到定位点的数据,得出位置偏移量。最后将这些数据传

249

送至系统终端,操作人员可根据这些数据对台车进行准确定位。

(5)视频监控系统

台车各个位置设置摄像头进行视频监控,整个系统包含3个摄像头,均具有红外功能,其中一个为可控球机对台车前后、内部进行视频监控,整个视频监控与工控机通过以太网连接,见图8-1-8。

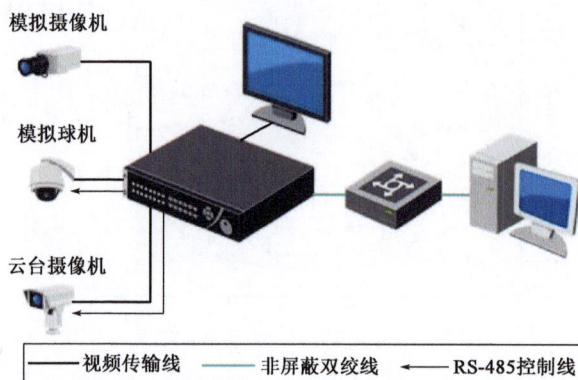

图 8-1-8 视频监控系统

(6)集中控制系统

模板台车由多个子系统组成,每个子系统独立运行,它们彼此之间的协同关系到整个系统的运行效率,同时也影响台车的自动化程度,所以需要进行集中协同控制,并最终实现数据联网和远程访问。

现场集中控制的操作台,采用触摸屏与工控机相组合,支持纯触摸操作与鼠标键盘操作。台车自动化控制系统软件的操作界面分为台车控制、养护、钢筋台车等多个模块,可以分别进行设置与控制。

5)养护系统

(1)养护系统功能

养护系统的功能主要包括混凝土内外温差控制功能、养护区域环境温湿度控制功能以及工况信息实时监控功能。

①内外温差控制功能。

内外温差控制功能设计理念是"外保内散",结合隧道混凝土原材料、结构特点、设计参数,进行计算机模拟计算,预判混凝土结构在水化放热阶段可能出现的最高温度和相应的结构位置。然后通过预埋无限温度传感器,实时监测混凝土的温度,根据设计指标要求的内外温差允许范围,动态调整养护区域的环境温度,实现混凝土内外温差的自动控制功能。

②养护区域环境温湿度控制功能。

养护区域环境温湿度控制功能是在养护区域的关键位置悬挂温湿度传感器,实时监测区域内的温湿度,并将信号传达至自动养护机,养护机结合混凝土结构内部预埋的温度传感器反馈的信号,动态调整养护机程序,在实现养护区域环境温湿度智能控制的同时,控制混凝土内外温差在设计的参数范围内。

③工况信息实时监控功能。

工况信息实时监控功能是建立一个养护系统控制中心,将所有养护段的养护工况信息实时汇总,若某养护段养护工况发生异常,控制中心会自动启动报警装置,若报警程序在规定时间之内未能解除,控制中心会将信息传达至相关技术人员。

(2)养护系统组成

养护系统主要包括自动养护机、养护棚和控制系统三大部分。

①自动养护机。

自动养护机主要由升温装置、加湿装置和无线接收控制装置组成。升温装置通过加热空气,形成一定温度的暖风通入养护区域,提高养护区域的温度;加湿装置采用超声雾化装置将常温水变成粒径很小的水雾,雾化效率高,需水量少,保证养护区域的湿度的同时防止积水、结冰等;无线接收控制装置可实时接收控制系统发出的指令,自动控制装置根据指令控制升温装置、加湿装置,使养护区域的温湿度和混凝土内外温差维持在设计要求的范围内。自动养护机主要组成和雾化效果如图8-1-9所示。

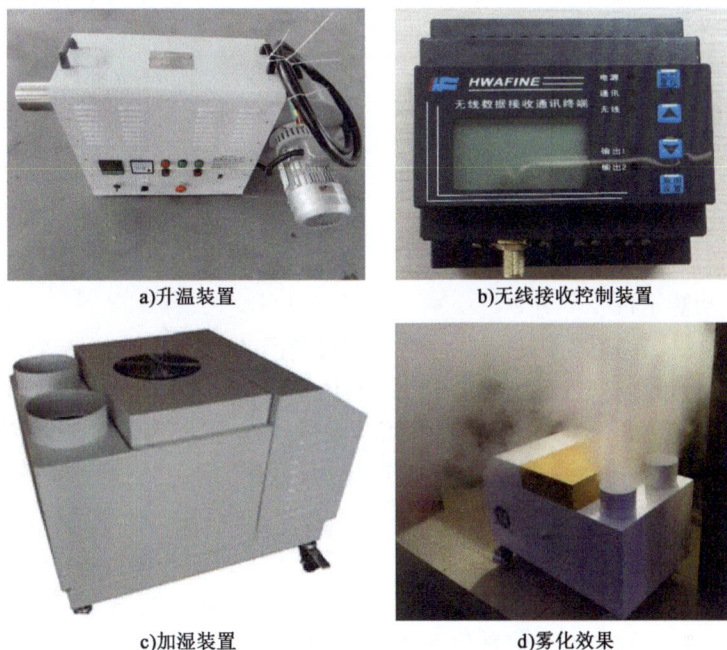

a)升温装置

b)无线接收控制装置

c)加湿装置

d)雾化效果

图8-1-9 自动养护机主要组成和雾化效果

②养护棚。

养护棚是利用双层养护篷布与外模板的横向肋板搭接形成的一个相对密封的养护空间。每块养护篷布内侧连接柔性排气管,排气管每间隔1m设置一个排气孔,养护篷布与外模板肋板采用G字夹连接。

养护完毕后,养护篷布可快速拆卸,移动至下一个养护段拼装成型,方便快捷,提升了工程效率、节省了成本。

③控制系统。

控制系统主要由前端数据采集、终端数据接收处理控制和远端工况查询监控等部分组成。

控制系统的功能可体现为数据实时采集、数据分析、存储查询和自动控制等。

6）应用成效

移动式工厂成功应用于机场隧道衬砌施工，该方法明显提升了工效，并保障了衬砌质量。通过将钢筋绑扎从关键线路中分离出来，减少每板衬砌施工周期 2d；通过混凝土自动养护减少每板衬砌施工周期 2d；通过改善工作环境，提高工作效率，减少每板衬砌施工周期 2d。因此，每板衬砌施工周期共减少 6d。同时，因为机械化程度提高，工人人数也大幅减少。传统施工与移动式工厂施工性能对比见表 8-1-3。

传统施工与移动式工厂施工性能对比　　　　　　　　　表 8-1-3

项目	传统施工方法	移动式工厂施工方法
工效	每板平均工期 12d	每板平均工期 6d
主要设备	4 台 25t 汽车起重机（3 万元/月） 2 台模板台车（100 万元/台） 2 套标准养护系统（50 万元/套） 2 台养护棚（5 万元/台）	移动式厂房（270 万元）摊销 50%（135 万元） 钢筋台车（50 万元） 模板台车（100 万元） 养护系统（100 万元）
人工	2 套常规班组， 共 30 人[1 万元/（人·月）]	1 套精简班组 共 10 人[1 万元/（人·月）]
费用合计	688 万元	475 万元

8.1.2　隧道衬砌施工信息化管理系统

1）信息管理功能定位

京雄城际铁路机场隧道工期紧、任务重，工程可利用的时间只有 10.5 个月，其中下穿永定河大堤段考虑汛期的影响，有效工期仅有 5.5 个月；每板衬砌混凝土浇筑长度不得大于 9m，且拱圈混凝土强度达到设计强度的 100% 后方可落模，衬砌施工所占的工期较长，约占总工期的 50%。如何通过"四化"（机械化、专业化、工厂化、信息化）缩短关键线路上各关键工作的工期，是京雄城际铁路机场隧道的一项重要工作。为打造智能高铁，管理系统关联了现场部分设备，达到"智联万物"。

为改善工人工作条件、规范作业流程、提高施工效率、缩短工期等，实现机械化、专业化、工厂化、信息化，引入隧道衬砌施工信息化管理系统，对开发出的模板台车、养护系统和钢筋台车等采用集中控制。构建隧道衬砌施工信息化管理系统，将衬砌施工移动式工厂和监测的实时数据，包括施工进度、各工作面施工情况、工时工效统计、安全信息等，以三维可视化形式直观呈现，实现分析和预测功能，为施工决策提供更为直观与合理的依据。

2）信息管理总览

在三维界面中直观显示工程进度、地质情况，分类显示工程项目进度、质量、安全等信息。并且可以在三维模型上进行实时标记，共享施工信息。

根据实时施工现场的数据，在系统平台上可视化施工进度以及各个工作面所在的位置。显示的信息包括项目计划完成时间、预计完成时间、完成进度，定位信息包括挖掘机的定位信息、挖掘机的工作状态，三维界面交互功能包括移动、缩放、旋转、分解。

3）衬砌施工移动式工厂信息化

（1）模板台车

用户在三维区域直观查看衬砌台车工作情况，用气泡显示台车动态工作状态（随着位置变动，施工进度可视化变动）、工作位置以及工作情况等信息。

（2）钢筋施工

钢筋施工在三维场景中动态显示其施工详细信息，根据信息统计工时、工效，并根据其状态实时预警，见表8-1-4。

钢筋施工主要信息　　　　　　表8-1-4

序号	功能名称	功能描述
1	钢筋施工	在三维场景中动态展示施工详细信息，根据状态实时预警。数据正常，可视化数据对应的监控外观特征可用绿色显示；数据异常，可视化数据对应的监控外观特征用红色高亮显示
2	预警	监测异常时，以短信的方式通知预警人
3	工时、工效统计	根据甲方提供的信息进行统计

（3）混凝土浇筑

混凝土浇筑在三维场景中动态显示其施工详细信息，随着台车施工位置向两侧延伸，提供工时、工效统计信息，并根据其状态实时预警，见表8-1-5。

混凝土浇筑主要信息　　　　　　表8-1-5

序号	功能名称	功能描述
1	混凝土浇筑	在三维场景中动态展示施工详细信息，根据状态实时预警。数据正常，可视化数据对应的监控外观特征可用绿色显示；数据异常，可视化数据对应的监控外观特征用红色高亮显示
2	预警	监测异常时，以短信的方式通知预警人
3	工时、工效统计	信息统计

（4）混凝土养护

混凝土养护期间，对衬砌结构进行温度监控，定时测定混凝土芯部温度、表层温度以及环境温度、相对湿度、风速等参数，并根据混凝土温度和环境参数的变化情况及时调整养护制度，严格控制混凝土的内外温差。

通过三维操作模型与气阀、水阀进行挂接。实时监测养护区内环境温度变化，并显示监测数据。当养护区温度、湿度不满足要求时，系统自动"闪烁高亮"报警。

混凝土温度检测增加"控制"功能，根据实际温度情况向现场设备发送指令进行自动养护，见表8-1-6。

混凝土养护主要信息　　　　　　表8-1-6

序号	功能名称	功能描述
1	混凝土养护	在三维场景中动态展示施工详细信息、养护区内环境参数，实时显示监测数据
2	控制	根据实际温度向现场设备发送指令进行自动养护
3	预警	监测异常时，系统自动"闪烁高亮"报警
4	工时、工效统计	根据甲方提供的信息进行统计

8.2 基坑施工沉降全站仪自动监测技术

8.2.1 全站仪自动监测系统

1)基坑施工沉降监测区段

为了保证现场监测工作顺利开展,在永定河河槽段深基坑设置监测段,选用徕卡 TS60 超高精度全站仪(俗称"测量机器人")配合智能测量控制器及监测云平台进行基坑地表沉降自动化监测。

永定河河槽段采用大放坡 + 双排围护桩的围护方案,冠梁顶高程设置 11m 宽平台,采用多级放坡方式,单坡最大高度为 8m,坡间设置 2～3m 宽平台,上部土体采用喷射混凝土 + 钢筋网 + 土钉防护,坡度为 1:1.25～1:1,放坡平台采用喷射混凝土 + 钢筋网硬化处理。双排桩布置方式均为 ϕ1000mm@1300mm,排间净距为 3.0m,桩顶布置板梁。图 8-2-1 为河槽段基坑俯拍图。

二级边坡施工
DK51+800～DK52+769

图 8-2-1 河槽段基坑俯拍图

2)全站仪自动监测系统组成

自动监测系统的基本工作原理是:在测站点上安置全站仪(对于基坑监测来说,一般是在基坑影响范围外选取稳固点架设仪器),将棱镜安置在目标点和基准点(一般也要选取在基坑影响范围外的地方,可视为基准点是稳固不变的)上,利用通信电缆将计算机和全站仪连接起来构成基站,通过测量获得基准点和目标点持续周期性观测数据,根据每周期的基准点数据对目标点进行实时差分改正,比较得出目标点三维变形量,从而对目标点变形趋势、安全性进行分析。监测设备埋设如图 8-2-2 所示。

(1)全站仪

徕卡 TS60 超高精度全站仪集成了当前市场上最高精度的测角和测距系统,测角精度 0.5″,自动照准距离达到 3000m,具备自动对焦功能,取代人工对焦环节,免去远距离人工难以照准的情况,提高了测量效率。此外,仪器具备 IP65 超高防尘防水等级、高分辨率图像测量技术和智能电源管理系统等,保障了仪器在恶劣环境下高精度、高效率、全天候自动化完成监测工作。

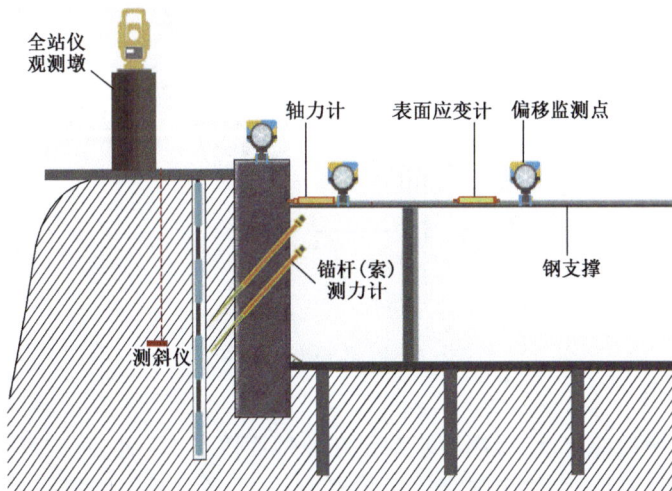

图 8-2-2　监测设备埋设示意图

（2）智能测量控制器

选用 DT-IMC1000（简称 IMC）智能测量控制器，IMC 智能测量控制器内置工控电脑及针对结构安全监测的各类传感器采集与数据解算软件，可直接连接操控全站仪，通过 SIM 卡拨号上网并将监测数据上传到数据中心，特别适用于地铁隧道、基坑、边坡等场所的变形监测，如图 8-2-3 所示。

图 8-2-3　IMC 智能测量控制器

（3）IMS 云监测分析平台

IMS 云监测分析平台基于 B/S 机构，包含采集端、配置端以及分析端，其中采集端主要用于管理设备进行数据采集、接收、处理和入库等，配置端主要用于配置工程项目中的采集周期、通道、传感器和测点等信息，分析端则主要用于系统机构、账户和项目的配置以及数据查询、分析、展示等。

8.2.2　监测方法

根据本工程具体情况，依据有关规范和设计要求，为了提高监测效率及观测精度，降低外业测量人员劳动强度，采用观测墩形式测站，考虑到俯角及障碍物，在基坑两侧各布置一个观测墩测站，采用对向观测的方式，保证测站覆盖范围的最大化，如图 8-2-4 所示。

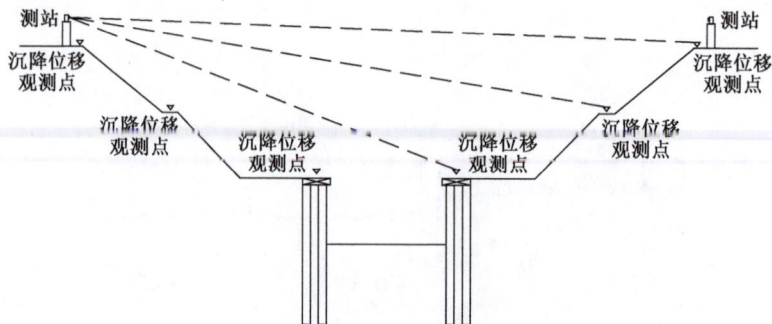

图 8-2-4　监测系统布置示意图

（1）测站设立

为了保证观测墩的稳定性，观测墩基础设在原地面以下 1m 处，基础尺寸为 1.5m ×1.5m。观测墩内部采用钢筋骨架，混凝土强度等级为 C20，顶部采用通用型强制对中基座预埋，顶部为 30cm ×30cm 的正方形结构，整个观测墩高度为 3m，如图 8-2-5 所示。

（2）后视基准点埋设

基准点位置选取在基坑变形影响区外，保证其稳定性，基准点在条件允许情况下尽量采用观测墩以避免对中误差的影响。考虑到成本、现场条件和测量机器人自动观测特性，直接用于变形点观测的基准点和工作基点采用观测墩，其他基准点布设成固定墙上标志，边长控制在 100 ~ 300m 之间。

（3）监测点埋设

监测点采用徕卡 L 形棱镜，用膨胀螺栓固定在测点处，并使棱镜面正对测站。对于裸露土层，则用人工开孔［10cm（长）×10cm（宽）×15cm（深）］，混凝土浇筑抹平，然后再安装棱镜。安装完成后，逐个检查棱镜的稳定性，避免在后期监测过程中棱镜松动而导致数据变化。

（4）观测方法

采用全圆观测法（方向观测法），如图 8-2-6 所示。从初始方向开始，依次进行水平方向观测，正镜半测回和倒镜半测回，照准各方向目标并读数记录。通过观测可得出测点相对于基准点的方位角和距离等参数，根据三角函数关系，可以推算出测点三维坐标（其中，X、Y 为水平方向，Z 为垂直沉降方向）。软件处理后得到每次观测值，再和初始值对比，即可得到该测点的变形值。

图 8-2-5　测站点的设立

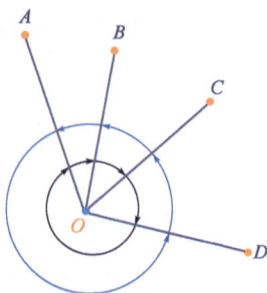

8-2-6　方向观测法示意图

8.2.3 监测结果

1）自动化监测结果与人工监测结果

为验证测量机器人自动化监测结果,同时在试验段采用传统人工监测手段进行监测结果对比。

（1）测量机器人自动化监测结果

测量机器人自动化监测结果见图 8-2-7 和图 8-2-8。

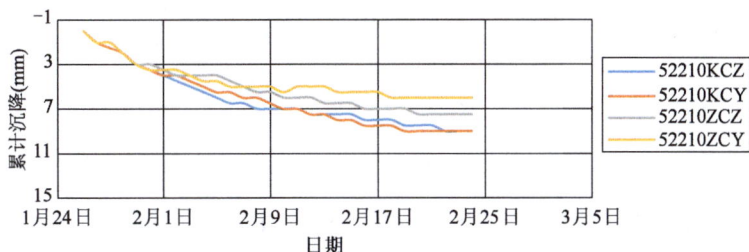

图 8-2-7　自动化监测累计沉降-时间曲线

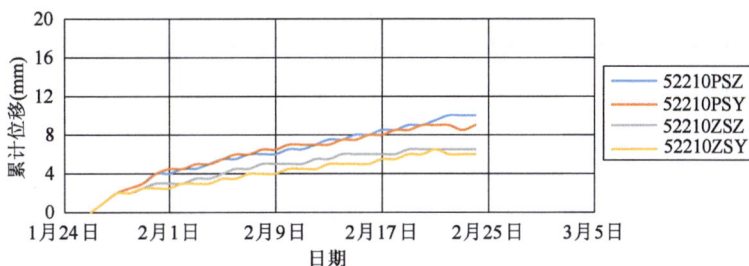

图 8-2-8　自动化监测累计位移-时间曲线

（2）传统人工监测结果

传统人工监测结果见图 8-2-9 和图 8-2-10。

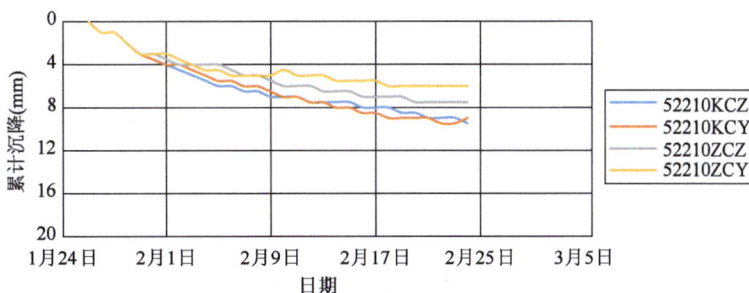

图 8-2-9　人工测量累计沉降-时间曲线

2）分析比较

（1）数据精度

通过自动化监测数据和人工监测数据对比分析可知,自动化监测结果与人工监测结果变化趋势是一致的,同一位置处自动化监测结果和人工监测结果变化规律是一致的;一般情况下自动化监测结果与人工监测结果之间的差异为 2～4mm。

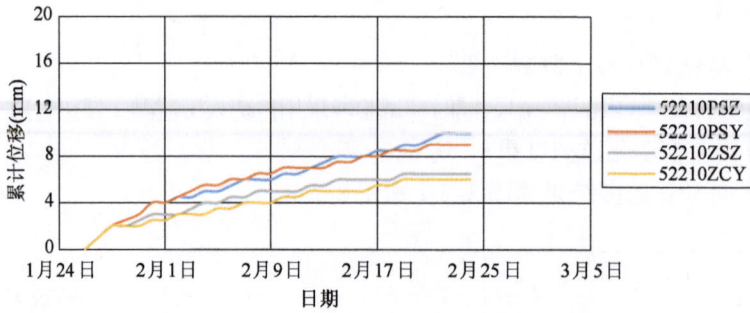

图 8-2-10　人工监测累计位移-时间曲线

（2）监测频率

常规人工监测夜间无法实施，在施工关键阶段，1 天 1 次的监测频率无法及时地反映变形情况，无法保障施工安全。自动化监测可以发挥全天自动监测的特点，不受时间限制，可对监测对象进行实时监测。

（3）及时预警

通过自动化监测获取动态变化信息，了解和掌握其变形状况，并及时发现问题，采取相应措施，优化施工方案，将变形量控制在允许范围内，实现信息化施工管理。

8.3　隧道施工无人机摄影测量技术

8.3.1　无人机的概念及应用领域

无人驾驶飞机（Unmanned Aerial Vehicle，UAV）简称"无人机"，是利用无线电遥控设备和自备程序控制装置操纵的不载人飞机。无人机通常由飞行平台和地面控制站组成，其中飞行平台包括机身、飞行控制系统、动力装置等，地面控制站包括监控系统、控制系统、数据传输系统等。此外，部分无人机发射和回收还需要借助特定方法和条件，在使用时还需配置专用无人机发射与回收系统。无人机系统组成见图 8-3-1。

无人机在工程建设领域应用既包括专业性较强的行业应用，又包括难度较低的非行业应用，以航空摄影测量、视频航拍、无人机巡检为主，其中航空摄影测量属于行业应用。

8.3.2　无人机摄影测量技术及其应用

当代数字摄影测量技术是传统摄影测量与计算机视觉结合的产物，它的研究重点是从数字影像自动提取所摄对象的空间信息。无人机摄影测量系统由摄影测量数据采集平台和摄影测量数据处理系统组成。

1）技术路径

无人机摄影测量分为外业数据采集和内业数据处理两个作业面，其中外业数据采集主要由电子通信、飞行控制、卫星导航等技术支持，而内业数据处理与计算机技术密切相关，包括计算机视觉、计算机图形学、数字图像处理、多传感器数据融合等技术。

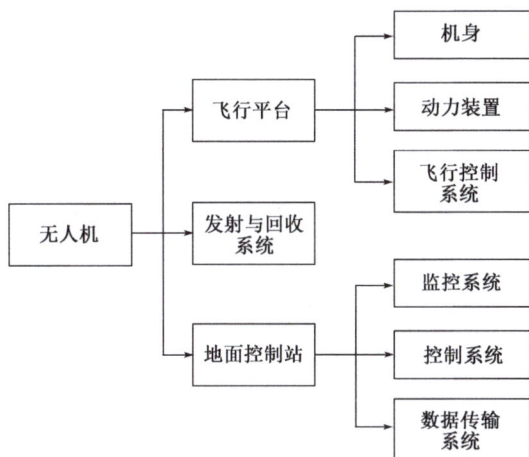

图 8-3-1　无人机系统组成

从用户角度而言,无人机摄影测量技术可以被定义为工作流:任务输入→软硬件配置→外业航飞→内业数据处理→成果提交。任务输入需根据实际情况进行需求提交、明确测量范围、规定成图精度。软硬件配置是指选用合适的软硬件以保障任务顺利进行;外业航飞包括现场踏勘、制订作业计划、数据采集等,在必要时外业航飞还需要进行控制点设置;内业数据处理主要包括空三加密、三维重建和质量检查。基于三维重建结果,可以生成数字表面模型(digital surface model,DSM)、数字正射影像图(digital orthophoto map,DOM),通过对点云进行分类还能得到数字高程模型(digital elevation model,DEM)。在有需要时还可以进行数字测图,生成数字地形图。成果需要按照导入任务时的成图精度进行提交。无人机摄影测量工作流程如图 8-3-2 所示。

2)技术应用

(1)基于无人机倾斜摄影测量的场景展示

京雄城际铁路机场隧道利用无人机倾斜摄影测量数据,建立全隧三维可视化场景。重点展示隧道两侧 200m 范围的地形地貌,包含河流、房屋、高速公路、国道信息,同时加入通用铁路设施模型、设计方案线位及里程、大临设施、主要跨越物及工点等信息,为可研阶段方案可视化比选、设计阶段施工图参数化模型展示、施工阶段电子沙盘提供基础三维场景,如图 8-3-3 所示。

此外,倾斜摄影模型除了为电子沙盘提供环境模型,还被用于临建场地模拟,辅助大、小临建设计和展示。

(2)基于无人机摄影测量的边坡质量检查

京雄城际铁路机场隧道项目正线里程全长 7948m,采用明挖法施工,这就对边坡开挖质量检查提出了要求。无人机摄影测量技术与建筑信息模型(BIM)技术结合,能快速对大范围边坡超欠挖进行检查和评估。

如图 8-3-4 所示,BIM 模型能表达原定设计目标和技术参数,实际模型是对现实构筑物的描述,实际模型与设计模型之间的差异能在一定程度上反映施工质量。通过使用无人机摄影测量生成 DEM,然后与 BIM 模型进行套合,再使用特定求差算法检测出超欠挖部分,并计算超欠挖量,从而对边坡开挖质量进行评估并提出改进意见。

任务输入

软硬件配置

外业航飞

内业数据处理

成果提交

外业踏勘
无人机航飞
- 现场踏勘
- 控制点设置（按需选择）
- 制订作业计划
- 摄影测量数据采集
  - 数据质量检查
  - 外业补测（按需选择）

外业数据

空三计算
三维建模
- 控制点引入（按需选择）
- 空三加密
  - 多视影像匹配
  - 区域网平差
  - 空三质量评价
- 三维重建
  - 点云构网
  - 纹理计算

摄影测量模型

DSM/DOM/DEM

数字测图（按需选择）
- 地物提取
  - 建筑物提取
  - 线状地物提取
- 高程提取
- 符号注记
- 地形图整饰

数字地形图（按需选择）

质量检查
- 平面精度复核
- 高程精度复核
- 边长精度复核

质量报告

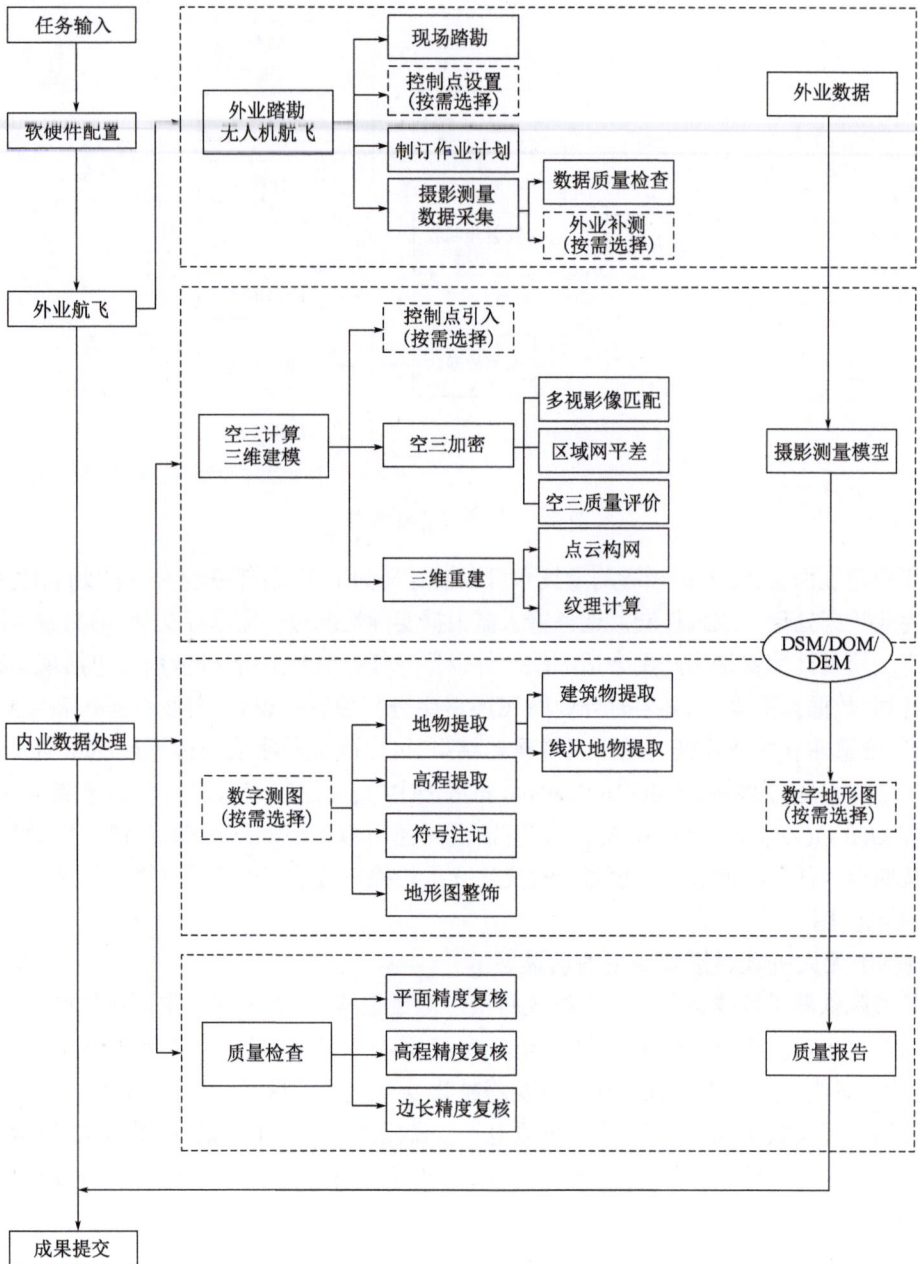

图8-3-2　无人机摄影测量工作流程

（3）基于无人机摄影测量的基坑开挖进度监控

基坑开挖的核心是土方开挖，通过土方计算能反映指定周期的基坑开挖进度。传统土方量算通过实时动态载波相位差分技术（real-time kinematic，RTK）、全站仪等测绘手段进行数据采集，然后使用断面法或方格网法进行土方计算。这不仅受测量人员的经验和专业水平影响，而且效率和准确性低，受地形影响大。随着无人机技术和计算机技术的发展，消费级无人机以其机动灵活、操作简单、成本低廉等优势发展迅猛，在工程建设领域广受关注。无人机摄影测量提供了一种大范围土方量计算新方法,其本质是利用航摄影像构建三维点云,然后对点云进行分类,最后利用地表点构建 DEM,通过 DEM 计算土方量。

a)一号拌和站 b)二号拌和站

图 8-3-3 三维场景模拟

图 8-3-4 边坡超欠挖检查

以永定河河槽段为例,地表清理工作完成后,使用无人机航飞进行初始摄影测量,生成 DEM,构建开挖进度基准模型,然后按月度进行外业航飞,获取 DEM,构建实时开挖模型。通过计算实时开挖模型与基准模型之间的土方差异,得到实时开挖方量,以反映基坑开挖进度,项目部得到开挖延误信息后对施工工艺进行改进或者增配开挖资源以保障施工进度。

在较大测区范围内使用消费级无人机监控基坑开挖进度,稳定可靠,受人为经验因素影响较小,且效率相对较高。

8.3.3 无人机施工巡检

无人机技术在智慧建造中不仅局限于专业化程度较高的行业应用,同时面向普通用户的非行业化应用亦有涉及。京雄城际铁路机场隧道施工中的无人机非行业化应用主要包括虚拟与现实比对、无人机巡检。

(1)BIM + 航拍(虚拟与现实比对)

将二维施工进度计划与 BIM 模型进行整合,以 4D 形式进行虚拟建造,进度完成情况能够直观反映,项目管理人员可以清晰地了解整个工程进度情况。同时无人机航拍技术,可以将隧道施工情况航拍下来,与 BIM 4D 模型反映进度情况进行比对,既能了解真实进度情况,又可以检查各分区上报情况有无差错,如图 8-3-5 所示。

a)航拍　　　　　　　　　　　　b)模型

图8-3-5　BIM+航拍技术

（2）无人机巡检

无人机巡检作业环境适应性强、准确性高，尤其在遇到机械紧急故障和在异常气候条件下，无人机巡检弥补了检查人员不具备的有利交通优势，克服了普通仪器或肉眼巡检准确性低、效率低等缺点。另外，无人机巡检比人工巡检效率高。采用无人机进行常规检查，可降低劳动强度，并且大大降低成本，提高机械维护和检修速度和效率。无人机具有巡航速度快、应急反应迅速、及时发现缺陷等优势，弥补了人工作业时视觉盲区，以全视角360°巡检，能够及时提供准确信息，避免造成事故或者重大财产损失。

京雄城际铁路机场隧道在施工过程中，对于一些施工战线较长、危险性较大的工序，采用无人机辅助技术对现场施工进度、资源配置、安全质量情况进行全面掌控。尤其对于一些地质条件较为复杂的地方进行信息采集等，可以及时准确掌握现场情况，有效避免了一些安全事故的发生，为方案设计提供及时、准确的信息。

8.4　本章小结

（1）针对机场隧道优化的桩锚围护结构、整体式衬砌和快速施工要求的特点，研发了明挖隧道衬砌施工移动式工厂。将钢筋台车、模板台车、养护系统集成到一个可移动的厂房中，将传统工厂中的设备不动、材料流动的运行方式，转变为材料不动、设备流动的运行方式，实现了长大隧道施工工厂化。

（2）在隧道衬砌施工移动式工厂机械化施工基础上，配套研发了隧道信息化管理系统，系统关联了现场部分设备，达到"智联万物"。明挖衬砌施工所占工期较长，约占总工期的50%，通过"四化"有效缩短了关键线路的工期。

（3）利用无人机倾斜摄影测量技术，建立全隧的三维可视化场景数据。重点展示隧道两侧200m范围的地形地貌，包含河流、房屋、高速公路、国道信息，同时加入通用铁路设施模型、设计方案线位及里程、大临设施、主要跨越物及工点等信息，为施工电子沙盘提供基础三维场景。

（4）京雄城际铁路机场隧道在施工过程中，采用无人机施工巡检技术，实现了对现场施工进度、资源配置、安全质量情况的全面掌控。

第 9 章

隧道全生命周期感测新技术

针对机场隧道服役期结构安全、行车安全和运维难题，除了设计有针对性的工程措施外，还要研究运营期的"人防 + 技防"等措施。本章重点介绍了基于基岩标 + 地层分层沉降实时监测技术、基于埋入式光纤传感技术的高铁隧道形位及服役状态智能感测系统技术等技防措施，可供类似工程参考。

9.1 高铁隧道形位及服役状态智能感测技术

9.1.1 形位及服役状态智能感测系统构建

（1）技术背景

高铁隧道结构失稳、渗漏水、火灾、异物侵入等都会对高铁安全运营构成重大威胁。通过加大运营期隧道结构安全及病害巡检工作力度，在一定程度上能够对隧道结构病害作出评估与发展预测，但这种方法管理与人力成本较高，并且无法 24h 不间断监测隧道运营安全情况，对于突发性病害及事故的响应时间较慢，不利于病害与事故的及时处理。

现有隧道结构安全及病害自动化感测主要采用电阻式或振弦式等点式传感技术，在长期监测过程中会出现传感器老化失效、数据漂移失真等问题。因此有必要针对隧道结构安全及病害全生命周期监测提出一种基于埋入式光纤的传感器智能感测方法，为隧道结构安全服役和高铁正常运营提供保障。

（2）形位及服役状态智能感测系统

为解决现有技术存在的问题，研发了一种基于埋入式光纤的高铁隧道形位及状态智能感测系统，包括以下元件。

①沿隧道拱顶纵向预埋温敏光缆。

沿隧道拱顶内侧分布钢筋安装一根渗漏感测温敏光缆和一根火灾感测温敏光缆，浇筑于衬砌内，开展隧道渗漏水监测；光缆在跨施工缝、变形缝时采用可靠的变形冗余措施。

②沿隧道拱顶外侧水泥砂浆保护层内预埋振动感测光缆。

在隧道拱顶外侧的细石混凝土保护层上纵向铺设振动感测光缆，先采用 U 形钉临时固定，然后在光缆周边施作水泥砂浆保护层，埋置于隧道衬砌与覆土之间，可开展隧道异常侵入监测。

③沿隧道环向预埋光纤光栅混凝土应变计。

根据隧道边界条件，选取若干衬砌内力重点监测段，沿隧道环向内、外侧主筋布设一定数量的光纤光栅混凝土应变计，浇筑于混凝土内，开展衬砌环向应力监测。

将温敏光缆连接至分布式测温解调仪，将振动感测光缆连接至分布式振动解调仪，将光纤光栅混凝土应变计的通信光缆连接至光纤光栅解调仪，解调仪实时通过光信号解调出对应光纤感测元件的感测物理量，并将其传输至服务器进行分析。

服务器中内置隧道形位智能分析软件，软件具备识别算法和学习能力，可以通过温敏光缆沿线温度变化情况识别隧道的渗漏、火灾事件发生的时间和位置并报警；可以通过振动感测光缆沿线的振动参数，识别隧道内人员走动、列车运行、设备掉落、衬砌掉落、隧道上覆土异常扰动等事件发生的时间和位置并报警；可以通过光纤光栅混凝土应变计感测的隧道结构环向应变情况,计算隧道结构内力,并结合业内相关规范,评估结构的稳定性和强度安全性。智能分析软件可以对长期积累的数据进行分析,调整渗漏、振动感测的模式识别算法参数,提高感测报警的可靠性。

(3)京雄城际铁路机场隧道工程应用

隧道主要存在覆土荷载高,洪水冲刷深,区域不均匀沉降大,潜水位高,铁路保护区内违规土建活动多等问题。因此,采用基于埋入式光纤的智能感测方法进行隧道形位及异常情况感测。

如图9-1-1所示,基于埋入式光纤的高铁隧道形位智能感测方法应用包括以下步骤:

①沿隧道拱顶纵向预理温敏光缆。沿隧道拱顶DK46+092~DK53+300内侧分布钢筋两侧各绑扎安装一根渗漏感测温敏光缆和一根火灾感测温敏光缆,光缆浇筑于衬砌内。

②沿隧道拱顶外侧水泥砂浆保护层内预埋振动感测光缆。在隧道主体结构浇筑完成后,沿隧道拱顶外侧的细石混凝土保护层上纵向铺设振动感测光缆,铺设范围为DK46+092~DK53+300,首先采用U形钉临时固定,然后在光缆周边施作水泥砂浆保护层,之后进行隧道覆土回填,感测光缆埋置于隧道衬砌与覆土之间。

③沿隧道环向预埋光纤光栅混凝土应变计。根据隧道边界条件,选取隧道埋深较大处、隧道上地表起伏剧烈处,分别位于DK49+193~DK49+202、DK50+408~DK50+417、DK50+997+DK51+006、DK51+898~DK52+907和DK52+765~DK52+774共5处9m长模板台车浇筑段落,沿隧道环向内外侧主筋共绑扎布设26个光纤光栅混凝土应变计,浇筑于衬砌混凝土内。

④将光纤感测元件连接至解调仪并将感测数据传输至服务器,将温敏光缆连接至分布式测温解调仪、振动感测光缆连接至分布式振动解调仪、光纤光栅混凝土应变计的通信光缆连接至光纤光栅解调仪,解调仪实时通过光信号解调出对应光纤感测元件的感测物理量,并将其传输至服务器进行分析,解调仪和服务器设置在隧道中间里程DK50+430处的专用设备洞室内。

⑤通过智能分析软件获取隧道的渗漏、火灾、异常侵入、环向内力情况并实施报警。

⑥数据采集与数据分析。数据分析系统集成于隧道内部,对感测数据进行分析、识别后将分析结果无线传输至控制中心。

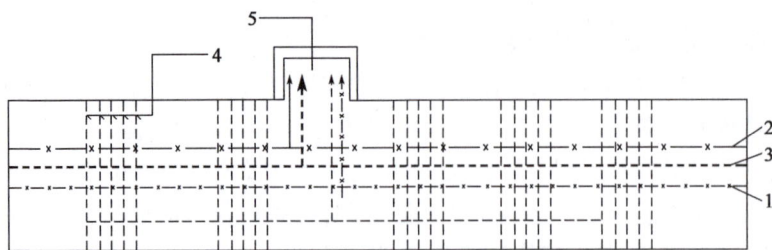

图9-1-1 相关感测元件和设备在隧道内的布置示意

1-渗漏感测温敏光缆;2-火灾感测温敏光缆;3-隧道防侵入振动感测光缆;4-光纤光栅混凝土应变计;5-解调仪服务器设备洞室

9.1.2 基于双向位移计的裂缝发展监测方法

（1）技术背景

混凝土裂缝和结构缝多存在于各类水工建筑物、防渗墙、隧道和边坡支护结构中。目前裂缝变形（发展）监测的主要方法有人工观察法和差阻式测缝计法、振弦式测缝计法，人工观察法误差较大而且费时费力，不满足精细化变形监测需求。振弦式测缝计的工作原理是当被测结构物发生变形时将会带动测缝计变化，通过前、后端座传递给振弦使其产生应力变化，从而改变振弦的振动频率，测出被测结构物的变形。不管是差阻式测缝计或振弦式测缝计，都是电参数类传感器，在易燃易爆等极端环境下并不适用，而且测缝计只能监测单向变形，如需双向监测需安装多只测缝计。

如何弥补现有技术所存在的不足已成为当今支护结构健康检测领域中亟待解决的重点难题之一。针对现有裂缝变形监测只能检测一维变形且无法实时监测的缺陷，针对京雄城际铁路机场隧道工程提供一种基于光纤感测技术自动监测裂缝变形的双向位移计，该位移计能够监测二维方向的裂缝变形，适用于在各种极端环境下掌握裂缝变形的大小和方向，并实现实时精准监测。

解决以上技术问题的难点在于：一是提高裂缝变形的监测精度，监测过程自动化和系统化；二是采用新型监测方法以满足易燃易爆等复杂环境下的监测需求；三是同时监测多个维度的裂缝变形，精简设备的安装使用过程。

解决上述技术问题的意义在于：光纤传感是近年来迅速发展起来的一种以光纤为媒介，光为载体的新型传感技术，相比于传统的监测技术，其具有灵敏度高、抗电磁干扰、监测距离长、成本低等一系列优点。

（2）技术方案

裂缝变形（发展）监测双向位移计安装在待测缝隙上，利用基于光纤感测技术的光纤光栅双向位移计和固定夹具，定位钢板以及连接光缆，对待测缝隙进行检测；数据处理单元，采用双向位移计数据处理软件，集中处理各裂缝线路集成后的解调数据；数据采集单元，采用光纤光栅解调设备与所述数据处理单元相连接，用于提供采集的裂缝数据。

裂缝变形（发展）监测双向位移计是将两个单向光纤光栅位移计组合成90°夹角的双向位移计，同时将两根铠装光纤合二为一；在缝隙一侧安装并固定双向位移计，在另一侧两个监测方向上安装水平和竖向两块定位钢板；铠装光纤的尾端连接双向位移计，铠装光纤首端与FBG解调仪通过法兰连接，两个双向位移计通过光纤相互串联到解调仪；FBG解调仪通过数据线与处理系统相连接，接收数据处理系统的指令，并向数据处理系统发送相关数据信息。

（3）安装方法

①根据实际工程需要选择安装位置，在变形缝两侧测定安装孔位，做好安装位置记号。

②打孔安装夹具以及定位钢板，然后安装定位钢板，使其与混凝土刚性连接，光纤光栅位移计与混凝土采用刚性支架实现刚性连接。

③安装双向位移计。

④待所有断面双向位移计安装完成后，采用多芯通信光缆将所有双向位移计集中引入监测室接入设备进行测试。

⑤FBG解调仪发出宽带光信号传输到检测光纤上,折射率分布的周期性结构导致某一特定波长光反射,光波经复用技术经过横向和竖向位移计。

(4)京雄城际铁路机场隧道工程应用

针对衬砌结构出现的受力型裂纹,布设裂缝发展监测双向位移计,如图9-1-2所示。该技术能够实时对裂缝位移进行二维监测,采用光纤传感技术,灵敏度高、可靠性强,并且不涉及电流、电磁,安全性能相对较好。

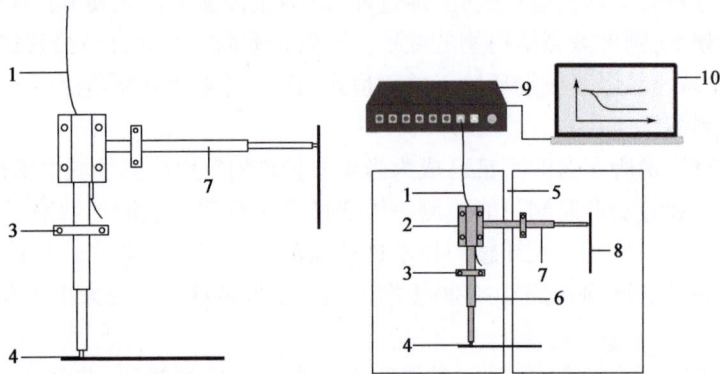

图9-1-2　双向位移计构造示意

1-铠装光纤;2-裂缝变形监测双向位移计;3-夹具;4-竖向定位钢板;5-变形缝;6-第一单向光纤光栅位移计;
7-第二单向光纤光栅位移计;8-横向定位钢板;9-FBG解调仪;10-数据处理系统

在已发现的衬砌结构裂纹中,经过一年多的监测未发现有新变形,判断所发现的结构裂纹是稳定的。

9.1.3　基于光纤光缆位移传感计的变形缝形变监测方法

(1)技术背景

隧道变形缝主要是为了适应工程结构伸缩、沉降,以避免结构物发生大变形而产生破坏。实践证明,变形缝对于减少侧墙变形、裂缝、砌体脱落以及渗漏水等现象具有十分明显的作用,因此变形缝被广泛应用于隧道结构中。

目前,隧道变形缝形变测量手段主要是地面静态检测和变形缝位置预埋感测元件检测。精密水准测量等人工方法受人为因素影响较大,且高速铁路封闭式运营,造成依赖人工长期大范围现场测量的复测周期很长;预埋感测元件只能点对点变形测量,测试工作烦琐且无法实现长大隧道所有变形缝的全覆盖。传统形变监测方法在作业效率、监测频率及时空维度方面常存在局限性。寻求经济、合理而有效的高速铁路隧道变形缝形变监测系统和技术体系具有重要理论和应用价值。

(2)技术方法

①在隧道变形缝两侧安装NZS-FBG-DPG光纤光栅双向位移传感计。针对明挖法高速铁路隧道的特点,设计和施工过程中在每个变形缝两侧各490mm预留总长度1000mm的中心排水沟扩大段,中心排水沟向左线侧加宽160mm,用以安装变形缝不均匀变形感测元件。每处变形缝设置2个光纤光栅位移传感计,分别监测变形缝两侧隧道结构沿隧道纵向和竖向的相

对位移。预安装范围为 DK49 + 430 ~ DK51 + 430,共 2km,其中包括 40 个变形缝。

②NZS-FBG-DPG 光纤光栅双向位移传感计通过信号传输光缆接入 NZS-FBG-A03 型光纤光栅解调仪,在隧道主体结构及仰拱填充、沟槽等附属结构施工完成后,将光纤光栅双向位移传感计通过信号传输光缆一次性串联布设在隧道中心排水沟扩大段内,并将信号传输光缆引入 DK50 + 430 处疏散竖井中,连接至光纤光栅解调仪。

③ZS-FBG-A03 型光纤光栅解调仪连接至计算机,在疏散竖井内设备专用机房放置计算机和光纤光栅解调仪,将信号传输光缆通过光纤光栅解调仪连接至计算机。

④计算机根据 NZS-FBG-DPG 光纤光栅双向位移传感计应变值,自动计算出变形缝形变值并进行曲线绘制。光纤光栅解调仪在光纤光栅双向位移传感器发生形变过程中对信号进行实时感测,并将感测数据通过信号传输光缆传输至计算机,计算机将采集传输回的反射波信号进行解析,计算得出光纤光栅双向位移传感计变形量即变形缝形变量,并实时绘制变形曲线,变形缝形变自动化监测系统如图 9-1-3 所示,传感器安装测试如图 9-1-4 和图 9-1-5 所示。

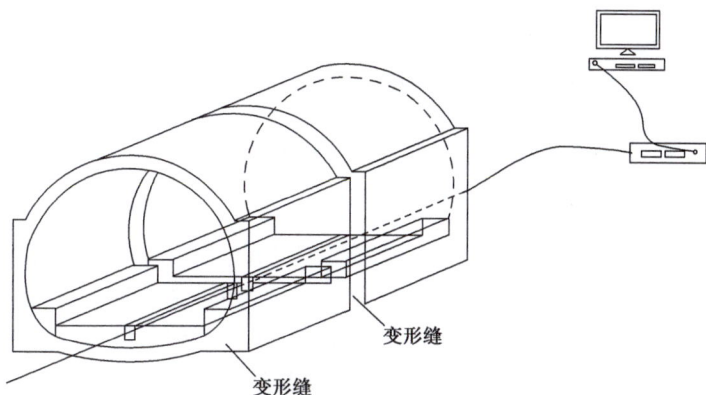

图 9-1-3　变形缝形变自动化监测系统

图 9-1-4　NZS-PBG-DPG 光纤光栅双向位移传感器

(3)变形缝变形管控基准

①正常状态。

变形区块将隧道作为标尺,配合折线图展示变形感测元件的实时数据。折线图 x 轴是隧道里程,y 轴是位移值,两种折线表示垂直位移和水平位移。中屏三维展示区块可总览隧道,并突出展示形变传感器实时状态。

图 9-1-5　NZS-PBG-DPG 光纤光栅双向位移传感器实验室测试现场

②异常状态。

发生异常时,异常处用虚线标尺标识出异常位置,并且展示位移值。中屏切换至告警模式,聚焦异常位置,并展示主要异常信息,包括设备编码、垂直/水平位移值和位置。同时可以查看异常详情,点击"查看详情"进入,详情信息包括台账信息和历史数据。

9.1.4　基于自加热光缆的隧道渗漏水监测方法

（1）技术背景

隧道渗漏水除了会造成衬砌背后脱空、钢筋腐蚀等结构性危害外,还会影响隧道内带电设备正常工作,引发短路等问题。隧道渗漏水多发生于施工缝、变形缝以及混凝土浇筑质量差的部位等。目前铁路运营单位对于隧道渗漏的监测主要采取天窗时间人员巡检的方式,人工成本高,监测效率低,分布式传感技术的发展使铁路隧道渗漏水自动化监测得以实现。

目前国内外已经研发出了准分布式渗漏水感测元件和基于铠装层湿敏力学特性的分布式渗漏水感测线缆。其中,准分布式渗漏水感测元件虽然可以通过提高元件布设数量接近分布式监测的效果,但是其成本较高,多应用于渗漏水高风险点的短期监测。基于铠装层湿敏力学特性的分布式渗漏水感测技术使用带有湿敏力学特性的铠装层包裹感测光纤,在渗漏水发生时铠装层发生应变,带动内部感测光缆变形,通过分布式光纤应变传感技术间接感测出渗漏水发生位置,但是这种技术中铠装层在干湿交替工况下感测精度和可靠性难以保证,适用于一次性报警,难以胜任隧道全生命周期渗漏水感测。

（2）技术方案

基于自加热光缆的铁路隧道渗漏长距离分布式监测方法,包括以下步骤:

①沿隧道渗漏水风险点（拱顶、拱脚、变形缝、施工缝）布设带有加热铜丝和温敏光纤的自加热光缆,自加热光缆预埋于隧道结构内或嵌入变形缝中。

②将自加热光缆中的温敏光纤连接至分布式温度光纤解调仪,将自加热光缆中的加热铜丝连接至加热控制设备。

③将分布式温度光纤解调仪和加热控制设备连接至计算机,计算机内有分布式光纤温度解调软件和加热控制软件。

④计算机内加热控制软件控制加热控制设备,为自加热光缆中的加热铜丝供电,使其加热

升温,加热功率恒定且持续一定时间。

⑤计算机内的分布式温度光纤解调软件对分布式温度光纤解调仪传输的数字化光信号进行解析,获得自加热光缆沿线的升温速率分布情况,将升温速率明显慢于周边区段的位置判断为漏水点或漏水区域,输出报警。隧道渗漏监测系统如图 9-1-6 所示。

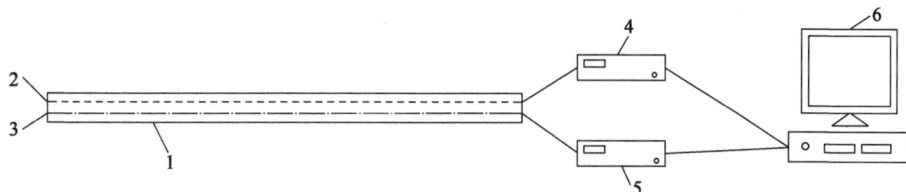

图 9-1-6　隧道渗漏监测系统构成示意

1-自加热光缆;2-加热铜丝;3-温敏光纤;4-加热控制设备;5-分布式温度光纤解调仪;6-计算机

（3）应用效果

本方法通过将温敏光纤、加热铜丝封装为自加热光缆,利用隧道衬砌混凝土渗漏水区域比热容增大,恒功率加热下升温速率慢的特性,实现了隧道运营期渗漏水长距离分布式监测。温敏光纤和加热铜丝封装后便于施工期间的预埋安装,加热控制设备和计算机则保证了加热能耗可控和监测工作的自动化,运营期监测成本较人工巡检大大降低。

9.1.5　预埋式感测光缆穿越高铁隧道变形缝的保护方法

（1）技术背景

基于高铁隧道空气动力学的特殊性,隧道净空内对于悬挂布设管、线、缆有着十分严格的要求,除接触网相关电缆及设备外,隧道拱顶至侧墙上部原则上不允许悬吊其他管线,以免管线掉落影响高铁列车安全运营。目前在公路、地铁隧道已经逐渐推广拱顶悬吊式纵向分布式光纤感测技术,在高铁隧道中则只能将光缆通长预埋于隧道衬砌混凝土内。

隧道根据围岩荷载、温度荷载分布情况,每隔一段距离需要设置环向变形缝,变形缝在隧道运营期间会因为结构温度变化而张开或压缩、闭合,也会因为地层原因变形缝两侧结构发生竖向、水平向错动。纵向分布式感测光缆感测元件为光纤,原材料为二氧化硅,是一种脆性材料,延展性及抗剪性能极弱,因此在隧道混凝土内纵向通长预埋安装时,必须考虑感测光缆穿越隧道变形缝保护问题。

目前国内暂无高铁隧道衬砌内纵向通长预埋感测光缆的工程实例,因此需要提出针对性的、可实施性的预埋式感测光缆穿越高铁隧道变形缝保护方法。

（2）技术方案

预埋式感测光缆穿越高铁隧道变形缝保护方法,包括以下步骤:

①沿隧道纵向分布钢筋布设感测光缆,将感测光缆通过塑料绑扎带固定于分布钢筋上。

②隧道变形缝先浇侧结构端部架立布设弹簧状钢套管,感测光缆在弹簧状钢套管内穿过变形缝,弹簧状钢套管先浇侧直线段在感测光缆穿过后使用双组分聚硫密封膏封堵端头,浇入隧道变形缝先浇侧结构混凝土内。

③在隧道变形缝先浇侧结构端模板内侧预粘贴圆盘状泡沫塑料,在隧道先浇侧结构端部

形成圆盘状凹槽,圆盘状凹槽中心位于弹簧状钢套管轴线上。

④感测光缆伸出弹簧状钢套管,与隧道变形缝后浇侧结构纵向分布钢筋绑扎固定,浇入隧道变形缝后浇侧结构混凝土中。弹簧状钢套管后浇侧直线段在使用双组分聚硫密封膏封堵端头后浇入隧道变形缝后浇侧结构混凝土中。布设结构示意如图 9-1-7 所示。

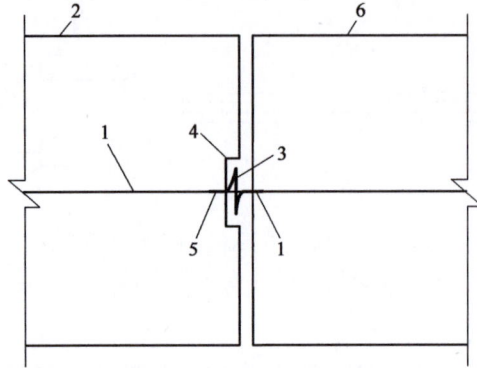

图 9-1-7　布设结构示意

1-感测光缆;2-隧道变形缝先浇侧结构;3-弹簧状钢套管;4-圆盘状凹槽;5-弹簧状钢套管先浇侧直线段;6-隧道变形缝后浇侧结构

(3)应用效果

本方法通过改装模板台车端模,设置特殊形态保护套管等,使光缆在变形缝预留圆盘状凹槽中具有了一定长度冗余量,提高了光缆在变形缝开闭、错动时的协调变形能力,降低了隧道运营期变形缝两侧结构相对位移导致感测光缆断裂的风险,并且采取的保护措施可实施性强,对隧道主体结构施工影响小。

京雄城际铁路机场隧道河槽段隧道安全监测中,各监测项目光缆通过该方法完成纵向穿越衬砌变形缝而无一损坏。

9.2　基于新建基岩标的隧址地层分层沉降监测技术

9.2.1　分层沉降监测技术比选

区域沉降的影响因素很多,在京津冀地区主要由降水造成的土体固结导致。地面沉降的监测较为简便,但对于隧道结构的形位监控,更重要的是掌握隧址处地层的分层沉降情况,因此需要对隧道周围土体的分层沉降情况进行实时监测,研究土体沉降的主要压缩层及其对隧道形位变化的影响。区域不均匀沉降和土体分层沉降对隧道的影响机理示意如图 9-2-1 所示。

隧道处于主要压缩层内的区段,基底反力减小,隧道随周边土层发生局部沉降,造成纵向的不均匀变形。为了确定主要压缩层,需要对隧道周边土体的分层沉降进行长期监测、研究,判断隧道的设计埋深是否合理,并对受压缩层影响较大的段落采取应对措施。

目前对于一定深度范围内土体的分层沉降监测主要有以下几种方法:

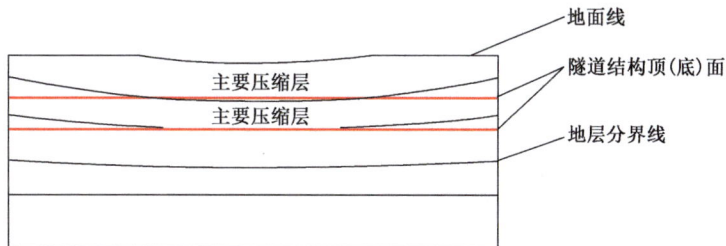

图 9-2-1　区域不均匀沉降和土体分层沉降对隧道的影响机理示意图

（1）深标点水准仪法

在预定位置采用钻机钻沉降观测孔，对钻孔加护管，防止钻孔坍落；在孔底埋设磁锤式回弹标，采用专用钢尺由磁铁在磁锤式回弹标上引出地面，采用水准高程测量方法进行观测（图 9-2-2），测量精度可达 ±1.0mm。

（2）磁环式沉降仪法

磁环式沉降仪由磁环、导管、测头三部分组成。其工作原理是在土体中垂直埋设竖管，在竖管上按一定间距埋设磁环，磁环与土体同步沉降，利用电磁测头测出磁环的初始位置和沉降后位置，二者相比较即可算出土层的分层沉降量，观测精度为 1～2mm。

磁环式沉降仪埋设步骤一般如下：

①确定观测孔位，钻孔至预定高程。

②沉降管道连接。沉降管连接处应特别注意接头处理，防止泥水进入沉降管，以保证管道外壁光滑，便于沉降环安设到预定高程。

③安装沉降环。沉降环的数量应根据土层的厚度来决定。当沉降环下沉至预定高程后打开叉簧片，使其牢牢插在土壁上，保证磁环与土体同步变形。

④沉降环埋设好后，采用中粗砂回填，重复步骤③，直到磁环埋完为止。

⑤沉降环埋设完成后，应立即测量 1 次，确认沉降环的数量、初始位置及孔口高程。

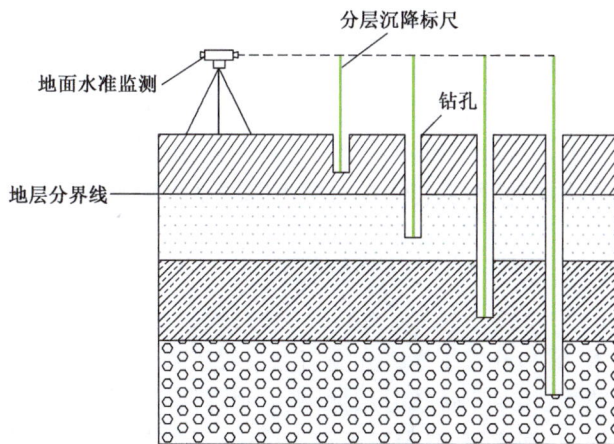

图 9-2-2　传统多孔分层沉降人工测量法示意图

（3）不动杆法

不动杆法适用于测点附近设置观测参考点比较困难的情况，将不动杆设置为观测参考点。不动杆法的观测原理与表层沉降类似，即在观测点位置采用钻机钻孔，埋入刚度较大、带套管的不动杆，杆下端插入硬土层（标准贯入击数 $N > 40$），上端引出地面，将沉降标安设在不动杆上，沉降标与土体同步沉降，其相对不动杆的位移即为此处的土体沉降量。目前，只有滑动电阻式分层沉降仪可用于该法进行土体深层（分层）沉降观测。

（4）光纤光栅位移计监测

光纤光栅位移计可通过并联在单个钻孔的不同深度布设水准锚头，获得各点之间的相对位移情况，进而获得土体的分层沉降。相较于磁环式沉降仪，其在测量多个土层分层沉降时，具有成本优势，并且环境适应性和精度高于磁环式沉降仪。

通过对区域地面沉降和分层沉降监测技术的研究，将各类沉降监测技术的适用范围及优、缺点汇总至表 9-2-1，并结合京雄城际铁路机场隧道结构与周边环境特点，对区域地面沉降监测技术进行比选。

区域沉降监测技术优劣势分析　　　　表 9-2-1

监测手段	适用范围	优点	缺点
深标点水准监测法	地表至测点间地层压缩量测量	操作简便、结果可靠，适用于测点较少的短期监测	（1）每处测点只能测出地面至地面以下一定深度范围内土层的压缩量；（2）人工操作，效率较低
磁环式/电阻式分层沉降监测法	一定深度地层内数个测点的相对位移情况	技术原理简单，结果可靠，通过电信号传输监测参数，具有自动化监测的条件	（1）仪器安装要求较高；（2）监测结果的精细程度取决于元件的数量，当需要较为密集的分层沉降参数时，成本较高
光纤光栅分层沉降监测法	一定深度地层内任意两点竖向相对位移	采用光纤作为感测元件，环境适应性好，可靠性高，可以测得孔深范围内任意两点间土层压缩量	对元件埋设的技术要求较高，实施成本高

考虑京雄城际铁路机场隧道最大埋深 18m，仅仅对地面沉降进行监测是不够的，需要对隧道沿线区域进行分层沉降监测，尤其是对隧道基底以下土层进行沉降监测，确定主要压缩层的位置，判断主要压缩层的产生原因。通过比选，采用光纤光栅分层沉降监测系统，对隧道所在区域的地面沉降和土体分层沉降进行隧道全生命周期监测，并将分层沉降感测元件与新建京雄城际铁路基岩标进行水准连通，获得土体分层沉降的高程绝对值。

9.2.2　基于光纤光栅的分层沉降监测技术

1）感测元件研发

基于光纤光栅技术，研制开发了光纤光栅多点分层沉降计（图 9-2-3 和图 9-2-4），实现了一孔数十地层的变形监测，相对于传统分层标，极大地降低了监测成本。光纤光栅分层沉降计钻孔内固定层位通过锚头、基座固定，保障了与土体的协同变形可靠性，上部同样进行锚固设置，并采用光纤位移传感器获取变形数据，实现钻孔多层变形的自动化监测。为克服光纤传感器不能监测绝对沉降量的难题，首次将基岩标及分层沉降标通过光纤光栅静力水准连通，通过静力水准数据对土体分层沉降计进行修正,实时监测不同深度地层的绝对高程变化。开发的分层沉降计及绝对沉降修正系统应用于京雄城际铁路机场隧道项目,实时获取周边岩土体变形量与变形规律,为隧道运营安全提供数据支撑。

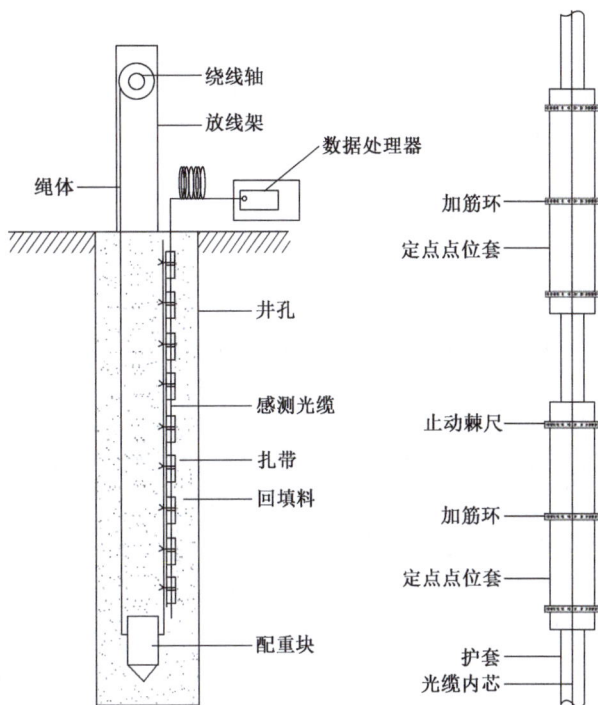

图9-2-3 光纤光栅多点分层沉降计示意图

光纤光栅沉降传感器长度为30~50cm,测试量程为0~15cm,测试精度为0.015cm。钢丝绳直径为0.2~0.5cm,连接两台光纤光栅沉降传感器,具有抗蠕变、防锈蚀等特点,满足裂缝长期测量的要求。锚头采用黄铜材质,耐腐蚀,且表面刻有螺纹,确保与土体耦合,如图9-2-5所示。

图9-2-4 光纤光栅多点分层沉降计实物

图9-2-5 黄铜锚头

2）测孔回填变形耦合效果试验

回填工艺直接影响回填效果，进而对传感光缆和土体的变形耦合性产生影响。在实际工程应用中，常通过在砂土回填料中掺入少量膨润土黏土球，以提高回填料的可塑性和黏结性，在硬土层与软土层互层土体中且孔壁比较稳定的钻孔中，使得传感光缆与周围硬土层完全耦合。黏粒的存在不仅增大了孔隙比，也使得粗颗粒之间的稳定性发生变化，当黏粒含量少时，黏粒起润滑作用；黏粒含量稍多时，黏粒则起稳定作用。通过室内模拟回填效果试验探究了不同泥浆浓度和回填方式下的回填料回填效果，并提出标准化钻孔回填流程。

（1）回填料回填效果试验与评价

①试验方案与装置。

试验分两个阶段，第一阶段探究回填方式对回填效果的影响；第二阶段在第一阶段的基础上选择合适的回填方式，探究泥浆浓度对回填效果的影响。

第一阶段中回填方式采用连续回填和间隔回填两种，连续回填是将所有回填料直接倒入孔内，回填动作持续发生；间隔回填是将所有回填料分批次等量回填，每批次回填之间留有一定的时间间隔。第二阶段选取合适的砂土回填料，探究回填料在不同泥浆浓度下合适的回填量及其对应的回填时间间隔。

回填装置如图9-2-6所示，左边为模拟钻孔的透明亚克力管，内径120mm，壁厚5mm，高2m；右边为放置在钻孔顶部的漏斗，试验时用于容纳回填料，移动挡板插入时可阻止漏斗内回填料的沉降，抽出时能保证每次沉降速率的一致性，减少人为因素的影响。

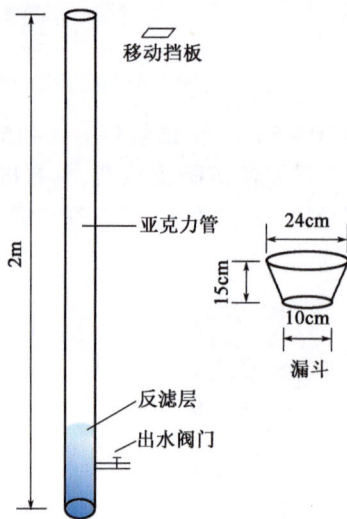

图9-2-6　回填效果试验装置示意图

②试验材料。

试验采用膨润土作为原材料配制泥浆，其物化性能指标见表9-2-2。在砂土回填料中加入一定量的膨润土能够提高回填料的强度，维持适当的膨胀力，并使其易于处理且节约成本。回填料为砂砾混合物，级配曲线如图9-2-7所示。

膨润土的物化性能指标　　　　　　　　　表 9-2-2

性能指标	指标值	性能指标	指标值
胶质价	>97mL/15g	细度(325 目)	≥90
膨胀容	≥14mL/g	蒙脱石含量	65% ~75%
湿压强度	0.501kg/cm	吸蓝量	29g/100g
水分	≤8%	白度	≥68%

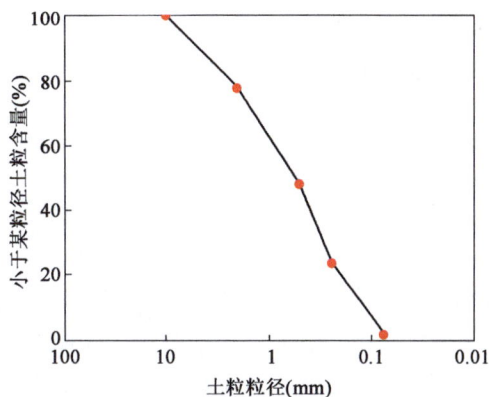

图 9-2-7　回填料砂土颗粒级配曲线

③试验结果。

砂土回填料在同一泥浆浓度下两种回填方式的试验结果如图 9-2-8 所示,相较于连续回填出现较为明显的粗细颗粒分层现象,间隔回填的分层现象仅限于局部,放大到整个钻孔,回填料的分布较均匀,应当采用间隔回填的回填方式。

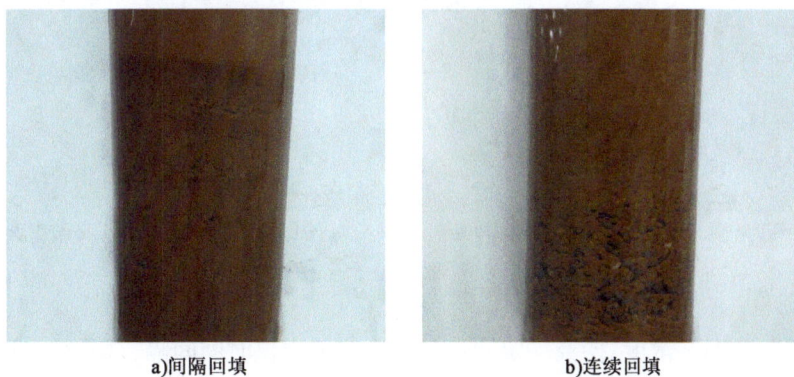

a)间隔回填　　　　　　　　b)连续回填

图 9-2-8　两种回填方式效果对比图

采用间隔回填的回填方式,每一次回填也会出现分层现象。通过局部放大观察可知,在管内从下往上表现为颗粒由粗变细。图 9-2-9 是某次回填过程中不同时刻的沉降高度对比图,图 9-2-9a) 和 d) 分别是砂砾一次回填前、后的瞬时高度位置,图 9-2-9b) 和 c) 是本次回填过程中的特征沉降高度位置,特征位置是指在该时刻沉降颗粒的大小发生变化,颗粒发生分选的现象。悬浮于浆液中未完全沉降到底部的黏土颗粒,在降落过程中受到上部冲击荷载的作用迅速沉积,形成图9-2-9a)和b)阶段的黏土沉降层;后期沉降速度受颗粒密度大小影响,图9-2-9b)和c)主要是粗砂颗粒沉降层,图9-2-9c)和d)主要是细砂颗粒沉降层,图9-2-9d)到下一次回填前(即一次回填时间间隔)的沉降物主要是回填料中的黏土。回填过程中控制这种局部分层现象,可提高整个钻孔回填物的均质性,进而改善钻孔的回填效果。

本次试验过程中,回填效果主要分为图9-2-10所示的几种情况。分层现象不可见分为以下三种状态:一是泥浆浓度过高,回填料不易发生沉降,或悬浮或缓慢下沉;二是适宜的泥浆浓度具有的悬浮性抑制了回填料的沉降分选,最终表现为分层现象不可见;三是上述两种现象的过渡状态。本次试验以该现象作为回填可行性的划分标准,分为可行与不可行两种:分层现象不可见划分为不可行,分层现象微弱可见、可见、清晰可见划分为可行。

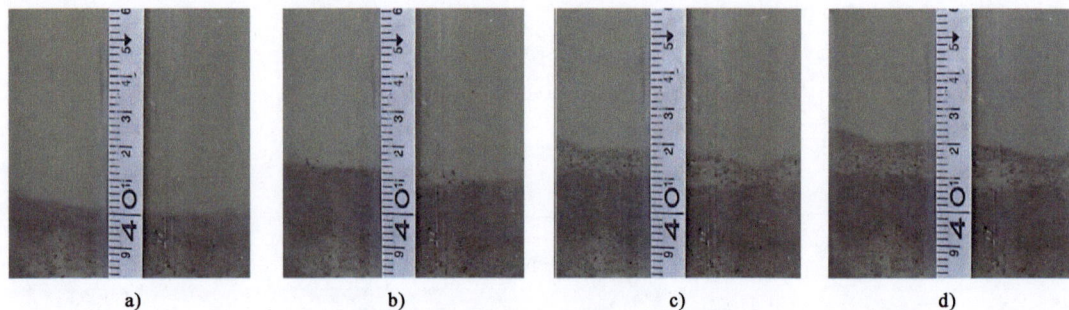

图9-2-9　间隔回填沉降高度对比图

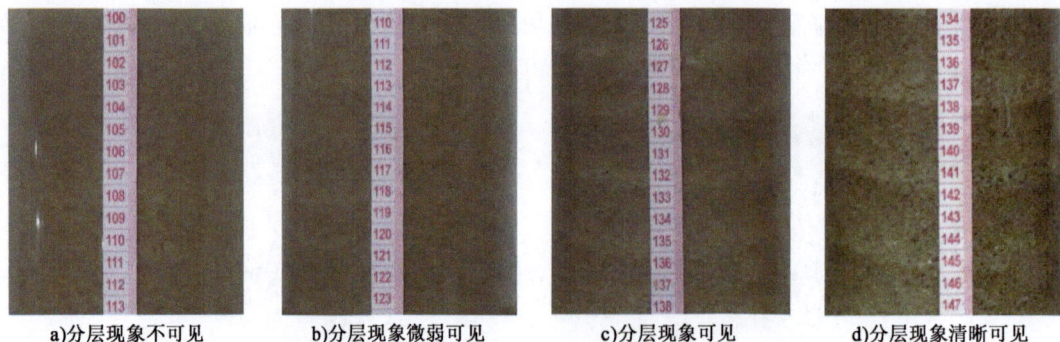

a)分层现象不可见　　b)分层现象微弱可见　　c)分层现象可见　　d)分层现象清晰可见

图9-2-10　回填效果对比图

改变回填料和泥浆浓度,探究一定回填量下适宜的回填时间间隔,试验结果见表9-2-3。

回填效果统计表　　　　　　　　　　　　　　　　表9-2-3

回填料	水:膨润土（质量比）	密度（g/cm³）	回填量（kg）	回填时间间隔	现象描述	回填可行性
砂土	1:0.3	1.146	0.6	3min 六次	第五次回填后砂粒下落至浆液顶部表面,停止或者缓慢下沉	不可行

回填料	水:膨润土（质量比）	密度（g/cm³）	回填量（kg）	回填时间间隔	现象描述	回填可行性
砂土	1:0.2	1.138	1.0	20s 四次-15s 四次	砂的沉降不明显,悬浮于浆液中,浆液顶部管壁一侧分布有 35cm 厚不规则砂体	不可行
				40s 三次-120s 三次	距离底部 12cm 左右有 17cm 厚的沉降柱	不可行
	1:0.17	1.135	1.0	60s 两次-120s 两次	难以沉降,底部有 12cm 厚的沉降柱	不可行
	1:0.15	0.130	1.0	30s 四次-20s 四次-15s 三次	30 ~ 20s 微弱分层,15s 分层不可见	可行
			0.8	30s 四次-20s 两次	不易沉降	不可行
			0.8	40s 四次-30s 四次	40s 微弱分层,30s 难以沉降	可行
			0.6	40s 三次-30s 三次-20s 三次-15s 三次	40s 分层可见,30s 微弱可见,20s 分层不可见	可行
	1:0.13	1.115	1.0	30s 四次-20s 四次-25s 三次	30s 分层可见,20s 微弱可见,25s 分层不可见	可行
			0.8	30s 四次-20s 三次	30s 微弱可见,20s 分层不可见	可行
			0.6	30s 四次-40s 两次	30s 前两次微弱分层,后期难以沉降	不可行
			0.4	40s 三次-60s 两次	第一次有微弱分层,后期难以沉降	不可行
	1:0.10	1.100	1.0	20s 四次-15s 四次-10s 四次	20s 可见分层,15s 微弱分层,10s 分层不可见	可行
			0.8	20s 四次-15s 四次-10s 五次	20 ~ 15s 可见分层,10s 微弱分层,趋向不可见	可行
			0.6	20s 四次-10s 四次	20s 可见分层,10s 分层不可见	可行

回填料	水:膨润土（质量比）	密度（g/cm³）	回填量（kg）	回填时间间隔	现象描述	回填可行性
砂砾混合物	1:0.15	1.130	1.0	35s 三次-30s 三次	35s 微弱可见,30s 沉降较难	不可行
			0.8	40s 三次-30s 三次-25s 三次	40s 微弱可见,30s 不可见,25s 沉降较难	可行
			0.6	35s 三次-30s 三次-60s 三次	底部有 20cm 厚的沉降层,分层不可见	不可行
	1:0.13	1.115	1.0	30s 三次-25s 三次-20s 两次	30s 可见分层,25s 微弱可见,20s 分层不可见	可行
			0.8	30s 三次-25s 三次-20s 三次-15s 三次	30～20s 可见分层,15s 微弱分层	可行
			0.6	25s 三次-20s 三次-15s 三次-10s 三次	25～15s 可见分层,10s 微弱分层	可行
	1:0.1	1.10	1.0	35s 两次-30s 两次-25s 两次-20s 两次-15s 三次	35～30s 可见分层,25s 微弱分层,20～15s 分层不可见	可行
			0.8	30s 三次-25s 三次-20s 三次-15s 三次	30～25s 可见分层,20s 微弱分层,15s 分层不可见	可行
			0.6	30s 三次-15s 四次-10s 四次	30～15s 可见分层,10s 分层不可见	可行

注:"回填时间间隔"一栏中 Δt_1 M 次-Δt_2 N 次-Δt_3 Q 次是指一定回填量下,前 M 次回填时间间隔为 Δt_1,随后 N 次回填时间间隔为 Δt_2,最后 Q 次回填时间间隔为 Δt_3。

（2）回填方法的标准化

钻孔回填过程就是颗粒在溶液中先沉降后固结的过程。初始沉降的砂土处于饱和状态,受到上覆冲击荷载的作用重新固结。由于超孔隙水压力是由下至上开始消散,因此钻孔砂土也是由下至上固结发展。由于砂土固结部分和未固结部分存在密度和孔隙度差异,该差异界面会随着向上固结发展而向上移动,移动速度反映了固结速度,且随着固结部分厚度的增加,固结部分砂土颗粒还会有所沉降,因此钻孔回填过程中,采用多次回填的方式能够提高密实度,增强传感光缆与土体之间的耦合性。

①浆液浓度对回填效果的影响。

根据以上数据分析,钻孔回填过程中水和膨润土的质量比应不小于1:0.15,泥浆浓度过高会导致回填料不易沉降,甚至出现砂土堆积在浆液表面的现象,严重影响回填质量,但泥浆浓度过低,在长距离沉降过程中,颗粒易因密度差异发生分选现象。泥浆浓度还需考虑钻孔所在地的地层岩性。相较于仅选用砂土作为回填料,砂砾混合物的回填效果更好,更具合理性,回填料密度的增加既满足回填料的密实性要求,又能减少回填时出现漫涌甚至无法下沉的现象。

②回填时间间隔和回填料对回填效果的影响。

采用间隔回填的回填方式,在同一浓度、同一回填料的条件下,每次回填量不同,最小回填时间间隔也具有一定的差异性。随着深度的增加,土中有效自重应力增大,随着时间的加长,土固结更充分,从而使砂土越来越密实,密实度提高。一般来说,回填时间间隔随着回填量增加而增加。后期对钻孔进行数据监测,常用仪器为布里渊光时域反射光纤应变/温度测量仪(简称BOTDR),其最高采样分辨率为5cm,本试验条件下每0.2kg回填量的沉降厚度约为1cm,当每次回填量不超过1.0kg时,回填稳定后的沉降厚度不大于5cm,满足仪器采样分辨率的要求。

③回填流程的标准化。

针对试验结果,表9-2-4列出了不同泥浆浓度下,不同回填料对应的适宜回填量和回填时间间隔,为现场钻孔回填提供参考。若以分层现象不可见为时间间隔下限,泥浆浓度偏大,对后期回填料的回填不利,选用出现微弱分层现象的时刻作为回填时间间隔下限较好。理论上时间间隔上限越大对沉降稳定越有利,实际回填中,为提高工作效率,应将时间间隔控制在1min内。

回填效果统计表 表9-2-4

序号	水:膨润土 (质量比)	回填料	回填量 (kg)	回填时间间隔	
				下限	上限
1	1:0.1	砂砾混合物	0.6~1.0	25s	1min
2	1:0.13	砂砾混合物	0.6~0.8	15s	
3	1:0.1	砂土	0.6~1.0	15s	
4	1:0.13	砂土	0.8~1.0	30s	

考虑地质条件的多变性以及钻孔深度的影响,分析以下影响因素并对不同深度的钻孔回填参数进行划分(表9-2-5)。

a.一般情况下,回填料中含有黏粒,泥浆浓度随回填次数的增加而增加,回填料的沉降难度系数逐渐增大,因此深孔底部宜选用低浓度泥浆溶液。

b.选择全钻孔回填同种材料,该方法简单易操作;选择钻孔分段回填不同回填料,该方法增加了工作量,且分段界限不易控制,但可结合不同深度的土质条件选择相应的回填料,确保钻孔内回填物与周围岩土体变形协调一致。

c.回填料的沉降就是颗粒间的移动填充、排列紧密进而压密的过程。砂作为一种回填料,应尽量选用细度模数较高的中粗砂,级配合理的回填料可保证粗颗粒间隙全部被较细颗粒填充,后期水、荷载等作用不会改变已回填物的镶嵌结构,保证回填料的整体稳定性,具有整体均匀性和水稳定性。

不同深度回填参数控制   表 9-2-5

深度(m)	分段深度(m)	回填参数			
0~300	200~300	3	2	1	3
	100~200	2	2	4	2
	0~100	2	2	2	2
0~200	100~200	3	2	1	3
	0~100	2	2	4	2
0~100	0~100	3	2	3	—

(3)试验小结

通过室内模拟回填效果试验,对比不同泥浆浓度和回填方式下的回填料回填效果,得到以下结论:

①钻孔回填过程中,采用间隔回填的回填方式,且每次回填量不超过 1.0kg 时,局部的分层现象对深达数百米的钻孔的影响可以忽略,满足 BOTDR 的采样分辨率要求。

②制作泥浆时,高浓度时回填料难以沉降,低浓度时回填料易出现颗粒分选现象,试验表明:水与膨润土的质量比应不小于 1:0.15,填料尽量选择级配良好的砂砾混合物。不同回填量需要的最小时间间隔有所差异。

③百米级深钻孔中的感测光缆承受的围压随着深度变化而变化,光缆与土体之间的耦合性也具有差异性,可根据不同深度选择合适的回填料。

针对百米级深钻孔中回填料的选择,综合考虑各项因素列出表 9-2-4 和表 9-2-5 所示的回填参数的参考标准。现场可以结合实际情况进行回填,加强感测光缆与回填料和周围岩土体的变形协调能力,保证钻孔全断面监测数据的可靠性。

9.2.3 基岩标及分层沉降监测设计

(1)基岩标设计

根据京雄城际铁路机场 2 号隧道隧址区地质特点和地区施工经验,初步判断基岩标为超深埋基岩标(深度大于或等于 500m),参考中国水利水电勘测设计协会于 2018 年编制的《基岩标建设技术导则(讨论稿)》对基岩标进行了施工图设计。

基岩标采用直径 73mm、壁厚 6mm 的丝扣无缝钢管作为标杆,从地表向下 60m 深度范围内采用直径 325mm 的钻孔,并用直径 273mm 的丝扣无缝钢管作为止浆护壁筒;60~1017m 深度范围采用直径 275mm 的钻孔并采用直径 177.8mm 的丝扣无缝钢管作为标杆护壁筒。标杆和标杆护壁筒打入基岩层深度不小于 5m。标杆和标杆护壁筒间每 10m 设置一个扶正器,保证标杆顺直,标杆施作完成后从孔口先压注水泥浆后压注清水,压注完成后,标杆护壁筒与孔壁间由水泥浆填实,标杆与标杆护壁筒间为清水。孔口以下 3m 为机油保护层。基岩标构造如图 9-2-11 所示。

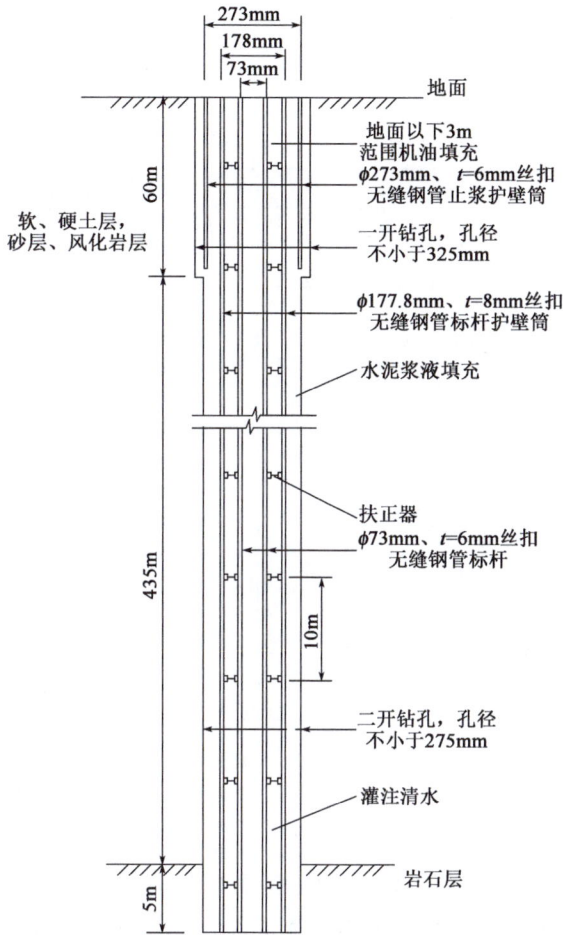

图 9-2-11　基岩标构造图

（2）分层沉降监测设计

分层沉降感测系统由光纤光栅分层沉降计、光纤光栅静力水准仪、光纤光栅解调仪以及相关软件构成，实时感测测孔处地层分层沉降量。在 DK50＋430 疏散竖井附近永久占地（100m 内）打设分层沉降测孔，孔径约 200mm，孔深 70m，孔内布设分层沉降计（光纤光栅位移计、刚性杆、基座、锚头），测点锚头分别布置于距地表 15m、20m、25m、30m、50m、70m 深处的土层中。分层沉降孔边施作基岩标，并测得其绝对高程，分层沉降计顶与基岩标通过 2 个光纤光栅静力水准仪连接，实时感测分层沉降计顶绝对高程，如图 9-2-12 所示。

（3）光纤光栅静力水准仪设计

光纤光栅静力水准仪固定架的材质为不锈钢，支脚高度均可调节，可对水平仪的高度和倾角进行调节，满足地面沉降长期监测的要求。

光纤光栅静力水准仪连接管，采用长期耐久性较好的有机塑料管，并在结口处利用环氧树脂等进行密封性处理。

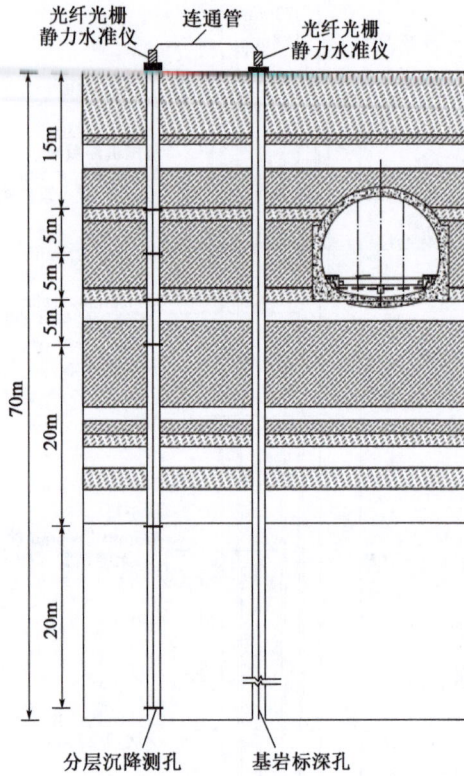

图 9-2-12　分层沉降测孔与基岩标断面示意图

光纤光栅解调仪多通道并行采集光纤光栅波长信息,包括:激光发射装置,用于生成激光束;激光输入输出端口,用于将激光输出到传输光缆中;激光解调装置,用于解调被反射的激光信号;无线数据输出端口,用于将数据信息无线传输给监测室或客户端;数据处理分系统,作为数据处理和逻辑判断单元,用于对与传感器波长变化有关的信息进行分析和判断,得出光纤光栅位移传感器的位移变量。

两个光纤光栅静力水准仪分别安装于基岩标孔和沉降测量孔处,其间通过连通管相连。待测沉降孔处的地表沉降量 $L = \Delta l_1 + \Delta l_2$,$\Delta l_1$、$\Delta l_2$ 分别为两个光纤光栅静力水准仪的变化量。

孔底光纤光栅沉降传感器处地层沉降量 $a = L + \Delta a_1 + \Delta a_2 + \cdots + \Delta a_6$。

9.3　形位感测系统安装工艺

9.3.1　感测设备选型

根据感测元件精度、环境、耐久性要求,通过市场调研并进行了经济性分析后,选取感测设备如下。

（1）光纤光栅埋入式应变计

光纤光栅埋入式应变计（NZS-FBG-ESG）利用光纤光栅作为微测力元件,通过轴向拉伸或压缩对传感器弹性敏感元件产生的作用力变化对光纤光栅波长的影响来测量被测物的应变变化量。光纤光栅埋入式应变计带有温度自补偿功能,可以有效剔除温度变化对应变测量引起的误差。光纤光栅埋入式应变计可用于测量混凝土内部应变,其灵敏度高,稳定性好。光纤光栅埋入式应变计外观如图 9-3-1 所示。

该应变计具有可支持串联/并联安装、自带温度补偿、环境适应性强（-30 ~ 80℃）和铠装光缆引线的特点。

（2）光纤光栅位移计

隧道衬砌变形缝双向位移监测采用光纤光栅双向位移计,该位移计用于测量混凝土裂缝、结构缝、形变位移等。光纤光栅位移计自带温度补偿功能,稳定性高且安装方便。光纤光栅位移计实物如图 9-3-2 所示。

图 9-3-1　光纤光栅埋入式应变计

图 9-3-2　光纤光栅位移计

（3）分层沉降与基岩标孔内位移计

金属基索状应变传感光缆采用金属基索状结构,传感光纤外包高强度金属加强件,极大地提高了传感光缆的抗拉强度,传感器表面螺纹结构使得自身与混凝土有着良好的耦合性,与混凝土结构变形协调一致。金属基索状应变传感光缆可以直接浇筑在混凝土中,施工方便,工艺简单,能够抵御混凝土喷浆、浇筑过程中集料造成的冲击,适合各种恶劣工况。金属基索状应变传感光缆如图 9-3-3 所示。

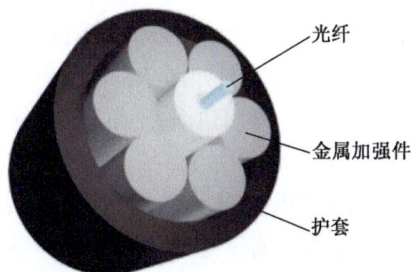

图 9-3-3　金属基索状应变传感光缆

分布式定点光缆采用独特内定点设计,实现空间非连续非均匀应变分段测量,配合分布式光纤传感技术(DSS)使用。具有极好的机械性能和抗拉抗压性能,能与岩土体、混凝土等结构很好耦合。施工便捷,同时能抵御各种恶劣工况环境,适用于各类岩土体变形监测,以及地面沉降、地裂缝、混凝土开裂等的监测,如图9-3-4所示。

图9-3-4 5m定点应变传感光缆

本次监测采用5m间距的分布式定点光缆,定点感测光缆5m范围内的测试量程为10cm,精度为0.01mm/5m。

9.3.2 环向应变计安装

光纤光栅埋入式应变计应在衬砌混凝土浇筑前绑扎于钢筋骨架或固定于衬砌模板间,安装时需要与衬砌环向平行。使用扎丝将光纤光栅埋入式应变计固定至环向钢筋上,利用扎带将光纤光栅埋入式应变计引线固定至钢筋上,引线沿钢筋引出,过弯处需要以大于5cm左右弯曲半径引出。具体安装如图9-3-5所示。

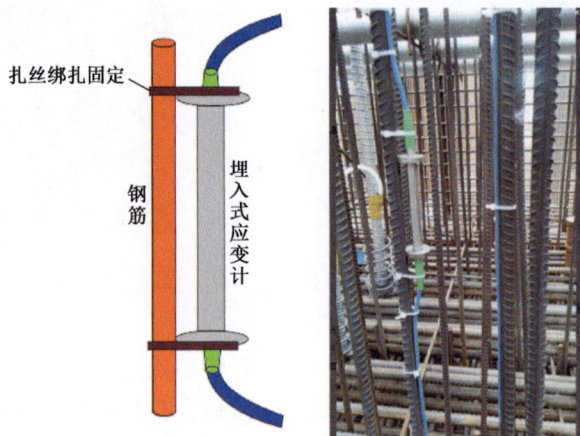

图9-3-5 埋入式应变计安装

衬砌内侧或外侧埋入式应变计应串联形成一个回路,回路引线在隧道底部穿出衬砌,进入排水沟渠,接入多芯引线光缆引入监测站进行监测。光纤引线直径5mm,穿出衬砌时需要采用定制出线端子,穿套PU管对线路进行保护,如图9-3-6所示。

考虑到断面衬砌施工顺序是先仰拱,再两边墙,最后拱顶,所以埋入式应变计施工时,需要预先把仰拱的应变计引线通过定制出线端子引至中心排水沟,引线的另一端放入引线保护盒。施工两边墙时打开引线保护盒,与两仰拱传感器进行熔接串联,然后随衬砌浇筑内埋于衬砌内。施工拱顶时打开引线保护盒,与两边墙传感器进行熔接串联,然后随衬砌浇筑内埋于衬砌内,直至整个隧道断面传感器引线全部熔接串联引至中心排水沟内。冗余引线保护盒如图9-3-7所示。

图 9-3-6　出线保护端子

图 9-3-7　冗余引线保护盒

（1）仰拱应变计安装

优先把仰拱内的应变计安装至指定位置，采用扎带将应变计绑扎固定在环向钢筋主筋上。安装前根据隧道断面尺寸及走线位置确定传感器引线长度，将应变计双端引线加长，传感器采用扎带直接绑扎固定在设计位置，传感器引线直接采用扎带绑扎固定在主筋上。仰拱混凝土浇筑时，注意保护传感器的引线。

（2）预埋保护管

沿仰拱衬砌顶层钢筋预埋两根直径 40mm 的聚氯乙烯（PVC）穿线管，作为边墙和顶拱应变计的引线通道。PVC 管到达中央排水沟边界时续接直径 50mm 的钢丝软管，将钢丝软管抬头向上进入中央排水沟上部 1/3 的位置引出。模板制作时在对应出线口位置将模板开口，引出钢丝软管，然后随混凝土浇筑成型。

预埋穿线管完成后，将仰拱内安装的应变计引线直接绑扎在钢筋上引出至中央排水沟，在出口位置采用穿套钢丝软管保护。预埋穿线管在中央排水沟的一侧引出排水沟。

（3）两侧墙应变计安装

两侧墙传感器安装时，应先穿套引线，然后固定传感器。根据设计点位，初步固定传感器至指定位置，然后将传感器引线通过预埋穿线管穿套引至中央排水沟，现场检测传感器及其引线，确认完好无损后再用扎带将其绑扎固定。底层传感器引线通过衬砌钢筋的斜向钢筋过渡至顶端的预埋管内，然后随衬砌浇筑埋于衬砌内，实现侧墙内应变计的安装与保护。

（4）顶拱应变计安装

两侧墙传感器安装完成后，顶拱钢筋未绑扎前，即可开展顶拱传感器的引线穿套。将双端引线加长后的顶拱传感器预固定在侧墙上，预留部分引线后，将剩余的引线按照侧墙传感器引线穿套方法穿管保护，待顶拱钢筋笼绑扎时同步安装顶拱应变计，然后顶拱和侧墙的混凝土同时浇筑成型。

（5）施工期同步测试

侧墙和顶拱衬砌浇筑完成 3d 后，开始养护期及隧道上覆土体回填期的同步测试，监测隧道变形和受力大小。测试时将传感器引线在中央排水沟初步串联保护，然后接入柜式光纤光栅解调仪，进行自动化数据采集；设备和跳线等放入不锈钢防水机柜内保护。

287

（6）线路集成

待所有断面传感器安装完成、中央排水沟砌筑完成后，采用多芯通信光缆将所有断面传感器集中引入监测室接入设备进行测试，通信光缆放置在排水沟侧壁，线路集成如图9-3-8所示。

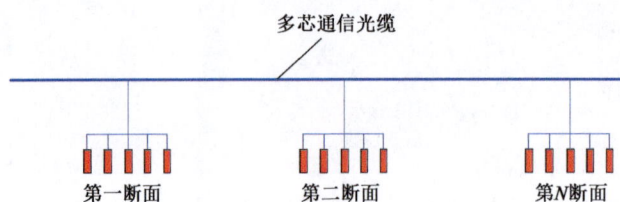

图9-3-8　线路集成示意图

每一个断面出线位置需要刻槽或预留空间，用来存放光纤接续盒以及冗余的光纤引线，此处预留空间应不小于接续盒尺寸。应变计引线光缆单独铺设在一侧，预留空间深度为100mm、高度为250mm。

9.3.3　结构差异变形光纤光栅位移计安装

光纤光栅位移计通过两端固定，依靠中间可伸缩位移传递杆感测接缝位移变化量，在隧道衬砌变形缝位置，将光纤光栅位移计跨越变形缝安装，具体安装如图9-3-9所示。

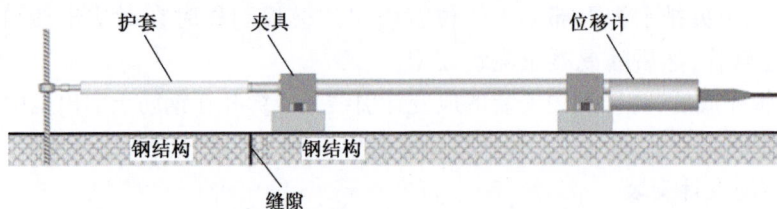

图9-3-9　光纤光栅位移计安装示意图

光纤光栅位移计现场安装如图9-3-10所示。

图9-3-10　光纤光栅位移计现场安装

（1）根据设计要求和传感器实际尺寸在变形缝两侧测定安装孔位，在安装位置做上记号。

（2）打孔安装夹具以及定位钢板，所有材料的固定均采用化学螺栓，保证固定牢靠。

（3）竖向位移计安装。安装竖向位移计前，人工把位移计压缩至量程的50%，可以实现变形缝-100~100mm的竖向差异变形监测，然后装入固定夹具内迅速旋紧固定螺栓，最后适当微调位移计至设计状态。

（4）横向位移计安装。安装横向位移计前，人工把位移计压缩至量程的80%，可以实现变形缝-20~200mm的压缩/张开变形监测，然后装入固定夹具内迅速旋紧固定螺栓，最后适当微调位移计至设计状态。

（5）待所有断面传感器安装完成后，采用多芯通信光缆将所有断面传感器集中引入监测室接入设备进行测试，通信光缆放置在排水沟侧壁。变形缝位移计每2个断面共用一个集成线路位置，即每间隔2个断面需要预留或刻槽一处空间，用来存放光纤接续盒以及冗余的光纤引线，光纤接续盒如图9-3-11所示。

图9-3-11　光纤接续盒

9.3.4　分层沉降计与基岩标安装

1）分层沉降计安装

（1）位移计组装

分层沉降计采用钢丝绳传递，钢丝绳直径为2.5mm，采用金属铠管、双层细圆钢丝保护，最外层采用聚乙烯护套保护，总保护体直径为12~14mm。底部采用专用导头固定保护，同时作为底部不动点，孔口采用专用保护罩固定位移计并保护传感器，钢丝绳通过锁扣和位移计连接杆连接，组装完成如图9-3-12所示。

（2）钻孔施工

光纤综合监测孔钻孔直径应大于200mm，钻进过程中，泥浆密度要适中以保证钻孔稳定性，不能有大的塌孔。在钻孔成孔完成后，对钻孔进行一次扫孔处理，并用清水进行洗孔处理。

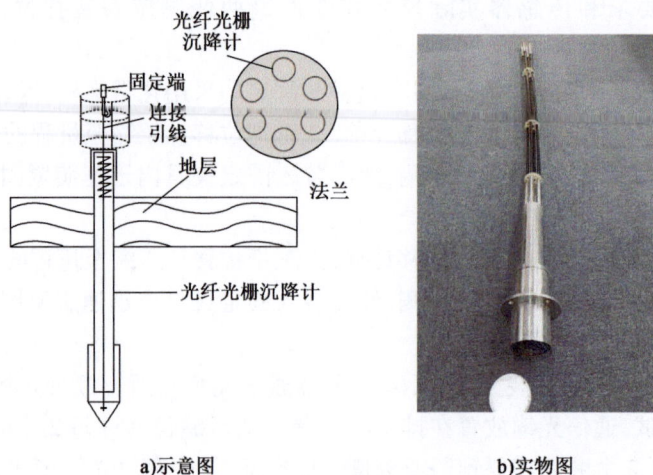

a)示意图   b)实物图

图 9-3-12　光纤光栅分层沉降计组装

（3）钢丝绳下放

将位移计连接杆随导头下放，按照监测要求分为 6 组，每组连接杆下放前固定对应位置，下放过程中将 6 根钢丝绳通过定制法兰盘进行分段固定，防止钢丝绳出现缠绕情况。

（4）临时固定

当配重导头下放到底部时，余留足够长度的引线，将钻孔外钢丝绳引线临时缠绕固定在钻机上，选定缠绕固定点。

（5）钻孔封孔

采用封孔材料进行回填封孔。封孔材料主要为砂和黏土球。采用少量多次方法回填封孔，避免孔口堵死、钻孔内回填不密实。封孔回填一般应分两天进行，第一天回填完毕后，等待封孔材料沉淀。第二天查看钻孔，进行二次回填，尽量保证钻孔回填密实。

（6）井台制作

封孔结束一周左右，观察钻孔回填是否密实，确认密实之后开始制作井台。井台尺寸约为 $1m \times 1m \times 1m$，采用混凝土现场浇筑。

将分布式感测光缆引线等接入电箱内，将电箱砌筑到砖体内进行保护。

（7）分层沉降计安装

井台制作完成后，将分层沉降计连接杆和对应位置的钢丝绳进行锁扣连接，连接完成后调试至设计拉伸位置。

（8）线路保护

上述步骤完成之后，将光纤光栅分层沉降计通过多芯通信光缆引至监测站，接入设备进行测试。

2）光纤光栅静力水准仪安装

在专用底座上将静力水准仪安装在高程相同的测墩上，如图 9-3-13 所示。

（1）底座与支架安装

监测点位于坚硬混凝土结构表面，采用电钻直接将锚栓固定在监测点中心位置，不需要再建造专用测墩。

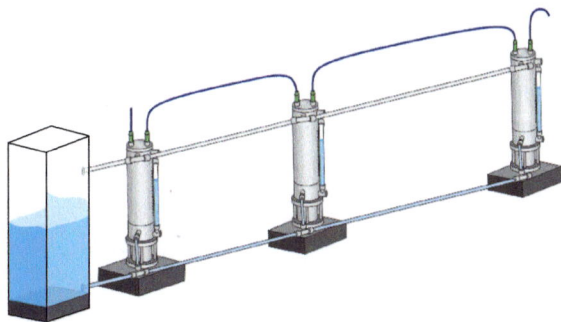

图 9-3-13　测墩安装示意图

（2）静力水准仪传感器和水箱安装

当整个系统各测点锚栓或安装架固定好后，将静力水准仪传感器和水箱分别安装在对应的紧固螺栓上（若有调节螺杆，则将传感器通过 3 个调节螺杆固定在安装支架上），所有测点传感器和水箱安装完成后应核定和调整各测点高程，使其底板高程基本相同，然后拧紧固定螺栓，同时记录传感器通液前的传感波长。

（3）连接通液管和通气管

充液操作只能从水箱开始加液，加液应均匀、缓慢、不间断进行，然后排除通液管内空气并清除气泡。静力水准系统中通气管的作用是使各测点静力水准仪储液容器内液面压力保持一致，整个系统各测点通气管应相互连通并在末端闭合，禁止与大气相通。将气管最末端直接接入末端传感器即可，水箱气管固定好后在水箱内加入少许甘油，防止液体挥发，然后固定水箱顶盖。

3）基岩标安装

基岩标实际钻深 1017m，基底位于稳定岩层中，取芯无侧限抗压强度超过 15MPa。基岩标标杆采用 J55 无缝钢管，钢管与钻孔空隙采用水泥浆填充。

基岩标采用直径 73mm、壁厚 6mm 的丝扣无缝钢管作为标杆，从地表向下 60m 深度范围内采用直径 325mm 的钻孔，并用直径 273mm 的丝扣无缝钢管作为止浆护壁筒；深度 60 ~ 500m 范围采用直径 273mm 的钻孔并采用直径 177.8mm 的丝扣无缝钢管作为标杆护壁筒。标杆和标杆护壁筒打入基岩层不小于 5m。标杆和标杆护壁筒间每 10m 设置一个扶正器，保证标杆顺直，标杆施作完成后从孔口先压注水泥浆后压注清水，压注完成后，标杆护壁筒与孔壁间由水泥浆填实，标杆与标杆护壁筒间为清水。孔口以下 3m 为机油保护层。

9.4　隧道全生命周期形位感测系统构建

9.4.1　形位智能感测系统

京雄城际铁路机场隧道光纤传感系统包括六个监测子系统，分别为分层沉降监测系统、衬砌环向应变感测系统、渗漏水感测系统、火灾感测系统、隧道异常侵入感测系统、隧道变形缝不均匀变形感测系统。

由于高速铁路隧道内列车风压大，拱部悬挂安装光缆有掉落风险。综合考虑感测元件布设位置、安装方式、施工组织、感测效果等因素,确定感测元件优先预埋于隧道结构衬砌内,无法预埋的则安装于隧道仰拱附属结构预留沟槽或拱顶外侧,尽可能在保证感测精度的同时,确保铁路运营安全。各监测子系统在隧道中的布置范围如图9-4-1所示,从图中可初步了解各感测元件的布设位置、数量、长度等,各个感测元件构成了监测网络,从而监测隧道的结构情况。

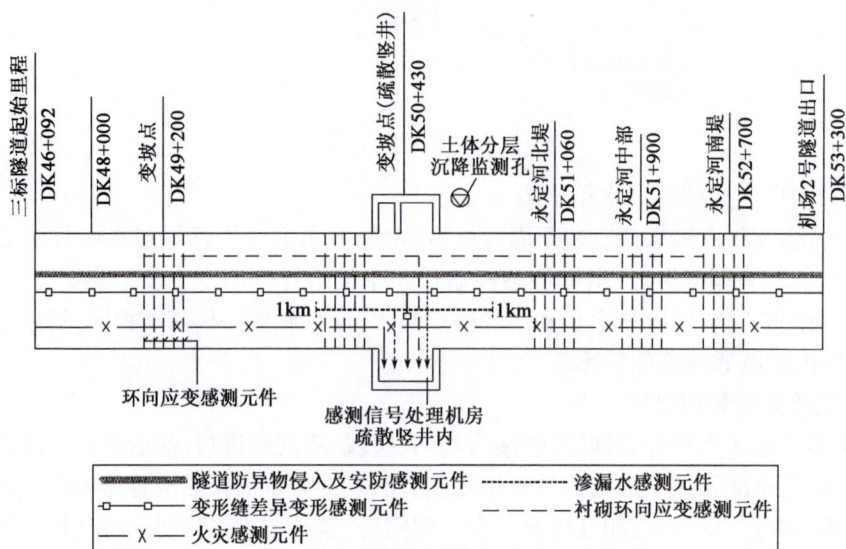

图9-4-1 感测元件布设示意图

(1)分层沉降监测系统

分层沉降监测孔位于 DK50 +430 处隧道疏散竖井附近,孔径约 200mm,孔深 70m,在监测孔内布设多点分层沉降计(光纤光栅位移计、刚性杆、基座、锚头),测点有 6 个,测点锚头分别布置于距地表 15m、20m、25m、30m、50m 和 70m 深处的土层中,从而获得不同层位沉降情况。在分层沉降孔边埋置基岩标,基岩标实际施工终孔深度达 1017m,固定于无侧限抗压强度为15MPa 的基岩层。分层沉降计顶与基岩标通过 2 个光纤光栅静力水准仪连接,实施感测分层沉降计顶绝对高程,如图9-4-2 所示。光纤光栅解调仪直接通过第四代移动通信技术(4G)网络将数据发送至中心服务器上。

中心服务器获取到的数据分为相同的两部分,一部分用作实时流处理,另一部分存到历史数据库进行数据存档。对实时处理数据进行分析,通过预先设置好的阈值来进行预警。产生预警信息后,调用消息队列来给相关负责人员进行消息提醒,并将相关预警信息、日志存入管理数据库,以便进行后台操作管理。

(2)衬砌环向应变感测系统

隧道衬砌环向应变监测断面共 25 个,以 5 个为一组(间距 2m)的形式(图9-4-3)分布在DK49 +193 ~ DK49 +202、DK50 +408 ~ DK50 +417、DK50 +997 ~ DK51 +006、DK51 +898 ~DK52 +907 和 DK52 +765 ~ DK52 +774 处。每个断面布设 26 个光纤光栅应变计,布设位置见图9-4-4。应变计与衬砌内外主筋绑扎,采用并联连接。光纤引线和数据传输线从隧道仰拱引出至中央排水沟,沿中央排水沟连接至疏散竖井处光纤光栅解调仪,通过网络将监测数据传输至中心服务器。

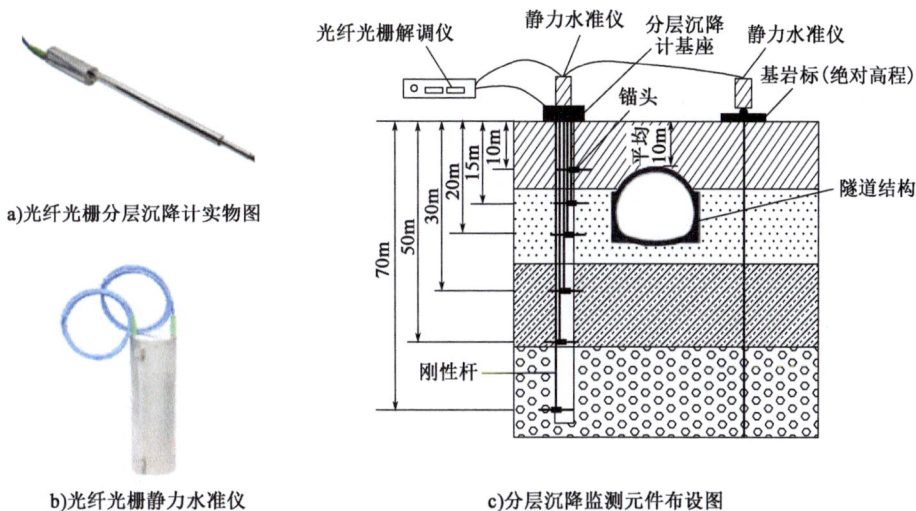

a)光纤光栅分层沉降计实物图

b)光纤光栅静力水准仪

c)分层沉降监测元件布设图

图 9-4-2　分层沉降监测元件示意图

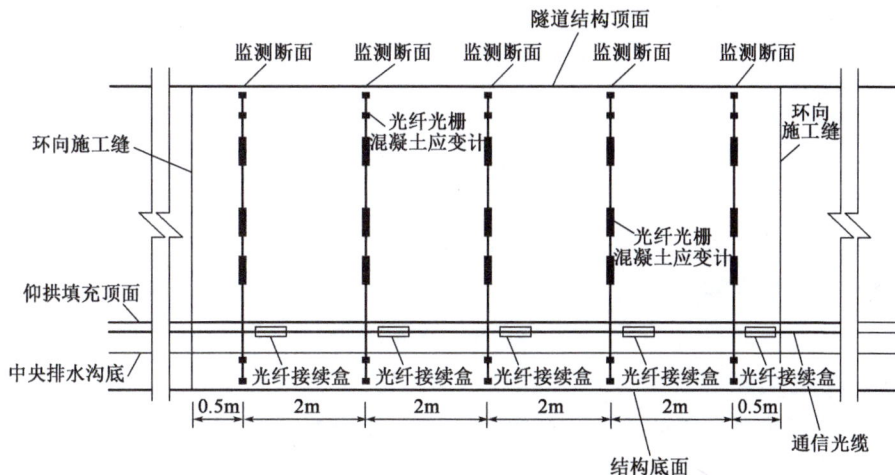

图 9-4-3　光纤光栅应变计布置断面纵向示意图

(3)渗漏水感测系统

使用加热控制设备对铜网内加热温度感测光缆进行加热,即可实时感测隧道拱部和变形缝内渗漏水情况。通过通电加温,对感测光缆人为叠加一个温度场,使感测光缆与岩土介质和渗流场之间产生人为温差。由于渗流在流动过程中会持续带走感测光缆周围的热量,而热量的变化直接影响到感测光缆温度,渗漏区域升温速度较未渗漏区域慢。

光缆布设在 DK49 + 430 ~ DK50 + 430 和 DK50 + 430 ~ DK51 + 430 段,共 2km,并引入 DK50 + 430 处疏散竖井内连接至分布式测温解调仪。两条独立感测光缆绑扎在线路中线正上方拱部钢筋内侧,穿越变形缝后以 U 形折返回拱顶,埋入变形缝另一侧隧道结构,光缆位于变形缝中埋式橡胶止水带及环向透水盲管内侧,如图 9-4-5 所示。

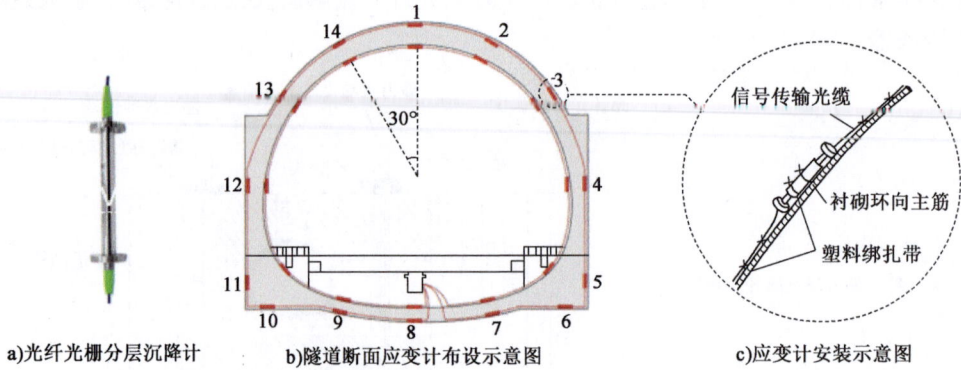

图 9-4-4　衬砌环向应变感测元件

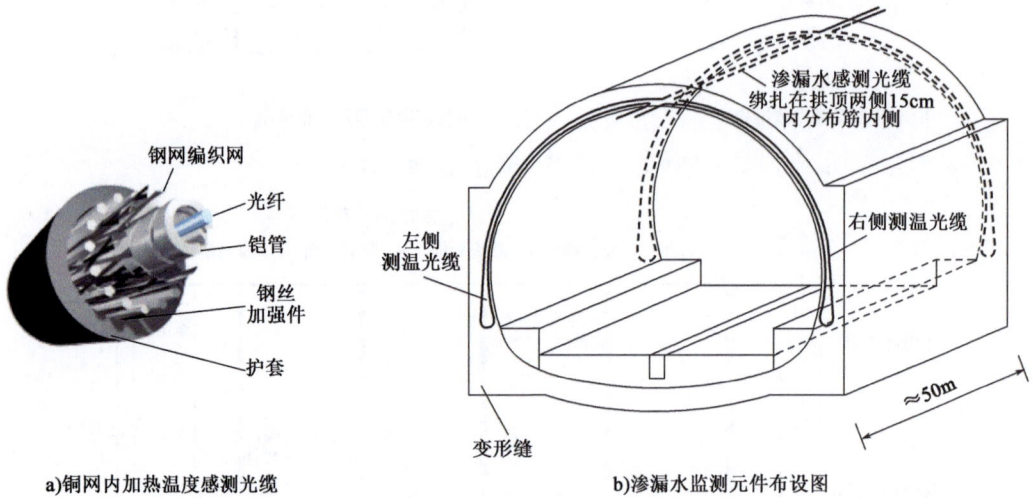

图 9-4-5　渗漏水感测元件

（4）火灾感测系统

塑封铠装温度感测光缆布设在隧道 DK46+092～DK53+300 段，共 6890m，用于监测隧道火灾情况。感测光缆绑扎于隧道拱顶距中点两侧各 30cm 纵向分布筋上，如图 9-4-6 所示。穿越变形缝时，采用弹簧状钢套管进行保护，保证光缆对于变形缝变形的适应性。套管外径 10mm，厚 1mm，弯曲加工成线径 10mm、外径 200mm、总圈数为 1、节距为 0 的弹簧状。衬砌拱顶端根据弹簧状钢套管的纵向投影位置，预留直径为 30cm、深 1cm 的圆形凹槽。

（5）隧道异常侵入感测系统

将隧道振动感测光缆连接至分布式振动解调仪，可实时感测隧道内人员走动、列车振动、设备掉落、衬砌掉块、隧道覆土异常扰动、永定河超百年洪水冲刷异常振动等。在中央排水沟侧槽内和拱顶外侧混凝土保护层外分别沿隧道纵向通长布置一条振动感测光缆，单条光缆布设长度为 7208m，如图 9-4-7 所示。拱顶外侧光缆在隧道拱顶防水板及保护层施作完成后，通过水泥砂浆固定，并保护于隧道细石混凝土保护层外侧。沟槽内光缆在中央水沟浇筑完成后一次性布设。

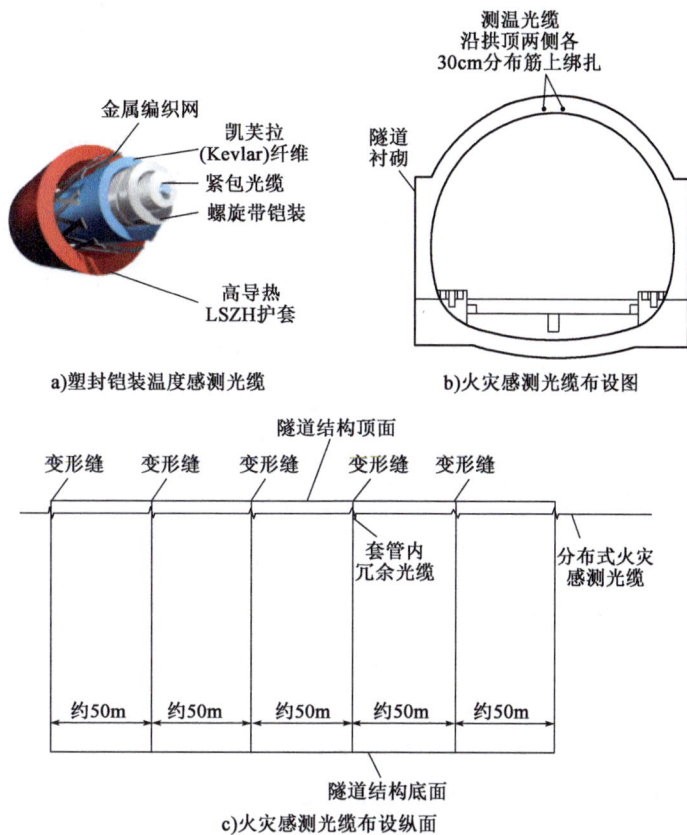

a)塑封铠装温度感测光缆

b)火灾感测光缆布设图

c)火灾感测光缆布设纵面

图9-4-6　火灾感测元件

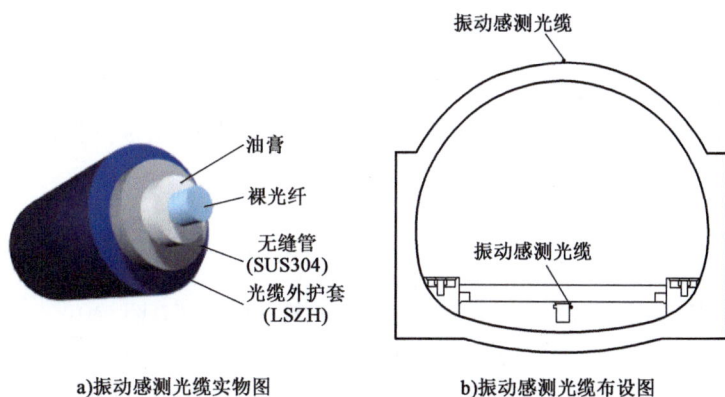

a)振动感测光缆实物图

b)振动感测光缆布设图

图9-4-7　隧道振动感测光缆

　　由于振动感测光缆在隧道主体结构施工完成后分别在拱顶外和中央水沟侧壁铺设,光缆未在建设期受到破坏,在隧道覆土回填后进行了洞外和洞内的异常事件原位测试,在隧道洞顶进行钻孔、重车碾压、挖掘机挖土测试,在隧道内进行了掉块测试,感测到的振动波形和能量有显著区别,当事件发生时信号局部强度变大,通过寻找局部强度最大位置,确定事件位置。目

295

前该系统正对正常维修养护、上道行人、列车行驶等常见事件进行识别和记忆学习,以达到对异常侵入进行智能化预警的目的。

（6）隧道变形缝不均匀变形感测系统

在隧道主体结构及仰拱填充、沟槽等附属结构施工完成后,一次性串联布设在隧道中央排水沟测槽中,每处变形缝设置2个光纤光栅位移传感器,通过设置支架和定位钢板测量变形缝两侧结构沿隧道纵向和竖向的相对位移。感测元件布设如图9-4-8所示。

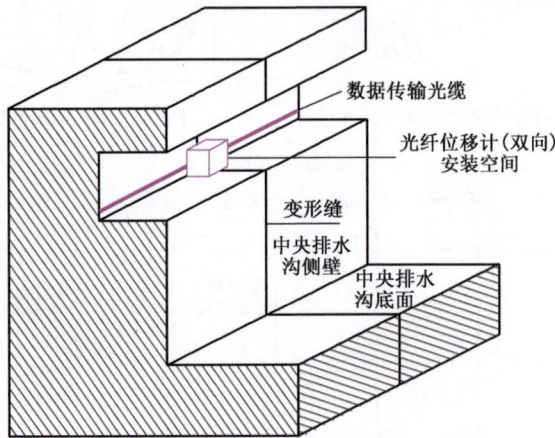

图9-4-8　变形缝相对位移感测元件

变形缝感测元件在隧道主体结构施工完成后安装在中央水沟侧壁专用槽中,隧道变形缝60m左右一道,共安装120套双向位移传感器,所有传感器通过通长传输光缆连接,数据最终汇入疏散竖井服务器中。

9.4.2　感测项目预警阈值的确定

（1）隧道结构环向内力阈值

结合设计阶段隧道各断面内力的计算值,以设计内力值的70%作为预警值,90%作为报警值。隧道结构监测点对应设计内力见表9-4-1。

隧道结构监测点对应设计内力　　　　　　　表9-4-1

覆土厚度（m）	监测点 （自拱顶至仰拱）	弯矩（工况1） （kN·m）	轴力（工况1） （kN）	弯矩（工况2） （kN·m）	轴力（工况2） （kN）
3~6	1	288	1033	432	932
	2	179	1204	149	1139
	3	245	1365	426	1340
	4	860	1562	1106	1562
	5	3616	1697	3488	1697
	6	322	1499	405	1286
	7	847	1460	950	1205

续上表

覆土厚度(m)	监测点 (自拱顶至仰拱)	弯矩(工况1) (kN·m)	轴力(工况1) (kN)	弯矩(工况2) (kN·m)	轴力(工况2) (kN)
6～10	1	465	1515	727	1325
	2	178	1737	252	1629
	3	323	1939	604	1905
	4	1040	2144	1389	2144
	5	4543	2273	4366	2273
	6	602	1895	762	1610
	7	1414	1830	1635	1482
10～16	1	738	2237	1220	1917
	2	304	2537	737	2211
	3	529	2806	980	2761
	4	1526	3051	1994	3053
	5	6180	3185	5817	3187
	6	1062	2554	1320	2121
	7	2201	2442	2475	1936
下穿北堤段	1	1150	2923	1802	2405
	2	721	3346	1072	3074
	3	512	3734	1159	3688
	4	1746	4096	1582	4093
	5	5923	4236	3816	4233
	6	1915	2547	2235	1422
	7	2968	2526	2389	1468

（2）变形缝相对位移预警阈值

设计速度200～350km/h的铁路轨道结构按照《高速铁路无砟轨道线路维修规则（试行）》（铁运〔2012〕83号）要求的容许偏差管理值作为控制标准，见表9-4-2～表9-4-4。

250（不含）～350km/h线路轨道静态几何尺寸容许偏差管理值   表9-4-2

项目	作业验收	经常保养	临时补修	限速(200km/h)
轨距(mm)	−1～+1	−2～+4	−3～+5	−4～+6
水平(mm)	2	4	6	7
高低(mm)	2	4	7	8
轨向(直线)(mm)	2	4	5	6
扭曲(三角坑)(mm/3m)	2	3	5	6
轨距变化率	1/1500	1/1000	—	—

注：1.高低和轨向偏差为10m及以下弦测量的最大矢度值。

　　2.扭曲偏差不含曲线超高顺坡造成的扭曲量。

轨道静态几何尺寸长弦测量作业验收容许偏差管理值　　表 9-4-3

项目	基线长（m）	测点间距（m）	容许偏差（mm）
高低	480a	240a	≤10
	48a	8a	≤2
转向	480a	240a	≤10
	48a	8a	≤2

注:1. 表中 a 为扣件节点间距。
　　2. 当弦长为 48a 时,相距 8a 的任意两测点实际矢度差与设计矢度差的偏差不得大于 2mm;当弦长为 480a 时,相距 240a 的任意两测点实际矢度差与设计矢度差的偏差不得大于 10mm。
　　3. 容许偏差指相距测点间距的任意两测点实际矢度差与设计矢度差的偏差。

250（不含）~350km/h 线路轨道动态质量容许偏差管理值　　表 9-4-4

项目		经常保养	舒适度	临时补修	限速（200km/h）
偏差等级		Ⅰ级	Ⅱ级	Ⅲ级	Ⅳ级
轨距（mm）		−3 ~ +4	−4 ~ +6	−5 ~ +7	−6 ~ +8
水平（mm）		5	6	7	8
扭曲（基长 3m）（mm）		4	6	7	8
高低（mm）	波长 1.5 ~ 42m	4	6	8	10
轨向（mm）		4	5	6	7
高低（mm）	波长 1.5 ~ 120m	7	9	12	15
轨向（mm）		6	8	10	12
复合不平顺（mm）		6	8	—	—
车体垂向加速度（m/s²）		1.0	1.5	2.0	2.5
车体横向加速度（m/s²）		0.6	0.9	1.5	2.0
轨距变化率（基长 3m）（‰）		1.0	1.2	—	—

注:1. 表中管理值为轨道不平顺实际幅值的半峰值。
　　2. 水平限值不包含曲线按规定设置的超高值及超高顺坡量。
　　3. 扭曲限值包含缓和曲线超高顺坡造成的扭曲量。
　　4. 车体垂向加速度采用 20Hz 低通滤波,车体横向加速度Ⅰ、Ⅱ标准采用 0.5 ~ 10Hz 带通滤波处理的值进行判断,Ⅲ、Ⅳ标准采用 10Hz 低通滤波处理的值进行判断。
　　5. 复合不平顺指水平和逆向复合不平顺,按水平和 1.5 ~ 42m 轨向代数差计算,避免出现连续多波不平顺。

根据《高速铁路无砟轨道线路维修规则（试行）》（铁运〔2012〕83 号）对于运营期铁路静态几何尺寸容许偏差的规定,结合变形缝防水性能与相对位移关系,确定变形缝拉伸报警阈值为 5cm,错动报警阈值为 5mm。

9.4.3　振动感测系统原位测试及模式识别技术

为验证设计在京雄城际铁路机场隧道内安装的光纤振动监测系统的效果,将光纤振动采集系统运输至隧道现场,利用已铺设好的光缆,进行钻机打孔、挖掘机铲土、工程车辆行驶、隧道内落石等振动事件的模拟,由采集终端采集数据。

以钻机钻孔测试为例,原位测试及感测数据分析过程如下:

根据钻孔到采集设备的距离沿光缆纵向不同,分为远、中、近三组(距离最近点光缆埋深最小,约 2m,随横向距离增加,土层逐渐加厚)。钻机打孔试验现场如图 9-4-9a)所示。其中,每组又按光纤横向距离 0m、3m、6m、9m、15m 依次重复打孔操作,每个垂向距离处,共进行 5 次打孔操作,打孔深度约为 50cm,这 5 个孔的排列如图 9-4-9b)所示。

a)   b)

图 9-4-9   钻机打孔现场

以至光缆垂向距离 3m 的钻机打孔数据为例,继相位解调后作瀑布图,如图 9-4-10 所示。图中横轴为距离(m),纵轴为时间(s),颜色表示相位强度,色度条对应颜色值的绝对值越大,相位强度越大。

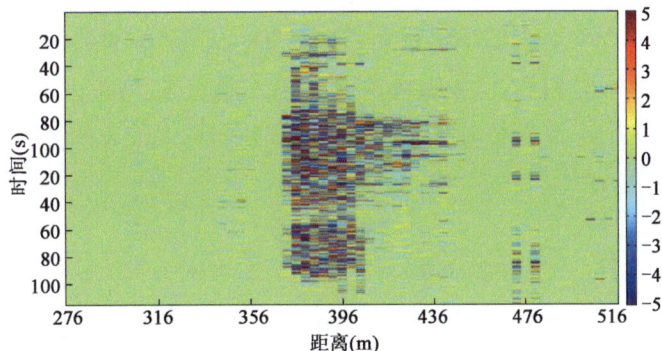

图 9-4-10   钻机打孔事件瀑布图

为更清晰地显示钻机打孔事件,对相位数据做短时方差(0.1s),结果如图 9-4-11 所示,事件影响范围在 370 ~ 445m 位置,持续时间约为 1.5min。

取钻机打孔和背景噪声两个位置,分别进行时域波形[图 9-4-12a)]和短时傅里叶[图 9-4-12b)]对比。在短时傅里叶变换过程中,窗函数选用汉明窗,窗宽设为 256(约为重复频率的 1/4)。根据图 9-4-12,在时域波形图上能够明显分辨出钻机打孔事件;在短时谱上,可以看出背景噪声主要集中在 10Hz 以下,钻机打孔事件的频率范围在 60Hz 以下。

在钻机钻孔原位测试后,相继进行了挖掘机铲土、工程车辆行驶、隧道内落石测试,冲击信号时域波形如图 9-4-13 所示。

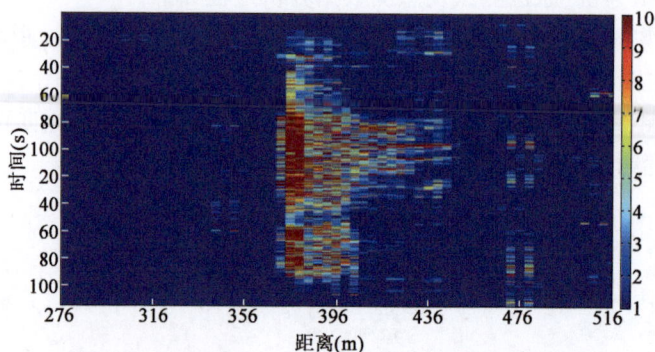

图 9-4-11　钻机打孔事件方差图

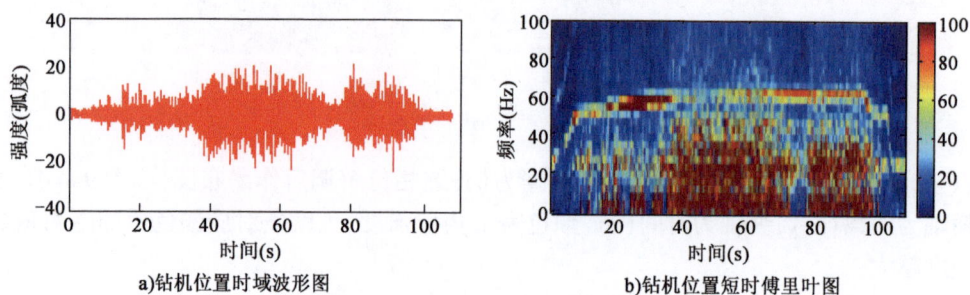

a)钻机位置时域波形图

b)钻机位置短时傅里叶图

图 9-4-12　钻机位置和背景噪声时域波形对比图和短时傅里叶对比图

以上述对环境噪声、钻机打孔、挖掘机挖土、工程车辆行驶、隧道内落石等试验数据在时域和频域上的分析作为依据,分别将时域上的强度信息和频域上的主频率信息按照从弱到强划分为 0~5 共 6 个等级,具体见表 9-4-5、表 9-4-6。

强度等级划分　　　　　　　　　　　　　　　　　　　　表 9-4-5

等级	强度范围(弧度)	等级	强度范围(弧度)
0	<10	3	<40
1	<20	4	<50
2	<30	5	>50

主频率等级划分　　　　　　　　　　　　　　　　　　　表 9-4-6

等级	频率范围(Hz)	等级	频率范围(Hz)
0	<10	3	<40
1	<20	4	<50
2	<30	5	>50

根据表 9-4-5 和表 9-4-6 的等级划分情况,得到 5 个事件,即环境噪声、钻机打孔、挖掘机挖土、工程车辆行驶及隧道内落石在时频域上的特征信息,见表 9-4-7。

a)挖掘机铲产土时域波形

b)工程车辆跨越行驶时域波形

c)隧道内落石测试时域波形

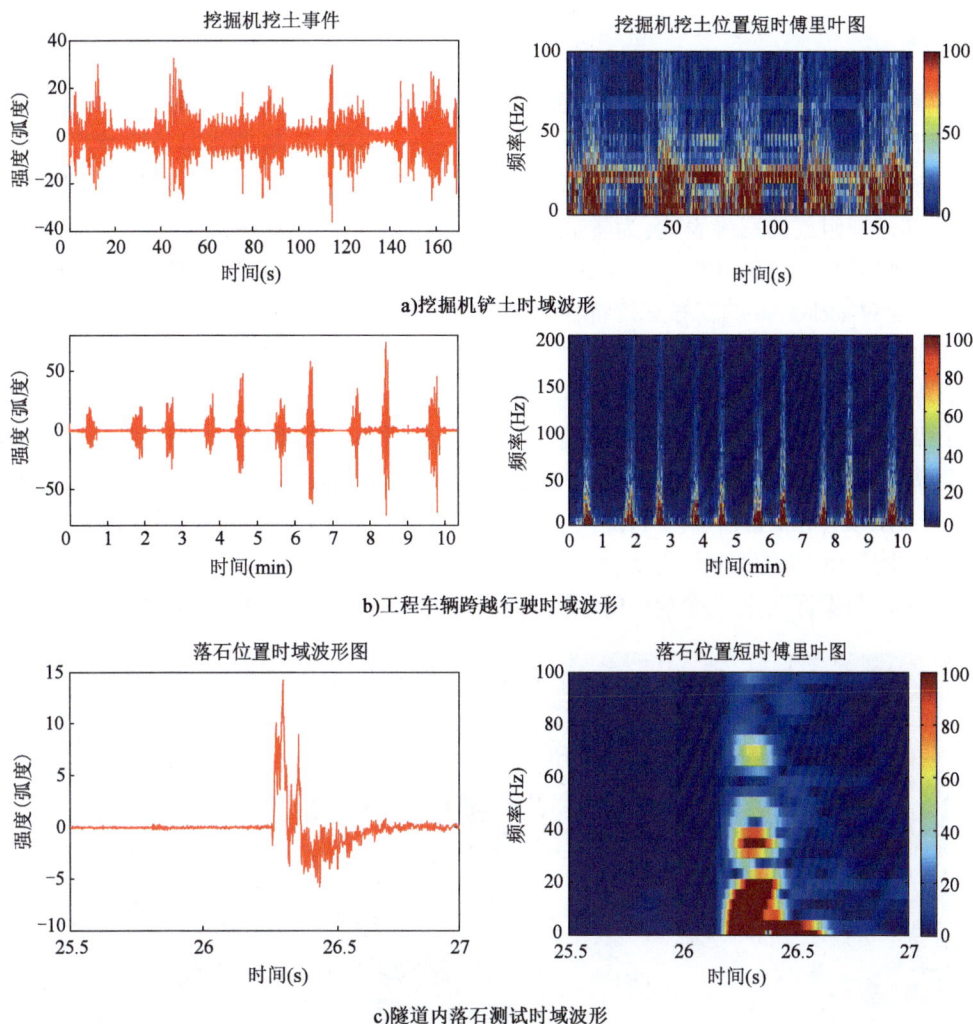

图 9-4-13　试验事件钻机位置和背景噪声时域波形对比图和短时傅里叶对比图

各事件在时频域上的特征信息　　　　　　　　　　　　表 9-4-7

事件编号	事件名称	强度等级	主频率等级
1	环境噪声	0	0
2	钻机打孔	1	5
3	挖掘机挖土	3	4
4	工程车辆行驶	5	3
5	隧道内落石	1	3

综上,结合时频域上的特征信息,发现各事件组在特征上存在差别,因而各事件可以被识别。

当事件发生时,信号局部强度变大,通过寻找局部强度最大位置,可确定事件位置,最终可得出光缆长定位精度为 ±4m。

9.4.4　形位感测展示管理平台

根据京雄城际铁路机场隧道自动化感测系统,构建了基于 BIM 平台的三维可视化管理平台。该平台实时数据来源于分层沉降、异常侵入、混凝土应变、变形缝相对位移感测数据,可视化平台与感测数据监测分析系统对接,间接地对接光纤调制。BIM 侧重于对隧道、传感器结构框架和内部详细组成的三维表达,为隧道结构安全提供了可视化的三维环境。

本模型使用 Unity 3D 进行渲染,该平台界面友好、易操作,可快速、清晰地加载 BIM 模型。介于 Node. js 对 socket. io 的友好支持特性,数据通信服务器开发语言为 Node. js,通过 socket. io 与展示端通信。数据采集器通过 HTTP 协议与传感器系统对接实时数据,采用 MySQL 数据库,简单易用且支持开放式数据库连接。

三维展示平台可自主选择巡游、自主、监控三种模式,并标明监测测线和测点的位置,可实时显示分层沉降监测系统、衬砌环向应变感测系统、火灾感测系统、隧道变形缝变形感测子系统的监测情况,并可展示预警和报警信息,平台提供了丰富的可视化设计组件,包括常用数据图表、图形、控件以及具有三维显示效果的实景组件等;支持管理员对用户和公共数据源统一管理,同时可根据业务需要,进行实时数据管理,并为企业中的不同角色分配对应的使用权限,如图 9-4-14 所示。

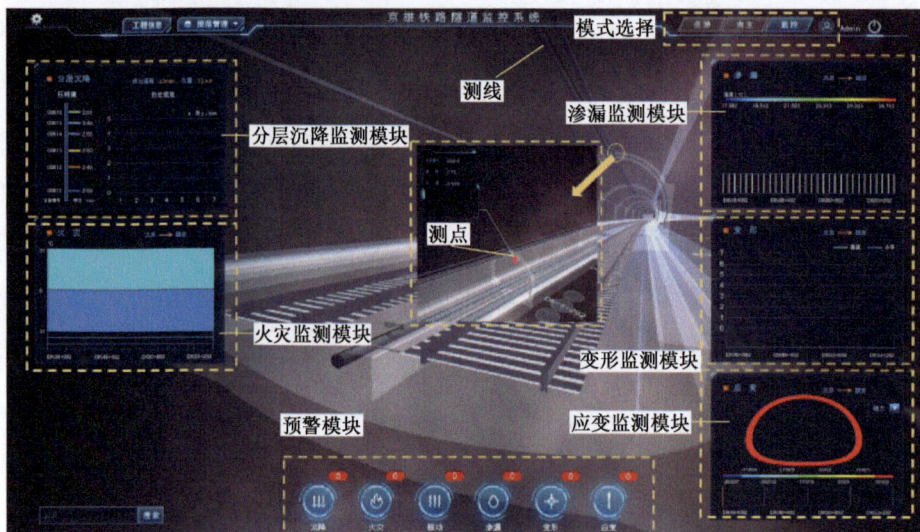

图 9-4-14　三维模型中模型实体展示

(1)分层沉降展示

分层沉降展示系统可以通过地质模型展示测孔内各地层竖向位移相对值与绝对值,并具备输出展示二维云图和曲线图的功能。通过折线图(图 9-4-15)展示 6 个监测点的历史沉降值,当沉降位移超过阈值可进行预警和报警,点击按钮即可进入界面查看数据。

对已输出的数据进行初步分析可以看出,−70 ~ −30m 深层土体变形已基本稳定,−30 ~ 0m 土体 12 月尚有轻微的沉降和隆起变化,进入 1 月后基本趋于稳定。主压缩层位于 −25 ~ 0m 范围,隧道基底压缩量较小。由于区域沉降是一个长时间的发展过程,需要在铁路运营期持续监测。本监测系统对于持续深入研究区域沉降对隧道长期运营安全影响具有重要意义。

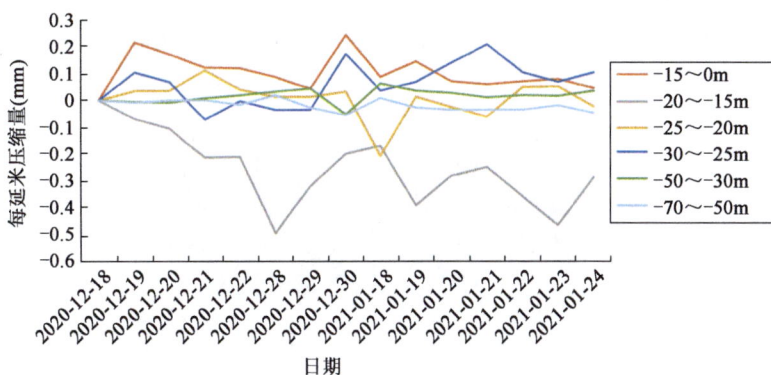

图 9-4-15　2020 年 12 月—2021 年 1 月地层各深度范围竖向压缩量

（2）火灾报警展示

感测光缆温度数据通过热力图功能展现出不同区域的温度差异，可在图中查看温度云图和曲线图，当测点温度超过阈值时，发出火灾警报。

如图 9-4-16 所示，选取 DK50＋008～DK50＋130 段（共 122m 范围）在 2021 年 3 月 9 日 9：00—23：00 的温度感测数据进行展示，可以看出此处距离洞口约 3km，温度变化随洞外气温变化较小，最高温度出现在 15：00—17：00 期间，9：00—10：00、18：00—22：00 期间温度较低。本系统除了用于隧道火灾预警外，还可用于研究京津冀地区同类隧道内温度梯度变化规律。

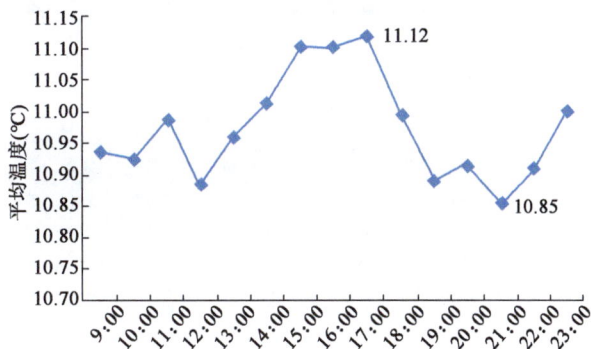

图 9-4-16　DK50＋008～DK50＋130 段隧道拱顶衬砌实测温度变化情况

（3）隧道异常侵入展示

通过振动监测传感器获取振动数据，振动区块将隧道作为标尺，配合折线图展示隧道顶部与底部排水沟处两个振动感测光缆的实时信息。列车经过会显示警示图标，根据采集振动数据在图中三维模型中展示列车在隧道中行进的画面，模型中列车行进位置与实际位置基本相符，并显示列车速度、位置和方向。对于隧道异常振动（包括异常侵入、隧道周围施工扰动、设备掉落及混凝土掉块）具有报警高亮提示功能。

在运营测试中，隧道内通长布设运营光缆实时感测到了列车运行位置，如 2021 年 3 月 9 日由大兴机场站开往雄安站的 C2707 次列车于 11：09 开行，11：10 到达机场隧道洞内振动感测范围(图示横坐标4000m处),并向南(图示横坐标以左)持续行进。图9-4-17方框中为列车振动引起的隧道振动能量峰值位置,可以看出,列车速度约为190km/h,处于出站加速状态,说明该系统对于振动能量变化十分敏感。

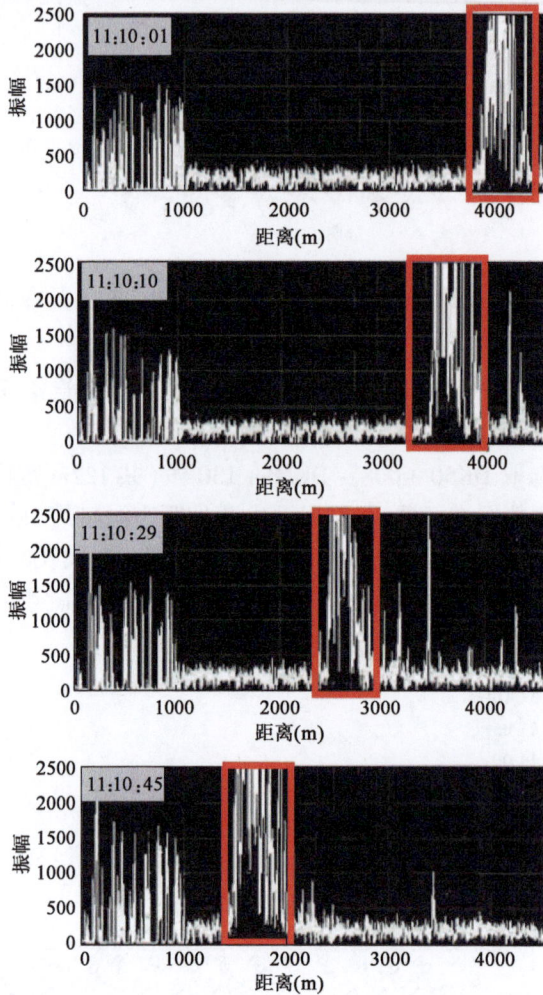

图9-4-17 列车行进过程中隧道振动感测情况

目前感测光缆坐标0～1000m范围为隧道疏散竖井内余长光缆(700m)和竖井北侧中央水沟内(300m),由于竖井内风机持续工作,噪声很大,竖井附近隧道中央水沟水声较大,因此在感测光缆0～1000m范围内有较大环境振动噪声。该系统可实现对隧道沿线异常振动感测,灵敏度高、定位精度高、数据处理简单快速,尤其适用机场隧道这类在规划密集区浅埋城市隧道的结构保护。

(4)混凝土应变展示

混凝土应变展示平台可根据数据生成隧道环向内力云图,并输出二维轴力图和弯矩图,且可以浏览历史数据,具有预警和报警高亮提示功能。

取隧道穿永定河北堤处实测数据进行分析,从图9-4-18可以看出,除拱顶实测值与设计值接近外,其余部位监测值均较设计值小,这与传统设计中将明挖隧道两侧围护结构当作临时结构,不计算围护桩对地层抗力系数的影响有关。从实测数据看,现行传统明洞不考虑围护桩计算模型或偏于保守,相关理论研究需多种监测手段、足够多样本分析进一步完善。该系统对隧道混凝土浇筑、混凝土养护、隧道洞顶逐步回填、洞顶土层固结全生命周期进行监测,获得的相关数据可对隧道计算模型和设计理论提供技术支撑,目前后续研究正在长期监测中。

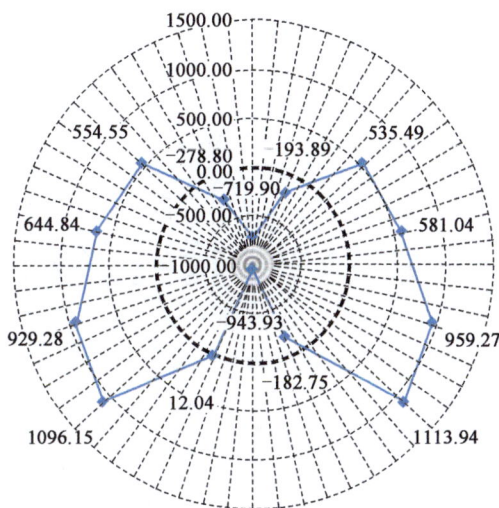

图9-4-18　隧道实测弯矩雷达图(单位:kN·m)

(5)变形缝变形感测展示

在三维模型上可体现各隧道段落的相对位移,可以根据需要按一定比例放大位移,查看任意一处变形缝两侧结构相对位移实时情况和历史数据,具有预警和报警高亮提示功能。

从图9-4-19可以看出,变形缝竖向错动量均在2mm以下,变形缝沿隧道纵向变形主要为拉伸变形,拉伸量小于5mm,主要是因为监测时段为冬季,隧道混凝土结构因低温影响收缩,变形缝拉伸对防水构件暂无影响。

9.4.5　自加热温敏光缆的隧道渗漏水监测方法

(1)分布式温度监测系统组成

机场隧道分布式温度传感系统主要包括:分布式温度测试系统一套、自加热光缆2km、渗漏水感测光缆加热设备一台、远程通信设备一台。

感温光缆内为四芯多模渐变折射多模光纤,光纤损耗不大于3.0dB/km(波长850nm)或0.7dB/km(波长1310nm)。光缆内置加热铜丝,护套采用高质量聚乙烯护套,如图9-4-20所示,具体参数见表9-4-8。

a)变形缝相对位移(竖向错动)

b)变形缝相对位移(水平拉伸/压缩)

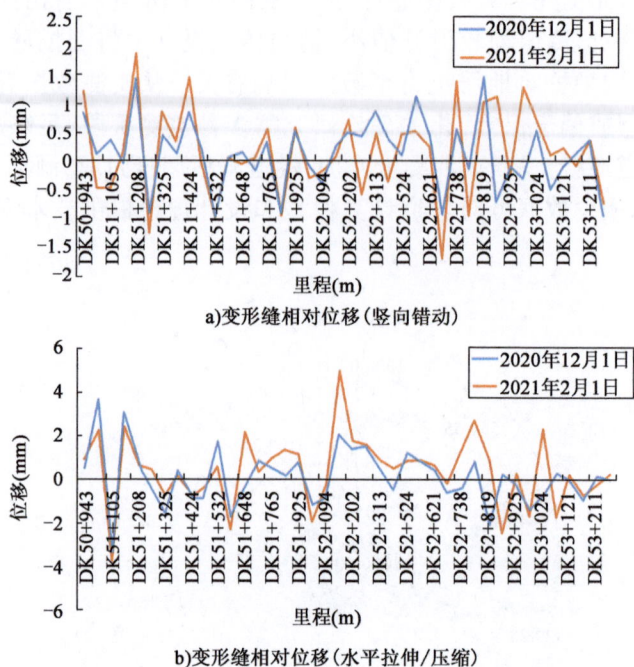

图9-4-19 永定河段变形缝相对位移感测数据

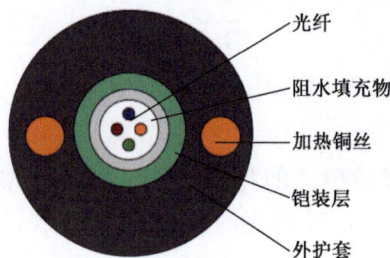

图9-4-20 自加热感测光缆示意图

渗漏水感测光缆性能参数   表9-4-8

项目		参数
尺寸外观	光缆外径	8.0mm
	光缆颜色	黑色
材料	光纤	SiO₂玻璃光纤
	束管	PBT充油型
	铠装层	铠装钢管
	加热铜丝	直径2mm,2根
	外护套	中密度聚乙烯(MDPE)

续上表

项目		参数
光纤	光纤类型	GI 62.5/125 多模光纤
	光纤芯数	4 芯
	紧套光纤颜色	按光纤色谱
光学特性	衰减	≤3.0dB/km(850 nm)
		≤1.0dB/km(1330 nm)
电气参数	导体面积	2.5mm² ×2 根
	电阻值	6.7Ω/km
	工作电压	AC 220V
	额定最大功率	10 kW
机械特性	抗张强度	长期 600N
		短期 1000N

京雄城际铁路机场 2 号隧道长 8388.651m,采用明挖法施工,选取其中 2km 作为试验段,采用 2 条独立感测光缆,绑扎在拱顶两侧 15cm 内纵向分布筋内侧。穿越变形缝时,感测光缆沿衬砌环向弯折至水沟电缆槽盖板上方 20cm,返回拱顶,埋入变形缝另一侧隧道结构,光缆位于变形缝中埋式橡胶止水带及环向透水盲管内侧,在变形缝先浇侧结构预留光缆安装槽,光缆在槽内铺设,如图 9-4-21 所示。

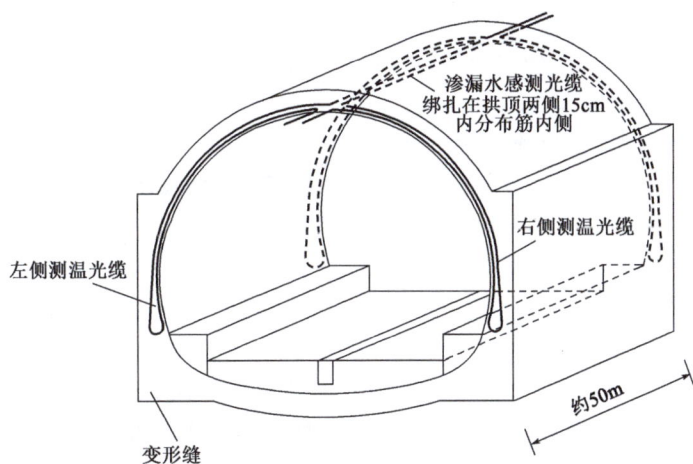

图 9-4-21　机场隧道渗漏水感测光缆布线示意图

光缆需要紧紧贴敷分布筋,减小浇筑混凝土带来的冲力对光缆的伤害;对于隧道变形缝需要做出预留措施,防止隧道沉降导致光缆断裂。对于光缆自身,强电与弱电严格分开走线,并注意区分交流电零线、系统地线和端子上的 GND 线;在接入系统前,确保各种输出线路相互之间没有短路,除地线外其余各线路绝缘阻抗达到 20MΩ 以上;通信线由于易受干扰,需单独穿管。光缆接头处(或断点处)铜线需要使用焊锡连接,连接材料需要材料相同的电阻铜丝。光缆弯曲半径不应小于 20 倍光缆直径。光缆安装前,核对光缆长度,并根据电缆长度及连接距离来选配光缆。敷设光缆前后，对光纤外观进行检查；光缆接续盒必须固定。

（2）整缆加热控制

使用温度梯度法测试隧道渗漏水的一个重要条件是自加热光缆在加热过程中需要满足整条光缆升温差不超过±2℃，加热温度精度严重影响到测试精度，所以需要对加热控制设备输出电流进行精度控制，做到稳流精度不大于1%，稳压精度不大于1%，整机效率不小于85%，工作因数不小于95%，整条光缆在加热控制设备供电情况下可以实现均匀的升温。测试结果如图9-4-22所示。

从图9-4-22可以看出，加热控制设备对整条光缆进行加热，每1min记录一次整条光缆温度信息，光缆升温6℃需要8min，加热过程中整条光缆温度差异不超过2℃。光缆在1000m的位置温度过高是因为光缆整盘在一起，光缆热交换较慢。在隧道渗漏水监测中需要避免光缆成圈缠绕，防止光缆缠绕引起温度过高。

（3）隧道渗漏水现场测试

将自加热光缆固定于隧道混凝土中，在隧道覆土回填且地下水位回升后进行渗漏水感测系统原位测试。对沿线光缆加温8min，光缆温度上升8℃。升温速率约为1℃/min。相对里程80～160m的116m处存在轻微渗漏，此处光缆温度上升速率为0.75℃/min左右，如图9-4-23所示。经现场查证，隧道衬砌内表面存在轻微湿渍。

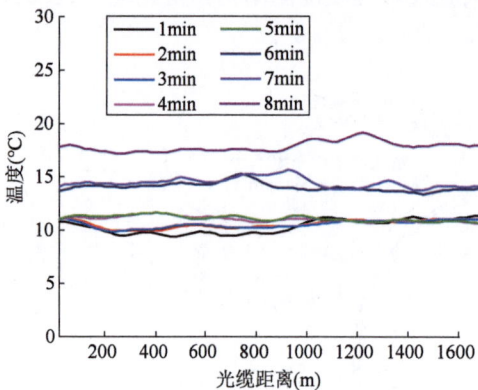

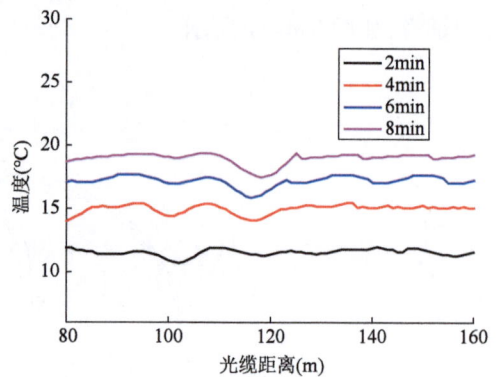

图9-4-22 加热光缆后光缆温度分布　　图9-4-23 光缆温度分布

为了验证试验的可重复性，对光缆进行3次加热测试，3次升温和降温过程中整缆温度变化情况如图9-4-24所示，可以明显看出，渗漏处与未渗漏处光缆温度变化有明显区别，渗漏处光缆升温速率明显低于未渗漏处。

（4）监测成果三维展示和判别

将京雄城际铁路机场隧道的渗漏水监测数据实时传入"京雄隧道智能形位感测系统"中，基于BIM隧道三维模型实现监测成果展示，以温度云图形式展示渗漏光缆沿线（拱顶、变形缝）温度分布情况，并输出渗漏报警。三维展示效果如图9-4-25所示。

历史感测数据和报警情况存储于大数据库中，经过长期运营监测并将渗漏报警和隧道现场巡检反馈结合起来分析判断，调整报警阈值，不断提升报警准确度。

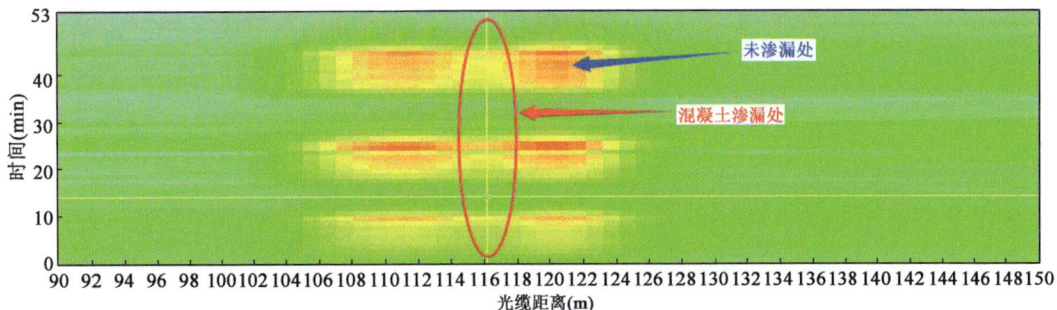

图9-4-24　3次升温和降温过程中整缆温度变化
注:颜色深度代表温度高低程度。

图9-4-25　京雄城际铁路机场隧道智能形位感测系统渗漏感测展示模块

9.5　本章小结

（1）对隧道运营期行为感测技术进行了调研、比选,选取分布式光纤和光纤光栅技术作为京雄城际铁路机场隧道全生命周期行为感测元件,分布式光纤和光纤光栅技术具有监测范围大、耐腐蚀、抗电磁干扰性强、感测物理量多、运营用电少、系统成本低、测试精度高等优势。

（2）研发了适用于混凝土植入的高强紧包混凝土埋入式光缆和适用于隧道变形缝大变形的压式大量程光纤光栅位移传感器,开发了基于应变模式隧道应力与挠曲变形分析方法,实现了穿越地面沉降区隧道的全生命周期全域实时形位感知。

（3）建立了基于光缆内加热测温原理的隧道渗漏探测方法,研制了长距离内加热温度光缆,实现了对隧道结构体内渗漏自动化监测。

（4）提出基于埋入隧道混凝土衬砌的分布式光纤感测隧道渗漏、火灾和异常侵入的成套技术。

（5）构建了集隧道结构应力、应变、振动、温度、位移多物理量、多参数的综合感测系统。

（6）设计开发了基于BIM模型的虚拟系统,采用达索BIM软件对隧道场景中各构件进行建模,在探讨模型构建及优化的基础上,具体介绍了三维场景中物品建模的实现方法,并对模型的处理、导入、整合、集成进行了研究,取得了良好的效果。

参 考 文 献

［1］ 郭海朋,白晋斌,张有全,等.华北平原典型地段地面沉降演化特征与机理研究[J].中国地质,2017,44(6):1115-1127.

［2］ 周超凡,宫辉力,陈蓓蓓,等.北京市典型地区地面沉降空间格局分析[J].遥感信息,2017,32(4):24-29.

［3］ 施斌.论大地感知系统与大地感知工程[J].工程地质学报,2017,25(3):582-591.

［4］ 张永红,吴宏安,康永辉.京津冀地区1992—2014年三阶段地面沉降InSAR监测[J].测绘学报,2016,45(9):1050-1058.

［5］ 田芳,罗勇,周毅,等.北京地面沉降分层监测动态变化特征[J].上海国土资源,2014,35(4):76-80.

［6］ 王成.隧道工程[M].北京:人民交通出版社股份有限公司,2019.

［7］ 中华人民共和国住房和城乡建设部.地下工程防水技术规范:GB 50108—2008[S].北京:中国计划出版社,2009.

［8］ 国家铁路局.高速铁路设计规范:TB 10621—2014[S].北京:中国铁道出版社,2014.

［9］ 中国铁路总公司.铁路工程沉降变形观测与评估技术规程:Q/CR 9230—2016[S].北京:中国铁道出版社,2017.

［10］ 中华人民共和国住房和城乡建设部.建筑地基检测技术规范:JGJ 340—2015[S].北京:中国建筑工业出版社,2015.

［11］ 周国庆.明挖隧道混凝土施工裂缝控制措施[J].工程技术(文摘版),2015(9).

［12］ 国家铁路局.铁路隧道设计规范:TB 10003—2016[S].北京:中国铁道出版社,2017.

［13］ 郑刚,郭一斌,聂东清,等.大面积基坑多级支护理论与工程应用实践[J].岩土力学,2014,35(增刊2):290-298.

［14］ 郑刚,聂东清,程雪松,等.基坑分级支护的模型试验研究[J].岩土工程学报,2017,39(5):784-794.

［15］ 孙一鸣.京雄城际铁路已铺轨段隧道回填影响分析及沉降控制措施[J].铁道建筑,2021,61(6):44-48.

［16］ 周广平.高速铁路明挖隧道基底预留沉降量研究[J].铁道建筑,2020,60(3):34-38.

［17］ 于进江,王久军,岳岭,等.长大明挖隧道回填土堆载预压研究[J].铁道勘察,2020,46(1):49-53,59.

［18］ 张孝伟,肖了林.新近回填土地层隧道方案研究与分析[J].隧道建设(中英文),2019,39(增刊2):228-233.

［19］ 宁茂权.深厚软土明挖隧道基底标高变异及其控制措施研究[J].现代隧道技术,2015,52(3):31-38.

［20］ 林秀桂,李志刚.某软土明挖隧道回填不均匀沉降控制技术研究[J].地下空间与工程学报,2012,8(4):828-835.

［21］ 刘浩.软土地区大覆土明挖隧道沉降变形规律研究[J].铁道建筑技术,2016(2):31-35.

[22] 李盛,王起才,马莉,等.高填黄土明洞土拱效应及土压力减载模型分析[J].土木工程学报,2014,47(7):118-125.

[23] 李盛,卓彬,土起才,等.高填方黄土明洞顶EPS板和土工格栅共同减载计算及土拱效应分析[J].中国铁道科学,2018,39(1):16-22.

[24] 付贤伦,叶宇,徐帮树.厦门海底隧道明洞沉降变形与结构安全性分析[J].地下空间与工程学报,2008,4(4):600-604,771.

[25] 周济龙,文前程,杰如拉,等.软土地基综合管廊基底沉降多因素影响分析[J].工程与试验,2017,57(3):41-44,56.

[26] 郝适耆.隧道明挖防护及减载回填结构响应分析[D].武汉:华中科技大学,2019.

[27] 邓跃辉.EPS超轻质填料在公路工程中的应用分析[J].山西建筑,2008,34(22):275-276.

[28] 徐玉锋.地铁隧道上方EPS轻质泡沫块桥坡填筑施工技术[J].城市道桥与防洪,2019(1):17,123-126.

[29] 叶少敏.基于多参量光纤传感技术的京雄城际隧道形位感测系统应用研究[J].隧道建设(中英文),2021,41(7):1141-1149.

[30] 叶少敏,黄胜,马志富,等.基于自加热温敏光缆的高铁隧道渗漏水智能监测系统研究与应用[J].中国铁路,2020(1):11-15.

[31] 吴静红,叶少敏,张继清,等.基于光纤光栅监测技术的京雄高铁大断面隧道结构健康监测[J].激光与光电子学进展,2020,57(21):113-121.

[32] 柴敬,刘永亮,袁强,等.矿山围岩变形与破坏光纤感测理论技术及应用[J].煤炭科学技术,2021,49(1):208-217.

[33] 尚金光,王宜军,杨益群,等.地面沉降区域高速铁路沉降量归算与修正方法研究[J].城市勘测,2018(3):139-143.